治道变革

——曲靖市域社会治理之路

李婉琳◎主　编

周　元◎副主编

中国政法大学出版社

2023·北京

图书在版编目（ＣＩＰ）数据

治道变革：曲靖市域社会治理之路/李婉琳主编；周元副主编. —北京：中国政法大学出版社，2023.4

ISBN 978-7-5764-0887-4

Ⅰ.①治… Ⅱ.①李… ②周… Ⅲ.①社会管理－研究－曲靖 Ⅳ.①D677.43

中国国家版本馆 CIP 数据核字 (2023) 第 073584 号

出 版 者	中国政法大学出版社
地　　址	北京市海淀区西土城路 25 号
邮寄地址	北京 100088 信箱 8034 分箱　邮编 100088
网　　址	http://www.cuplpress.com (网络实名：中国政法大学出版社)
电　　话	010-58908285(总编室) 58908433（编辑部）58908334(邮购部)
承　　印	固安华明印业有限公司
开　　本	720mm×960mm　1/16
印　　张	23.75
字　　数	375 千字
版　　次	2023 年 4 月第 1 版
印　　次	2023 年 4 月第 1 次印刷
定　　价	108.00 元

　　市域社会治理作为国家社会治理的重要组成部分，在整个国家治理体系中扮演着至关重要的角色。党的十九届四中全会提出："必须加强和创新社会治理，完善党委领导、政府负责、民主协商、社会协同、公众参与、法治保障、科技支撑的社会治理体系，建设人人有责、人人尽责、人人享有的社会治理共同体，确保人民安居乐业、社会安定有序，建设更高水平的平安中国"，并专门提出要"加快推进市域社会治理现代化"。党的二十大报告除了再次强调要"加快推进市域社会治理现代化"，还进一步提出了要"提高市域社会治理能力"。

　　市域社会治理缘何变得特殊而重要？这与我们国家的结构形式和行政体制是分不开的，这里的"市域"主要是指，按照国家行政区域划分，以设区的市为行政区划的地域单元，从结构层级来看，具有中枢性的特点：向上，有中央的"顶层设计"和省域的"上级部署"，担负着落实和实施的使命，市域社会治理要贯彻好党中央部署的有关国家治理方针、政策和省委省政府有关省域社会治理的任务；向下，要对县域和乡镇/街道进行布置和安排，担负着统筹和协调的职责，立足于本市辖区内的社会发展的实际，对社会治理任务进行细致谋划、周密安排，"承上启下"的枢纽作用特征明显。因此，要深入推进社会治理创新、构建富有活力和效率的新型社会治理体系，把市域社会治理现代化作为切入点和突破口是十分必要和恰当的。

　　曲靖市作为云南省辖地级市，位于云南省东部，处珠江源头，云南、贵州、广西三省区交界处，素有"滇黔锁钥""云南咽喉"之称，下辖麒麟、沾益和马龙3个区，富源、罗平、师宗、陆良、会泽5个县，代管宣威市和曲靖经济技术开发区。在全国市域社会治理现代化试点工作启动后，就被中央政法委列为首批市域社会治理现代化试点城市。为此，曲靖市委市政府高度重视此项工作，经过审慎考虑，由中共曲靖市委政法委委托昆明理工大学法学院对曲靖市的市域社会治理现代化试点工作开展第三方模拟评估。我院在社会治理和立法评估方面有着长期的积累和实践、有着稳定的科研团队，机缘巧合，也正承担着社会治理方向的国家社科基金项目，正需要进入"田野"，进行深度的调研，完成从课题的理论预设到实践检验再到理论反思的研究过程，从而多角度呈现社会治理的效果，也丰富项目的研究成果[1]。这样的"双向选择"让接下来的调研和评估工作都非常顺利。调研组一行20人分为六个小组，于2022年2月在曲靖市进行了为期十天的实地调研，做到涉及市域社会治理任务的42个市级部门100%全覆盖，曲靖市下辖的9个县（市、区）和经开区100%全覆盖。通过实地查阅台账、深度访谈、参与观察、集中讨论等方式掌握了第一手资料，在此基础之上，结合指标体系，开展全面而细致的评估。

　　从本书的体例来看，共分为三个部分，第一部分"评估篇"的12份报告，由1份评估总报告、1份市本级层面的评估报告和10个县（市、区）的评估报告组成。在调研过程中，课题组也深深感受到基层工作的艰辛与不易，这些成绩的取得是经年累月的负重前行，于是在本书的体例上将第二部分作为"实践篇"，主要由实务部门及其工作人员撰写，从不同角度呈现了"五治融合"（政治、自治、法治、德治、智治）在市域社会治理中的生动实践。值得警醒的是，评估的目的不在于"评"本身，更在于"以评促建"的初衷，本书的第三部分"理论篇"则是基于在评估中发现的问题和短板，通过具有语境的"地方性知识"的解读，试图"开良方、治顽疾"，主要由参与调研的课题组人员撰写。

　　总之，市域社会治理无论在结构方面呈现出的纵向维度多级性、横向治理主体多元性以及空间治理样态的发展不平衡性，都说明了社会治理领域需

---

　　〔1〕　国家社科基金项目《我国基层社区的角色定位及依法治理能力研究》（20BFX035）阶段性成果。

要一场深刻的"变革"，以探寻社会治理突破之"道"。然而，"市域"所面临的社会结构、经济发展、文化传统、市场环境不一样，在具体治理道路的选择上也不可能是完全一样的，当"多元"已经成为了现代社会的标识之一时，我们所作的努力就是想让曲靖的经验为当下中国大地正如火如荼开展的治理实践提供一个生动的样本，以期最终形成一个共建共治共享良性运行的市域社会治理新格局。

李婉琳　院长、教授

昆明理工大学法学院

云南省地方立法研究院

云南省知识产权发展研究院

2023 年 2 月

目录

CONTENTS

■ 评估篇

■ 实践篇

■ 理论篇

评估篇

曲靖市市域社会治理现代化试点工作
第三方模拟评估总报告

李婉琳　周　元*

全国市域社会治理现代化试点工作启动后，曲靖市被中央政法委列为首批市域社会治理现代化试点城市，曲靖市委市政府高度重视此项工作，全市上下一体推动。经过两年的努力，曲靖市市域社会治理现代化试点工作即将迎来正式的验收评估。为查找短板、以评促建，总结治理经验成果，以确保通过验收，中共曲靖市委政法委经过审慎考虑，委托昆明理工大学法学院对曲靖市的市域社会治理现代化试点工作开展第三方模拟评估。以下将从社会治理转型的背景和导向、市域社会治理工作的重点等方面阐述开展试点工作的意义和目标，并介绍本次评估的基本流程，总结本次评估的基本情况。

一、推进市域社会治理现代化的背景

随着社会发展，利益分化加剧，社会矛盾日益多元化、复杂化，公民主体意识增强，从事各类活动、具有各类形态的社会主体不断涌现，特别是进入数字化时代之后，社会生产、信息传播的方式、渠道产生巨大改变，经济、文化等领域的新模式、新业态快速发展，各类主体开展活动更容易产生多领域的广泛影响，高度的专业化、技术化既带来了社会发展的动力，也带来了难以预测的社会风险，社会治理面临更多新的挑战。

原有的、过度依赖国家（政府）单一主体、相对单向刚性的、以正式制度为主的管理方式很难适应新时代的要求，推动社会健康发展目标的达成。此时，强调加强社会治理，是为国家治理提供支撑，促进国家治理的转型。通过非正式制度与正式制度的相互补充，通过提升村居民、群团组织、社会

---

* 李婉琳，昆明理工大学法学院教授，院长；周元，法学博士，昆明理工大学法学院讲师，理论法学研究中心主任。

组织等在社会治理中参与的广度和深度，加强这些主体与政府的协同，形成多元主体共同参与的良好体制机制，共同化解社会矛盾，应对社会问题和风险，同时，维护社会主体的主动意识、活动空间，与政府相对的边界，又保有相互间的充分交流、有力支持，使各主体充分发挥优势作用，维护治理创新的土壤，以更坚韧的社会网络应对未来的不可测风险。

（一）从"社会管理"到"社会治理"——承继与转变

2006年10月11日，中国共产党第十六届中央委员会第六次全体会议通过的《中共中央关于构建社会主义和谐社会若干重大问题的决定》提出"加强社会管理，维护社会稳定，是构建社会主义和谐社会的必然要求。必须创新社会管理体制，整合社会管理资源，提高社会管理水平，健全党委领导、政府负责、社会协同、公众参与的社会管理格局，在服务中实施管理，在管理中体现服务"，明确提出"建设服务型政府，强化社会管理和公共服务职能""推进社区建设，完善基层服务和管理网络""健全社会组织，增强服务社会功能""统筹协调各方面利益关系，妥善处理社会矛盾""完善应急管理体制机制，有效应对各种风险""加强社会治安综合治理，增强人民群众安全感""加强国家安全工作和国防建设，保障国家稳定安全"。[1]"社会管理"这一概念，虽然依旧强调由国家、政府"管理"社会的立场，但已经开始注意调整政府的角色（服务社会），调动社会协同（推进社区建设、培育社会组织），为公众参与创造条件（公共信息公开、健全诉求表达机制）等，通过这种管理体制机制导向上的调整，尽可能平衡维持社会稳定的需求和释放社会发展活力的需求。

2012年11月8日，党的十八大报告提出"加强社会建设，必须加快推进社会体制改革。要围绕构建中国特色社会主义社会管理体系，加快形成党委领导、政府负责、社会协同、公众参与、法治保障的社会管理体制，加快形成政府主导、覆盖城乡、可持续的基本公共服务体系，加快形成政社分开、权责明确、依法自治的现代社会组织体制，加快形成源头治理、动态管理、应

---

〔1〕 参见《中共中央关于构建社会主义和谐社会若干重大问题的决定》（2006年10月11日），载 http://www.gov.cn/govweb/gongbao/content/2006/content_453176.htm，最后访问日期：2022年3月10日。

急处置相结合的社会管理机制"。[1]在十八大报告中，虽然还是沿用了"社会管理"这一概念，但在内涵上作出了一些更为明显的变化，尤其是立足于依法治国的必要性和重要意义，将"法治保障"作为社会管理体制的重要支柱，更加注重政府管理社会的边界以及依法自治，强调源头治理。

2013年11月12日，中国共产党第十八届中央委员会第三次全体会议通过的《中共中央关于全面深化改革若干重大问题的决定》中明确提出"创新社会治理体制"，[2]用"社会治理"概念替代"社会管理"概念，突出治理方式的改变，包括：实现政府治理和社会自我调节、居民自治良性互动，运用法治思维和法治方式化解社会矛盾，以网格化管理、社会化服务为方向，健全基层综合服务管理平台。推进社会治理现代化的重点任务在逐渐明确，政府不应再以传统的"管理"姿态开展工作，而应更加尊重社会自我调控的规律、居民自治意识和意志，坚持在法治的轨道上解决各类社会矛盾，做实做好面向基层的公共服务，充分了解群众需求、竭力满足群众诉求。

2014年3月5日，习近平总书记在讲话中谈到加强和创新社会治理时，强调"加强和创新社会治理，关键在体制创新，核心是人，只有人与人和谐相处，社会才会安定有序。社会治理的重心必须落到城乡社区，社区服务和管理能力强了，社会治理的基础就实了。要深入调研治理体制问题，深化拓展网格化管理，尽可能把资源、服务、管理放到基层，使基层有职有权有物，更好为群众提供精准有效的服务和管理。要加强城市常态化管理，聚焦群众反映强烈的突出问题，狠抓城市管理顽症治理。要加强人口服务管理，更多运用市场化、法治化手段，促进人口有序流动，控制人口总量，优化人口结构"，明确指出"治理和管理一字之差，体现的是系统治理、依法治理、源头治理、综合施策"。[3]

2014年10月23日，中国共产党第十八届中央委员会第四次全体会议通

---

〔1〕《坚定不移沿着中国特色社会主义道路前进 为全面建成小康社会而奋斗——在中国共产党第十八次全国代表大会上的报告》（2012年11月8日），载 http://www.gov.cn/ldhd/2012-11/17/content_2268826_5.htm，最后访问日期：2022年3月11日。

〔2〕参见《中共中央关于全面深化改革若干重大问题的决定》（2013年11月12日），载 http://cpc.people.com.cn/n/2013/1115/c64094-23559163.html，最后访问日期：2022年3月11日。

〔3〕参见习近平："推进上海自贸区建设 加强和创新特大城市社会治理"，载 http://cpc.people.com.cn/n/2014/0306/c64094-24541425.html，最后访问日期：2023年4月20日。

过的《中共中央关于全面推进依法治国若干重大问题的决定》提出"推进多层次多领域依法治理。坚持系统治理、依法治理、综合治理、源头治理,提高社会治理法治化水平。深入开展多层次多形式法治创建活动,深化基层组织和部门、行业依法治理,支持各类社会主体自我约束、自我管理。发挥市民公约、乡规民约、行业规章、团体章程等社会规范在社会治理中的积极作用"。[1]

2017年10月,党的十九大报告提出"打造共建共治共享的社会治理格局。加强社会治理制度建设,完善党委领导、政府负责、社会协同、公众参与、法治保障的社会治理体制,提高社会治理社会化、法治化、智能化、专业化水平"。[2]"共建共治共享"意味着多主体共同协作、系统性综合治理是打造现代化社会治理格局的关键,"社会治理社会化、法治化、智能化、专业化"则意味着社会治理必须面向社会、更加开放、强化社会参与和基层自治,维护社会动态发展的空间,最大程度地运用法治、智能、专业化手段处理社会矛盾冲突,科学、综合研判社会问题,提升治理效果、扩大覆盖面,尽量不留治理死角,也尽可能避免不适当的干预。

总的来说,从"管理"到"治理"的转变,主要体现的是理念上的重大变化,立足于对传统以政府为管理主体、以社会为管理对象的单向管理思维局限性的反思,反映了新时代的社会治理需求,尊重从事社会活动的各类主体的主动性、专业性和自治空间,着眼于强化系统性治理、弹性治理、基层治理,充分发挥法治、智能、专业的作用,切实推进社会主义公平、正义、民主、自由等核心价值目标的实现,维护社会稳定和发展,打造群众安居乐业的局面,创造和谐社会氛围。

(二)推进国家治理体系和治理能力现代化与市域社会治理现代化

2019年10月31日,中国共产党第十九届中央委员会第四次全体会议通过的《中共中央关于坚持和完善中国特色社会主义制度 推进国家治理体系和治理能力现代化若干重大问题的决定》,明确在社会治理领域推进治理体系

---

[1] 参见《中共中央关于全面推进依法治国若干重大问题的决定》(2014年10月23日),载http://politics.people.com.cn/n/2014/1028/c1001-25926121.html,最后访问日期:2022年3月11日。

[2]《决胜全面建成小康社会 夺取新时代中国特色社会主义伟大胜利——在中国共产党第十九次全国代表大会上的报告》(2017年10月18日),载http://www.gov.cn/zhuanti/2017-10/27/content_5234876.htm,最后访问日期:2022年3月11日。

和治理能力现代化的目标，"坚持和完善共建共治共享的社会治理制度，保持社会稳定、维护国家安全。社会治理是国家治理的重要方面。必须加强和创新社会治理，完善党委领导、政府负责、民主协商、社会协同、公众参与、法治保障、科技支撑的社会治理体系，建设人人有责、人人尽责、人人享有的社会治理共同体，确保人民安居乐业、社会安定有序，建设更高水平的平安中国"。[1]

社会治理的现代化，既包括治理体制、理念的现代化，也包括治理体系和治理能力的现代化，治理手段、治理方式应立足于治理体制、理念的改革导向和重点任务需求来发挥作用。

市（主要是设区的市），是拥有健全体制，有资源、有能力、有权力（财权、事权、立法权等）实现系统综合治理、依法治理的基本单位。陈一新同志曾撰文指出，市域层面具有较为完备的社会治理体系，具有解决社会治理中重大矛盾问题的资源和能力，是将风险隐患化解在萌芽、解决在基层的最直接、最有效力的治理层级，处于推进基层治理现代化的前线位置。市域社会治理做得怎么样，事关顶层设计落实落地，事关市域社会和谐稳定，事关党和国家长治久安。[2]所以说，市域社会治理是落实国家治理和统筹基层治理的关键层次，不是在省级或县区基层而是在"市"这一层次推进社会治理现代化工作是基于充分考虑的。

市域社会治理作为国家治理的一部分，一方面要遵循中央明确的社会治理现代化导向、原则、重点目标任务，另一方面要结合本地实际，把握治理的短板，有侧重地集中资源，运用灵活多样的手段，推动部门协作、上下级联动，强化基层合力，形成切实的治理成效。因而，在推进市域社会治理现代化工作中，市级党委、政府及各部门各单位开展工作的体制机制、理念、方式是否符合社会治理现代化的导向，是否充分创造其他社会主体反映社情民意、参与治理的空间、条件、渠道，是否给予基层治理资源、力量更多支持，是社会治理现代化的要求能否实现的关键环节。"是否实现好、维护好、

---

〔1〕《中共中央关于坚持和完善中国特色社会主义制度 推进国家治理体系和治理能力现代化若干重大问题的决定》（2019 年 10 月 31 日），载 http://cpc. people. com. cn/n1/2019/1106/c64094-31439558. html，最后访问日期：2022 年 3 月 15 日。

〔2〕参见陈一新："推进新时代市域社会治理现代化"，载《人民日报》2018 年 7 月 17 日，第 7 版。

发展好最广大人民根本利益，着力保障和改善民生，使改革发展成果更多更公平惠及全体人民"则是社会治理现代化成效的实质评价标准。

二、市域社会治理现代化试点工作的目标定位和重点任务[1]

正是在前述背景下，中央政法委于 2019 年年底启动全国市域社会治理现代化试点工作，将中央提出的关于推进国家治理体系和治理能力现代化的一系列新理念新思想新战略作为指导市域社会治理现代化的行动指南，以防范化解市域重大风险为着力点，以增强市民获得感、幸福感、安全感为落脚点，探索具有中国特色、时代特征的市域社会治理新模式，完善党委领导、政府负责、民主协商、社会协同、公众参与、法治保障、科技支撑的社会治理体系，建设人人有责、人人尽责、人人享有的社会治理共同体，推动平安中国建设迈上新台阶，为实现社会治理现代化夯实基础。[2]

围绕社会治理工作中的重点任务，中央政法委印发《全国市域社会治理现代化试点工作指引》（以下简称为《工作指引》），为试点工作开展提供其应遵循的基本规范，也为试点工作成效评估验收提供评价标准。《工作指引》由共性工作指引即"规定动作"、区域特色工作指引即"自选动作"两部分构成，并附负面清单，形成可量化、可操作、可考评的指标体系。

共性指引突出对社会治理体制现代化、重点领域治理成效、治理手段现代化的要求。在体制方面，要求完善党委领导体制、政府负责体制、民主协商体制、社会协同体制、公众参与体制；在重点领域治理成效方面，着力于防范化解政治安全、社会治安、社会矛盾、公共安全和网络安全风险等；在治理手段方面，充分发挥"五治"作用，以政治强引领、以法治强保障、以德治强教化、以自治强活力、以智治强支撑，增强市域社会治理系统性、整体性、协同性。

区域特色工作指引为兼顾区域特殊性、增强地方主动性所设，由省级党委政法委根据本辖区实际设置目标任务，可对本辖区各地市提出共性要求，

---

〔1〕 参见陈一新："市域社会治理现代化试点启动 全部地市都有均等机会参与"，载 http://chinapeace. gov. cn/chinapeace/c54219/2019–12/03/content_ 12306733. shtml，最后访问日期：2022 年 3 月 15 日。

〔2〕 参见陈一新："市域社会治理现代化试点启动 全部地市都有均等机会参与"，载 http://chinapeace. gov. cn/chinapeace/c54219/2019–12/03/content_ 12306733. shtml，最后访问日期：2022 年 3 月 15 日。

也可针对某地市提出具体要求，使社会治理更好体现地方特点、服务全国大局。

负面清单围绕政治安全、社会治安、矛盾风险化解、公共安全、党风政风、群众获得感幸福感安全感等方面设置，严格实行扣分制，推动地方防范化解市域社会重大矛盾风险，持续性维护社会治理效果。

在试点工作的开展过程中，中央政法委也在不断地结合当前社会治理工作需要面对的重点问题和新风险，调整相应指标。比如，在解决民生领域问题、加强居民自治、强化法治保障等方面提出更多要求，对新业态新模式新技术、网络金融风险等予以更多关注，并为每项任务确定了牵头、参与单位，强化市级层面的统筹协作。

三、曲靖市市域社会治理现代化试点工作第三方模拟评估的流程

（一）评估主体

昆明理工大学法学院（云南省地方立法研究院、云南省知识产权发展研究院）的学科结构完整，是云南省内实力强劲的法学院，承担过云南省人大常委会委托的 118 件地方性法规立法后评估、司法部委托的环保食药类法律法规立法后评估、司法部委托的"证照分离"改革涉及调法调规实施情况的中期评估、昆明市人大法制委两部地方性法规立法前评估、原昆明市法制办两部规章的立法前评估等项目，在第三方评估工作方面有较丰富的经验。

（二）评估对象及评估方式、标准、抽样比例

1. 评估对象

（1）曲靖市级涉及牵头、参与承担市域社会治理任务的单位；

（2）麒麟区、沾益区、马龙区、罗平县、师宗县、会泽县、宣威市、富源县、陆良县以及经开区。

2. 评估方式

采取现场实地走访、查阅档案材料、专家集中评审等方式进行评估。

3. 评估标准

以《工作指引》为根据，结合《云南省曲靖市市域社会治理现代化试点工作测评指标体系》等有关文件要求进行评估。

4. 抽样比例

（1）涉及市域社会治理任务的市级单位 100% 全覆盖评估；

（2）9个县（市、区）和经开区全覆盖评估。其中，采取随机抽样的方式对乡镇（街道）进行评估，抽样比例如下：宣威市、会泽县不低于25%（6~7个）；其他县（区）不低于50%（5~7个）；经开区2个街道全覆盖。

（三）评估过程

1. 前期准备（2022年1月30日前）

中共曲靖市市委政法委、市域社会治理办公室结合《工作指引》进行任务分解，制定《曲靖市市域社会治理现代化试点工作测评标准》。

确定第三方评估机构，组建评估团队，起草制定《曲靖市开展市域社会治理现代化试点工作第三方评估工作方案》。组织评估对象召开动员部署会，对评估指标进行说明和释疑。

2. 自查自评整改（2022年2月8日前）

市级各单位（牵头部门）及各县（市、区）、经开区，对本部门、本地区的工作进行自查自评，收集整理档案材料、形成自评报告和支撑台账，并针对自查自评存在的问题及时组织整改。

3. 现场调研

（1）2022年2月8日，召开动员培训会，组织第三方机构评估专家团队进行集中研讨交流，结合《工作指引》《曲靖市市域社会治理现代化试点工作测评标准》，对评估目标、标准进行细致地消化吸收，掌握扣分标准、佐证材料要求、汇总打分要求、问题清单形成要求等评估工作事项具体内容。

（2）2022年2月9日至17日，评估专家分为六组开展评估。第一组负责麒麟区、经开区的模拟评估，第二组负责沾益区、马龙区的模拟评估，第三组负责宣威市、会泽县的模拟评估，第四组负责罗平县、师宗县的模拟评估，第五组负责富源县、陆良县的模拟评估，第六组负责曲靖市本级的模拟评估。

每个评估组由3至4名人员组成，在曲靖市市域社会治理办的协助和监督下，逐一深入各级各部门各单位考察有关工作落实情况，现场走访、翻阅台账、与相关工作人员进行座谈、访谈，对照测评指标进行模拟评估。评估组主要考察共性指引任务完成情况以及负面清单事项，市本级评估组侧重考察市域社会治理理念、治理体制机制现代化的要求是否达成，区县评估组侧重考察基层治理资源、手段是否能满足治理需求，各评估组按照测评标准综合打分。

（3）2022年2月17日，召开评估总结反馈会，各评估组反馈发现的问题和经验亮点，并针对推进下一步曲靖市市域社会治理工作提出意见建议。

4. 形成评估报告

实地考察评估完成后，各组将发现的问题、亮点进行归纳，形成评估报告以供决策参考，报告主要内容包括评估工作基本情况、成绩亮点、存在的问题、建议等内容。

四、评估总体情况

为了更细致地考察曲靖市市域社会治理工作机制的落地情况及其成效，评估组分别赴曲靖市本级各部门及各县区（街道、村社）开展调研评估，并分级、分区写就评估报告。但是，需要说明的是，评估报告分级、分区，不意味着各报告涉及到的内容仅限于本级、本区，更准确地说，不应该简单分级、分区来评估市域社会治理工作的情况。事实上，市域社会治理是一个整体性工程，纵向的重点在于市级统筹，以及市、县（市、区）、街道、村社的上下联动，横向的重点在于各类主体的协同参与，这些关节很难通过对具体部门、具体区县的调研评估做出全面的观测。一方面，此次评估的安排，从对象来说，更多关注的是党委、政府的工作；另一方面，市域社会治理诸多任务很难简单归结为市级负责还是县区负责。

由于视角和信息收集渠道的不同，市本级的报告更多侧重多主体协同的代表性做法及对市域社会治理任务导向的解读，县区的报告更侧重基层治理的特色及对影响治理实际成效因素的分析。在评估报告之外，还有曲靖市各部门亮点经验总结材料作为补充。

在综合考察各分报告内容的基础上，总结曲靖市市域社会治理工作中的突出特点如下：

第一，充分发挥党建引领作用。比如，麒麟区构建起以党建引领为核心的"1+3×5"的社会治理模式，通过党政"一把手"担任市域社会治理现代化工作的主要负责人，在区域内全面推行"大工委、大党委"制度，探索实行"书记吹哨、部门报到"制度，打通层级制约、部门壁垒，践行综合治理、系统治理。再比如，沾益区推行"一个领导小组统筹调度、15个专项工作组分工负责"的"1+15"工作机制，把党的领导贯穿基层治理各方面、全过程，构建起党委领导、政府负责、多方协同、群众参与的基层治理新格局，着力构建"街道大工委、社区大党总支、网格党支部、党员中心户"的党建引领体系，通过红色物业"五星"小区、"红色商圈"、"红色工圈"、"红色居民圈"创建活动，逐步打造党组织领导下的"公共服务圈""群众自治圈""社会共治圈"，引导居民自治组织、群团组织和社会组织共建互融、协商共治。

第二，大力推动社会治理阵地集群建设。比如，麒麟区建成1.4万余平方米的党群服务中心、社会治理中心、新时代文明实践中心相融合的场所，下辖镇（街道）均建成集网格化调度指挥、综治维稳、矛盾纠纷调处、信访接待、公共法律服务、应急服务为一体的中心场所，建成网格化管理办公室、综合研判室、来访接待室、调解室、诉调对接室、心理咨询室、社会工作室、安置帮教室、应急储备室为一体的社会治理中心。再比如，沾益区建立"一扇门、一道窗、一张网、一条龙"的便民利民实体化治理平台，坚持"一个平台"管服务，整合现有综治中心、矛盾纠纷调处中心、接访中心、指挥调度中心和公共法律服务中心资源力量，"五中心"同建同体打造开放式、集约化、共享性的党群服务和社会治理中心。

第三，探索优化网格化服务管理工作。比如，沾益区在网格化服务管理工作中形成值得推广的"沾益经验"。沾益区制定《曲靖市沾益区网格员管理手册》，全面规定网格员的选拔配备、岗位职责、管理运行、考核保障、调整退出等事项，在明确政策宣传、思想引领、信息采集、隐患排查、矛盾调处、民生服务、协商议事、民主管理八项职责的基础上，提炼出网格员"上报小信息、消除小隐患、调处小纠纷、搞好小宣传、做好小服务"的"五小"工作模式和"四必须""四到场""四清楚""四掌握"工作机制。全面开展"我为群众办实事"网格员评价活动，通过网格员大走访等形式征集群众"急难愁盼"线索，解决"事要办哪些"问题；把矛盾纠纷化解在"网格内"，解决"事情怎么办"问题；办实事最终成效由群众评价，解决"办得怎么样"问题，由群众代表和辖区内网格员共同组成"实事评估团"，"实事评估团"采取实地看、现场问、座谈议、即时评等方式进行评价，填写《曲靖市沾益区"我为群众办实事"网格员评价表》；对重点民生实事事项还要走访调研、集中评议、实时监督。

第四，全方位推进"枫桥式站所"示范建设，完善诉调对接机制。比如，富源县通过积极支持墨红镇派出所、司法所和墨红镇人民法庭的评优创建，实行联勤联调服务中心六联机制，即矛盾纠纷联调、社会治安联防、重点工作联动、突出问题联治、基层平安联创、社会管理联抓，因地制宜推动综合治理工作的开展，系统应对矛盾排查、治安、重点人群的服务管理等社会治理重点任务。富源县人民法院充分发挥营上、富村、黄泥河、墨红四个派出中心法庭在矛盾纠纷化解中的前沿阵地作用，推动诉讼服务资源下移、力量下沉，持续推行"五老"乡贤调解，做好"无讼"村（社区）创建，创新"大联动"平台、网格员+联动调解+送法下乡+N等机制，推动构建和管理"司法服务链"，着力将矛盾纠纷化解在诉前、破解在基层、解决在萌芽状态。

第五，创新基层民主议事机制方法。比如，师宗县探索以保障群众的决策权、知情权、参与权和监督权为目的的议事模式——"五步工作法"。该模式主要包含五个部分：村民说事、现场答事、干部领事、问效结事、群众评事。集表达、商议、执行、监督和评价为一体，既充分发挥了党委政府对村庄社区工作的领导、指导作用，又为群众行使决策、知情、参与和监督等权利提供了保障，该模式贯穿村社事务的全过程，压实了各级干部的责任，激励着各级干部勇于担当，群众参与村务决策管理的积极性高涨。

总体而言，在曲靖市域内，由于各县（市、区）经济社会发展水平不平衡，财政经费、人才保障、资源支持等方面条件不同，因而在社会治理阵地建设、专业服务和社会服务协同等方面存在差距，治理成效也有差异，麒麟区、沾益区等地治理能力和水平、成效相对较高。鉴于地区差异，针对具体问题的分析和建议，主要体现在分报告中。

曲靖市市本级市域社会治理现代化试点
工作评估报告

周　元　李婉琳　吕雅洁　赵春雨*

云南省曲靖市是国家"一带一路"倡议、长江经济带战略、《区域全面经济伙伴关系协定》（RCEP）、云南建设面向南亚东南亚辐射中心的重要节点，是粤港澳大湾区、成渝地区双城经济圈的辐射带动区、滇中城市群的核心区，是全国性综合交通枢纽和区域级流通节点城市，云南省第二大经济体和第二大城市。本组主要围绕涉及到曲靖市市本级市域社会治理的 42 家牵头单位的运行情况来综合评估。

一、评估工作基本情况

2022 年 2 月 9 日至 17 日，由昆明理工大学法学院院长李婉琳教授任组长，昆明理工大学法学院理论法学研究中心主任周元、昆明市明信公证处吕雅洁、昆明理工大学法学院研究生赵春雨组成的曲靖市市域社会治理现代化试点工作第三方评估第六组深入曲靖市市级各单位开展模拟评估工作。

专家组通过走访调研、座谈交流、审核各单位自评报告及台账材料数据等方式全覆盖考察曲靖市委政法委（市域社会治理办、市扫黑办）、市委办公室、市委组织部、市委宣传部、市委统战部、市委编办、市委网信办、市人大办公室、市人大监察和司法委员会、市人大法制委、市人大科教文卫委、市政府办公室（市服务企业三项制度办公室）、市综合考核办、市政协办公室、市发改委、市公安局（市反恐办）、市中级人民法院、市人民检察院、市司法局、市信访局、市政务服务管理局、市应急管理局、市住建局、市卫建委、市文旅局、市教体局、市邮政管理局、市能源局、市退役军人事务局、

* 周元，法学博士，昆明理工大学法学院讲师，理论法学研究中心主任；李婉琳，昆明理工大学法学院教授、院长，评估组组长；吕雅洁，昆明市明信公证处工作人员；赵春雨，昆明理工大学法学院 2021 级法学硕士研究生。

市金融办、人行曲靖中支、曲靖银保监分局、市文明办、市总工会、团市委、市妇联、市大数据中心等 42 家承担市域社会治理工作任务的市级牵头单位、参与单位，随机走访"智慧安防""红色物业"示范小区考察社区纠纷调解、网格化管理服务情况。

在评估过程中，专家组帮助相关单位理解市域社会治理现代化工作的重要性和关键点，一对一地反馈意见建议，并围绕本次评估中发现的问题、评估结果的使用限度、有序推进下一步整改工作等向市委政法委提出总体性意见建议。

二、成绩亮点

曲靖市被中央政法委列为市域社会治理现代化首批试点城市后，曲靖市委、市政府对照中央和省委的实施意见，制定出台了《中共曲靖市委、曲靖市人民政府关于加快推进市域社会治理现代化的实施意见》，部署实施"一把手"工程、党建引领、思想道德文化建设、平安建设、矛盾纠纷及信访问题多元排查化解、公共安全监管及应急处置、社会组织联动、社会基础管理、社会心理服务体系建设、社会治理智能化、政务服务提升、法治保障"12 大工程"，针对突出问题、短板细化重点工作任务清单，系统综合施策，有力推进市域社会治理现代化工作目标的实现。

曲靖还在全省率先制定出台《关于加强市域社会治理现代化基层基础建设的实施方案》，以推进市县两级社会治理中心（综治中心）建设、乡镇（街道）党群服务和社会治理中心建设、网格化服务管理、"枫桥式"示范集群、平安创建、基层基础信息化智能化为重点，不断夯实基层治理根基，为建设更高水平的平安曲靖奠定了坚实基础。从市级层面明确市县两级按照有机构、有人员、有场所、有经费的"四有"标准，全面推进市县两级社会治理中心（综治中心）建设；乡村两级按照"三整合一统一"的模式，将党群服务和社会治理中心（综治中心）打造成乡镇（街道）、村（社区）抓党建、抓治理、抓服务的战斗堡垒，构建贯通市县乡村四级的实体化社会治理阵地。

2021 年 7 月，曲靖发布《曲靖市国民经济和社会发展第十四个五年规划和二○三五年远景目标纲要》，设置"加快推进市域社会治理现代化"专篇，从推进市域社会治理体制现代化、布局现代化、基层基础现代化、法治曲靖建设四个方面建设推进市域社会治理现代化治理目标实现。[1]

在评估中，我们发现以下比较具有代表性的创新性亮点做法，这些亮点做法能够较为突出地体现曲靖市在市域社会治理现代化工作中找准结合点综合施策的治理能力和水平，反映优化治理体制机制、强化多主体协同、聚焦重点风险防范化解、夯实基层治理以及政治、法治、德治、自治、智治"五治"融合等治理现代化目标任务的稳步推进：

第一，注重党委、政府、群团、社会组织协同，充分发挥立法引领、法治保障作用，着力解决社会矛盾纠纷。《曲靖市多元化解纠纷促进条例》于2021年12月14日曲靖市第五届人民代表大会常务委员会第二十八次会议通过，并于2022年1月17日经云南省第十三届人民代表大会常务委员会第二十八次会议批准，于3月1日起正式施行。近年来，曲靖市不断完善人民调解、行政调解、仲裁等非诉纠纷解决方式，注重多元化纠纷解决方式的衔接，发挥社会组织自治功能，促进社会治理能力的提升。通过地方立法对实践中行之有效的体制机制、经验做法予以总结、固化和提升，通过发挥立法指引作用，强化党委领导、政府推动，调动非诉讼解纷资源和力量，畅通公众诉求表达、权益保障通道，加强诉源治理，构建优势互补、有机衔接、协调联动的"一站式"多元纠纷解决平台，为节约司法成本，健全完善多元化解纠纷机制，提供有力的法治保障。

第二，推广"曲靖经验"，优化网格化服务管理工作，推进社会治理智能化。2021年10月，中央电视台CCTV-13《新闻直播间》以"云南曲靖：网格员化身城市'细胞'助推城乡精细化治理"为题，以网格化服务管理工作作为切入点，专题报道了曲靖市开展市域社会治理现代化试点创建以来取得的阶段性成效。曲靖聚焦城乡精细化治理，改变过去"多网并行、基层重负"的格局，全市统一划分21 320个网格。由市级对所有网格实行统一编号和网格地理信息数字化建设，并按照"一网格一支部、支部建在网格上"的方式，同步推进党组织和网格同步设置。以"一长两员"模式组建网格团队，配备专职网格员41 956名，通过"缩面提标"、纳入财政预算等方式做实网格员

---

[1]　参见"曲靖市人民政府关于印发曲靖市国民经济和社会发展第十四个五年规划和二〇三五年远景目标纲要的通知"，载 http://www.qj.gov.cn/html/2021/szfwj_ 0713/95636. html，最后访问日期：2022年3月15日。

待遇保障，打造了一支相对职业化的网格服务管理队伍。定制开发曲靖市域社会治理与公共服务信息平台和"曲靖治理"APP，搭建纵向贯通市县乡村四级、横向联通相关部门的指挥调度系统。结合疫情防控、文明城市创建等工作，打造"平时"服务管理常态化、"战时"服务管理扁平化的"平战结合"网格化服务管理模式。

第三，强化基层治理合力，充分发挥党组织在基层治理中的作用，健全基层议事协商制度，充分发挥自治作用，培育基层社会组织，创新乡村治理机制。曲靖按照"街道党工委+社区党委+小区（居民小组）党支部+楼栋党小组+党员中心户"模式，通过建立网格党组织、小区党组织等方式，推动城市基层组织无空白无盲区。坚持把党支部建在村民小组上，推动村民小组党的组织和党的工作全覆盖。全市所有村（社区）全覆盖建立了村（居）民会议或村（居）民代表会议制度，全覆盖制定了村（居）民自治章程、村规民约，建立村（居）务公开栏和村（居）务监督机构。培育基层村（居）民议事会、红白理事会、乡村振兴委员会、乡贤理事会等服务性、公益性、互助性农村社会组织和群众活动团体，引导发展业主委员会、物业监督委员会等自治组织，推动民事民议、民事民办、民事民管。尤其是创新"新乡贤"治村模式，把有品德、有威望、有才能、有爱心的"新乡贤"推选出来，列席村"两委"会议、开展民主监督、参与项目验收、收集社情民意、调解矛盾纠纷、传播文明乡风，在乡村治理中发挥了重要作用。"乡贤会"作为基层民主协商的新平台、联系在外人才的新桥梁，引导乡贤进入网格中、行走在网格中，建立起乡贤人士与网格员共建共治共享的格局，构建"全科网格"服务体系，形成以村（社区）党组织为引领，村（居）民委员会、村（居）务监督委员会、乡贤会相互联动的新型乡村治理体系，有效破解乡村治理难题。

第四，构建党委领导、司法保障、社会协调、公众参与的工作格局，多部门、单位联动，合力做好妇女、未成年人权益保护工作，高度重视重点、弱势人群的服务。《中国妇女报》记者专门报道了曲靖在维护妇女儿童权益工作方面的成绩。2020年8月，召开由市县两级公安、检察院、法院、司法局、人社局、妇联参加的维护妇女儿童权益"合作机制"推进会，全面安排部署在妇女儿童侵权案件隐患排查和发现报告、多部门联防联控、舆情应对处置、帮扶关爱、案件督查方面深化合作工作，出台《曲靖市家庭暴力告诫制度实施办法》《曲靖市家庭暴力人身安全保护令制度实施办法》等细化实施机制，将妇女儿童权益维护纳入市委市政府综合考核、人大代表调研、政协提案办理等内容。2021 年 12 月，曲靖市妇女儿童"一站式"维权服务中心启动建设，全市各级妇联联合公检法司、人社、民政等多部门联动建设妇女儿童维权站点 1008 个，为全市妇女儿童搭建起一个个集 12338 热线接听、信访接待、法律咨询及援助、纠纷调解、心理疏导、关爱帮扶等于一体的"一窗受理、集成服务"线上线下协同的综合公益服务平台，实现妇女儿童权益维护合作机制"实体化"运作、全过程庇护。2020 年来，检察机关建立"杜鹃花"工作室、未成年人观护教育基地、"一站式"取证与保护中心 13 个，对 72 名未成年被害人发放救助金 26 万余元，向未成年人监护人发出监护督促令 60 份。司法机关人民调解组织受理调解婚姻纠纷 4622 件，援助妇女、未成年人案件等 2659 件。人社局发放关于保障妇女平等就业权利的建议函，受理女职工维权案件 144 件，为女职工挽回经济损失 281 万余元。多方联合发力共同维护妇女儿童合法权益。[1]

三、存在的问题

第一，市级各部门对于市域社会治理现代化工作的目标，尤其是对"管理"到"治理"的转型以及社会治理现代化的理念、原则、价值目标还缺乏深入的理解，有的部门还没有扭转传统的"管理"思维。

第二，各层级各部门各单位间的统筹协作、联动程度不足。市域社会治理是一个系统综合工程，强调源头治理、动态治理、综合治理，没有任何一项任务及责任专属某个部门或单位，而是需要多家部门或单位共同协作，有的部门或"职权责任条块分割"的意识还比较强烈，存在推诿塞责的情况，甚至同一部门或单位内部不同科室之间也未形成有效协作。

第三，数据材料收集、整理、存储有漏洞，存在不同部门或单位同类数据统计口径、统计时间、统计内容不一致的情况，有些市级部门对县区人员、设施等数据没有掌握或掌握得不清楚。

第四，对于新模式新业态新技术、网络金融风险的应对机制不健全，关注度不足，对其可能带来的社会治理风险缺乏前瞻性的认识。

---

〔1〕 参见"维护妇儿权益坚持'一呼百应、同频共振'"，载 https://www.nwccw.gov.cn/2022-01/20/content_ 298095.htm，最后访问日期：2023 年 4 月 20 日。

四、相关建议

第一，加强对各级各部门各单位领导干部及相关工作人员的培训。培训的要点不应局限于细化的评价标准，而应关注治理现代化的转型导向，将导向与细化的标准紧密结合起来引导工作的开展。特别建议邀请社会治理领域的专家进行培训，并加强专家与实务部门的交流研讨。

第二，严格落实项目实施制度。建议按照《全国市域社会治理现代化试点工作指引》指标项成立专项工作组逐项准备材料数据，而不是由各单位按照各自的理解准备自己职责范围内的材料数据，避免出现材料的交叉重叠和数据不一致的问题。

第三，建立健全市级部门对区县、乡镇工作的常态性信息收集整理机制，督促市级部门责任落实到位，避免形成"层层下压"的不当工作机制。

第四，加强与前沿科研力量的合作，建设相应平台，吸纳科技人才，对新风险保持有效的关注和了解，建立预警机制，提升前瞻性决策能力。

第五，针对社会服务力量较弱，社会组织、志愿者组织培育不足，缺乏专业人才、资源等问题，增加相关立法、政策的支撑，注重与省内外社会组织、专业组织的合作。

麒麟区社会治理现代化试点工作评估报告

张龙洋　杨锦芳　李亚龙　武孔娟*

市域社会治理现代化是当前推进国家治理现代化的重要基石，也是应对社会结构变化，提升社会治理效能的重要战略举措。麒麟区位于云南省东北部，是曲靖市的政治、经济、文化中心，区域面积 1552.83 平方公里，下辖 3 个乡镇 11 个街道、134 个村（社区），常住人口 99 万余人。在推行市域社会治理现代化建设中探索出"1+3×5"的社会治理模式，社会治理效能不断提升，为曲靖市经济社会发展提供了保障。曲靖市 10 次入选全国"十佳宜居城市"，入选全国最安全的 30 个城市之一，2020 年被评为"全国文明城市"。

一、麒麟区市域社会治理现代化的主要经验做法

在推进市域社会治理现代化过程中，麒麟区探索出了"1+3×5"的社会治理模式，即党建引领、五治融合、五化联动、五强保障。

（一）"一核引领"：以党建引领为核心

党的建设是一切工作的根本保障。在推进市域社会治理工作中，麒麟区把党建引领作为推动工作的主要抓手，不断完善社会治理的组织体系、联动机制和治理阵地。

1. 完善组织结构体系

组织结构体系是推进市域社会治理现代化各项工作的内在动力。麒麟区党委区政府高度重视市域社会治理工作，为了推进工作，成立了市域社会治理现代化工作领导小组和工作专班。领导小组由区委书记任组长、区人民政府区长任第一副书记、16 位区级领导任副组长，75 名乡镇（街道）、区直部

* 张龙洋，曲靖师范学院讲师；杨锦芳，昆明理工大学法学院副教授，刑事法学研究中心主任；李亚龙，昆明理工大学法学院刑事法学研究中心讲师；武孔娟，昆明理工大学法学院 2021 级法律硕士研究生。

门主要领导组成。工作专班由市域社会治理办公室统筹协调，由全区 260 余名专兼职工作人员组成。全区搭建起"区委——乡镇（街道）——村（社区）——党支部——党小组——党员中心户"等六级组织体系。

2. 建立组织联动机制

组织联动机制是推进市域社会治理现代化各项工作有序开展的重要支撑。麒麟区的主要做法是充分发挥党领导一切的政治优势，通过党政"一把手"担任市域社会治理现代化的主要负责人，在区域内全面推行"大工委、大党委"制度，[1]探索实行"书记吹哨、部门报到"制度，有效打通了层级制约、部门壁垒，构建起了社会"大治理"的格局。组织联动运行的机制在制度机制上得到充分体现，让市域社会治理现代化工作得以顺利开展。

3. 健全社会治理阵地

社会治理阵地是市域社会治理现代化工作有效推动的基础保障。麒麟区在市域社会治理阵地建设上不断得到健全，主要做法是建成 1.4 万余平方米的党群服务中心、社会治理中心、新时代文明实践中心相融合的场所，除此之外，麒麟区下辖的 14 个镇（街道）建成集网格化调度指挥、综治维稳、矛盾纠纷调处、信访接待、公共法律服务、应急服务功能于一体的中心场所，建成具备网格化管理办公室、综合研判室、来访接待室、调解室、诉调对接室、心理咨询室、社会工作室、安置帮教室、应急储备室的社会治理中心。阵地建设不断完善让麒麟区市域社会治理现代化有了基础条件保障。

（二）"五治融合"：以多元社会治理体系作为支撑

1. 政治引领

从根本上说，政治引领是市域社会治理体系中的一个核心要素，因为政治引领要解决的是要如何做的本质性、方向性的问题。麒麟区的主要做法：一是注重队伍的建设，在配齐配强市域社会治理现代化人才队伍前提下，注重人才的考察培养，把能力出众的人员作为重点提拔的对象，激发了队伍的工作积极性。二是增强干部思想意识，把市域社会治理现代化纳入主题党日活动学习内容，要求全区以党支部为单位组织集中学习和研讨，不断增强干部的思想意识和工作思路。走访中，一名民警就提出："通过主题党日活动，

---

[1] "大工委、大党委"制度，即由街道党工委、乡镇党委统筹协调、明确责任分工的一种方式。

不仅学习了习近平总书记关于社会治理的重要思想，为我们工作提供了行动指南，还通过交流中产生出很多的工作思路，意识和思想都得到了极大提高。"

2. 德治教化

麒麟区主要的做法：一是通过激励机制，营造文明和谐氛围。评选了 20 户文明家庭，评选 20 户"最美家庭"，同时开展了"农村十星级文明户"，评选了 1 万余户文明家庭；二是通过树立典型，发挥道德模范的示范作用。共评选新时代好少年、身边好人、道德模范、"最美抗疫志愿者""文明市民"等先进典型 298 人，组织先进典型事迹宣讲 60 余场次，充分发挥先进典型的榜样作用；三是通过政策理论宣讲，增强民众对政策的认知和理解，开展了280 余次党的创新理论宣讲活动，通过理论宣讲让群众理解和认同国家和地方政策制度，通过激励机制调动了群众参与社会治理的热情。

3. 法治保障

麒麟区作为曲靖市市域社会治理的重要阵地，在推进市域社会治理现代化过程中除了配合完成省人大《云南省矛盾纠纷多元化解条例（草案）》、市人大《曲靖市多元化解纠纷促进条例（草案）》相关工作，还不断完善区域性制度规范，相继制定了《麒麟区市域社会治理现代化工作跟踪督办和约谈问责制度》，通过制度来达到"人、事、权"的内部治理；制定了《关于加快推进市域社会治理现代化工作指导意见》《年度重点任务清单》等规范性文件，为市域社会治理提供了制度保障。除此之外，麒麟区各区直单位、各乡镇（街道）、村（社区）还配齐法律顾问，与 81 名律师签约，让律师出庭应诉、依法对村规民约等规范性文件开展合法性审查，确保政府部门行为合法化。创新"所所对接"机制，全区 14 个司法所、14 个派出所与 18 家律师事务所 141 名专职律师定点、定期联系，开展现场法律咨询、法律讲座，参与化解矛盾纠纷。

4. 自治强基

麒麟区不断规范村社区自治组织，完成全区 134 个村村规民约的修订完善，为村（居）民自治提供了制度保障。建立群众自治队伍，动员群众自发组建各类群治队伍，先后涌现出"五户轮值""红色哨兵""红袖标大爹"等群访队伍。推行义警招募，建立起 26 支义警队伍，3946 名义警，参与纠纷调解、协助办理案件、排查整治隐患、开展巡防等任务。

5. 智治支撑

麒麟区的主要做法：一方面，建设城市智能指挥枢纽，自主开发建设"党建引领社会治理网格化调度平台"，开发网格化管理、重点人员管控、重点场所监控等 11 项功能，纵向连通 14 个镇（街道）、134 个村（社区），横向连通 75 个区直部门；另一方面，推广线上治理，应用"幸福麒麟""曲靖治理"APP，让全区所有网格员和 77 余万群众可在手机上上报社会问题，经过平台分析、人工操作、指挥分流后，逐级派遣、限时处理、跟踪回复，形成了问题的闭环处置。

（三）"五化联动"：建立健全社会治理体制机制作为保障

1. 管理网格化

麒麟区在传统的村（社区）治理框架基础上，把网格作为社会治理的最小单位，提升治理精确度。实行两级网格管理，在村（社区）设置一级网格，在村民小组设置二级网格，部分偏远行政村设三级网格。全区一级网格 134 个，二级网格 1257 个，共配备 134 名一级网格长，1195 名二级网格长、8703 名专兼职网格员。

2. 平台建设标准化

麒麟区投资 2400 万元，建成 1.4 万余平方米的集党群服务、社会治理、文明实践的中心场所，14 个镇（街道）建成集网格化调度指挥、综治维稳、矛盾纠纷调处、信访接待、公共法律服务、应急服务的中心场所，建成具备网格化管理办公室、综合研判室、来访接待室、调解室、诉调对接室、心理咨询室、社会工作室、安置帮教室、应急储备室的社会治理中心。

3. 指挥智能化

麒麟区构建了"网格员－APP－调度指挥平台"的调度指挥联动体系，通过微信公众号、网格员手机 APP，发挥"发现问题在萌芽、上报信息在线上、指挥派遣在平台、处置干预在事前"的功能，在事件处置上形成闭环。在信息资源的基础上，开发调度指挥平台的自动化、智能化功能，及时预警涉稳信息、治安状况。目前，麒麟区网格化调度指挥平台已录入各种数据 65 万余条，接受各类案件 454 416 条，及时处置了 438 603 条，处置率高达 96% 以上。

4. 服务精细化

麒麟区在市域社会治理过程中充分体现了"以人民为中心"的治理理念。主要做法：一是全区 17 个审批机构并为一个、落实"最多跑一次"事项 126

项，承诺时限压缩到了法定时限的 70% 以内；二是优化 171 项行政许可事项办理流程，减少审批环节 52 个，减少申请材料 88 项，综合办事效率不断提高；三是为企业提高项目代办服务，简化新登记企业开办流程；不断推进项目审批制度改革，在全市首家推广使用施工许可和取水许可电子证照；四是推动警务服务便捷化，在全区推动试点工作，设立"公安自助便民超市"，下放临时身份证办理、准迁证打印权限至派出所窗口，推动治安、交警、出入境等审批事项服务事项集中办理。

5. 网格红色化

麒麟区把支部建在网格上，让党员担任网格长或网格员，充分发挥党员在社会治理服务中的作用。据数据统计，麒麟区全区建立网格党支部 486 个、网格党小组 146 个，2157 个网格长均由党员担任。除此之外，麒麟区还依托网格党组织打造红色物业、红色驿站，组建厂企、商圈、事业单位党建联盟，进一步推动平安小区、平安医院、平安市场等场所建设，真正意义上发挥党员的先锋模范作用和党组织的战斗堡垒功能。

二、麒麟区市域社会治理现代化的特色与亮点

(一) 社会治理有基础

1. 经济基础

"经济基础决定上层建筑"，一个地方的社会治理必须有充分的经济基础作为支撑。坚实的经济基础是麒麟区推进市域社会治理现代化的一大优势。麒麟区是曲靖经济发展的重要区县，2020 年，地区生产总值 905.9 亿元，GDP 总量位列全省第四，城乡居民人均可支配收入分别为 42 652 元、19 728 元，除此之外，麒麟区的产业基础雄厚，高原特色农业、煤焦精细化工、康养旅游等行业发达，经济发展为麒麟区推进市域社会现代化提供了重要基础。

2. 群众基础

社会治理的目的是为群众提供一个良好的社会生活环境，同时，群众参与和认同社会治理也是检验一个地方社会治理成败的标杆，因此，可以说，人民群众是社会治理的基础力量。麒麟区在市域社会治理过程中紧紧围绕"共治、共建、共享"的理念，充分调动人民群众的积极性和主动性。

一是充分发挥网格员和人民群众的能动作用。麒麟区共设置了专兼职 8703 名网格员，网格员由村社区党员或是村小组组长担任，达到了覆盖全区

所有村社区和村民小组。这些网格员肩负着发现问题、上报问题和参与解决问题的职能职责。一般的群众也参与到社会治理中，全区的人民群众均可以通过网络平台 APP 反映社会问题和跟踪问题的整个处置过程。一些社区还探索出志愿者服务活动、"红色哨兵"等特色的群众参与社会治理模式。

二是社会治理获得人民群众的高度认同。社会治理如果得不到人民群众的认同，治理的社会基础将不会牢固，治理的效能也将大打折扣。麒麟区在社会治理的过程中坚持"治理服务社会发展"的原则，通过服务群众来达到治理的效果。在实地走访中发现，麒麟区的社会治理中心做到了与党群服务、文明实践融合在一起，办公场所内部各种服务设施配备齐全，一些社区中心还建立心理咨询室、免费理发室、老年人活动室等服务场地，群众真正意义上参与到社会治理中来，发自内心地认同社会治理。

（二）社会治理有亮点

1. 矛盾调解多元化

麒麟区矛盾纠纷化解已经构建起相对健全的体系和机制。一是矛盾调解中心的建设，区直各部门通过常驻、轮驻、随驻等方式介入到各类矛盾化解中来，可能是一个部门介入化解矛盾，也可能是几个部门联合化解矛盾。例如，一个房屋拆迁的矛盾出现了，可能由住建局出面化解，如果化解不成，可能请司法局、法院等部门共同提供专项政策或法律上的咨询，以到达矛盾化解的目的。二是发挥线上调解的功能，通过"人民法院调解平台"与法官远程视频对话、在线咨询法律问题引导当事人通过线上开展诉前调解司法确认来解决矛盾纠纷。三是经过矛盾排查、分流化解的思路建立起联动机制，通过成立"调解超市"，把乡贤、律师、老党员、老干部请进"超市"，当事人可以根据自己的意愿选择调解员。在多元矛盾调解体系的运作过程中，大大地提高了矛盾的调处成功率，也涌现出了一帮民间矛盾调解的"能手"。

2. 社会治理精细化

社会治理精细化是应对社会结构变迁、提升社会治理效能的必然要求。麒麟区提升社会治理精细化水平的主要举措：一是实施网格化管理。在全区构建起"乡镇（街道）—村（社区）"二级网格管理体系，部分偏远的行政村小组下设三级网格，实现"人在网中走、事在各种办、治理不留白"的目标。二是在全区医院、学校、小区、景区等场所创建"平安细胞"，在"大治理"的社会体系下，进一步将一些重点场所切割成若干小型治理单位，充分发挥各小型治理单位的主体功能。三是充分发挥网络科技的优势，搭建智能化平台，通过数据分析，大大提高了社会治理的精准度。

（三）社会治理有成效

推进市域社会治理重点是要能凸显成效。调研中，评比组实地走访了麒麟区的一个小区，据物业公司工作人员介绍，该小区曾经因物业服务质量、房屋产权证办理、物业收费与停车收费等问题引发的堵门堵路、打架斗殴、上访、投诉等时有发生，甚至出现恐吓物业工作人员的情况，小区物业与业主之间的矛盾十分突出，辖区治安形势非常严峻。在推动市域社会治理工作中，街道党工委办事处及相关职能部门探索实施"党建引领下的'三共'促'三变'小区治理新模式"，小区成立了党支部，并积极发动13名党员充分发挥"和事佬"的作用，有效解决了多年来物业和业主双方"话不投机半句多"的不良局面。同时，在党支部的牵头下，统筹业主代表、物业、综治、派出所、司法、信访等人员，成立了小区"家委会"，通过召集业主代表商议、形成集体决策、推动收费或建设项目实施的方式，切实解决了多年以来业主委员会成立进展迟缓，物业与业主的协调对接仅限于个人等问题，极大地改善了小区的治理环境和条件。

从上述个案中可以看出，麒麟区市域社会治理成效已经显现出来。从整体上看，麒麟区的治理体系和治理能力也得到不断提升，在全区范围内实现了"刑事案件数、命案发案数、上访走访数"连年下降，人民群众的安全感、满意度不断提升。麒麟区的典型经验和治理成效获得认可，在央视新闻、新华网等网络媒体都被推广。

三、麒麟区市域社会治理现代化存在的问题

社会治理是一个复杂的系统性工程，在社会不断的发展过程中，如何应对社会结构变迁带来的诸多难题是一个需要不断探索的重大课题。从总体上来说，麒麟区的社会治理具有一定的基础、优势，也获得了一定成效，但在一些工作中还存在短板。

（一）市域社会治理存在"碎片化"现象

在"大治理"的格局下，市域社会治理工作是多元主体共同参与、分工协调、联合联动开展的一项系统性工程。但在具体工作开展过程中，主体之间条线数量众多、纵横交错，条块分割、分工不明、对接不畅、合力不足的问题依然较为突出，市域社会治理"一盘棋"的效果并没有充分发挥出来。麒麟区虽然成立了专门的市域社会治理办公室，作为日常统筹协调机构，但很难从机构设置上去克服体制方面的障碍。

（二）市域社会治理存在共性与个性的张力

市域社会治理是一个自上而下推进系统性的工程而社会本身是一个复杂庞大的系统，城乡之间、区域之间的治理资源存在较大的差异。在具体落实过程中，普遍性与特殊性之间的张力显现出来。例如，在基础设施建设上，以同样的指标体系建设农村和城市，一方面增加了社会治理的成本，另一方面致使一些治理设施建设流于形式，与地方治理的实际需求相去甚远。

（三）制度机制还不完善

制度机制不完善主要表现在以下几个方面：一是社会风险防控机制不健全。在经济快速发展过程中，不断涌现出一些新的社会问题，例如，建设规划与居民住房改造引发的社会矛盾、外来人口引发的社会治安风险、网络媒体流行引发的网络安全等问题。在应对这些社会风险时，表现出了制度机制不健全、处置滞后的问题。二是公民信息的隐私保护机制不健全。在社会治理过程中，网络科技是一种重要的工具，但在具体的运用过程中存在公民个人隐私泄露的风险，实践中缺乏对公众隐私保护的制度机制。

五、麒麟区市域社会治理现代化的改进建议

（一）构建社会治理协同机制

"中国共产党的领导是中国特色社会主义的本质特征"，社会治理离不开党的领导。在推进市域社会治理工作过程中要发挥"方向盘"和"发动机"的作用，加强党对制度建设的领导能力和治理资源整合能力，强化党员干部在制度建设和实践中的战略思维能力、科学决策能力、组织动员能力、指挥协调能力、开拓创新能力，才能破除条块分割、层级鸿沟的问题，打造信息共通、资源共享、问题共处的治理模式。可以在各级党组织的统一领导下，明确牵头部门，制定阶段目标，压实主体责任，形成齐抓共管的局面。

（二）构建社会治理内生机制

解决市域社会治理过程中共性与个性的张力，需要自上而下的工作推动和自下而上资源利用相结合，注重对内生治理资源的挖掘，着力于解决国家与社会之间、上级与下级之间的关系，将国家对社会的渗透能力和保障社会秩序生产能力有机结合，充分发挥社会组织的作用，搭建政府与群众的交流平台；根据"共建、共治、共享"的治理理念，提高人民群众参与社会治理的积极性，拓宽人民群众参与社会治理的渠道，保障人民群众参与社会治理的权利；通过发挥民智、汇聚民力、反映民意，构建社会治理内生机制。

在市域社会治理中，制度运行机制影响着社会治理效能。曲靖市随着市域社会治理工作的不断推进，制度体系不断得到完善，但制度在运行的过程中仍然缺乏机制保障。因此，构建制度运行机制势在必行。建议从执行、监督和结果评价三个层面完善制度机制。一是执行层面，重视执法队伍建设，提高执法队伍的整体素质和执法能力，进一步提升执法效果；二是监督层面，不断构建和完善执法队伍的监督考核体系，进一步规范执法行为；三是结果评价层面，坚持政治效果、制度效果和社会效果相统一的原则，制定相应的评估办法，进一步评价制度的科学性与合理性。

沾益区社会治理现代化试点工作评估报告

周国兴　张　睿　尚　薇*

沾益区以创建市域社会治理现代化试点示范区为契机，结合沾益实际，找准问题，对症下药，围绕"平安沾益"目标，探索"网格全域覆盖、诉求主动掌握、矛盾当地解决"的"枫桥式"基层社会治理新路子，"党委领导、政府负责、民主协商、社会协同、法治保障、公众参与、科技支撑"的基层社会治理体系基本形成，基层社会治理能力逐步提升，治理成效明显，形成了曲靖市域社会治理的沾益样本。

一、评估工作的基本情况

评估组采取查阅台账、听取汇报、实地走访、访谈交流等方式，深入到沾益区西平、播乐、盘江、花山、大坡等乡镇（街道）以及区人民法院、司法局等区直部门，对沾益区市域社会治理工作的开展情况进行调研。调研期间，评估组实地考察各地社会治理中心、党群服务中心的建设及运行情况，深入社区、村民小组、居民小区等，感受沾益区市域社会治理的成效。

二、取得的成绩

为切实推进市域社会治理，沾益区先后制定《全区加快推进市域社会治理现代化实施意见》《关于成立平安沾益建设暨市域社会治理现代化工作领导小组的通知》《关于加强全区市域社会治理现代化基层基础建设的实施方案》《曲靖市沾益区市域社会治理现代化工作 2021 年重点任务清单》等，对全区市域社会治理的领导小组、责任部门、重点任务进行了安排部署和全面动员，明确了全区推进市域社会治理现代化的时间表、路线图、任务书。

---

* 周国兴，法学博士，昆明理工大学法学院副教授、硕士生导师，主要研究方向为法理学、法社会学、司法哲学；张睿，法学博士，云南财经大学法学院副教授；尚薇，昆明理工大学法学院 2021 级法学硕士研究生。

调研结果表明，沾益区坚持共建共治共享的市域社会治理现代化工作方向，探索形成了"政治统领、法治保障、德治为基、自治为本、智治支撑"基层社会治理格局，推动了基层社会治理实质化、服务建设和矛盾纠纷化解的一体化以及基层社会治理的数字化。

（一）党建引领、网格赋能，网格化治理推进基层社会治理实质化

沾益区始终坚持以党的建设为统领，加快构建基层网格化治理体系，构建"党建引领、网格赋能"的基层社会治理架构，让覆盖全域的"小网格"发挥"大作用"。

1. 党建引领擘画基层社会治理同心圆

一是切实加强党对基层治理的领导。制定"一个领导小组统筹调度、15个专项工作组分工负责"的"1+15"工作机制，实施党建引领基层社会治理"一把手工程"，把党的领导贯穿基层治理各方面、全过程，构建起党委领导、政府负责、多方协同、群众参与的基层治理新格局。

二是全面压实各级治理责任。压实党建引领主责主业，把市域社会治理工作纳入乡镇（街道）党（工）委书记抓党建的重要内容，纳入全区"大督查、大考核"工作体系，整顿软弱涣散党组织，选优配强各级领导班子，从根本上净化沾益区政治生态。

三是建立"党建+治理"工作模式。着力构建"街道大工委、社区大党总支、网格党支部、党员中心户"的党建引领体系，通过红色物业"五星"小区、"红色商圈"、"红色工圈"、"红色居民圈"创建活动，逐步打造党组织领导下的"公共服务圈""群众自治圈""社会共治圈"，引导居民自治组织、群团组织和社会组织共建互融、协商共治，推动自治、德治、法治"三治"融合。例如，西平街道黑桥社区柴油机厂小区[1]改造采取"党建引领、政府主导、群众参与、自治管理"方式成立红色物业，按照"组织建立起来、活动开展起来、群众发动起来、闲置资源利用起来、老旧小区靓起来"的思路，以"组织共建、决策共谋、多元共平、资金共筹、成果共享"，"干群联

---

〔1〕 沾益柴油机厂生活区建于1956年，2009年柴油机厂宣告破产，2014年其原有职工生活区移交地方管理。现有住宅楼8栋、单身宿舍4栋，住户282户852人，住户多为原柴油机厂退休干部职工；生活区下设两个党支部，共有党员104名。在移交至地方管理前，柴油机厂生活区长达10余年的时间里属于三不管小区，导致配套设施差，道路坑洼不平，治安混乱，乱贴乱画、乱停乱放、乱搭乱建等现象严重。

动、民心联通、管理联网、环境联治、文明联创"等具体举措达到了"组织强起来、活动开展起来、群众发动起来、小区靓起来、居民群众笑起来"的良好局面;"五联五共五起来"深化"三治融合"落地,实现了小区从"弃管"状态到良性"自治"的转变,如今小区垃圾随意堆放、房前屋后私搭乱建的现象不复存在,取而代之的是记录柴油机厂历史的"流金岁月""忆风华、圆心愿""咱们工人有力量"等文化墙。

2. "一网群深",网格全覆盖架起基层社会治理的连心桥

网格是市域社会治理的最小单元,也是为群众办实事的落脚点。沾益区基层治理最有特色的经验做法就是网格治理实战化。

一是网格划分科学合理。全区作为一个大网格,在乡镇(街道)设置二级网格,在村(社区)设置三级网格,在村(居)民小组设置四级网格,在四级网格下划分网格单元,实现基层社会治理一网覆盖。全区共设置二级网格 11 个,三级网格 135 个,四级网格 1069 个,共划分网格单元 4378 个。根据城乡社会结构和社会关系的不同特点,对城市社区和农村社区分别采取不同的划分依据,划分为不同类型、规模各异的网格单元。城市社区主要划分为居民网格、商户网格、单位网格,农村社区主要以自然村、村民小组为核心划分不同的网格。以沾益区政府所在地西平街道为例,总共划分 397 个网格单元,其中常住居民网格 232 个、商住小区网格 30 个、单位网格 67 个、商户网格 31 个、工贸商业网格 37 个。

二是网格运行有保障。首先是支部建在网格上,搭建"一长两员"的组织架构。区、乡两级党政主要领导及村(社区)、村(居)民小组负责人担任各级网格长;区委政法委书记、区级包保领导、乡镇(街道)班子成员全面纳入各级网格督导员;每个网格单元选聘一名专职网格员,专职网格员原则上不得由在职村(社)组干部兼任。全区选聘专职网格员 4378 名,明确网格督导员 1077 人。其次是"双吹哨双报到"响应机制。推行"网格吹哨、中心(站所)报到"制度,网格员能解决的网格事项及时解决,不能解决的第一时间上报乡镇(街道)党群服务和社会治理中心,由乡镇(街道)启动"街乡吹哨、部门报到",形成了"多元受理、分流办理、反馈核验、考核考评"工作流程,实现了"信息(问题)采集-上报受理-分析研判-责任分流-限期处置-落地核查"闭环运行。三是工作经费纳入区级组织运转经费保障范围,由区财政统筹安排,每年预算 1000 万元社会治理专项经费用于基层基础

建设、专职网格员补助和工作激励奖励。

三是网格员履职有机制。出台《曲靖市沾益区网格员管理手册》，全面规定网格员的选拔配备、岗位职责、管理运行、考核保障、调整退出等事项。首先是在明确政策宣传、思想引领、信息采集、隐患排查、矛盾调处、民生服务、协商议事、民主管理八项职责的基础上，提炼了网格员"上报小信息、消除小隐患、调处小纠纷、搞好小宣传、做好小服务"的"五小"工作模式和"四必须""四到场""四清楚""四掌握"工作机制[1]。2021年全区网格员排查上报消除各类隐患730余个，反映民生事项990余件，排查矛盾纠纷1260余件，上报事项办结率达98.66%。其次是培训、督导机制提升网格员参与社会治理能力。2021年全区开展网格员业务培训135场次，入户暗访9700余次，指导督促网格员参与社会事务管理6300余次，消除各类隐患730余个。最后是建立激励监督机制。每年开展基层社会治理创新大比武，防止"干与不干一个样、干多干少一个样、干好干差一个样"。专职网格员除了区级财政根据服务管理人口数量拨付每人每年15元的专职补助以外，乡镇（街道）根据自身财力以案定补、以奖代补等方式适当增加补助。为激发网格员的工作热情、突出先进典型的模范作用，全区每年评选5名"金牌网格员"（奖励1万元）；100名"优秀网格员"、10名"优秀网格长"和10名"优秀网格管理员"（各奖励3000元）。2021年评选出留守大学生、大坡乡威格村委会德路小村片区网格员刘海媛等5名金牌网格员。

四是建立网格员办实事机制，实现"人在网格走，事在网格办"。沾益区聚焦"我"来办你来"评"，充分突出群众的参与感。通过网格员大走访等形式征集群众"急难愁盼"线索，解决"事要办哪些"问题；把矛盾纠纷化解在"网格内"，解决"事情怎么办"问题；办实事最终成效由群众评价，解决"办得怎么样"问题，由群众代表和辖区内网格员共同组成"实事评估团"，"实事评估团"采取实地看、现场问、座谈议、即时评等方式进行评价，

---

〔1〕"四必须"是指责任区域每半月必须巡查，如有重要信息必须立即上报，特殊家庭和人员每周必须探访，重要政策、法规必须积极宣传；"四到场"是指群众求助到现场，邻里纠纷到现场，突发事件到现场，民主协商到现场；"四清楚"是指网格内重点场所情况清楚，矛盾纠纷情况清楚，重点人员、特殊群体情况清楚，网格内隐患问题情况清楚；"四掌握"是指掌握网格内基本情况及社情动态，单位、企业、商户、社团组织情况，村（居）民反映的热点、难点、堵点问题，矛盾纠纷化解进度。

填写《曲靖市沾益区"我为群众办实事"网格员评价表》；对重点民生实事事项还要走访调研、集中评议、实时监督。截至2021年底"我为群众办实事"网格员评价活动已开展900余场次，协助推动全区办实事清单11 685项中办理完成事项9465件，完成率达81%。

在全区统一做法的基础上，各乡镇（街道）还结合实际情况，探索出各具特色的网格化社会治理机制。例如，盘江镇创建了"2345"工作运行机制，即坚持网格化、信息化"两化融合"创新服务管理模式；以支部建在网格上的党建引领机制、红黑榜建在网格上的联动自治机制、志愿服务建在网格上的资源整合机制"三项机制"奠定基层治理基础；服务群众做加法、社会稳定做减法、聚焦合力做乘法、痛点难点做除法"加减乘除四法"切实维护群众利益；指挥调度体系、网格层级体系、工作流程体系、考核评价体系、督办问责体系"五套体系"确保治理发挥实效。再如，大坡乡创建了"2单3会4网"网格化基层社会治理模式，每月由乡党委向网格员派发重点工作清单和宣传任务清单；召开一次党员大会、网格员研判会和网格片区群众会；投入30余万元建成"声网、视网、会网、人网""4网"一体的共治社会治理中心，"声网"即应急广播系统，"视网"即在线监控系统，"会网"即在线会议系统，"人网"即网格员队伍；"2单"重"责"确保网格治理有目标、"3会"重"人"确保联系群众零距离、"4网"重"技"实现治理覆盖全方位，将大坡乡21个三级网格和265名四级网格员牢牢联系起来，以"三重保障"打造基层治理工作闭环。

（二）法治保障、诉调衔接、诉源治理推进服务建设与矛盾纠纷化解一体化

沾益区市域社会治理不仅仅局限于矛盾纠纷的排查化解，而是融入了通过法治保障推动为民服务的元素，从被动性的社会管理模式转变为主动、互动、回应型的社会治理模式。

1. 一站式服务体现以人民为中心的市域社会治理模式

一是建立"一扇门、一道窗、一张网、一条龙"的便民利民实体化治理平台。坚持"一个平台"管服务，整合现有综治中心、矛盾纠纷调处中心、接访中心、指挥调度中心和公共法律服务中心资源力量，"五中心"同建同体打造开放式、集约化、共享性的党群服务和社会治理中心；全面推进规范化、标准化建设，乡镇（街道）党群服务和社会治理中心名称、标识等，按照统一标准进行建设，外观风貌保持一致。截至2022年2月，沾益区区级社会治

理中心正在装修，建成后将成为集信息收集上报、指挥调度、事件处置、视频会议、视频监控分析、社会治安形势研判分析、网格化服务管理、为民服务等功能为一体的智能化、实战化实体。除播乐乡以外，全区其他10个乡镇、街道均已完成党群服务和社会治理中心规范化、标准化建设，此外，党群服务和社会治理中心的规范化建设还覆盖延伸至了播乐乡偏山村等若干有条件的村（社区）。

二是形成"7+X"便民服务模式，联合办公，提供一站式服务。"7"为矛盾纠纷调处、公共法律服务、群众来访接待、网格化调度指挥、综合执法、市场监管、公安户籍信息管理等功能区，"X"即根据本乡镇（街道）实际需要，设置相应功能区。例如，西平街道根据自身"一小五多"[1]的特点和居民需求，党群服务中心进驻民政、残联、计生、户籍、社保、市场等8个服务窗口，15名工作人员，与社会治理中心信息互通、工作联动，搭建了以街道党群服务与社会治理中心为统领、11个社区党群服务中心和社会治理中心为单元、N个服务场所的"1+11+N"服务阵地，以"红色居民圈""红色商圈""红色工圈"为依托构建"党建+自治+公益互助"基层社会治理模式，实现了基层治理一网覆盖、社情民意一屏知晓、指挥调度一体联动、群众诉求一呼必应。

三是"送法下乡"，推动基层社会依法治理。成立区矛盾纠纷多元化解指导委员会，为各乡镇（街道）配备法律顾问、法治指导组和法治联络员，为各村（社区）指派法治指导员，配齐各中（小）学法治副校长，开通乡、村社会治理中心与区法院矛盾纠纷远程视频调解系统，全面强化群众法治观念，牢筑法治社会建设根基。工作推进以来，法治指导组共研判处置疑难复杂问题13件，法治副校长开展法治辅导700余场（次），法治指导员规范村级事务540余件（次）。2022年1月，沾益区人民法院专门出台《曲靖市沾益区人民法院融入市域社会治理强化法治指导联络工作实施方案》，按照"一个支部一个故事、一个网格一件实事、一名法官一张名片、一类案件一个机制"的工作思路，成立法治指导组，向乡镇（街道）提供法治联络员，构建起"一格一员"的法治指导格局。法院法治指导组成员主要负责配合沾益区法治指导组，对所挂乡镇（街道）依法治理工作进行指导，参与重大社会矛盾、

---

〔1〕即辖区面积小、人口多、建设项目多、社会构成元素多、居民服务需求多、矛盾纠纷多。

疑难纠纷研判等工作；法院法治联络员主要负责对所挂包乡镇（街道）矛盾纠纷化解提供法律意见，指导基层人民调解委员会积极开展矛盾纠纷调处工作、定期开展多元解纷培训及指导工作，引导当事人诉前调解及依法解纷。

2. 纵横交错、诉调衔接化解矛盾，"枫桥式"示范集群建设推进社会治理

沾益区不断健全社会矛盾纠纷多元化解机制，坚持和发展新时代"枫桥经验"，加强花山人民法庭、盘江司法所等"枫桥式"示范集群建设，积极探索"珠源调解"品牌，力争实现矛盾纠纷"一站式接收、一揽子调处、全链条解决"，"小事不出村（社区）、大事不出镇（街道）、矛盾不上交、平安不出事、服务不缺位"，强化源头治理，有效打通服务群众、化解矛盾的"最后一公里"。

一是纵横交错的"大调解"格局推动诉源治理。纵向上强化11个乡镇（街道）调委会的属地责任，确保在乡镇（街道）以下层面实现矛盾纠纷95%以上就地化解；发挥135个村（社区）调委会的前哨末端作用，及时就地排查化解小微纠纷，向上预警转报可能升级的重大纠纷，让各类矛盾纠纷都能从源头实现有序分流。横向上，按照行业领域的矛盾纠纷分布特点，在区法院设立诉前人民调解委员会化解涉诉纠纷，在11个公安派出所设立人民调解室化解治安纠纷，在区妇联、交通警察大队设立行业性、专业性调解组织化解行业纠纷、家事等民事纠纷，实现各行业领域矛盾纠纷的及时"拦截"化解。此外，各类调解组织与法院、检察院、公安等部门以及工会、妇联、工商联等社会团体衔接配合，建立了人民调解与司法调解、行政调解"三调对接"的机制，凝聚工作合力，提升矛盾纠纷多元化解实效。全区建立并备案各类人民调解委员会共171个，其中乡镇（街道）人民调解委员会11个，村社调委会135个（村调委会89个，社区调委会46个），行业性、专业性调委会（派出所调解室）21个，其他调委会4个；人民调解员共计694人，其中专职调解员217人，兼职调解员477人。2021年，全区各类人民调解组织累计受理调解案件3594件，调解成功3495件，调解成功率97.25%。

二是强化诉调对接长效机制。坚持"突出预防、非诉挺前、裁判断后"的多元纠纷化解工作原则，区司法局与法院共同选聘25个特邀调解组织和50名特邀调解员，根据案件发生属地、纠纷特点等实际情况对法院委托、委派的案件及时开展调解工作。沾益区人民法院诉前调解中心特邀专职调解员6名，驻院对事实清楚、双方无争议的民事纠纷采取诉讼前调解。2021年沾益

区法院委派调解案件 2547 件，调解成功 1775 件，司法确认 745 件，法院委派案件涉案金额 15 323.6945 万元，调解成功案件涉及金额 6831.894 万元，实现了排查优先、非诉挺前、裁判断后的基层社会治理局面；自 2021 年开始，法院立案数下降，诉调工作取得了良好的法治效果和社会效果。

三是线上线下相结合，探索矛盾纠纷远程视频调解。"线上"依托"人民法院调解平台"，拓宽网格调解申请渠道。群众通过"云南掌上 12348"微信公众号、"一部手机办事通"直接申请调解并随时查看工作进度。"线下"加强矛盾纠纷源头治理，大力推行网格化排查新模式，落实"一格一员、人人有责"纠纷化解制度，无法自行处置的纠纷，及时报送上级网格予以化解；对"线上"受理的矛盾纠纷，明确具体负责人，必要时成立调解工作专班，实现矛盾纠纷"线上受理，线下化解"全过程控制、闭合式管理。"移动微法院"、"云解纷"、人民法院调解 APP、诉讼服务"一体机"、法律服务机器人等"互联网+"与基层社会治理的融合，回应了人民群众的多元纠纷化解需求。

（三）智治支撑、声视合一，综治"9+X"大数据应用平台引领基层社会治理数字化

沾益区坚持"听聪视明"强治理，提高网格治理"立体化"效率，将数字智能化融入基层社会治理，逐步破除时间和空间对基层社会治理造成的阻碍，"智慧小区""智慧社区""智慧校园"建设和视频联网工作有序推进。

1. 以"9+X"大数据应用平台为依托的社会治理指挥调度体系织密"事网"

以装备一体化、指挥扁平化、操作智能化为建设标准，以指挥调度"看得见""呼得通""拉得动"为目标，整合区域内公共安全视频监控和乡村智慧大喇叭资源，各类综治信息平台与市级"9+X"综治平台（曲靖市域社会治理与公共服务信息平台）接入整合，集语音、视频、图像、数据、文本消息等各种信息媒体交互于一体，全面破除通信孤岛，实现对案（事）件的全程监控、正确判断和快速处置，真正形成多媒体、全覆盖、随意调的综合指挥调度体系，充分发挥平台统筹调度、实时监测、提前预警、广泛动员的功能作用。

依托"9+X"大数据应用平台、"平安曲靖"APP、"沾益区网格"企业微信等智能平台和程序，设立区乡两级社会治理指挥调度中心，将"人、地、物、事、组织"等社会治理基本要素数字化，以区社会治理中心为中枢，与

乡镇（街道）、区直各部门、村（社区）协同互动的智能化网格指挥调度平台基本建成，确保社情民意能够及时收集、群众诉求能够及时响应、矛盾纠纷能够及时化解、信访案件能够及时办理，实现小事一格解决，大事全网联办。目前全区 11 个乡镇（街道）社会治理中心已经全部完成人口、楼栋、房屋、住户、对应的网格员、综治组织等基础信息的录入工作。网格员走访发现安全隐患、矛盾纠纷等事件，通过"平安曲靖"APP 以文字、语音、图片、视频等方式上传归集到"9+X"平台，实现了"社情民意一屏知晓、指挥调度一体联动"。以大坡乡为例，2021 年 265 名四级网格员通过"平安曲靖"AAP 上报信息 6000 条至"9+X"平台，乡社会治理中心排查上报矛盾纠纷 195 件、处理纠纷 75 件；派发 21 个三级网格调处纠纷 120 件，上报乡党委二级网格调处负责疑难纠纷 33 件。

2."声网""视网"共同推进智慧安防

采取上级补助一点、基层组织筹集一点、市场化运作一点的办法，逐步补齐基层治理必需的硬件支撑，推动"智慧喇叭""雪亮工程"建设向村（居）民小组延伸。

一是全力打造智慧化宣传共享平台。推进广播"村村通"工程扩面升级，将"智慧喇叭"建设延伸到全区 1069 个村居（民）小组，于每天早中晚分时段开展政策法规、精神文明建设、爱国卫生、反邪教、防诈骗、防盗抢等宣传，让"智慧喇叭"成为传播政策法规、密切党群干群关系、动员群众参与社会治理的"传声筒"，使广大村民听得到党委、政府发出的真实"声音"。同时，以网格管理智慧微信小程序为载体，群众的所思所盼所想及时能在专职网格员终端反映出来，实现了"下情上达"，使党委政府听得到广大村民的真实"声音"。

二是结合"雪亮工程"建设，按照"全域覆盖、全网共享、全时可用、全程可控"的目标，在各乡镇出入口中、城区重点部位新建监控 456 路，人脸识别监控 475 路，结构化视频监控 100 路。在农村地区，以守住"乡门"、把住"村门"、看好"家门"为目标，采取网格员示范带动的方式，对已建监控进行角度调整，动员村口、道口周边住户自建视频监控 3600 余路，其他区域自建 11 000 余路，全区视频监控总量达 32 000 余路，区域内重点场所、重点部位、重要路段实现 24 小时有视频监控，监控视频按照属地原则全部接入各乡镇（街道）社会治理中心"9+X"平台，有效集成网格单元政策宣传、风险防范、便民服务功能，推动治理资源和服务重心向基层下沉，逐步实现基层治理"看得见、呼得到，信息准、响应快"。

三、存在的问题

沾益区在市域社会治理现代化试点创建中也存在一些问题短板，主要表现：

一是工作台账记录不规范、归集不及时。实地走访发现，沾益区为扎实推进市域社会治理采取了多项实战性措施，取得许多阶段性成效，但是工作痕迹材料未能全面充分体现这些实际举措及其成效。

二是法律明白人、人民调解员、网格员的融合机制有待完善。实地走访发现，沾益区网格化治理有特色、人民调解化解纠纷有成效，建立了法治指导组与法治联络员的"送法下乡"机制，然而如何有效整合机制形成合力、发挥法律明白人在乡村社会治理中的作用、推进法治乡村建设还有待探索。

三是有专业资质的心理咨询和社会工作人才队伍有待壮大。调查结果显示，沾益区135个村（社区）均建有心理工作室，社会组织、志愿者参与社会治理的积极性也较高，但是具有专业资质的心理咨询师和社会工作者数量不足，与基层社会治理中日渐增长的社会心理服务和社工需求不匹配。

四、评估结论和建议

沾益区经过一年多的实践探索，以党建引领的高度、多网合一的力度、亲民为民的温度，创建了"2单3会4网""2345"等工作运行机制，有效解决了社会治理信息上不来、力量下不去、合力形不成的问题，架起了党和人民的"连心桥"，打通了联系服务群众"最后一公里"，人民群众的获得感、幸福感、安全感和满意度不断提升。中央、省、市各级领导对沾益区基层社会治理取得的成效给予充分肯定，基层治理经验多次被《人民日报》等国家级媒体刊载。

然而，市域社会治理是一项长期的系统工程，一方面，仍需继续加大投入力度、夯实基层尤其是农村基层基础。网格员队伍的稳定、社会工作专业人才队伍建设、城乡公共服务体系建设、"雪亮工程"联网运用等，都需要稳定的经费保障，目前沾益区每年投入1000万财政支持社会治理工作，应形成稳定机制。另一方面，强化党建引领社会治理的过程中，应注意发挥党内法规在市域社会治理中的指挥棒作用，尤其是应通过两委"一肩挑"机制的制度优势，激发"涉农"党内法规在农村地区的社会治理效能。

马龙区社会治理现代化试点工作评估报告

张　睿　周国兴　尚　薇[*]

一、评估工作的基本情况

（一）曲靖市马龙区基本情况

曲靖市马龙区地处云南东部，属于曲靖市辖三个区之一，也是曲靖市与昆明市接壤的地区，其西与昆明市嵩明、寻甸两县接壤，南与昆明市宜良县接壤，属于昆曲交通上的重要节点。马龙区在经济结构上主要依赖第一产业，第二产业和第三产业增速较快，在近 2 年的经济增速中，第二产业增速明显超过第一产业。马龙区人口相对较少，根据第七次人口普查统计数据，常住人口为 19 万余人，仅为麒麟区的 1/5。马龙区区域面积 1751 平方公里，下辖 5 个街道、2 个镇、3 个乡，共 74 个村（社）。基于马龙区的情况，其在市域社会治理中体现出以下一些特点：

第一，社会秩序较为稳定。马龙区总体上仍处于"熟人—半熟人"的社会模式，道德规范在社区和农村具有强大的权威性，是基层治理中不可或缺的重要因素，法律规范在农村地区发挥作用的深度和广度不够。矛盾纠纷主要集中于婚姻家庭、土地权属、社会治安等传统的类型，尚未出现较大的社会秩序变革，虽然呈现出传统秩序向现代秩序的转型态势，但仍在缓慢可控的范围之内，社会秩序尚未呈现出多元割裂的态势。

第二，治理主体较为单一。因为社会秩序未呈现出多元复杂的态势，社会民众对于公共产品和公共服务的需求仍然单一，主要还是治安管控、矛盾化解、社会保障等传统政府事项，因此在社会治理上仍然主要依赖政府及职能部门发挥治理作用，市场主体和社会组织不及东部地区发达，在社会治理

＊　张睿，云南财经大学法学院副教授；周国兴，法学博士，昆明理工大学法学院副教授；尚薇，昆明理工大学法学院 2021 级法学硕士研究生。

方面的作用尚未充分显现。

第三，人口结构较为固定。马龙区人口较少，在人口流动上主要以本地人外出务工为主，因为当地第二产业和第三产业提供的就业岗位有限，流入人口不多，也多以市内和省内人员为主，人口结构不复杂。农村地区多以留守老人和妇女儿童为主，在治理上面临人才匮乏的难题，在治理需求上以生活保障等民政类治理事项为主。

（二）评估方法及对象

本次对马龙区市域社会治理现代化工作的评估周期为 4 天，自 2022 年 2月 13 日至 16 日，评估的方法主要为材料核查、听取汇报、访谈交流、实地调研等。在评估期间，评估组实地走访了通泉、鸡头村、马鸣、纳章、大庄 5个乡镇（街道）的党群服务中心、司法所等，每个乡镇（街道）随机调研一个村（社），并延展至一个居民或村民小组，区直部门主要实地走访了区委政法委、民政局和人民法院。实地调研地确定的方式是由当地提供名单，评估组在其中随机选择，同时考虑街道、乡镇、村委会、社区都有实际考察点可供观测，尽量确保被评估对象的广泛性和典型性，能够客观真实地反映被评估对象的实际情况。

二、曲靖市马龙区市域社会治理的主要举措及成效

马龙区在市域社会治理现代化工作中深入贯彻党中央精神，在平安建设方面成绩显著：连续 19 年被省政府授予"无毒县"荣誉称号；连续 7 年评为"全省先进平安县"；连续多年群众安全感满意度排名全省前 30 位，全市第 1位；被国家信访局授予 2020 年度信访工作"三无"区；被授牌命名为"2017～2020 年度平安中国建设示范县"。其在市域社会治理现代化治理中的主要举措及成效如下。

（一）着力探索"三治融合"治理模式

党的十九届四中全会《中共中央关于坚持和完善中国特色社会主义制度推进国家治理体系和治理能力现代化若干重大问题的决定》提出："健全党组织领导的自治、法治、德治相结合的城乡基层治理体系。"[1]由此正式确立了

---

〔1〕《中共中央关于坚持和完善中国特色社会主义制度 推进国家治理体系和治理能力现代化若干重大问题的决定》，载 http://www.gov.cn/zhengce/2019-11/05/content_5449023.htm，最后访问日期：2022 年 3 月 30 日。

城乡"三治融合"的基层治理体系，2021年4月，《中共中央　国务院关于加强基层治理体系和治理能力现代化建设的意见》进一步强调："建立起党组织统一领导、政府依法履责、各类组织积极协同、群众广泛参与，自治、法治、德治相结合的基层治理体系。"[1]标志着"三治融合"这一治理模式走向体系化和规范化。

马龙区在城乡基层治理中，面对因人口流动和乡村空心化产生的治理难题，积极探索"三治融合"治理模式的新途径新方法，结合本地实际需要，形成了由下而上、多元参与的"一约三会"基层治理机制，其具体做法：第一，由居（村）民共同商议完善社区居民公约和下辖各居民小组公约，并制定各居民小组议事规则和红白理事会章程等，实现基层民主协商和自我管理的制度基础；第二，居（村）民小组成立了党组织+居（村）民议事会、乡贤参事会和代表监督会，居民议事会组织群众和村民代表参与村内重大事项讨论决策，乡贤参事会组织号召本村乡贤对公共事务出智出力，监事会对各项决策流程和居（村）务进行全面监督；第三，完善自治议事流程，通过居民说事——村务商议——民事村办——村事民评——议事监督，形成具体可行、规范有效的议事机制；第四，构建"两堂三会"德治体系，道德讲堂弘扬传统优良道德，居民学堂普及文明健康生产生活方式，并通过道德评议会、乡风文明理事会和邻里守望互助会推选道德模范、商议村内红白事、帮扶贫困孤寡老人等；第五，组建红色治安队、金色调解队、蓝色护管队和橙色法宣队，及时制止违法行为，杜绝安全隐患，化解矛盾纠纷和普及法律知识。

"一约三会"模式实现了村民自治、道德自律和法律约束的有机融合。首先，有效提升了居（村）民参事议事的意愿和能力，通过议事会先行对村级重大自治事务进行充分的讨论酝酿，形成比较成熟可行的意见和结论后再交付村民大会表决，使每一项通过的事项都充分体现了居（村）民意愿，确保表决事项在后续能够顺利推行。其次，通过乡贤参事会及道德讲堂等治理机制，充分发挥了德治的效用，一方面基本杜绝了以往大操大办、乱扔垃圾、铺张浪费等陈规陋习，遏制了婚丧嫁娶攀比、不善待老人、重男轻女等不良风气；另一方面通过道德模范评比和道德红黑榜的设立，激发了群众求善崇

---

〔1〕《中共中央　国务院关于加强基层治理体系和治理能力现代化建设的意见》，载 http://www.gov.cn/zhengce/2021-07/11/content_ 5624201. htm，最后访问日期：2022年3月30日。

德的自觉性和主动性，在当地形成了良好的社会风气和善良风俗。最后，强化了法治的刚性治理作用，治安队通过日常巡查整治和及时上报可以有效防止违法行为的出现和蔓延，调解队通过及时处理日常矛盾纠纷可以避免矛盾的激化和爆发，法宣队联合相关司法部门专业人员通过日常性和专门性的送法下基层活动，有效提升了居（村）民的法治意识，更为基层矛盾纠纷较为集中的婚嫁家庭、劳动争议、消费纠纷、土地争议、合同纠纷等提供了专业的纠纷解决建议，切实保障基层治理的有序性和规范性。

（二）推动高水准平安建设工作

平安是自古以来老百姓的美好愿景，也是党和国家长期以来在治理方面的核心目标，党的十九大报告明确提出："建设平安中国，加强和创新社会治理，维护社会稳定和谐，确保国家长治久安、人民安居乐业。"[1]相较于传统的社会治安稳定工作，平安建设工作更加突出了治理的深度与广度，涵盖了政治、经济、社会、文化、生态等多个领域，要求各级党委、政府和司法部门采取综合治理的方式，坚持预防为主、防治结合的原则，构建社会综合治理长效机制，确保经济社会平安稳定。

平安建设是一个需要持续提升的复杂系统性工程，马龙区长期以来高度重视平安建设工作，在长期的实践中形成了一套协作联动、高效迅速的平安治理机制，主要措施：第一，加强制度建设，积极构建符合马龙实际的平安治理机制，马龙成立了由区委书记为组长的平安马龙建设暨市域社会治理现代化工作领导小组，构建了"1+15"工作专班，定期召开专项组联席会议，完善协调机制，制定了一系列相关文件；第二，强化源头治理，建立"三治三建"工作机制，通过乱点乱象治"早"机制，从源头上彻底铲除黑恶势力滋生的土壤，通过矛盾纠纷治"小"机制，把矛盾纠纷化解在初始状态，通过线索问题治"尽"机制，加大线索摸排力度；第三，深入开展扫黑除恶专项工作，在巩固既有的扫黑除恶工作成效的基础上，成立马龙区扫黑除恶斗争常态化工作领导小组，持续推进扫黑除恶斗争常态化开展；第四，做好精准防控工作，针对重点人群、重点领域、重点行业根据其不同的特点建立不

---

[1] 《决胜全面建成小康社会 夺取新时代中国特色社会主义伟大胜利——在中国共产党第十九次全国代表大会上的报告》，载 https://www.12371.cn/2017/10/27/ARTI1509103656574313.shtml，最后访问日期：2022年3月30日。

同的治理机制，实现因人施策、因地施策、因案施策，区别落实、教育转化，从根源上实现问题的治理；第五，加大乡镇（街道）综合整治力度，构建区、乡镇（街道）、村（居）委会、村（居）民小组四级社会治安防控体系建设领导小组，层层压实治安防控责任。

除此之外，马龙区在智慧安防建设、人员队伍建设、命案治理体系建设等方面也进行了大量卓有成效的工作，经过不懈的努力，马龙区基本实现了政治安全稳定、社会秩序良好、经济环境稳定、人民安居乐业的平安建设目标，被授牌命名为 2017 年~2020 年"平安中国建设示范县"，连续 7 年被评为"全省先进平安县"，从 2020 年 8 月至今未发生命案，创成"零命案县（市、区）"，群众安全感满意度常年居全市第一。

（三）扎实推进网格化治理工作

十八届三中全会通过的《中共中央关于全面深化改革若干重大问题的决定》提出要改进社会治理方式，创新社会治理体制，"以网格化管理、社会化服务为方向，健全基层综合服务管理平台"。[1]这标志着各地的网格化管理实践正式被中央确认并作为普遍要求推行全国，党的十九大报告强调要"提高社会治理社会化、法治化、智能化、专业化水平。"[2]网格化管理因此也纳入社会综合治理体系中，转变为网格化治理。尽管网格化管理模式早在 2005 年在北京东城区就已形成，但并未形成统一标准和做法，各地在实践中差异较大。虽然曲靖市出台了网格化治理相关的统一要求和标准，但各区县的做法也并不完全一致，作为一种尚处于探索阶段的治理模式，其效果还需在实践中予以检验并不断修正完善。

马龙区在遵循曲靖市网格化治理的统一要求下，也根据本地实际进行了相应的调整，辅以"红色物业"体系打造高效低成本的基层治理模式，具体措施主要有：第一，通过"专兼结合、专群一体、分类推进"的方式，配置网格队伍，以区直单位干部、街道干部、党员、志愿者、村委会成员组成网格长和网格员，在确保网格治理专业化的同时，通过大量兼职网格员的纳入，

---

[1] 《中共中央关于全面深化改革若干重大问题的决定》，载 http://cpc.people.com.cn/n/2013/1116/c64094-23561785-13.html，最后访问日期：2022 年 3 月 30 日。

[2] 《决胜全面建成小康社会 夺取新时代中国特色社会主义伟大胜利——在中国共产党第十九次全国代表大会上的报告》，载 https://www.12371.cn/2017/10/27/ARTI1509103656574313.shtml，最后访问日期：2022 年 3 月 30 日。

极大地降低了人员成本，目前全区划分一级网格 74 个、二级网格 624 个，配备专兼职网格员 1131 名；第二，强化网格化建设的场所保障和经费保障，通过"红色物业"体系，以物业公司为载体保障网格办公场所，并通过"以案定补"和"积分考核"的方式不断提高专职网格员待遇，提升网格员参与治理工作和调处工作的积极性；第三，加强党建引领作用，在城市社区推行物业企业管理层和社区"两委"成员、网格员、在职党员"双向进入、交叉任职"，充分发挥社区党组织的政治引领作用，在农村，打造形成"区委—乡镇（街道）党（工）委—村（社区）党总支—村（民）小组党支部"四级党组织管理体系，形成"多网合一、一网格一支部（党小组）"格局；第四，推进数字化管理，在科学划分网格后，对所有网格实行统一编号和网格地理信息数字化建设，规范"多元受理、分流办理、反馈核验、考核考评"工作流程，实现"信息采集—上报—研判—分流—处置—反馈—核查"闭环运行，推动网格管理全域化、信息化、精细化、科学化；第五，建立共商机制，提升服务能力，将"需求式服务"和"供给式服务"有机结合，精准了解群众需求并梳理"需求清单"，社区党组织在"需求清单"和"问题清单"中筛查、整合、细化，最终形成"服务清单"，同时由党组织、党员结合自身优势、专业特长等列出服务事项构成"供给清单"，群众对照清单点单，网格党组织通知供给方开展服务。

网格化治理是通过公私部门合作、非营利组织与营利组织共同参与提供公共服务的治理模式，能有效满足当今社会民众更为多元复杂的公共物品需求。[1]马龙区通过整合政府部门、自治组织、物业公司等多方主体，实现了治理形态与模式的转变，将基层部门从繁杂的各类事项中解放出来，交由专业的组织和公司去完成如数据搜集、信息传达、事项代办和公共服务等工作。从实践效果来看，使政府部门的职责更加清晰明确，信息传达沟通更加有效，服务事项更加细化，人民的幸福感和获得感得到了切实增强。

三、存在的问题

基于资金和人员等客观因素，马龙区在市域社会治理现代化的工作中主要存在如下问题需要进一步推进和解决。

---

[1] 参见［美］斯蒂芬·戈德史密斯、威廉·D·埃格斯：《网络化治理·公共部门的新形态》，孙迎春译，北京大学出版社 2008 年版，第 8 页。

第一，由于当地硬件条件不具备，党群服务中心与社会治理中心规范化建设不能完全落实，名称和标识还未全部更换和整合，但是能满足当地实际需要。部分乡镇没有实现一站式服务，主要是派出所的职能没有整合进综治中心，户籍事项都到派出所办理。由于没有市场监管需要，部分乡镇未设置市场监管职能，综合执法的功能也尚未完全整合。

第二，社会组织孵化力度不够，未能充分发挥社会组织参与社会治理的功能。目前各乡镇虽然已经建设了社会组织孵化平台，也按照相关文件形成了相应的机制和制度，但是尚未有成功孵化的案例，目前参与治理的社会组织较少，主要是老年人促进会等一些由政府职能部门主导的协会，缺乏自发自主成立的组织，其主要原因在于资金和人才的匮乏，另外马龙区人口少、事项单一，群众也缺乏对社会组织提供公共服务的迫切需求。

第三，专业人才队伍建设不充分，例如社会工作专业人才欠缺，区内取得社会工作者国家职业资格证的人员稀少。心理人才库建设不足，具有专业资质的心理辅导人员也十分欠缺，无法做到每一村（社）都配备至少一名专业心理人员。法律专业人才也比较匮乏，法律明白人工作尚未推进，基层法律专业服务跟不上社会发展的需要。

四、评估结论和建议

马龙区市域社会治理现代化各项工作推进有力，基本形成了党建引领、政府负责、社会协同、公众参与的多元社会治理格局。在工作中十分注重党组织的政治引领作用，把"一岗双责"落到实处，形成"党建+治理"模式，在政府治理、红色物业、网格化治理等方面均充分发挥了党组织的先锋模范作用。此外，马龙区结合地方实际，积极构建多元矛盾纠纷化解机制，在平安建设工程方面的成绩显著。基于马龙区实际情况，在智能化工程、心理服务、政务服务标准化建设等方面还存在一定的不足。总体而言，马龙区在市域社会治理现代化工作的推进中不乏亮点，工作扎实、成效显著，形成了平安和谐稳定的社会治理格局。基于进一步完善和加强市域社会治理现代化建设的考虑，对今后的工作提出如下建议：

第一，积极培育社会组织，强化自治基础。市域社会治理现代化的重要目标就是打破以往的政府单一管理模式，形成政府主导、多方参与的多元共治局面，以解决政府管理下的公共产品供给不足问题。因此，社区服务组织、社会团体等是市域治理的主要参与主体，社会组织的强大才能夯实社会治理的基础，建议首先加强和培育村（社）内部已有的服务组织，如法律宣讲组织、文艺组织等，充分发挥它们的公共职能。同时，要加强社会组织的培育发展机制，辅以政策和资金技术支持，通过政府购买的方式将能够委托给社会组织的事项积极委托给社会组织，以切实发挥社会组织的专长。

第二，强化协调统筹机制，整合社会资源。在调研过程中，能够明显发现基层治理中普遍存在的资源不足困境，资源限制的化解一般有两种途径，一是从外部获取资源予以补充，二是内部进行资源整合，提高资源的利用率。我们不能陷入凡是工作就要增加资源的怪圈中，应当首先考虑如何利用好手里的资源，作为社会资源的主要拥有者与分配者，政府应当加强资源优化配置和整合，协调各部门利益，以"供给侧"改革为切入点，从治理主体多元化入手，围绕治理需求分配资源，使每一项资源都发挥其最大效能。与此同时，要加强监督机制，保障资源的有效投放和使用。

第三，完善常态公开机制，推进事项公开。基层管理存在的普遍问题是注重结果轻视过程，在居（村）务公开、村（居）规民约制定等方面往往存在不规范不合规的问题，在事项的推进上也以事情的了结为主，缺乏过程性记录和监督，一方面不利于培育基层群众树立权利意识尤其是知情权的意识，另一方面也不利于形成透明的监督机制。知情权是参与权的重要前提和保障，如果不积极引导基层群众对村（居）务进行关注，也就难以形成全民共同参与治理的积极性与主动性。

会泽县社会治理现代化试点工作评估报告

姚上怡　樊　安　上官子凡*

2022 年 2 月 13 日至 16 日，为迎接市域社会治理现代化试点工作省级初验和中央终验提前谋划做好各项准备工作，受曲靖市政法委委托——昆明理工大学曲靖市市域社会治理现代化试点第三方模拟评估第三小组到会泽县开展市域社会治理现代化评估工作。

一、评估基本情况

评估组采取材料审核、听取汇报、实地考察、抽样调查、部分座谈等方式，精心组织，细致深入地开展了会泽县的模拟评估工作。

评估组到会泽县司法局、政务服务管理局、人民法院、民政局、公安局等机关单位，以及五星乡、待补镇、以礼街道、钟屏街道及下辖木城社区、古城街道、宝云街道进行实地调研，听取汇报，审阅材料，并对县人大办、应急管理局、宣传部、信访局、网信办、人民检察院、住建局、卫健局、公安局等 10 家牵头单位进行现场座谈，对其余成员单位采取审阅档案材料的方式进行评估，为会泽县的市域社会治理现代化工作"问诊把脉"。最后，模拟评估第三小组召开反馈会，对会泽县的评估情况进行了反馈。

在模拟评估的全部过程中，会泽县全力配合，认真做好各项工作。对在评估中发现的问题，会泽县表示将进一步认真梳理，找准短板弱项，抓好整改落实，全面掌握第三方评估的重点和关键，吃透测评体系，精心组织实施，认真做好迎接评估各项准备工作，确保评估工作顺利开展，取得预期成效。

二、取得的成绩

针对曲靖市市域社会治理现代化领导小组办公室印发的《云南省曲靖市

---

* 姚上怡，昆明理工大学法学院讲师；樊安，昆明理工大学法学院副教授；上官子凡，昆明理工大学法学院 2020 级法律硕士研究生。

市域社会治理现代化试点工作测评指标体系》（第2版），会泽县比较认真地予以贯彻落实，取得了较好的成效。

（一）一把手工程

会泽县抓好中央决策部署落实，压实各级党委政府责任，建立工作专班，发挥政府主导作用，突出党委政法委统筹职能，建立定期研究解决问题机制。会泽县相继出台《中共会泽县委 会泽县人民政府关于加快推进市域社会治理现代化的实施意见》（会发〔2020〕8号）、《中共会泽县委办公室 会泽县人民政府办公室关于印发加强市域社会治理现代化基层基础建设的实施方案的通知》（会办发〔2021〕23号）、《中共会泽县委办公室 会泽县人民政府办公室关于成立平安会泽建设暨市域社会治理现代化工作领导小组的通知》（会办通〔2020〕28号）等文件，注重联动融合、开放共治，整合优化各类社会资源和社会力量，努力建设人人有责、人人尽责、人人享有的社会治理共同体，确保人民安居乐业，社会安定有序。

（二）党建引领工程

会泽县发挥乡镇（街道）党（工）委统筹协调各方、领导基层治理的作用，按照"5办+7中心"设置机构，选聘31名党组织负责人担任"大工委"兼职委员。延伸党建网络，推进党建网络与社会治理网格"双网合一"，将党支部或党小组建在网格上，把党建网络延伸到群团组织、非公经济组织和社会组织中，实现"多网合一，一网络一支部（党小组）"，确保每个网格有1名党员作为网格员或网格辅助力量参与社会治理工作。发挥村（社区）党组织在基层社会治理中的作用，圆满完成村（社区）"两委"换届工作，推进村级党组织带头人队伍整体优化提升，有效助力基层治理。实行村（社区）"两委"成员分片联系负责村（居）民小组和网格制度，探索居民小组和网格一体化，居民小组党支部书记或小组长兼任网格长，做好民情收集、矛盾调处、安全维稳等工作。出台《关于加强村（居）民小组党支部建设全面提升乡村治理水平的实施方案》，明确议事协商机制、清单，全面培育"三治融合"示范村。按照"有机构、有人员、有场所、有经费"要求建设社会治理中心（综治中心），目前县级社会治理中心（综治中心）硬件设施正在安装调试中。按照"一乡（镇、街道）一策"要求，根据"三整合一统一"的标准，依托现有条件及基础，最大限度整合党群服务和社会治理资源力量集中开展工作。

（三）思想道德文化建设工程

会泽县深入开展习近平新时代中国特色社会主义思想和习近平法治思想"六进"活动。制定下发了《县委理论学习中心组 2021 年学习选题计划》《2021 年宣传思想工作要点》，建立完善《党委（党组）理论学习中心组县级列席旁听工作机制》，按照"七个一"的建设标准，建成习近平新时代中国特色社会主义思想示范基地 28 个。组织党（工）委（党组）签订《意识形态工作责任书》，认真贯彻落实《党委（党组）意识形态工作责任制实施办法》和《党委（党组）网络意识形态工作责任制实施细则》。与县公安局网安大队协同处置形成合力，做到 24 小时实时监测网络舆情信息。成立县委党史学习教育领导小组，用好用活会泽县丰富的红色资源。深入推进省级文明县城创建复测工作制度化、常态化、长效化，会泽县已经成功创建成为国家卫生县城。道德模范先进事迹"六进"巡讲巡演规范化、制度化。在全县广泛组织实施好"我们的节日"集中示范主题活动，开展"看红色电影、学百年党史"活动，在易地搬迁安置点和 25 个乡（镇、街道）放映经典红色电影。开展身边好人、最美儿媳、文明家庭、最美少年、最美志愿者等评选。建立未成年人思想道德建设联席会议制度，制定工作实施方案，联席会议制度化、常态化，整合社会、学校、家庭德育资源，90%的城市社区和 80%的农村社区学校建立家长学校或家庭教育服务站点。完善文化服务设施网络，会泽县建有图书馆、文化馆、乡镇文化站及村级文化中心。深入推进移风易俗，规范婚丧喜庆事宜操办，修订完善村规民约和居民公约，实施健康文明生活方式提升行动。

（四）平安建设工程

建立完善扫黑除恶长效常治机制，县委政法委 2021 年度加强经费保障，支持全县各乡（镇、街道）扫黑除恶、平安会泽建设、市域社会治理等，共支出资金 22 万元。全国扫黑办挂牌督办案件得到依法高效办理；判决生效 3 个月以上的涉黑涉恶案件查控财产处置到位率达 90%。强化涉黑涉恶案件（线索）倒查，对打掉的 11 个恶势力犯罪团伙开展"一案三查"。政法各单位党组（党委）权限范围内处理的问题线索办结率达 100%，主动公开"7+N"顽瘴痼疾整治问题清单和整改措施，制定"7+N"顽瘴痼疾整治方案，已经排查出的顽瘴痼疾整改均达比例要求。会泽县没有被中央督导组在"点穴式"督导和第二批教育整顿延伸督察工作中点名批评的情况。

会泽县公安机关认真落实《省公安厅关于改进和加强社会面巡逻防控工作的指导意见》，城区巡逻防控工作中，将县城划分 3 个接处警"片区"融合 4 个徒步巡逻"防区""3+4"模式，建立"1、3、5 分钟"快速反应处置圈，探索发动周边企事业单位、商户等组建具有应急处置基础技能、基本装备的群防群治队伍。充分发挥社区（警务区）民警进社区（村）"两委"班子的优势，依靠基层党组织，依托党群服务（社区治理）中心，积极构建社区（警务区）民警+专职辅警+综治员+治保员（警务助理）+调解员+保安员（单位保卫人员）+网格员+治安志愿者（平安类社会组织）等群防群治力量在内的社区警务团队。健全完善公共安全视频防控网，全年上线率保持在 93%左右。全面开展城市"无发案小区"、农村"无发案村社"创建活动。2021 年共创建无发案小区 43 个、无发案（村社）86 个。2021 年 1 月至今，每十万人命案发案率为 0.198，实现了命案发案数控制在 5 起以内，十万人命案发案率降到 0.6 以下的目标。会泽县对涉枪涉爆重点领域场所进行全面整治，严打涉枪涉爆违法犯罪行为，全力收缴管制刀具，拘捕涉枪在逃人员。严厉两卡、偷渡、网络赌博等突出犯罪，震慑效用逐渐显现。2021 年以来，会泽县公安局紧紧围绕"2021 净边行动"、"鹰眼四号"扫毒、网络扫毒、脱失吸毒人员"清零"、病残吸毒人员收治管控、制毒物品清理整顿、无毒创建等工作部署，整治突出毒品问题，禁毒打防管建体系进一步完善，各项工作成效明显。会泽县公安局强力推进"源头净网"工作，积极开展网安警务室建设工作，在各乡镇街道设立网安警务室 25 个。建立网上"两级"巡查机制，及时发现。建立网下社会力量巡查机制，全面监控。会泽县 2021 年全年群众安全感综合满意率全省排名第 81 位，综合满意率为 95.79%。

加强重点人群服务管理机制建设。全县 25 个乡镇街道均建立本乡镇的 7 本台账，分别为困难妇女台账，残疾妇女台账，留守儿童基本信息表，妇女儿童工作志愿者登记表，婚恋家庭纠纷、邻里关系纠纷排查化解工作台账，妇联维权工作情况登记表等。因人而异地开展关爱服务，做好帮扶救助。

（五）矛盾纠纷及信访问题多元排查化解工程

严格落实中办、国办《关于加强新形势下重大决策社会稳定风险评估机制建设的意见》，明确本地区需要评估的具体决策事项，完善风险评估的指标体系，将公众参与和社会调查纳入社会稳定风险分析评估的工作程序。坚持定期排查和重点排查相结合，健全市级层面重大风险隐患排查预警机制，会泽县每月组织 1 次矛盾纠纷大排查工作，乡镇（街道）、村（社区）至少每月排查 1 次。将婚姻家庭矛盾纠纷预防化解工作纳入 2021 年妇联参与市域社会治理现代化工作方案，在各乡（镇、街道）成立了婚姻家庭纠纷人民调解委员会，不断深化婚姻家庭纠纷调解工作。畅通信访渠道，开通了 12338 维权服务热线，加大妇女儿童来信来电来访办理力度。会泽县制定了《2021 年防范非法集资宣传教育工作方案》，积极开展宣传活动。2019 年以来，会泽县公安局经侦大队共侦破金融犯罪案件 90 件，非法集资案件 7 起。适应疫情防控常态化要求，对辖区内受新冠肺炎疫情影响可能出现的风险，做到早发现、早分析、早预防，防患于未然。全县公安机关紧盯涉退役人员和涉众等利益诉求群体动向，强化情报信息收集研判，按照"一人一档、一人一方案、一人一专班、一人一策"分级分类强化动态监测管控。退役军人服务体系建设"全覆盖"。自 2019 年至 2021 年会泽县退役军人服务中心及 25 个乡（镇、街道）退役军人服务中心（站）已全部挂牌并开始运转。围绕构建退役军人权益维护"五条线"——尊重线、激励线、保障线、兜底线、法治线——的目标要求，全面摸清困难退役军人底数，上线运行帮扶服务系统。

坚持和发展新时代"枫桥经验"，探索建立"枫桥式信访代办站（点）"，全县 25 个乡镇（街道）共建立群众信访代办服务站 25 个，村级群众信访代办服务点 381 个。各乡（镇、街道）建立了信访工作联席会议、定期分析研判、重大事项信访维稳风险评估等制度。2021 年，会泽县受理群众来信来访1451 件，信访事项及时受理率 100%、按期办结率 100%、群众满意率 100%。建设"枫桥式公安派出所"，在创建中迤车"一线工作法"，大海"羊群户籍化"管理、雨碌"乡贤化解矛盾"等做法已取得一定成效。目前全县共有 1个省级"枫桥式公安派出所"和 3 个创建"枫桥式公安派出所"先进单位。全力推动"枫桥式人民法庭"创建，6 个人民法庭均创建为"枫桥式人民法庭"，并通过曲靖中院考核。建设"枫桥式司法所"，2021 年者海司法所成为曲靖市首批"枫桥式"司法所之一。建设"枫桥式中心（站、所）"，鼓励引导其他承担社会治理、社会服务职能的相关行业部门基层中心（站、所），争创"枫桥式中心（站、所）"，截至 2022 年 2 月，会泽县建成"枫桥式中心（站、所）"25 个。制定了法院与外部机构诉前联动纠纷解决机制，在法院诉讼服务中心建立在线调解室，借助"人民调解"平台等化解矛盾纠纷。切实加强"三调联动"组织队伍建设，规范治安调解与人民调解、司法调解的衔接，2021年县、乡、村（居）各级调解组织共受理各类矛盾纠纷1430件，调处成功1373件，成功率96%以上，民转刑案件0件。

（六）公共安全监管和应急处置工程

会泽县建立县乡两级应急综合指挥平台，按照全县试点工作部署，成立专项工作组并组建工作组专班，对乡（镇、街道）进行全覆盖包联指导，帮助各乡（镇、街道）成立了应急服务中心，全县"统一领导、综合协调、分类管理、分级负责、属地管理为主"的应急管理机制初步形成。

利用云南省应急管理综合应用平台，建立安全生产检查长效机制管理，充分利用"1+3+5"模式，通过企业自检自查+部门专项检查、专家检查、政府综合督察+监管对象目录化管理机制、一企一标准、隐患和问题清单化管理机制、隐患整改责任化落实机制、企业自检自查月申报机制的方式扎实推进行业领域安全生产机制和治理能力现代化。深入开展安全生产专项整治三年行动计划（2020年~2022年），深入推进2个专题、3个重点领域、9个指标专项整治，从根本上消除事故隐患。在全县范围内组织开展涉及各行各业的社会治安乱点全面排查整治，截至2021年年底，全县共开展社会治安大清查行动35次。在各重点部位、重点场所物建治安耳目和信息员，广泛收集情报信息，并由辖区派出所安排警力每日巡逻检查，通过"每日查、循环查、滚动查、定点查"的方式，实时掌握动态，推动整治工作常态化。

建立健全如扫黑除恶情报信息搜集研判机制、应急值守暨安保维稳指挥情报机制等安全风险类型和风险预警指标体系收集制度，制定预警信息处置预案和风险预警及应对措施。会泽县要求各类突发事件应急预案中均需建立应急医疗救助机制，实行重大传染病和突发卫生事件每日报告制度，设置医疗救治组。

依托县消防救援大队、县应急机动大队组建2支县级综合应急处置队伍，全县23个乡（镇、街道）组建了23支民兵应急队伍。驰宏锌锗股份有限公司会泽矿业分公司建立有1支兼职矿山救护队。县级层面分别组织开展事故应急演练、灾害应急演练活动。建立应急救援物资储备中心，在会泽县易地扶贫搬迁安置点新城区以礼大道以北，以礼卫生服务中心以西建设会泽县脱贫攻坚安置点消防救援站、应急救灾物资储备仓库。

（七）社会组织联动工程

会泽县出台了《会泽县社会组织孵化平台建设指导方案》，县级挂牌成立了"会泽县社会组织孵化中心",全县 25 个乡(镇、街道)已挂牌成立了"社会组织孵化基地",实现了县、乡两级社会组织孵化培育和活动场所覆盖率 100%。鼓励依托乡(镇、街道)综合服务中心和城乡社区服务站等设施,建立社区社会组织综合服务平台,为社区社会组织提供组织运作、活动场地、活动经费、人才队伍等方面支持。结合"双随机"加强对社会组织活动的规范化管理,梳理本地登记社会组织基本信息,抽查中发现的问题当场下发整改通知书,要求社会组织及时整改,同时将抽查结果在平台上进行公告。按照"应买尽买、能买尽买"的原则,具备条件且适合以购买服务实现服务的项目,严格执行政府采购相关规定,鼓励社会力量积极参与服务供给。对在城乡社区开展为民服务、养老照护、公益慈善、促进和谐、文体娱乐和农村生产技术服务等活动的社区社会组织,采取降低准入门槛的办法,支持鼓励发展。构建党建引领下的"五社"联动易地搬迁居民社区治理的"共建共治共享"的新格局与服务模式。

制定出台工会、工商联、团委、妇联、残联、红十字会等群团组织参与社会治理工作方案,出台《会泽县志愿服务工作制度》,通过多种载体调动群团组织参与社会治理。创新工作平台,吸纳社会工作者参与社会治理。在全县建设 25 个乡(镇、街道)社会工作服务站,开展社会救助领域、养老服务、农村留守儿童关爱保护领域、基层社区治理、社会事务、易地扶贫搬迁群众社会融入的社会工作服务。建立社会工作人才库,2020 年会泽县社会工作人才资源有 646 人,全县登记备案的社会工作服务机构有 3 个(会泽县钱王之乡青少年事务社会工作服务中心、会泽县泽恩社会工作服务中心、会泽县恩乐社会工作服务中心)。

建立完善县乡两级协商工作制度,按照"懂政协、会协商、善议政,守纪律、讲规矩、重品行"的要求,不断完善工作机制。2021 年以来,会泽县政协把"协商在基层"工作作为延伸政协工作触角的新载体,政协主席、副主席分片包推进"协商在基层"工作,各委室全员参与,不间断到联系点督促检查。全县 25 个乡(镇、街道)均已搭建乡、镇(街道)"协商议事会议"平台,实现了乡(镇、街道)全覆盖。

会泽县司法局严格按照中央、省、市关于创建民主法治示范村(社区)的指标内容、要求认真做好相关工作,目前会泽县共有省级民主法治示范村(社区)6 家,市级 2 家。

（八）社会基础管理工程

会泽县村（社区）以下100%完成一级、二级网格划分工作，完成两级网格服务管理团队配备等基础性工作，并登记造册、实现专人负责管理；进一步健全完善网格信息显著位置公示制度、"一网格一微信群"等工作，实现相关工作100%覆盖所有网格；逐步建立专职网格员待遇保障机制、定期组织业务培训制度等。2021年12月月底，100%完成辖区内所有网格地图绘制工作，完成网格内人、地、事、物、组织等完全准确规范录入新系统，熟练识别网格内各类事件并完成上报、处置等相关工作，实现专职网格员上报信息合格率达95%以上。适时开展"星级网格员""最美网格员""金牌网格员"等典型选树活动，激发各级网格员干事创业积极性、主动性。

制定乡镇（街道）在村（社区）治理方面的权责清单，组建综合行政执法机构，实现基层一支队伍管执法。梳理形成《县保留的村（居）民委员会出具证明事项清单》《行业系统保留的村（居）民委员会出具证明事项清单》，从党务、村务、服务三大类别，制定全县村级小微权力清单，建立村（社区）工作事项准入审核制度，依法确定村（社区）工作事项，减轻社区行政负担。梳理基层群众自治组织依法自治清单、群众自治组织依法协助政府工作事项清单、基层群众自治组织负面工作事项清单，依法组织群众开展自我管理、自我教育、自我服务、自我监督为主要内容的基层自治实践。

以"四议两公开"民主管理方式为抓手，创新议事协商形式，不断推进"党务公开"、"村务公开"和"财务公开"工作，推动村民积极参与基层治理。全县恢复重建治保会，按照行政村建立治保会，共有治保会381个，治保主任多由村委会班子领导兼任，由综治员、驻村交通协管员、调解员"三员合一"履行治保会职能。"横向到底，纵向到边"覆盖县、乡（镇）、村、组、户的五级大调解组织网络已基本建成，初步构建了大调解工作平台。

全县所有大中型企业实行职工代表大会制度，职工100人以下的小企业实行职工大会制度，形成"党委领导、政府支持、工会运作、各方配合"的工会组建格局，按照工会规范化建设"有领导班子、有工会牌子、有工作台账、有独立账户、有经费保障、有年度计划、有工作制度、有活动场所、有正常活动、有明显作用"的要求，理顺完善管理体制。街道、社区积极推动和指导协助住宅小区成立业主大会、选举业主委员会，健全业主委员会治理结构，探索建立业主委员会成员履职负面清单，依法依规监督业主委员会履行职责；建立完善社区物业党建机制，坚持和加强党对物业管理工作的领导，打造红色物业管理示范区。

全县按照上级要求有计划、有步骤推进社会信用体系建设，初步建立横向协同、纵向联动、合力推进的社会信用体系建设工作局面。会泽县成立了以县长为组长，各分管副县长为副组长，县直各有关部门主要领导为成员的社会信用体系建设工作领导小组，建立了联席会议制度。信用信息纳入干部"成长档案"，将失信记录作为公务员招录考察、职级晋升、干部提拔任用的负面影响情形之一，将诚信记录作为干部考核、任用和奖惩的重要依据。加强信用信息共享交换平台建设，建立政府信用数据库，全面落实政务服务"好差评"、营商环境"红黑榜"等制度。信用信息共享平台共固化45个国家联合奖惩备忘录、14 096个奖惩措施清单，"红黑名单"信息实现跨地区、跨部门共享，并实施跨区域联合惩戒。积极进行信用信息修复，截至2021年12月22日信用修复率达67.57%。

（九）社会心理服务体系建设工程

会泽县制定下发了《会泽县社会心理服务体系建设试点工作实施方案》（会市域办〔2021〕2号），建立"心理服务人才库"，推进社会心理服务队伍和机构建设，搭建心理援助公益服务平台，推动社会心理服务进校园、进社区、进单位、进农村，制定并落实严重精神障碍患者强制医疗服务工作意见。会泽县为全市社会心理服务体系建设试点县，目前已经建立心理咨询室或社会工作室的村（社区）达到20%以上，中小学达到50%，党政机关与企事业单位建立心理辅导室完成30%，在会泽县人民医院开设了心理门诊。所有乡（镇、街道）建立精神卫生综合管理小组，100%的乡（镇、街道）卫生院、社区卫生服务中心配备专兼职精防人员（含经过精神卫生专业培训的全科医师），严重精神障碍在册患者规范管理率、在册患者治疗率、精神分裂症治疗率达到80%以上，全县心理服务专（兼）职人员达到50人。

（十）社会治理智能化工程

加强"数字会泽"建设，县政府成立了领导小组，由政府主要领导任组长，36个县直单位及有关企业和25个乡（镇、街道办事）主要领导为成员，2021年会泽县数字经济产业园项目在建工程完成投资2.6亿元，累计完成投资3亿元。

依托省级政务服务数据平台，形成覆盖省、市、县、乡、村五级的数据资源，提供了支撑各部门政务数据调度、共享、交换的统一通道，避免了"信息孤岛"的产生。县直单位共完善发布政务服务事项1095项，完善发布率100%，县本级网上可办率达99.91%，最多跑一次事项率达99.91%，全程网办率达89.5%。

会泽县加快推进"雪亮工程"建设。按国家标准建设县级综治中心，暂时未与同级公安机关互联互通。目前全县乡（镇、街道）集镇中心、治安复杂地段都已实现视频监控全覆盖，安装监控摄像头1168个。2019年以来，依托"雪亮工程"建设项目，破获各类刑事案件1678起，抓获犯罪嫌疑人578人。会泽县推进"智安小区"建设，已创建"智安小区"10个。

提高政法系统智能化水平，推进智慧法院、智慧检务、智慧公安、智慧司法等建设，推进"政法网"和政法机关跨部门大数据办案平台建设，推进"云解纷平台"等智能化平台建设，以检察系统为试点，推进政法信息化、智能化培训示范课建设，市级检察院结合实际需求开发相关课程。

加强社会治理中心（综治中心）建设，目前县级社会治理中心（综治中心）硬件设施正在安装调试中，已建成乡（镇、街道）党群服务和社会治理中心25个，村（社区）党群服务和社会治理中心381个，确保实现乡（镇、街道）、村（社区）级阵地平台建设全覆盖、实体化、真运转。

（十一）政务服务提升工程

深化"放管服"改革，推行"前台综合受理、后台分类审批、统一窗口出件"服务模式。持续推进线下办事"只进一扇门"，推行"一站式"服务，县政务服务大厅共进驻36个部门进驻事项1162项，进驻工作人员92人。推出"码上扫，方便办"，所有事项板块共涵盖36个部门1162个事项，根据云南省政务服务平台内容自动进行动态调整。"码上扫，方便办"二维码已在政务服务大厅及社保分中心、公积金分中心、交警分中心大厅进行展示，方便企业和群众扫码查看和办理。制定"一证通办"实施方案，推进有关公共服务事项凭身份证、医保电子凭证或社会保障卡"一证通办"。按照"五级十二同"的标准要求，指导县级37个部门、25个乡（镇、街道）、381个村逐一对照检查，持续规范完善事项要素和办事指南，积极配合省级开展事项要素"五级十二同"标准化工作。持续开展"一部手机办事通"宣传推广工作，自2019年1月启动"一部手机办事通"以来，共实名注册安装109 902人，办件2 243 648件，实名认证率11.79%，办件率243.12%。深化行政审批制度改革，把 2019 年划转的 138 项许可事项减为 107 项，14 个事项减少审批环节 14 个，21 个事项减少审批材料 24 个，与法定审批时限相比，实际审批时限仅为法定时限的 30%。加强单位部门行政许可事项清单管理，调整行政许可事项权责清单 242 项，其中县级 239 项，乡级 3 项。

全面消除进城落户农业转移人口和易地扶贫搬迁人口后顾之忧，全面推进农业转移人口落户城镇工作。通过开展社会救助、养老服务、留守儿童关爱、城乡社区建设、居民议事协商等工作，实现搬迁居民"搬得出、稳得住、能致富、快融入"目标，助力易地搬迁新时代城市和谐社区建设。截至 2021 年 1 月底，易地扶贫搬迁进城集中安置人员 11 332 人农村低保转为城市低保工作已全面结束，易地扶贫搬迁进城集中安置人员，符合条件享受最低生活保障待遇的新增对象，在迁入地申报后及时审批，已执行城市最低生活保障政策。为解决易地搬迁子女后顾之忧，常态化开展"六点半课堂"，辅导学生课业。7 月开展为期半个月的"七彩假期"暑托班，为小朋友开设课业辅导、舞蹈、音乐、书法和武术等课程。在易地搬迁社区举办老人舞蹈班、老人识字班等兴趣班，开展入户走访、老人身心健康指导、妇女育儿教育和义诊等志愿服务活动，服务搬迁群众 13 000 余人。

完善居住证制度，明确了居住证持有人享受的可以在居住地申请登记常住户口、享有与当地户籍人口同等的劳动就业、基本公共教育、基本医疗卫生服务、计划生育服务、公共文化服务、证照办理服务等权利和义务。组织民警对辖区内流动人口、用工单位、租赁房屋进行了"地毯式"摸排，以综合信息系统为载体，实现实有人口动态化管理，为下一步居住证办理工作的开展奠定坚实的基础。自 2019 年 1 月 1 日以来，共采集 7367 条流动人口信息，其中办理流动人口暂住登记（暂住证）423 人。

全面开展家庭教育指导工作，目前建立家长学校 537 所，其中示范性家长学校 29 所。深化预防青少年违法犯罪，以"青年之家"为阵地，建立"五点半课堂"等权益示范点，为广大青少年讲解交通安全、自我保护、禁毒防艾、心理健康等活动 750 余场，参与人数 1 万余名，发放 2 万余份宣传资料。推进"青少年维权岗"创建，2019 年至今会泽县申报曲靖市"青少年维权岗"成功 4 家。关心关爱弱势群体，建设基础设施，筹建希望小学 18 所，全县 25 个乡（镇、街道）建养老机构 23 个，居家养老服务中心 47 个，381 个村（社区）实现儿童之家全覆盖。

（十二）市域社会治理法治保障工程

会泽县认真贯彻落实党政主要负责人履行推进法治建设第一责任人职责，对领导干部"关键少数"述法、考评、约谈、问责追责等制度机制，抓实年度工作部署、年终工作报告、带头做好依法决策、述职述法等工作，层层压实责任。

县人民政府及县直各部门把公众参与、专家论证、风险评估、合法性审查、集体讨论决定确定为重大行政决策法定程序，确保决策科学、程序正当、过程公开、责任明确。积极推行政府法律顾问制度，实现政府法律顾问全覆盖。截至2022年2月，会泽县县委、会泽县人民政府及25个乡（镇、街道）均配备了法律顾问或公职律师。全面推行行政执法公示制度、执法全过程记录制度、重大执法决定法制审核制度；严格确定行政执法责任和责任追究机制；加大扶贫、安全生产、生态环境、食品药品、交通安全、教育考试等民生领域执法力度，认真执行行政机关负责人出庭应诉制度，行政机关负责人出庭应诉率不低于90%；建立市域产权保护统筹协调机制；落实和完善行政执法和刑事司法衔接机制。

推动司法责任制综合配套改革措施、执法司法制约监督制度机制建设若干措施、政法领域全面深化改革任务等在市域落地；全面落实司法责任制，落实领导干部干预司法活动、插手具体案件的记录、通报、责任追究制度，加强防止司法"三个规定"宣传教育；健全行政执法和刑事司法衔接机制，实现行政处罚与刑事处罚依法对接。

县政协围绕全县经济社会领域的重要问题开展专题调研，5年来，共形成调研报告25篇，提出意见建议140条，得到县委、县政府及有关部门的重视和采纳。

依托"云南智慧公共法律服务云平台"，建设了公共法律服务实体平台、热线平台、网络平台"三大平台"融合发展。现已建成县级实体平台1个，乡（镇、街道）25个、村（社区）平台381个，在全县投放法律服务机器人22台，实现了数据在不同平台之间实现流转，已建成全"7×24"小时的公共服务网络。2021年会泽县开展咨询1285人次，其中来电238人次、来访1005人次，办理各类法律援助248件。2021年每个行政村（社区）培养1名"法律服务明白人"。

落实"谁执法谁普法谁管理谁普法"责任制，各乡（镇、街道）、各单位各部门抓住节假日，结合重大政策法律出台，集中时间、集中人员，深入开展各类主题法治宣传活动，各乡（镇、街道）、各单位各部门通过法治长廊、文化墙等形式，开展法治宣传。通过"会泽政法""会泽警方""会泽法院"等微信公众号和讲座、LED 电子屏、宣传栏等形式开展以案释法，认真贯彻落实法官、检察官、行政复议人员、行政执法人员、律师等"以案释法"制度。

三、评估中反映的问题

1. 市域社会治理现代化工作的领导力量需要进一步加强。当前各地政法委是推动市域社会治理的主责部门，但市域社会治理现代化是以整个城市为基本单元、城乡一体化的全域性运行机制，它涉及部门多，牵涉面广，是一项综合工程。曲靖市的本次试点涉及单一牵头部门 30 家，联合牵头工作 34 项，工作非常复杂、繁重，没有强有力的领导部署将这项全新的工作落到实处，即便是整理材料，只做纸上功夫，做好也不是件容易的事，因此市域社会治理现代化工作需要进一步加强市级党委的领导，建立统筹兼顾、整体协调的领导体制和工作机制。

市域社会治理现代化的整体化、协同化、集成化方面仍有不足，从而在一定程度上使工作缺乏全局性和系统性，造成上下级之间、部门之间缺乏足够的交流与协作。甚至在测评材料的整理方面，需要不同单位协作提供的相关信息都存在互不知晓的情况。

2. 深化理论学习，提高对市域社会治理现代化工作的思想认识。任何工作归根到底都是由人来实施与完成的。本次模拟评估反映出在实际工作中，有些地方和部门实质上只是将市域社会治理理解为一个新概念而已，只要把原有的老体制、老机制、老办法简单地组合一下，把以往工作的旧酒包装一下，装入市域社会治理这个新瓶里就算完成任务。上下级之间与不同部门之间的协作不够，其实也体现了实际工作者对市域社会治理现代化工作的理论认识及思想认识尚未达到应有的高度，从而导致他们对本项工作不仅重视不够，而且还有可能存在一定的畏难与抵触情绪，原有的工作体制、工作方法当然也就很难有根本改变。

3. 工作中的一些难点问题需要突破。市域社会治理现代化工作是一项复杂的系统工程，需要有适当的人力物力支持。如网络信息化建设，要有硬件设施，要有相应的人员培训与配置；网格化管理需要的专职人员，要有相关的人员与资金配套；市域社会治理现代化建设中要克服城乡差距，实现城乡一体化，没有人力物力的投入是难以完成的。另外，有的工作限于当前实际情况的制约，短期内达成目标实属不易。如"法律明白人"建设，由于农村有的家庭甚至还处于文盲状态，完全开展到位确有困难。

四、评估结论及建议

2022年，会泽县市域社会治理各方面制度基本完善，市域社会治理体系不断健全，社会治理能力明显提升，社会矛盾风险有效化解，扫黑除恶长效常治机制更加完善、作用发挥更加明显，人民群众获得感、幸福感、安全感持续增强，市域社会治理现代化工作取得较好成效。

为了进一步深化市域社会治理现代化建设，应在夯实当前工作所取得的成效的基础上，补强短板，探索加快推进市域社会治理现代化的路径。

深化认识。提高思想认识，要深刻认识推进市域社会治理现代化的重要战略意义，深刻理解市域社会治理与传统的省域治理、县域治理的根本区别，让各级领导、基层工作人员都能把研究和推进市域社会治理现代化切实当作大事来抓。

完善制度。进一步加强领导，在现有由政法委牵头，多部门共同参与的机制下，应就如何体现与发挥党委的领导作用探索较为可行的路径，从而让政法委具有相应的权威性和约束性，更好地担当起牵头之责。市域社会治理现代化工作涉及众多部门，只有让过去各管一块，有分散化、碎片化管理问题的众多部门，真正实现协调联动，权威高效的市域社会治理才有可能达成。

宣威市社会治理现代化试点工作评估报告

樊　安　姚上怡　上官子凡*

曲靖市宣威市位于云南省东北部，辖 13 个镇 7 个乡 9 个街道 311 个行政村 58 个社区。面对经济社会发展过程中出现的各类社会治理方面的新情况、新问题，宣威市以党建为引领，以服务为宗旨，以法治为抓手，以高新科技为工具，通过加强平安建设营造出安全的社会秩序，通过推进多元解纷形成了和谐社会关系。宣威市在市域社会治理现代化实践探索方面的经验值得肯定和推广。

一、评估工作的基本情况

2022 年 2 月 9 日至 13 日，评估组采取以查阅台账、实地走访为主、听取汇报为辅的方式对宣威市市域社会治理现代化试点工作的进展情况和工作质效展开全方位、多层次的测评。通过查阅台账，全面了解全市 30 余家单位就各自职责范围内开展试点工作的详细汇报和自评自检结果。通过实地走访考察市公安局（社会治理中心）、退役军人事务局、市妇联、复兴街道、格宜镇、宝山镇、普立镇的工作亮点和工作成效。通过"一对一"座谈，与市委办、市委宣传部、市委网信办、市人大、市法院、市应急管理局、市信访局、政务服务管理局、市司法局、市民政局、宛水街道等 11 家单位的一线工作人员交流了解市域社会治理现代化试点工作的现状、成绩、困难和问题。在深入调研后，依据《云南省曲靖市市域社会治理现代化试点工作测评指标体系》评估宣威市市域社会治理现代化试点工作质量。

---

* 樊安，昆明理工大学法学院副教授；姚上怡，昆明理工大学法学院讲师；上官子凡，昆明理工大学法学院 2020 级法律硕士研究生。

二、工作成绩和亮点

（一）加强组织和队伍建设，提升基层治理能力和水平

1. 加强基层党建，激活"神经末梢"

深入实施"神经末梢"工程，着力加强村（居）民小组党组织建设，全面提升农村基层党组织政治功能和组织力，为乡村治理提供坚强的组织保证。第一，支部引领。全面加强村（居）民小组党的组织和工作覆盖，按照有利于活动开展、有利于作用发挥的原则，科学合理设置和调整党的组织设置，实现3590个村（居）小组党的组织和党的工作全覆盖。严格落实"四议两公开"制度，实施"三务"全领域、全过程、全透明公开制度。第二，党员先行。在村（居）民小组推行党员"三先"模式，即村级事务由党员先知、党员先议、党员先行，切实把"三先"模式落地见效作为激发基层党员队伍活力的有效载体，让党员既有压力又有动力，在爱国卫生运动等重点工作中为群众作表率，发挥党员的先锋模范作用。第三，阵地聚力。按"六有"标准建成2674个村（居）民小组活动场所，结合实际制定了简洁、管用的管理使用制度，既让党支部有活动阵地，又让群众有文娱活动场地，让村（居）民小组活动场所变成凝聚人心、服务群众的"连心桥"和"主阵地"。

2. 实施"缩面提标"，优化基层队伍

针对村（社区）干部待遇分散、管理困难、效率低下等问题，宣威市以2021年村（社区）"两委"换届工作为契机，全面开展村（社区）干部队伍"缩面提标"改革，着力打造一支扎根基层、担当作为、廉洁高效、相对职业化的乡村振兴骨干队伍，为加强和改进乡村治理保驾护航。第一，优化岗位设置，实现"缩面定岗"。通过优化职数设置、实行交叉任职、鼓励合理兼职，整合村（社区）"两委"、监督委员会成员和民政助理员、计生宣传员、团组织书记等人员职能职责，优化人员配置，原则上村（居）务监督委员会成员由3人组成，村"两委"成员及村务监督委员会成员不超9人，社区"两委"成员及居务监督委员会成员不超11人，真正实现"缩面定岗"。第二，整合岗位补贴，实现"提标加薪"。通过整合各级各部门到村的政府购买服务的各类补贴、整合村级人员，实行一人兼多岗领取兼职补助等方式并岗提薪，推行"基本报酬+红旗村（社区）绩效补贴+集体经济创收奖励+年终绩效补贴+兼职补助"的结构性岗位补贴长效机制，拓宽收入来源，提升干事创业激情。第三，拓宽选拔渠道，实现"留才引凤"。坚持从外出务工经商返乡人员、本乡本土大学毕业生中回引一批，从本村在外的机关事业单位退居二线或退休的公职人员中回请一批，从退役军人、村医村教中选拔一批，从本村致富带头人、农民专业合作经济组织负责人中充实一批的"四个一批"的选人用人标准，着力把组织认可、党员信任、群众拥护的优秀人才使用起来，确保培养出一支坚强有力的基层干部队伍，推进乡村治理体系和治理能力现代化提供坚强的组织保障和人才保障。

3. 实践"五治融合"，提升治理效能

坚持政治引领、法治保障、德治教化、自治强基、智治支撑，构建了"党建引领、微治强基、五治融合"的治理体系。"政治"引领提升基层治理凝聚力，把党建工作贯穿于基层治理的各个方面，全面提升基层党组织建设，全市90%以上村（社区）党组织书记、村（居）委会主任实现"一肩挑"，最大限度地把群众组织起来，以网格党建、小区党建、在职党员"双报到"、红色物业、新时代文明实践志愿服务活动等为抓手，为党员群众搭建起联系交流、学习教育、志愿服务、民主议事于一体的平台，真正把党建的政治优势转化为基层治理的工作优势。"法治"保障增强基层治理巩固力。积极推进以网格化管理为基础的法治格局，网格员进村入户、现身说法，不断加强法制宣传，提升群众的法律底线意识和红线思维。目前，全市各级已开展民法典专题宣传40余场，发放宣传资料12.8万余份（册）。坚持和发展新时代"枫桥经验"，积极开展"枫桥式"示范集群创建，截至目前，建成"枫桥式"人民法庭3个（田坝、格宜、热水），"枫桥式"派出所1个（务德），"枫桥式"司法所1个（格宜）。"德治"教化激活基层治理内生力。以村（居）民小组为单位，以活动场所为主阵地，统筹整合村间场所、农家书屋、居民院落等场地资源，发挥德治教化作用。在全市369个村（社）区，开展道德讲堂730余次；充分利用"千名政法干警进千村访万户促平安"专项行动，政法干警进村入户，讲身边好人好事1100余次；发动乡贤讲红色故事150余次。"自治"强基激发基层治理源动力。充分保障群众参与权、决定权，由群众共同协商讨论、表决通过，制定了切合实际的村（居）民公约，全面激发群众参与共建共治共享的民主活力，通过"自治"有效化解邻里纠纷1106件，激发乡贤献计献策160条，在全市评选出文明家庭5535户，最美家庭1107户，有效促进文明和谐。"智治"支撑强化基层治理助推力，强化

"互联网+社会治理"思维，大幅提升服务智慧化水平，充分发挥曲靖市市域社会与公共服务信息平台上报、派遣、处置功能，提升矛盾纠纷、信访、社会治安等各类业务办理时效。2021年，平台共录入人口766 147人，共上报案件1061件。"雪亮工程"建设步伐不断加快，全市新建公共安全视频监控9500余路，其中智能感知前端2878个，视频监控前端1255路，人脸抓拍918路，车辆卡口336路，Wi-Fi322个，热点采集47个。

（二）加强平安建设，营造安全的社会秩序和氛围

1. 通过网格化管理压实责任分工

建立网格党支部，按照"一网格一支部、支部建立在网格上"的原则，街道、乡镇将辖区各干道和治安复杂的街道、行政村、路段、楼栋等科学划分为网格。网格员严格落实工作责任，建立打防结合、巡守结合、点线结合、分片包干、分段包线的全天候三级"网络化"巡逻防控措施。通过巡逻大大增强了社会面治安控制能力，做到小事不出楼栋，大事不出社区（村），减少了诱发命案的因素。

2. 坚决维护社会安全

乡镇（街道）党工委书记、乡镇长、办事处主任亲自抓综治中心工作，带头以用促建，坚持把"雪亮工程"与平安建设、反恐维稳、治安防控、防邪教等领域工作深度融合，加强视频图像资源的整合运用；坚持根植于群众、根植于实践，围绕群众所需开展建设，实现平安建设人人参与、平安成果人人共享，推进"雪亮工程"提高社会治理社会化、法治化、智能化、专业化水平。上述努力有效达到了震慑违法犯罪、保护辖区群众人身财产安全、提升辖区群众安全感幸福感的效果。

3. 建立完善扫黑除恶长效常治机制

第一，建立扫黑除恶"三治"工作机制。一是建立乱点乱象治"早"机制。针对扫黑除恶专项斗争反映出的问题和不足，进一步加强行业治理，堵塞管理漏洞，对涉黑涉恶犯罪防范于未然。各社区有针对性地加强金融放贷、黄赌毒、娱乐行业、征地拆迁等重点领域的整治、堵塞漏洞、补齐短板，从源头上彻底铲除黑恶势力滋生的土壤。二是建立矛盾纠纷治"小"机制。加强矛盾纠纷排查化解，防止"小问题"变成"大案件"。街道坚持"关口前移、及早出手"的原则，进一步健全完善基层矛盾化解机制，综合发挥人民调解、司法调解、行政调解的功能，依法、及时、就地解决问题，千方百计

把矛盾纠纷化解在初始状态，坚持和发展新时代"枫桥经验"，推动"云解纷"平台使用，做到小事不出社区，大事不出街道，矛盾不上交。健全完善重点人群帮教管控机制，对有黑恶犯罪前科社区服刑人员和刑满释放人员以及吸毒人员加强动态化、常态化管控。做好外来务工、无业人员和失学、辍学青少年服务管理工作，在就学、就业、务工等方面提供服务，防止其拉帮结派或被黑恶势力教唆、利用。三是建立线索问题治"尽"机制。推动涉黑涉恶线索举报受理工作常态化，全面畅通举报渠道，加大线索摸排力度，持续加压发力，做到除恶务尽。建立完善涉黑涉恶线索举报受理常态化渠道，实行线索随时报告制度，经发现有涉黑涉恶行为，第一时间打击、第一时间惩处。加强对近年来信访案件、治安案件、职务犯罪案件、轻微刑事案件、涉众型经济案件等排查梳理、串并分析，深挖隐藏在幕后的涉黑涉恶线索，特别是对街道的涉黑涉恶总体情况、表现形式及成因等进行全面摸排、分析，做到底数清、情况明，提高打击治理的精准度。

第二，完善扫黑除恶常态化工作机制。一是建好扫黑除恶常态化治理平台。按照"整合人员、整合职责、整合场所、整合制度"的要求，建成集服务党员群众、社会治理为一体的党群服务和社会治理中心，将扫黑除恶常态化工作与市域社会治理现代化工作有机结合，切实做好服务群众和社会治理工作。二是建强扫黑除恶常态化攻坚堡垒。充分发挥党建引领作用，把扫黑除恶常态化工作列为基层党建工作的重要内容，融入基层党组织建设的全过程，不断提高党员干部"识黑恶、防黑恶、坚决与黑恶作斗争"的能力和水平。持续开展软弱涣散基层党组织整顿和社区干部任职资格联审工作，聚焦和解决社区干部受过刑事处罚、存在"村霸"和涉黑涉恶违法犯罪、信访矛盾突出、社区书记不胜任不尽职等问题，帮助社区党组织理清问题、化解矛盾、建立制度，对确属"村霸"、涉黑涉恶社区干部，依纪依法严肃处理，筑牢扫黑除恶常态化的基层战斗堡垒。

4. 加强社会治安防控体系建设

第一，加强治安工作队伍建设。配合公安部门，坚持专群结合，科学调配公安干警、辅警及群防群治力量，建立专兼职平安巡防队伍，做到社区警务、"一社区一警"全覆盖。

第二，加强命案治理体系建设。以预防和减少可防性命案为重点，坚持问题导向，抓源头预防，采取有效措施，强化源头治理、综合治理；加大矛盾纠纷排查调处，加强重点人员管控，加大监管力度；严格落实命案防控相关文件及制度机制，对命案进行"一案一倒查""一案一剖析""一案一整改"，有效防控命案发生，不断提升人民群众安全感、满意度。

5. 开展基层"平安细胞"创建

第一，开展"平安社区"创建。以复兴街道为例。复兴街道荣兴社区不断摸索，建立了一整套治安管理、安全防范、巡逻检查工作机制，使社区治安状况得到明显改善，社区居民有了明显的安全感。荣兴社区于2021年被评为文明社区、2021年被评为曲靖市平安社区。

第二，开展"平安小区"创建。以复兴街道为例。复兴街道加强"雪亮工程"建设，小区所有出入口均安装摄像头、门禁闸道，建立小区门卫制度，落实人防、物防、技防等措施。加大法治宣传力度，提高群众法律意识召开居民说事会、群众会、院心会，开展《中华人民共和国民法典》与命案防控相结合法律宣传活动，发放《民法典与命案防控》法治宣传册，群众法律意识明显提升。加强重点场所、重点人群管控，建立分类统计台账，做到底数清、情况明，并落实帮教、管控措施和法制教育。2021年复兴佳园内龙泽、锦秀、荣兴三个社区均被评为文明和谐社区，复兴佳园2021年被评为曲靖市平安小区。

（三）推进多元解纷，形成和谐社会关系

1. 健全矛盾纠纷源头预防机制

第一，健全完善社会稳定风险评估机制。提高对重大项目、重大决策、重大活动社会稳定风险分析与评估制度的思想认识，加大保障和改善民生力度，妥善协调各方面利益关系，源头预防和减少社会矛盾纠纷；规范风险评估的过程和内容，为社会稳定风险评估工作推进提供保障，完善风险评估的指标体系，改进评估技术，提高稳定风险评估的科学性；将公众参与和社会调查纳入社会稳定风险分析评估的工作程序，满足公众的知情权和参与权，增强公众对重大事项决策的认同度；全面落实重大决策社会稳定风险评估制度，推动矛盾风险防范与经济社会发展同步规划、同步实施。

第二，健全社会矛盾排查预警机制。建立年初大排查、每月一排查、敏感时日排查的社会矛盾纠纷排查预警机制和每日晨会分析研判制度，全面收集掌握社情民意和重大矛盾纠纷隐患，每日定时由值班局领导主持召开晨会，对收集掌握的矛盾纠纷、热点隐患进行风险评估、分色预警。

第三，加强对婚姻家庭纠纷等民间纠纷的排查调处。市妇联把依法维护妇女儿童权益，加强普法宣传教育，参与化解矛盾纠纷作为重要工作抓紧抓实，不断拓展创新工作方式，健全预防和化解婚家庭矛盾的基层组织，努力提高市妇联参与社会治理现代化的能力。针对市社会治理中涉及婚姻家庭矛盾纠纷问题，市妇联设立专门的科室负责咨询、调处，在全市 29 个乡（镇、街道）、369 个村（社区）妇联建立健全了妇女之家、妇女议事会，统一了议事流程，开展涉及婚姻家庭矛盾纠纷调处的相关工作。

2. 完善矛盾纠纷多元化解机制

畅通为民通道。市信访局坚持和发展新时代"枫桥经验"，畅通和规范人民群众诉求表达、利益协调、权益保障通道。

第一，健全工作体系。认真落实完善矛盾纠纷多元化解机制，出台了《宣威市人民法院特邀调解工作规则》《宣威市人民法院关于开展律师调解试点工作的实施细则》，与宣威市司法局联合出台了《关于推进律师调解试点工作的实施方案》等文件，并制定了《宣威市人民法院关于促进当事人诚信履行助力执行工作源头治理的实施方案》《宣威市人民法院关于劳动争议纠纷诉源治理的实施办法（试行）》等文件，完善工作机制，深入开展诉源治理工作。市司法局召集"两代表一委员"广泛征求意见建议，不断改进工作方式方法，在西宁街道锦西社区、老堡社区设立 2 个个人调解工作室，由熟悉法律、调解经验丰富、有较高群众威望的老同志负责，为社区街道排查化解矛盾纠纷发挥了不可或缺的作用。

第二，推进社会矛盾纠纷调处化解中心（信访超市）建设。乡（镇、街道）依托现有条件，最大限度整合党群服务和社会治理资源力量集中开展工作，按照"7+X"模式整合力量，实行联合办公，提供一站式服务，"7"为矛盾纠纷调处、公共法律服务、群众来访接待、网格化调度指挥、综合执法、市场监管、公安户籍信息管理等功能区，"X"即根据各地实际设置相应功能区。开展"云解纷""网上调解""微信调解"以及诉讼案件在线立案、在线审判等工作。

第三，加强"枫桥式"示范集群建设。一是建设"枫桥式公安派出所"。按照"多元化化解矛盾、全时空守护平安、零距离服务群众"要求，建立专业调解、就近调解、行业调解的矛盾纠纷化解机制，推动形成"小事不出村寨，大事不出乡镇"的矛盾纠纷热点隐患化解机制，2020 年务德派出所先后被曲靖市公安局评为"枫桥式"派出所。二是建设"枫桥式人民法庭"。结合宣威法院实际，选取田坝中心法庭作为创建试点，在前期工作中，作了一些探索与思考。在田坝法庭的倡导支持下，田坝镇政府出台了《中共田坝镇委员会 田坝镇人民政府关于进一步加强人民调解工作的通知》，建立健全镇、村、组三级调解制度，田坝法庭建立了中心法庭委托调解制度，进一步促进了人民调解工作创新规范发展，深入贯彻落实"枫桥经验"，做到小事不出村，大事不出镇，坚持矛盾不上交，就地解决，将矛盾纠纷化解在基层。为进一步规范建设"枫桥式人民法庭"打下了坚实基础。截至目前，建成"枫桥式"人民法庭6个。三是建设"枫桥式司法所"。优化机构设置、抓好队伍建设、完善基础设施、强化信息应用、健全制度体系、发挥职能作用，围绕"便民性、社会性、专业性"三大特征，充分发挥司法所预防化解矛盾纠纷、教育改造特殊人群、基层民主法治建设、服务基层人民群众方面的作用，按照"文明、规范、公正"的要求，打造"枫桥式司法所"。截至目前，创建"枫桥式"司法所1个。

（四）科技加持，"四台合一"系统让基层治理更高效、更快捷、更便民

在接报警服务工作中，总会遇到这样那样的问题和难题，职能部门工作很辛苦，但群众依然不满意。比如当遇到火灾或者交通事故，慌乱的群众总是既拨打119或122，又拨打110，极易造成重复接警和重复派警；事故现场又急需伤员急救、火灾扑救、被困人员救援、交通疏导、现场秩序维护和交通事故处理等，涉及的职能部门缺乏统一指挥调度，容易造成不必要的伤亡和财产损失。宣威市在全曲靖市优先整合110、119、120、122"四台合一"接报警系统信息资源，稳步推进市域社会治理现代化"四台合一"系统融合建设，让基层治理更高效、更快捷、更便民。"四台合一"系统融合建设完成后，初步实现以下四大功能。

1. 实现"合成化"集中接警

依托宣威市应急联动指挥中心，在接处警专区增设119、120接警席，实现"四台合一"系统的"合成化"集中接警。

2. 实现"集约化"资源整合

坚持最大限度共享、利旧和复用已建在用系统平台、终端设备、数据存储和网络资源，实现系统信息资源的高效整合和集约管理。

3. 实现"一站式"联动服务

通过各接警单元的资源合成，强化了应急职能部门的工作衔接和联动，实现人员机构联动、接警联动、处置联动、救助联动和宣传联动，为群众紧急报警求助提供"一站式"联动服务。

4. 实现"一屏式"指挥调度

利用宣威公安大数据综合应用中心分布式大屏显示系统和"四台合一"数字大脑应用系统，对"四台合一"系统信息资源和业务数据进行分布式一屏显示，提升高效的指挥调度水平。

三、存在的问题

（一）人民调解、行政调解、司法调解相互间衔接不畅

虽然目前人民调解、行政调解、司法调解三大类调解组织已经建立，但是很多矛盾纠纷涉及的当事人多、部门多，靠一个部门，一个单位往往难以解决。联动机制单一，未能较好地形成合力。各种调解工作机制之间的信息不联通，纠纷联排、力量联动，人民调解、行政调解和司法调解未能顺畅衔接，联动工作体系尚未全面形成。缺乏一个高层次的机构来统筹协调，导致其他行政机关、机关团体、行业协会等单位缺乏积极性。人民调解委员会与其他部门缺乏衔接机制。法院对村（社区）的人民调解的指导较少。司法行政机关对人民调解工作的业务指导也非常有限。在联动联调中，有些部门和单位经常缺席联席会议，导致不能及时出台针对矛盾纠纷的化解调处方案，使矛盾纠纷的调处陷入被动。

（二）基层公共法律服务供需之间存在偏差

加强基层公共法律服务平台建设，只有充分掌握了群众想要什么，才能找准公共法律服务的工作重心和努力方向，进而形成优质高效、互联互通、良性互动的公共法律服务体系，从而赢得更多基层群众的信任，增加基层公共法律服务平台的使用频率，真正做到用法律武器解决群众的困难，使公共法律服务平台的吸引力和影响力持续扩大。但从现实工作情况来看，一些地方的基层公共法律服务供给和公众的法律服务需求之间还有很大的偏差，具体表现如下：

第一，司法所通常是结合上级工作部署，结合时间节点和自身工作特色"填鸭式"地向基层输出公共法律服务，针对性不强。这就说明基层政府作为

公共法律服务供给者、基层群众作为公共法律服务需求者，两者之间的交流不紧密，信息不对等。乡镇政府、街道办没有充分把握基层群众所需要的公共法律服务的形式和内容。由于缺乏畅通有效的反馈渠道，基层公共法律服务平台不能精准把握基层群众所想所需所盼，只能想当然地预设基层需要的公共法律服务的内容和形式，因此提供的公共法律服务内容具有滞后性，未能精准判断并把握基层公共法律服务供给方面存在的问题以及未来的发展方向，服务形式略显僵化。

第二，乡镇政府、街道办由于宣传力度不够，回应基层公共法律服务需求和扩大公共法律服务范围方面做得不够，无法及时与群众实现信息互通。同时，由于公众缺乏有效的表达渠道，自身的意见不能及时反馈给主管部门，容易导致上级司法行政部门在做公共法律服务平台建设的相关决策时针对性降低、可操作性不强。

（三）网格化管理尚待进一步优化

第一，网格划分不够科学，有待进一步优化。网格规模差距较大。不同区域三级网格长管辖的网格人口数、事件数差距较大，工作任务量差距较大。网格边界划分不清晰。由于历史遗留原因部分网格在划分中存在网格"飞地"，给网格化管理工作开展带来巨大不便。

第二，工作队伍能力不强，难以满足工作需求。网格管理人员欠缺专业知识。一些网格员不熟悉关乎到群众切身生活的法律、医疗卫生、社保方面的业务知识，三级网格管理人员普遍比较缺乏，难以满足网格内综合化管理的要求。网格管理人员年龄偏大。

第三，网格员管理机制不健全。考核评价制度不完善，缺乏人员流动制度。

四、评估结论和建议

评估显示，宣威市通过政治引领、法治保障、德治教化、自治强基、智治支撑"五管齐下"，扎实稳步推进市域社会治理现代化工作，不断加强社会治理体制现代化、法治化，加强防范化解政治安全、社会治安、社会矛盾、公共安全、网络安全等诸方面的各类风险，秉持全域"一盘棋"治理理念，以落实精准打击违法犯罪活动、减少和消除事故隐患、优化管理与服务质效、凝聚协同治理合力等方面核心工作，力求实现市域统筹协调、同向发力、同步推进、同频共振。

加强和改进社会治理工作必须以当地社会经济发展水平、社会秩序现实为基础，从问题出发，对症下药，没有万能钥匙。但是各地现有经验显示，市域社会治理现代化工作应当遵循以下几方面原则。第一，推进市域社会治理现代化，要突出市级层面主导，构建党建统领、上下贯通、高效联动的组织体系。第二，推进市域社会治理现代化，要注重标准体系建设，提高共建共治共享过程的目标化、协同化水平。县级层面应当注重对上级政府所制定标准的细分化和具体化。第三，推进市域社会治理现代化，要利用制度建设，提升加强和创新社会治理的制度供给和保障水平。第四，推进市域社会治理现代化，要加强专业化培训，打造一支有效应对新型矛盾风险的专业化队伍。第五，推进市域社会治理现代化，要加强智慧化创新，融合运用现代信息技术统筹配置市域治理资源。

罗平县社会治理现代化试点工作评估报告

杨川仪　李梦侠　钱　婷*

昆明理工大学第四评估组深入曲靖市罗平县，通过实地走访、听取汇报、材料审核、与部分单位座谈等多种方式，对罗平县的市域社会治理现代化工作进行了全面细致的检查和评估。基于调研获得的资料，评估组根据测评指标体系，汇集各方面意见，通过分析、归纳、综合和提炼，形成本报告。

一、评估工作基本情况

本次评估随机抽取了罗平县辖的板桥镇、长底布依族乡、钟山乡、旧屋基彝族乡、罗雄街道、腊山街道和九龙街道共7个乡镇（街道），并深入部分村（社区）的为民服务中心，在县市域办工作人员的陪同下，实地查看了以上7个乡镇（街道）的社会治理中心（综治中心）的总体建设情况和实体化运行状态，查阅了相关工作台账和资料记录，进行了全面的材料审核，现将评估情况做简要说明。

（一）基层重视程度高

自市域社会治理现代化工作启动以来，在曲靖市委、市政府的正确领导下，罗平县认真贯彻落实省、市关于推进市域社会治理现代化的各项工作部署，通过领导带头引学、主题党日深学、专题培训促学、加大宣传导学等形式，认真学习习近平总书记对加强和创新社会治理的一系列重要指示，学习中央关于推进市域社会治理现代化的有关决策部署要求，成立了工作专班，确立了联席会议、挂牌督办、跟踪督办和约谈问责等工作制度，将罗平县市域社会治理现代化工作纳入县级"十四五"规划，高度重视县级社会治理中心（综治中心）和乡镇（街道）党群服务和社会治理中心的建设工作，把县

---

* 杨川仪，昆明理工大学法学院讲师；李梦侠，男，法学博士，云南大学法学院博士后；钱婷，昆明理工大学法学院2021级法学硕士研究生。

社会治理办的工作经费和县社会治理中心建设费用纳入县财政保障。此外，在县政法委和县市域办的积极配合、协调之下，本次第三方评估工作得以有效开展，罗平县市域办认真记录了评估过程中发现的不足，并明确表示将紧抓落实整改。

（二）宣传氛围营造好

罗平县统一部署和推进全县的社会治理中心建设和规划，做到了县、乡镇（街道）、村（社区）社会治理中心的统一标识和全挂牌实体化运行，并将网格划分图、网格员职责清单、矛盾纠纷调解成员名单和基本信息、村规民约和其他工作流程等要素，按要求上墙展示，墙体文化丰富、宣传氛围营造好。

县市域办在显要位置张贴有"罗平市域社会治理工作重点任务作战图"与"五大攻坚作战图"，人员公示、挂牌督办、跟踪督办和约谈问责、保密工作制度均上墙。通过图示化信息，重要数据一目了然，便于展示、宣传。

（三）材料收集归档可优化

通过实地走访和材料检查，罗平县的材料收集归档有进一步优化的空间。县市域办已协调各家单位，集齐了必需的工作台账和资料，集中存放供审核检查，但也有少数单位提供的工作台账或资料存在问题，或有缺失，或证明力不足。

县级单位中以县委组织部、县公安局和县民政局的材料收集归档表现最佳，乡镇（街道）中以钟山乡的材料收集归档较为突出，材料翔实，条理清晰，逻辑通顺，值得学习借鉴。

二、取得的成绩

罗平县委、县政府把推进市域社会治理现代化工作纳入年度工作重点，结合曲靖市的五大工程，全力推进市域社会治理现代化试点的各项工作，县政法委和县市域办积极探索各重点测评指标相关工作的落实措施，取得了不错的成绩。

（一）全面完成社会治理中心的阵地建设

通过明确建设标准、责任领导、牵头单位、责任单位和完成时限，罗平县把县社会治理中心（综治中心），乡镇（街道）、村（社区）党群服务和社会治理中心（综治中心）一体推进，对按时完成中心建设并实体化运行的乡镇（街道）、村（社区），通过"以奖代补"分别予以经费补助，对未按时完成建设的乡镇（街道）、村（社区）下发了白色督办单，督促整改落实。截至2021年12月月底，已完成罗平县社会治理中心13个乡镇（街道）和154个村（社区）的党群服务和社会治理中心的建设，并实现实体化运行。

（二）初步构建了社会心理健康保障体系

罗平县将社会心理服务纳入城乡基本公共卫生服务体系，机关企事业单位普遍设立心理健康辅导室，乡镇（街道）、村（社区）依托综治中心等场所，设立社会心理服务工作站（室），为群众提供心理健康服务。通过引入第三方专业机构，罗平县在社会治理中心设置了未成年人心理健康辅导站，该辅导站于2021年8月建成使用。截至目前已累计到罗平各中学、小学开展了18次心理健康讲座，在县市域办的协调安排下，辅导站已与县教育局、检察院、未司办和妇联等单位达成合作，并逐渐形成了县级有未成年心理咨询室，乡镇（街道）、村（社区）有关爱工作室的社会人群心理保障体系。关爱工作室的服务人群范围除未成年人和留守老人之外，扩大覆盖到社区矫正人员、吸毒人员、邪教人员和刑满释放人员等，通过与有关单位的协同联动，将矛盾调处、法制宣传教育和心理疏导有机结合起来，从源头上预防恶性事件的发生。

在心理咨询师人才配备方面，县市域办牵头建立了县心理咨询师人才库，通过积极培养心理健康服务骨干队伍，配备专兼职心理健康辅导人员，目前罗平县共有心理健康专业人员23人。通过将各学校、乡镇（街道）和村（社区）具备心理咨询资质的老师集合起来，依照其属地或距离远近，统筹调配、包干划分到各乡镇（街道）和村（社区）的关爱工作站，达到了资源的有效配置。各关爱工作站将心理咨询老师的基本信息、空闲时段和擅长领域挂牌公示，通过预约制度，保证了群众心理咨询服务的供给。

（三）基层治理亮点纷呈

在基层治理方面，罗平县积极推进乡村治理体系建设和治理能力的现代化。

1. 加强基层党建，推动乡村治理。钟山乡鸡场村以党支部规范化建设、强化基层党组织领导地位为核心，发挥基层党组织在乡村治理中"主心骨"作用，充分发挥党员干部队伍、驻村工作队和乡贤三支队伍带头宣传、带头参与、带头推动和带头示范，密切联系群众，带动群众主动参与乡村治理。

长底布依族乡坡脚村按照"党建引领发展，发展惠及民族，民族团结进步"的思路，坚持共建共治共享理念，探索支部领村、规划统村、乡贤治村、道德润村、产业兴村、生态美村的"六村共治"新模式，积极推进乡村治理体系和治理能力现代化，努力打造乡村治理新样板。旧屋基彝族乡探索的"条约式治村、标杆式带人、积分式鼓励、重赏式育人、鱼水式聚人"的"五式治村"工作法，着力构建"五治融合"的社会治理体系，形成了"彝心一意跟党走，团结奋进奔小康"的良好势头。

2. 通过组织罗平县村规民约大评比活动加强村规民约规范建设，充分发挥"一约一会一榜"的自治、德治和法治协同作用。由罗平县委组织部牵头，通过开展"五佳"示范村规民约和"十佳"规范村规民约的评比活动，实现了全县154个村（社区）、1795个村（居）民小组村规民约的全覆盖。九龙街道观塘社区小洲子居民小组、钟山乡鸡场村和罗雄街道大明社区大明寨居民小组的村规民约（居民公约）均获全县通报表扬。钟山乡以村"两委"换届为契机，全面铺开了一村一约，内容符合本村实际，多方协同开好道德评议会；红黑榜定期公示，发挥弃恶扬善作用的三治融合模式，促进了村风文明，解决了社会治理中的难点问题。

3. 积极打造"枫桥式"派出所，推动矛盾调处和多元解纷服务体系建设。以板桥镇为例，因交通便利，物流发达，板桥镇自古以来就是云贵两省、相邻县市的商贸集散地，外来人口多，常住人口密度大，再加上板桥镇"国际小黄姜之乡"的美誉，社会治理和治安管理任务繁重，针对以上挑战，板桥派出所创新发展新时代"枫桥经验"，围绕"党委政府主导、职能部门主责、派出所主抓、社会力量参与"的思路，推动建立"党政统领、齐抓共管、分色管理、分类流转、多元化解"矛盾纠纷排查调处机制，形成了一套"123"矛调工作机制：设立"一个中心"牵头抓总；规范"两个机制"联排联调；成立"三支队伍"落细落小。在矛盾调解中充分发挥地方商会和行业协会的力量，努力实现商贸矛盾的"小事不出村、大事不出镇、矛盾不上交"。

三、存在的困难与问题

罗平县在开展落实市域社会治理现代化各项工作中取得了不少成绩，但也存在一些困难和问题，通过评估组多方调研，并听取相关工作人员的反馈，将罗平县在社会治理现代化试点工作中存在的困难与问题总结如下。

（一）"雪亮工程"推行进度须加快

作为罗平县社会治理中心的功能室，罗平县公共安全视频监控指挥中心已投入使用，县、乡两级的智能化智慧平台建设也基本完成，实地走访的各乡镇、街道也都已设立了本辖区内的网络视频调度研判功能室，但针对乡镇（街道）、村（社区）公共区域主要干道的视频监控尚未达到100%全覆盖，仍然存在监控死角，存在公共安全监测预警漏洞。

（二）网格化服务管理水平有待提高

罗平县已按照工作部署，统一划分了网格并在各乡镇（街道）和村（社区）配备了网格管理队伍，但离实现相关指标的要求仍有一定差距。为落实网格员工作，罗平县设置了月报数的考核指标，并采取了"以案定补"的计件奖励政策来鼓励网格员积极响应，但总体上离实现社会治理一张网的目标仍有差距。

因受县乡级财政的制约，未能将网格员补助纳入财政预算，针对二级专职网格员的待遇和补贴实质上无法实现，现在的二级网格员基本由村小组成员兼任，因基层事务繁杂，网格事务管理和网格服务实际上已经融入了他们的日常工作，少有人能够得到"奖励"。网格员的日常培训也常用"以会代训"的形式进行，网格员作用发挥、网格服务事项清单制定，落实"吹哨报到"制度等方面还未达标。

（三）重点指标完成率不理想

2021年上半年罗平县群众安全感满意度为96.54%，位于全省第22名，达历史新高，未达到指标要求（98%）。2021年罗平县十万人命案发案率为0.75，也高于0.6的指标要求。此外，金融案件标的额兑现率超过70%，城市、农村普通人群健康知识知晓率分别到达70%、50%，居民心理健康素养水平达到15%等，与指标要求仍有差距。

四、评估结论和建议

（一）建议继续完善统筹安排机制，压实工作责任

罗平县委、县政府要继续发扬全县"一体推进"的工作思路，总结经验，吸取教训，认真落实市域社会治理现代化工作责任，扣紧"主要领导亲自抓、分管领导具体抓，一级抓一级、层层抓落实"的责任链条，督促各牵头单位、

成员单位、乡镇（街道）紧紧围绕工作任务和目标要求，对标对表，查缺补漏，建立完善责任清单，列出推进任务时间表、作战图，压实责任到人、推进计划到天，集中力量攻坚。

（二）建议积极整合现有资源，补齐短板

因财政原因，罗平县的"雪亮工程"进度推进缓慢，二级专职网格员的待遇未能实现，建议县政法委和县市域办继续整合现有资源，利用已有的公共视频监控设施，鼓励社会资本与政府合作，以PPP公共性项目模式或其他合理路径，借助社会资源，创新公共安全监测设备的协同供给模式，确保合作协议的有效实施，有力推动"雪亮工程"在罗平县的100%全覆盖。

另外，继续推动网格化的科学管理，落实专职网格员的"以案定补"激励措施，强化网格保障，可在全县范围内选取试点，积极探索通过合法合规程序，将村（社区）的集体经济收入按一定比例提取、注入乡镇（街道）网格员待遇资金池，以保障专职网格员的待遇，此外，可以扩大专职网格员范围，挖掘有能力、有责任心的居民担任二级专职网格员，鼓励其参与到社会治理当中。

（三）建议紧盯重点目标，强化整改落实

建议罗平县围绕"十万人命案发案率"和"群众安全感满意度"等指标，继续保持对婚姻家庭纠纷的全面排查，严密管控吸毒人员、刑满释放人员、社区矫正人员、易肇事肇祸精神障碍患者等特殊重点人群，严防肇事肇祸引发案件，压实命案防控责任，落实防控措施，打赢命案防控攻坚战，全面提升群众安全感满意度。

对于本次评估中发现的问题，罗平县政法委、县市域办应督促指导各牵头单位、成员单位、乡镇（街道）认真制定整改方案，明确整改措施、整改时限和整改责任人，努力把"长板"拉长，把"短板"补齐，把"底板"固牢，圆满完成各项工作任务。此外，要组织工作台账不齐、痕迹管理欠缺的单位和乡镇（街道）积极学习市级下发的材料收集归档要求，切实抓实整改工作。

（四）建议发现、挖掘先进典型，及时宣传特色亮点

建议罗平县在日常工作的开展过程中积极发现和挖掘先进典型，总结成熟做法，固化成功经验，综合运用各类宣传载体的文化阵地，大力宣传特色和亮点，形成良好的市域社会治理现代化宣传氛围。

师宗县社会治理现代化试点工作评估报告

李梦侠 杨川仪 钱 婷[*]

师宗县隶属云南省曲靖市，是一个多民族聚居的山区农业县、云南省革命老区县之一。全县国土面积2783平方公里，下辖10个乡镇（街道）、110个村委会（社区）、784个村（居）民小组。2019年，师宗县"摘帽"贫困县，入选全国农业创新创业典型县。经济社会的发展与进步，对社会治理提出了新的要求。师宗县近年来积极响应国家、省、市的号召，不断完善社会治理制度、创新社会治理机制，在满足群众需求、促进社会进步等方面做出了有益探索。

一、关注乡村——社会治理创新的"主战场"

党的十九大提出，要"打造共建共治共享的社会治理格局。加强社会治理制度建设，完善党委领导、政府负责、社会协同、公众参与、法治保障的社会治理体制，提高社会治理社会化、法治化、智能化、专业化水平"。十九届四中全会提出，"必须加强和创新社会治理，完善党委领导、政府负责、民主协商、社会协同、公众参与、法治保障、科技支撑的社会治理体系，建设人人有责、人人尽责、人人享有的社会治理共同体"。十九届五中全会提出，"坚持把实现好、维护好、发展好最广大人民根本利益作为发展的出发点和落脚点，尽力而为、量力而行，健全基本公共服务体系，完善共建共治共享的社会治理制度"。2020年，中共中央印发《法治社会建设实施纲要（2020—2025年）》提出要"完善社会治理机制体制"。社会治理不仅关系到党委政府的运行，还涉及群众的切身利益，因而备受各级党委政府关注。国家一直强调加强和创新社会治理，以切实推进社会发展、满足群众需求，这意味着

---

* 李梦侠，男，法学博士，云南大学法学院博士后；杨川仪，昆明理工大学法学院讲师；钱婷，昆明理工大学法学院2021级法学硕士研究生。

广大乡村地区是社会治理创新的主战场。

村（社区）对市域社会治理来说意义重大。一方面，市域社会治理的诸多措施，须在村和社区"落地"，如果说市县乡三级的努力能够弥补"最后一公里"，那么村（社区）便是弥补"最后一米"的关键；另一方面，村社干部既是政策的实施者，又是群众的主心骨，更是连接国家和群众的桥梁，只有建立起一支结构合理、作风优良的村（社区）干部队伍，政策上的优势才能转化为实打实的治理绩效，群众也才能抱着高度的热情与积极性参与治理。

近年来，曲靖市委市政府高度重视市域社会治理现代化建设，全市各地各部门系统谋划、完善机制、整体推进，呈现出不少亮点。在这一系列实践中，师宗县敏锐地把握到了村（社区）干部队伍和群众议事模式的重要性，在突出既有问题、把握乡村社会运行规律的基础上，针对性地建设村（社区）干部队伍、创新群众议事模式，为强基固本、深化社会治理创造了宝贵经验。

二、洞见症结——师宗原有的乡村治理问题

随着师宗县社会经济的不断发展，村庄和社区层面需要的公共服务不断增加，相应地，基层群众对社会治理的需求不断扩大，特别是在村（社区）干部队伍建设和村务民主治理方面。有效治理需要以把握治理"症结"为前提，这不仅是对既有机制和措施的反思，还是对基层社会、对社会治理的再认识。

（一）村社人员冗余

随着社会的发展进步，农民群众的需求越来越多，涉及农业经济、科技推广、社会事业保障等多方面。在师宗，相应的需求来自以下方面：以烤烟种植为主的农业指导、科技辅助和自然灾害预警；妇女、老年人、残疾人等特殊群体的权益保障；新农保、新农合等农业农村服务；以农地、林地为主的集体资产管理；以农村公路、乡村道路为主的基层公共设施管理；以矛盾纠纷化解、治安维护、食品安全保障为主的法治服务；此外还有生产安全管理、殡葬管理、计划生育指导等传统的农村工作。为了回应群众的这些需求，师宗县以政府部门购买服务的形式向群众提供服务，负责服务提供的干部或群众统称为村社"几大员"。

这些措施一定程度上满足了群众需求，但也带来了新问题。首先，"大员"人数过多，效率有限。群众的需求需要县、乡两级的政府部门供给，在以往的实践中，有的"几大员"由村（社区）"两委"成员兼任，有的由群众担任；从补贴来源上看，有的是政府部门补助、村（社区）负责兑现，有的则是上级政府部门直接发放。管理上的不统一导致了基层服务供给的混乱，群众常常不知道找谁，或者是找不到人来解决实际问题。其次，补贴差距过大。不同的基层服务对应不同的政府部门，基于政府部门的差异和服务强度的大小，"几大员"获得的补贴不同。补贴最高的综合服务平台管理员为1500元/月，最低的老年协会会长仅50元/月。数额相差较大的补贴挫伤了群众参与治理的积极性，使得相应部分的服务难以供给到位。最后，"几大员"的选任缺乏规范。"几大员"有的来自村（社区）党组织的推荐，有的则是上级政府部门直接安排，虽然能够选出人来承担工作，但是选拔、推荐的过程缺乏统一标准，为"优亲厚友"提供了空间。在这种情况下，出现了履职不力、只领钱不干事的现象，而相应的服务工作最终回流到"两委"，进一步加重了"两委"的工作负担。

（二）议事缺乏载体

除了队伍建设，乡村治理有效的另外一个关键是群众参与村务。一方面，这是党和政府践行群众路线、倾听群众心声的重要途径；另一方面，这是凸显群众主体地位、强化乡村治理的重要表现。然而在乡村层面，群众参与村务需要具体的载体，如果此环节没有做实，那么群众参与就只能流于形式，乡村治理的绩效也难以提升。

缺乏有效议事载体会带来诸多问题。首先，引发利益冲突。村（社区）的决策是集体决策，群众不仅有权知晓法定范围内应公开、可公开的党务、村务、财务，还需要参与决策的过程、表达自己的利益诉求。当公共事务得不到充分的讨论和交流时，便会产生利益上的矛盾和冲突。一方面，群众的利益诉求难以得到充分的表达，致使部分群众的利益受损；另一方面，引发的矛盾纠纷难以疏导，加剧基层的信访工作形势。其次，群众参与决策本身是对村（社区）干部的一种监督，有效议事载体的缺乏意味着群众缺少了一种监督村社干部的手段，致使村（社区）干部的权力得不到约束，滋生了不作为、甚至违纪违法的空间。最后，加剧了干群关系的紧张。有效议事载体的缺乏阻碍了干群之间的有效沟通，加大了干部和群众之间的距离，让干群关系变得紧张，增加了各类政策的执行难度。

社会转型为治理提出了更高的要求。一方面，群众的需求不断增加，社会治理需要适应不断变化发展的基层态势，并对群众作出回应。另一方面，基层社会的利益格局复杂化、利益诉求多元化，需要更为有效的机制来协商、平衡不同的利益。这既是社会治理的重点，也是难点。

三、精准施治——师宗的探索和创新

明晰问题所在是解决问题的先决条件，在传统的治理模式中，治理难题难以解决，在新的环境条件下，要大胆创新，多方兼顾才能找到新的出路。师宗县力求在体制机制创新方面不断探索，意图通过创新来强基固本、提升社会治理能力。

（一）"缩面提标"

"缩面提标"是针对基层服务供给和干部队伍建设的新机制。"缩面"是统筹优化村级领取补贴和政府购买服务人员的数量；"提标"是整合各级各部门到村的政府购买服务补助资金，集中安排到具体做事的人员身上。2019年，在选择部分村社先行试点、总结经验的基础上，师宗县委印发《关于建设相对职业化村（社区）干部队伍的意见（试行）》，按照"人力资源整合、工作职能合并、干部结构优化、服务能力提升、报酬待遇提高、财政负担不增"的原则，推进"缩面提标"改革。目前，师宗县已全面完成110个村（社区）改革。"缩面提标"体现了师宗县委县政府的主观能动性和对问题性质的精准把握。

首先，县委县政府深入基层，对问题细致研判。县委县政府逐村逐社对村社干部队伍和服务供给情况进行全面摸底和分析，在此基础上征求村社党组织意见，依据每个村庄和社区的不同情况，有针对性地提出"几大员"整合清理的意见，做到一村（社区）一策。其次，精简队伍、压实责任。在明确了村（社区）的工作任务之后，依据事务和人员厘定岗位，并将岗位责任落实到人。在精简"几大员"数量的基础上，为充分发挥村级组织领导班子成员的作用，师宗县委明确，全县村（社区）干部按照7~9个职数进行"员额"设置，分正职、副职、"两委"成员3个层次进行分类管理，人员均为村（社区）"两委"成员及村（居）务监督委员会成员。对村（社区）干部实行分工负责制，按照"一人兼多职、一人领多酬、宜整合则整合、宜兼职则兼职"的原则，除医疗卫生、畜牧兽医等专业技术人员外，村级"几大员"岗位统一由村（社区）干部兼任，使村（社区）干部一人兼多职，做到权责对

等、岗位匹配。对具体要求、相对重要的岗位，直接明确兼职人员，规范岗位设置。比如，由村（社区）党组织书记兼任民政助理员、村（居）委会主任兼任调解员、党总支副书记或副主任兼任综合服务平台管理员；对团组织、妇联、老年协会等群团组织，则明确要求由符合条件的村（社区）党组织委员兼任；其他人员岗位设置，则由工作组和乡村两级党组织结合实际确定。最后，整合各类资金，提高待遇标准，充分调动村（社区）干部积极性。村（社区）干部兼任"几大员"岗位的，同步领取相应岗位待遇补贴，做到兼职兼薪，在不增加财政负担的前提下，提高了村（社区）干部的基本报酬待遇。同时，认真落实村干部"基本报酬+绩效补贴+村级集体经济创收奖励"结构性岗位补贴长效机制，通过设立村级集体经济创收奖励、"红旗村"创评奖励、发放荣誉津贴、差旅补助等，让村干部报酬从"次收入"变为"主收入"。

"缩面提标"的推行取得了良好的效果，村（社区）干部的职业化程度得到显著提升。第一，村（社区）冗员问题基本得到解决。以竹基镇永安村为例，通过"缩面提标"改革，把原有的22个"几大员"岗位整合由9名村干部兼任，定人、定岗、定酬、定责，做到人岗相符、权责分明，分工协作、形成合力，极大地提高了工作效率。第二，村（社区）干部获得了更强的激励。全县村（社区）干部待遇优化为"432"结构，即村（社区）正职月收入4000元以上、副职月收入3000元以上、委员月收入2000元以上，相比改革前正职2100元/月、副职1900元/月、"两委"成员500元/月的标准，村（社区）干部的整体待遇水平得到了大幅度提高。第三，治理责任得到严格落实。在明确队伍构成、报酬激励两个关键问题的基础上，师宗县针对村（社区）干部制定了严格的任期管理和目标管理制度。一方面，采用"双述双评"机制，防止村社队伍管理不到位、责任不落实。"双述双评"即村（社区）干部每年向乡镇党委和党员群众述职，接受上级党组织和党员群众测评。这一机制形成了一上、一下的双重监督，驱使村（社区）干部不仅要执行好上级党委和政府部门的政策，还要服务好群众。另一方面，依托"三规范"机制，对村（社区）组织进行规范化管理，即村（社区）干部管理规范化、集体资产管理规范化和村级财务管理规范化。再一方面，实施"三公开"机制，在规定的范围定期公开党务、村务、财务，让权力在阳光下运行。这些措施实施以来，全县共清理有"问题"的村（社区）干部43名，调整撤换不作为、不称职的村（社区）党组织书记24名，淘汰不胜任岗位职责的村（社区）干部166名，既做到干好有激励、有保障，也让村（社区）干部时刻感受到纪律的约束，认识到岗位就是责任，推动村（社区）干部在岗履职、发挥作用。

（二）五步工作法

"五步工作法"是以保障群众的决策权、知情权、参与权和监督权为目的的议事模式。该模式主要包含了五个部分：村民说事、现场答事、干部领事、问效结事、群众评事。

第一步是村民说事。这一步包含了三个环节。第一个环节，谁来召集。师宗县的村（社区）按照"党委领导、政府负责、民主协商、社会协同、公众参与、法治保障、科技支撑"的原则，由村党总支领导，村委会落实，村监委监督。第二个环节是在哪里说事。根据工作需要和农作安排，村（社区）干部主动深入基层，在本村（社区）党群活动室、或村民家中、或田间地头，组织召开群众会或院坝会，倾听群众呼声，让"说事"更灵活、更接地气。第三个环节是说什么。脱贫攻坚、低保评定、集体经济发展、人居环境整治等关系乡村社会发展、群众切身利益的大事、实事、难事、急事是村民说事的核心议题。

第二步是现场答事。这一步重点明确两个问题：一是答什么。乡镇（街道）、村（社）干部对村民在群众会或院坝会上提出的政策法规疑惑、请求办理事项等，与村民面对面沟通交流，解读政策法规。二是怎么答。能现场答复的当场答复；不能现场答复，需要村"两委"商议或上级党委研究的，认真记录形成问题清单，并承诺答复期限。

第三步是干部领事。这一步包含两个环节：一是谁来领。对现场解决不了的疑难问题，群众会后由村（社）梳理汇总形成问题清单，及时分析研判，根据问题属性由支委、村委、监委干部和联村领导认领问题并负责落实答复。二是如何办。责任干部认领问题后，认真开展调查研究、分析研判、请示汇报，根据需要，提请召开相关会议进行研究解决。

第四步是问效结事。这一步包含两个环节：一是谁来问。村（社）干部认领事项办结后，村（社）及时公示办理结果，答复相关群众。由联村领导或联村站所干部对照办结事项进行回访，跟踪问效。二是怎么结。经核实，确认办结群众满意的，予以销号；没有办结的，挂号督办。

第五步是群众评事。这一步包含两个环节：一是效果怎么评。坚持"办结一件、公示一件、回访一件、评议一件",联村领导干部在回访过程中,邀请当事群众对办理结果做出满意、基本满意、不满意的评议。二是结果怎么用。评议结果作为村干部年终评先评优、绩效考核的重要依据。对满意率达不到90%以上或领办事项没有按时完成的,领事干部负责向说事村民解释说明并承诺整改期限。

"五步工作法"集表达、商议、执行、监督和评价为一体,既充分发挥了党委政府对村庄社区工作的领导、指导作用,又为群众行使决策、知情、参与和监督等权利提供了保障,更为重要的是,该模式贯穿村社事务的全过程,压实了各级干部的责任,激励着各级干部勇于担当。"五步工作法"实施以来,师宗县村庄和社区一级的工作取得巨大成效。在群众参与方面,群众参与村务决策管理的积极性空前高涨,参与率由过去的50%左右提升到现在的85%以上,全县共召开规模性群众会、院坝会1100余场次,帮助研究解决群众关心的急难问题840余个,群众满意度大幅提升。在干部队伍监督方面,全县共清理受过刑事处罚、涉黑涉恶、违纪违法等村(社区)干部43名,撤换不胜任、不称职村(社区)党总支书记15名。在矛盾纠纷化解方面,初信初访受理率、办结率、满意率大幅上升,村级信访矛盾得到及时化解,县级信访案件同比大幅下降,全县赴省集体上访、进京非正常上访量持续为零。可以说,村民说事说出了群众的心声和诉求,拓宽了党委政府吸纳民意的渠道;现场答事答出了干群之间的坦诚心怀,强化了干群之间的交流和联系;干部领事领出了各级干部服务群众的风采,确保了群众关心的事件件有落实;问效结事彰显了党委政府严格的监督力度和务实的监督态度,驱使各级干部全心全意为群众办实事;而群众评事增强了群众参与乡村治理的信心,提升了党组织的影响力和凝聚力。

四、满怀憧憬——师宗经验的启示与前景

"缩面提标"和"五步工作法"体现了师宗县全体干部和群众探索社会治理、积极主动创新的努力。这一系列卓有成效的创新,给我们的社会治理探索带来了深刻的启示。第一,注重党建引领,不断加强党委在基层工作的核心地位和作用。从师宗的成功经验不难发现,有效的社会治理离不开党委的坚强领导,只有在党委的领导下,干部群众才能不断克服困难、跨越挑战。第二,抓住"关键少数",持续强化对各级干部的监督和指导。党委政府的政

策要靠干部去执行，群众的切身事要靠干部去落实。基层的各级干部不仅要有卓越的治理能力、服务能力，还要始终不忘初心、时刻心怀群众。只有抓好干部这一"关键少数"，提升对干部的指导、强化对干部的监督，才能有效回应群众的诉求。第三，注重干群关系，重视并充分发扬党的群众路线的优势。良好干群关系体现了党和政府执政为民的决心、基层干部服务群众的真心，以及群众对党和政府、干部的信心，这是一种良性的、充满了信任与情感的互动。在社会治理中，应紧扣群众的需求，努力践行党的群众路线，通过信任群众、依靠群众来撬动更多的资源参与治理。

以"缩面提标""五步工作法"为代表的师宗经验仅仅是无数干部、群众为之而奋斗的一个缩影，但从中我们依旧能够看到这些成功经验所具有的旺盛生命力。一方面，"缩面提标"和"五步工作法"是在地方财政能力有限的前提下发展出来的经验，这决定了这些经验有较强的环境适应能力，对于基础条件落后、财政资源有限的西部地区、边疆地区来说，这些经验有较大的推广空间和发展前景。另一方面，"缩面提标"和"五步工作法"紧扣基层社会的运行和发展规律，兼具灵活性和有效性，这为当下有效经验在未来的优化与迭代奠定了坚实的基础。相信在全体干部和群众的努力下，师宗将会在未来的社会治理中给我们带来更多的期待与欣喜。

富源县社会治理现代化试点工作评估报告

王嘎利　谭　民　李冬森*

根据曲靖市政法委的委托由王嘎利、谭民和李冬森组成的昆明理工大学法学院测评第五组于 2022 年 2 月 13 日至 2022 年 2 月 17 日对富源县开展测评工作。

一、评估工作的基本情况

评估组制定出先材料、后现场、再反馈的测评总体计划，并结合陆良县方面提出的建议和考察点清单进行修订完善；测评组严格按照测评计划开展工作，并坚持无论多晚回到住地都要开展集中讨论，总结每天测评工作，在此基础上对第二天的工作日程和注意问题再行细化，以便工作的顺利开展。

具体测评计划：2022 年 2 月 13 日下午到达富源县，在与县政法委书记见面后，确定了测评的总体计划和具体调研计划。

2 月 14 日全天，测评组在县政法委政治部开展工作，按照评估指标体系十二大工程分别查阅、核对台账，并与相关人员开展交流和沟通，为下一步的材料完善提出初步意见和建议。

2 月 15 日上午，测评组深入胜境街道党群服务和社会治理中心、外山口社区、后矿社区、县社会治理中心、县政务服务中心、高铁北站法治广场、宏发梧桐院智慧安防小区、县未成年人一站式保护中心、县公安局情报指挥中心、县公安局执法监管中心等地现场考察，查阅台账材料并分别与乡镇、社区、单位领导及具体工作人员进行交流。

2 月 15 日下午，测评组到中安街道及其下辖东门社区、中安司法所、墨红镇下辖九河村委会和玉麦村委会、墨红派出所、墨红司法所、墨红法庭、

* 王嘎利，昆明理工大学法学院副教授，民商法学研究中心主任；谭民，昆明理工大学法学院副教授；李冬森，昆明理工大学法学院 2020 级法律硕士研究生。

墨红镇社会治理中心等地实地考察、抽样调查和听取汇报，并在墨红法庭与墨红镇司法所工作人员、员额法官以及墨红镇领导等展开座谈，了解墨红镇联调工作机制及效果。

2月16日上午，测评组到大河镇及其辖下十字路村、白马村委会、黄泥村委会和营上镇及其辖下都格村委会、得戛村委会、营上法庭、营上派出所等地实地考察、抽样调查、听取汇报，下午深入到富村镇及其辖下鲁纳村委会、亦佐村委会底井村、富村司法所、富村派出所、富村法庭，并在富村法庭与镇政府工作人员、法庭工作人员就基层纠纷化解和重点人群管控情况开展座谈，了解基层社会治理推进情况。

2月17日上午，测评组先到县政法委查阅材料补充情况，后在县委机关会议室向政法委机关、市域社会治理各牵头单位以及各乡镇街道主要领导就测评工作情况反馈相关意见。

二、取得的成绩

富源县市域社会治理在坚持曲靖共有特征的基础上，通过因地制宜、发挥地域特色，创造出不同于其他地区的市域社会治理亮点和成绩。

（一）"枫桥式"中心站所建设成效显著

富源县充分结合地域文化，体现地域特色，在枫桥式中心站所建设方面取得亮眼成绩。墨红镇党委政府高度重视枫桥式中心站所的创建工作，通过积极支持墨红镇派出所、司法所和墨红镇人民法庭的评优创建，实行联勤联调服务中心六联机制，因地制宜推动综合治理工作的开展。六联机制具体包括：（1）矛盾纠纷联调。定期组织辖区开展矛盾纠纷排查活动。对排查掌握的矛盾纠纷和群众来信来访统一受理、集中梳理、归口管理、依法处理、限期办理，规范登记、交办、承办、销案等工作程序。对重大疑难问题或涉及两个以上部门、单位的纠纷，组织有关部门联合行动，携手解决，综治中心负责督促落实。（2）社会治安联防。定期开展社会治安形势分析，及时发布治安预警预报，制定针对性防范措施，组建专（兼）职联防队伍，整合群防群治力量，健全完善专群结合的治安防范网络，组织开展治安巡逻，落实治安防控措施。指导督促辖区学校、企业等落实内部安全保卫制度，参与区域联防、协助工作。（3）重点工作联动。在重要敏感时期或根据工作需要，统一调配综治中心各成员单位开展矛盾排查、值班务勤等工作，一旦发生突发性群体性事件、治安灾害事件和重大刑事案件，能够迅速组织协调有关部门及时妥善处置。（4）突出问题联治。定期开展辖区社会治安混乱地区和突出治安问题排查，有针对性地组织开展集中整治和专项行动，打击违法犯罪活动。协调有关部门推动解决公共服务缺失、管理工作薄弱等问题。（5）基层平安联创。指定平安创建目标，整合各方面力量，广泛组织开展平安单位、平安村（社区）、平安家庭、平安企业、平安校园等多种形式的基层平安创建活动，组织发动人民群众参与，组织开展综治、法制等宣传教育活动，丰富平安创建内涵，提高平安创建实效。（6）社会管理联抓。组织推动辖区重点人群的服务管理工作。督促落实流动人口服务管理工作措施，组织发动部门、单位、社区、家庭和群众，落实对闲散青少年、刑释解教人员、社区矫正对象、易肇事肇祸精神病人、吸毒人员等重点人群的摸排、服务、救助和管控措施。

（二）人民法庭特色：建设促动诉源治理

富源县人民法院充分发挥营上、富村、黄泥河、墨红 4 个派出中心法庭在矛盾纠纷化解中的前沿阵地作用，推动诉讼服务资源下移、力量下沉，持续推行"五老"乡贤调解，做好"无讼"村（社区）创建，创新"大联动"平台、网格员+联动调解+送法下乡+N 等机制，推动构建和管理"司法服务链"，着力将矛盾纠纷化解在诉前、破解在基层、解决在萌芽状态。4 个中心法庭案件数均呈现负增长，2019 年、2020 年、2021 年墨红中心法庭更是取得了连续 3 年"零判决"的不易成绩，并进一步探索墨红法庭"红色调解"多元化解纠纷新模式。3 年来，4 个中心法庭受理各类案件 2645 件、审结 2635 件，调解（撤诉）1587 件，调撤率达 60%。2021 年 4 个法庭创建为"枫桥式人民法庭"，打造各具特色文化的派出中心法庭，在营上中心法庭打造"和谐"主题的法治文化，在富村中心法庭打造"奉献"主题的传统文化，在黄泥河中心法庭打造"水族"主题的特色文化，在墨红中心法庭打造"党建"主题的红色文化，2021 年黄泥河中心法庭被省高院表彰为"全省法院人民法庭工作先进集体"。

（三）乡镇村委（社区）共建共治共享度高

富源县富村镇通过构建党组织领导下的自治、法治和德治相结合的乡村治理体系，充分发挥村规民约在乡村社会矛盾纠纷化解、法治环境营造与道德风尚引领中的作用，使之成为实现乡村振兴战略中的"乡风文明""治理有效"目标的有力推手。以富村镇亦左村委会为例，通过实现主任和书记一肩挑，既确保了"自上而下"的党委权威与"自下而上"的自治权威二者融合，也有效地巩固了村党组织领导权的正当性。党的农村基层党组织通过重新构筑已呈"退化"趋势的基层治理网络，为农村治理网络运转"造血"，整合村级资源、吸纳社会组织与推动合作行动，将乡村治理中的资源、主体和行动重新"组织起来"。村规民约是实现基层社会自治的重要载体，村委根据底井村的实际情况，充分考虑群众的接受度，科学制定或修订村规民约，让村规民约更有生命力，更接地气，更易于操作。在制定过程中，村委广泛征求群众意见，充分结合村庄生活、风俗习惯实际，对村规民约的内容逐一表决，让大家更容易接受。除此之外，村委通过将村规民约提交镇司法所、人民法庭，对内容进行合法性审查，之后才公布于众、上墙公开，从而保证村规民约的依法合规。通过加强村规民约建设，在矛盾纠纷调解、人居环境整治、移风易俗等方面都取得了良好的治理效果。

三、存在的问题

富源县市域社会治理在作出成绩的同时，此次测评暴露出思想认识和具体行动中的一些问题：

1. 对评估重要性认识有待加强。从乡镇（街道）的工作人员到县级市域社会治理办，对于评估指标和支撑材料认识不够，影响评估工作的专业性。

2. 硬件设施配备参差不齐。市域社会治理要求一定的基础设施建设，但就整个县域来看，从雪亮工程到信息指挥平台建设，再到社会组织孵化场所，基础设施的投入与要求仍然存在差距。

3. 工作痕迹台账不完善。部分乡镇（街道）、村委（社区）未设置工作痕迹台账的意识，导致缺乏相应的工作痕迹，部分社区网格管理、重点人群、协商式民主等台账缺失严重。

4. 部分村规民约内容不规范。村规民约讲求通俗易懂、便于遵守，但评估中发现部分村委村规民约的内容制定存在随意性，对罚款权设置不当；部分社区居民公约的内容不切合实际。

四、评估结论和建议

整体上来看，在实地考察过程中，党员领导干部普遍认识到从社会管理到社会治理的转变，但更重要的在于，党群服务和社会治理中心的设置主要是通过公共服务体系建设来实现社会治理的目的。富源县市域社会治理第三方评估组认为富源县的市域社会治理情况较好，建议：

1. 高度重视市域社会治理评估工作，将市域社会治理评估当作是对全县社会治理情况的摸底和总结，亦是对社会治理成绩和问题的梳理，从而在下一步工作中有的放矢，有针对性地提升社会治理体系和能力水平。

2. 下力气解决基础设施建设工作，通过各种方式解决资金问题，在社会治理工作中为更快更好进步打下基础。

3. 完善工作痕迹台账，全面呈现基层社会治理的真实状态，以良好的姿态迎接市域社会治理评估工作。

4. 提升基层党建水平。通过发挥基层党组织的核心作用，完善基层自治的相关规范和要求，切实做到自治、法治和德治相统一。

陆良县社会治理现代化试点工作评估报告

王嘎利　谭　民　李冬森[*]

一、评估工作的基本情况

评估组制定出先材料、后现场、再反馈的测评总体计划，并结合陆良县方面提出的建议和考察点清单进行修订完善；测评组严格按照测评计划开展工作，并坚持无论多晚回到住地都要开展集中讨论，总结每天测评工作，在此基础上对第二天的工作日程和注意问题再行细化，以便工作的顺利开展。

具体测评计划：2022 年 2 月 9 日上午到达陆良县，下午在县政法委市域社会治理办公室开展工作，按照评估指标体系十二大工程分别查阅、核对台账，并与相关人员开展交流和沟通，为下一步的材料完善提出初步意见和建议。

2 月 10 日上午继续查阅台账材料，下午深入大漠古镇及夏古村进行现场考察，查阅村镇两级台账材料并分别与村镇两级领导及具体工作人员进行交流。

2 月 11 日上午，测评组到县法院、县检察院、县治理中心、政务管理局开展实地考察，下午到龙海乡及其所辖古都依村委会、双箐口社区等地实地考察、抽样调查和听取汇报，并在古都依村委会与乡贤人民调解委员会展开座谈，了解调解方法、调解纠纷以及解决效果。

2 月 12 日上午，测评组到三岔河镇及其辖下三岔河社区、三岔河派出所、三岔河司法所等地与马街镇及其大西村委会、马街镇派出所等地实地考察、抽样调查、听取汇报，下午深入到中枢街道及其辖下窑上社区、四河社区与同乐街道及其辖下新城社区、朝阳社区，并在老杨调解工作室与人大代表就

---

*　王嘎利，昆明理工大学法学院副教授，民商法学研究中心主任；谭民，昆明理工大学法学院副教授；李冬森，昆明理工大学法学院 2020 级法律硕士研究生。

参与基层社会治理情况开展座谈，重点了解基层协商式民主开展情况。

2月13日上午，测评组先到县政法委查阅材料补充情况，后在政法委会议室向政法委机关、市域社会治理各牵头单位以及各乡镇街道就测评工作情况反馈相关意见。

二、取得的成绩

陆良县市域社会治理在坚持曲靖共有特征的基础上，通过因地制宜、发挥地域特色，创造出不同于其他地区的市域社会治理亮点和成绩。

（一）爨文化融于公共文化服务体系建设

曲靖市是以爨宝子、爨龙颜碑为标志的爨文化发祥地，陆良县则是爨龙颜碑所在地，康有为先生在《广艺舟双楫》中将《爨龙颜碑》列为"神品第一"。作为全国独一无二的爨文化，其所体现出民族的包容性、文化的多样性和碑刻文化已经深深融入曲靖人民的血脉。

习近平总书记强调："文化自信是一个国家、一个民族发展中更基本、更深沉、更持久的力量。"深入挖掘曲靖的历史文化遗存和文化底蕴，厘清城市发展的源流，增加城市文化象征资本的积淀，对于曲靖城市文化形象的构建很有必要。从陆良建造的爨文化主题公园到爨文化学术讨论会和"爨体"书法大赛，从爨文化产品研发到爨文化产业打造，曲靖人通过多种方式积极搭建平台、寻找载体，广泛阐释、宣传爨文化的传统价值，进一步增强新时代的文化自信心和自信力，曲靖历史文化信息更为丰富、历史面目更为清晰，将文化因素灌注到城市文化建设，熔铸成独具特色、底蕴深厚的曲靖城市文化个性。正是在爨文化"独步南境，卓尔不群"、维护祖国统一和民族团结的精神指引下，陆良县打赢脱贫攻坚战、环境污染防治攻坚战和防范化解重大风险攻坚战，并为巩固战役成果、为谱写好中华民族伟大复兴的云南篇章接续奋斗。

（二）山区乡镇特有的红色文化、生态文化和民族文化相结合的社会治理模式

陆良县龙海乡地处龙海山，地势西高东低，地形以岩溶峰和坡地为主，最高点海拔2580米，最低点海拔1970米，是滇桂黔边区纵队三支队革命根据地的摇篮，是"当代愚公""陆良八老"的精神高地，极具历史文化、红色文化、生态文化、民族文化的特有资源优势。龙海乡党委、政府以"传承红色基因，学习八老精神，争做时代新人"为主旋律，深挖红色历史，厚植红

色元素，将花木山林场、雨古协定纪念碑，滇桂黔边纵三支队部队旧址、朱家壁纪念碑，打造成为广大党员干部、人民群众宣传革命传统、进行爱国主义教育和传统道德教育的重要基地。通过深入挖掘当地优秀传统文化中的思想观念、人文精神、道德规范，准确把握新时代要求，做好创造性转化、创新性发展，围绕"红色""生态""民族"，广泛生动开展理想信念教育和中国梦宣传教育，引导广大人民群众听党话、跟党走，坚持习近平生态文明思想，牢固树立中华民族共同体意识，坚定不移走中国特色社会主义道路，把过去"老、少、边、穷"的龙海乡，建设成为各族群众团结和谐、安居乐业、生活富裕的美丽乡村。

（三）基层协商式民主治理效果显著

近年来，随着陆良县城市进程化不断加快，城乡管理精细化程度不断提高和行政职能下沉力度逐步加大，特别是持续开展提升人居环境、扫黑除恶、三城同创、厕所革命等创建活动，村（社区）服务、管理工作的难度和压力与日俱增，利益主体和诉求日益多元，城市治理短板、老旧小区改造难、公共管理不到位、制度机制不健全等村（社区）管理的机制性矛盾和服务性短板等日渐凸显，陆良县面临市域社会治理领域的新形势新挑战，人民群众普遍关心关注的热难点问题都亟待解决。

针对上述问题，陆良县抓住党建引领的主线，支部、党小组建在村（小区），党员亮身份、亮承诺、化身网格员负责不同片区，激发带动群众参与整治行动，成立"协商在基层"理事会，实现村（居）民议事会名称升级、组织架构升级、议事水平升级、议事质量升级，推动政协协商向基层延伸。县政协把同乐街道、中枢街道、活水乡、大莫古镇作为"协商在基层"的试点，把同乐街道老旧小区改造、中枢街道开发预留发展用地、活水乡石槽河矿村共建、大莫古镇规范农村集体资金管理作为今年的协商重点内容纳入全县协商民主工作的总体布局，相应组建试点领导小组，设置协商议事机构，规划协商"一盘棋"。村（社区）树立同治共享、多元参与的发展理念，整合资源，充分调动和发挥广大党员、村（居）民群众、志愿者、社会组织、爱心人士参与村（社区）治理积极性，增强人人都是参与者、人人都是管理者、人人都是监督者、人人都是受益者的主人翁意识，形成村（居）民自治管理、多元参与的市域社会治理创新模式。

三、存在的问题

陆良县市域社会治理在作出成绩的同时在市域社会治理台账方面暴露出一些问题：

1. 材料准备不充分。表现：（1）工作情况未能完整体现在台账材料中，部分材料不能完全涵盖测评标准，说明对测评指标理解不够透彻；（2）对某些指标内容未能提供台账材料，影响资料提供的完整性。

2. 材料重点不突出。表现：（1）未能针对指标内容精准提供材料；（2）部分牵头单位提供的材料内容过于庞杂，不便于查找。

四、评估结论和建议

整体上来看，陆良县市域社会治理第三方评估组认为陆良县的市域社会治理情况良好，建议在下一步的工作中重点关注资料完善问题，将日常工作和专项工作结合起来，完善工作痕迹台账。具体来说：

1. 注重工作痕迹材料化、文字化，各牵头单位专人负责，熟悉评估指标体系并有针对性地准备台账，对标对表，按图索骥，材料的准备涵盖指标体系，从指标内容的理解到相关材料的准备，可采取建立索引、突出重点的方法，说明材料出处和建立实地考察指引。

2. 在目录中体现并善用整体工作总结，将评分细则涉及的情况说明等进行概括性总结，从而将每一份材料呈现出总、分的结构模式。

曲靖经开区社会治理现代化试点工作评估报告

李亚龙　杨锦芳　张龙洋　武孔娟*

一、评估工作基本情况

2022 年 2 月 14 日至 17 日，昆明理工大学法学院专家组第一小组赴曲靖市经济技术开发区（以下简称"经开区"），调研经开区市域社会治理现代化试点工作开展情况。曲靖市经开区于 1992 年 8 月设立，设立目标定位为"曲靖市经济发展的主战场、产业发展的聚集区、新兴产业高新科技企业发展的示范区"。2010 年 6 月经开区经国务院批准为"国家级经开区"，2014 年 7 月被云南省人民政府批准认定为"省级高新技术产业开发区"，2016 年 6 月被国家发改委确定为"长江经济带国家级转型升级示范区"。经开区辖区面积共计 157 平方公里，总人口 15 万余人，其中户籍人口 5.7 万人。目前经开区托管了曲靖市麒麟区西城、翠峰两个街道和马龙区大海哨社区等 10 个社区 66 个居民小组。此外，辖区内还有各类企业 5296 户，并建有两个省级工业园区和两所高校。但是，相较于其他区县而言，经开区辖区内并没有设立法院、检察院和司法局等部门，相关工作的开展只能委托于其他区县。另外，经开区主要负责市域社会治理现代化工作的人员也相对稀缺。由此可见，经开区由于其定位、发展目标等与其他县区不同，在市域社会治理方面更具特殊性。因此，评价经开区市域社会治理工作开展的情况时，应始终尊重和理解其特殊性。

评估组根据《曲靖市市域社会治理现代化试点第三方模拟评估工作方案》的要求，切实结合经开区的现实情况，首先决定走访了经开区政法委，听取市域社会治理现代化工作组对经开区开展市域社会治理现代化试点工作的总体情况汇报。小组基于工作汇报的总体情况、相关工作开展的台账资料以及

---

* 李亚龙，昆明理工大学法学院刑事法学研究中心讲师；杨锦芳，昆明理工大学法学院副教授，刑事法学研究中心主任；张龙洋，曲靖师范学院讲师；武孔娟，昆明理工大学法学院 2021 级法律硕士研究生。

结合经开区开展市域社会治理的特殊性，决定抽取经开区西城街道社会治理中心、西城街道西苑社区党群服务中心和社会治理中心、经开区西城街道西山社区以及经开区光伏、太阳能和新能源电池产业工业园区进行实地走访调研。其余街道社区以及涉及开展市域社会治理现代化工作的其他有关部门，采取召开专门小组会议的形式，与相关部门的主要负责人员进行面对面访谈、听取汇报和查阅市域社会治理现代化工作开展的痕迹资料，调研工作开展的实际情况。

评估组通过实地走访、面对面访谈、听取汇报和查阅市域社会治理现代化工作开展的痕迹资料等多种形式，全面且深入地掌握了经开区市域社会治理现代化试点工作开展过程中的现状、亮点经验等基本情况。

二、经开区推进市域社会治理现代化工作的重要举措

经开区在曲靖市市域社会治理现代化试点工作开展以来，认真贯彻落实中央、省、市的市域社会治理现代化工作相关部署要求，始终坚持一手抓经济，一手抓社会稳定和社会治理，全力服务经开区招商引资、产业发展和项目建设，紧紧围绕"推进市域社会治理现代化，建设更高水平的平安经开区、法治经开区"这条主线，把市域社会治理融入经开区高质量跨越发展大局中，强化了市域社会治理的状况，切实优化了营商环境。

（一）党建引领谋划经开区市域社会治理现代化工作

经开区党工委、管委会多次专题研究安排部署市域治理现代化试点工作，成立了由经开区党工委书记任组长的市域社会治理现代化工作领导小组，下设办公室及 12 个专项工作组，搭建市域社会治理的"四梁八柱"，全力推进市域治理现代化工作。经开区把党建促市域社会治理作为基础性全局性工作来抓，坚持区、街道、社区三级联动，上下共同发力，推动党的基层堡垒从"一元管理"向"多元共理"转变。此外，经开区完善了党的组织网络建立，全面完成街道"大工委"、社区"大党委"设置，选任社区党委兼职副书记10 名、兼职委员 28 名，汇聚党建联盟单位 67 家，探索推行党建联席会议制度，共抓基层党建，共商区域发展。经开区还积极打造党建品牌，紧紧抓住了其被中组部列为"非公党建示范点"的重要契机，着力打造 4 个新示范点与巩固 4 个老示范点齐头并进。通过打造党建品牌，更好服务非公企业，提升企业管理和社会服务效能，推进城市党建工作创新提质、纵深发展。

为了市域社会治理现代化与经开区主责主业相融合，经开区以党建组织统领龙头（核心）产业，采取"产业园区党委+园区办+企业集群+服务包保部门"组建模式，成立光伏产业园区党委、新能源新电池材料产业园区党委，近距离、高效率解决企业发展难题和工作瓶颈，以党建引领推动经开区"世界光伏之都"核心区快速发展。启动了"党建+服务，优化营商环境"书记领航项目，在项目开工建设时同步建立一线临时党支部9个，加大服务督办力度，把临时党支部的作用发挥与项目包保责任制有机结合，切实在上下联动、统筹协调、资源调配、精准服务等方面发挥作用，把"堡垒"建在工作最前沿，跑出项目建设加速度。强化了党建引领责任落实，创新了"一线"工作法，组建党员先锋队，设立党员示范岗，选派31名党建指导员，为项目建设提供保姆式、点对点、精准式服务。帮助项目方制定项目推进计划，倒排工期，协调解决项目推进过程中的用水、用电、土地、征地拆迁等问题，深化党建引领服务成效。另外，经开区在全市率先成立行政审批局，以"模范机关党支部"创建推动窗口部门行政效能提升，领导干部带头落实党员承诺制、项目代办制等服务制度，开创"马上办、立马办"的新路子。经开区坚持把园区配套建设作为产业发展的重要支撑，充分发挥经开区建设投资集团有限公司党委"把方向、管大局、保落实"的政治领导作用，增强集团公司为区域开发建设、产业发展提供资金支持、基础设施建设、社会民生保障和服务产业项目落地的能力，不断推进园区扩能增效。

经开区通过积极发挥党建引领在市域社会治理现代化工作中的重要作用，把经开区打造成了全市"服务质量最优、办事效率最高、投资环境最好"的营商品牌。

（二）高度重视平安工程建设，和谐平安社会稳步推进

1. 经开区扎实推进扫黑除恶斗争。自2018年经开区成立扫黑除恶专项斗争领导小组及办公室以来，及时抽调中坚力量充实经开区扫黑办，深入开展扫黑除恶工作。2020年紧紧抓住"长效常治"这一关键及时安排部署"六清"行动、深挖根治大会战等工作，在扫黑除恶过程中取得阶段性胜利。2021年、2022年更是继续坚定不移推动扫黑除恶常态化，持续优化和谐平安社会环境。

2. 经开区构筑多位一体的治安防控体系。经开区积极开展无案小区、单位、社区（村、组）创建活动，推进小区、单位、社区（村、组）发案

"红、黄、蓝"挂牌通报制度，落实"智慧建设"形成智慧安防圈。经开区还加强治保会（小组）、单位内部治安保卫队伍、治安巡防队伍、物业（居民）小区保安、治安志愿者队伍等群防群治力量建设和保安队伍建设。经开区通过多位一体的治安防控体系的建设，辖区内暴力犯罪率逐年下降。

3. 经开区加强网络安全管理，落实网络安全责任制。经开区严格按照"属地管理、分级负责、谁主管谁负责、谁使用谁负责"原则，落实网络安全责任制，确保网络安全工作落到实处。经开区还开展了对重点单位网络安全监督检查，对辖区内的曲靖医专科、曲靖师院、驰宏公司等共9家防疫重点单位开展了网络安全监督检查工作。经开区全方位、多角度开展网络安全宣传活动，在官方微信、微博、网站等网络宣传阵地推送网络安全相关知识。此外，经开区严厉打击涉信息网络领域违法犯罪，针对信息网络领域的犯罪侦破率大幅提升。

（三）积极运用多元化纠纷解决机制，力争矛盾不上移

经开区坚持和发扬"枫桥经验"，以"小事不出社区"为目标，从"小问题""小矛盾"入手，根据工作联勤、信息联采、矛盾联调、治安联控、服务联动、隐患联排"六联机制"，充分发挥群防群治队伍、联勤单位、联勤人员、派出所基层治保力量，积极推行十户联防、邻里守望等好经验、好做法，常态化开展矛盾纠纷大排查、大化解，最大限度地将矛盾纠纷处置在萌芽、化解在基层。在诸如金融、征地拆迁、劳动人事、房地产交易、物业管理、环保、医疗、交通等矛盾纠纷易发多发重点领域，经开区针对性地建立健全行业性、专业性人民调解组织，切实提高了纠纷化解的针对性和实效性。

在信访工作中，经开区坚持领导干部落实"一线工作法"下访处理信访案件制度，领导干部阅批群众来信、定期到社区等一线接待群众来访、带案下访和包案处理信访问题等制度，完善领导干部联挂社区处理信访问题制度，切实把矛盾问题解决在当地。此外，经开区根据《信访条例》和相关政策法规，明确和规范信访程序、办理时限、各部门职能责任等，严格落实信访通报和信息研判制度，每月通报信访工作开展情况、群众上访情况、重点信访事项研判情况，让信访工作在公开、依法、规范中开展。积极引导群众以理性合法的方式逐级表达诉求，扎实做好初信初访工作，切实提高初信初访化解率。

（四）努力建成服务型政府促成治理理念现代化跨越

社会治理现代化不仅是在于治理方式的现代化，也在于治理理念的现代

化。经开区聚焦推进市域社会治理现代化目标，以打造经开区政务服务标杆为抓手，坚持以人民为中心的发展思想，通过"加减升"举措，积极回应了群众期待和诉求，使人民群众的获得感、幸福感、安全感得到保障和升温。

1. "加"便民措施，全力打造护商安商的治安环境。一是加快"互联网+政务服务平台"建设。拓展微信公众号平台功能，建立微信举报、旅店业实名查询、"请您评议"、掌上办事等功能，对群众的材料进行网络审核，避免百姓排队长、来回跑，真正"让数据多跑腿"，最大限度方便群众。二是建立警企联系制度。社区民警向企业送上"警民联系卡"，建立涉企警务快速反应机制，方便企业在遇到困难时能及时与派出所取得联系，让民警在最短时间内给予企业各种帮助。三是增加"亲民型"服务窗口。"衙门难找、衙门难进"在老百姓心中根深蒂固，为破解这一难题，在经开区窗口全部公开工作人员信息、投诉监督电话、满意度回访等，第一时间接受群众咨询和意见建议，切实提升软性服务质量。四是加强企业周边治安防控。及时掌握重点企业、重点工程和企业集中区域的警情动态，加强日常涉稳风险的排查、预警、化解、管控。

2. "减"审批流程，全力打造便商惠商的行政环境。一是审批"减环节"。深化"放管服"改革，提升涉企审批服务效能，对涉及治安、交通、出入境、消防、监督管理5大类业务工作，推出"主动办、简化办、网上办、上门办、预约办"等便民利企措施，进一步提高服务效率。二是申请"减条件"。全面降低护照、港澳台通行证工本费，对经批准出国境货物运输以及其他因特殊、紧急事由需出国境的人员申办出入境证件的，开辟"绿色通道"。三是办证"减时间"。拓宽对接服务企业渠道，实行特殊事由"非工作日时间预约制"，落实上门服务办证等措施。

3. "升"服务能力，全力打造尊商助商的服务环境。以做好包保企业工作为着力点，助推企业谋发展。围绕企业反映最突出、最迫切的难点热点问题，全力以赴做好包保项目推进工作，了解企业需求，帮助企业解决困难。实施优化营商环境三年行动计划，着力解决项目审批、项目落地、服务企业、服务群众"最后一公里"问题。对所有入驻项目实行"一站式"审批、"一条龙"服务机制，并按照"一名领导、一个班子、一个推进计划"的要求全程对项目实行帮办代办。针对数据经济产业项目量身定制"一企一策"，在人才引进、产业基金、科技创新等方面给予大力支持，持续优化营商环境。目前园区已落地的数据经济产业类企业安费诺、中铭科技、北京四方启点、必创科技等企业发展迅速，预计在未来 3~5 年，曲靖经开区数字经济产业更加聚集，产业转型升级成效更加突出。

三、亮点成效

经开区在市域社会治理现代化试点工作中聚焦主责主业，紧紧围绕"推进市域社会治理现代化，建设更高水平的平安经开区、法治经开区"这条主线，把市域社会治理融入经开区高质量跨越发展大局中，在市域社会治理现代化试点工作中成效显著。

（一）优化营商氛围，千亿项目争进驻

经开区利用市域社会治理现代化试点工作开展的契机，持续优化营商环境，打造出了全市"服务质量最优、办事效率最高、投资环境最好"的营商品牌。截至目前，经开区已吸引了两个千亿级别产业进驻。

1. 绿色硅光伏产业。通过市域社会治理现代化试点工作的协同作用，隆基、晶澳、阳光等全球硅光伏龙头企业顺利落户经开区，建成 20GW 硅棒及 20GW 切片，已开工建设 40GW 硅棒及 40GW 切片，签约了 20GW 硅棒、20GW 切片及 10GW 电池片，正在积极洽谈多家绿色硅光伏企业。"十四五"期间，曲靖经开区将围绕"多晶硅—单晶硅棒—单晶硅片—电池片—组件—应用"全产业链，大力引进上下游产业链配套项目，打造硅光伏全产业链基地，力争到 2025 年建成 100GW 单晶硅棒、100GW 切片、50GW 电池片、40GW 组件产能，实现产值 1800 亿元以上，建成国内规模最大的绿色硅光伏基地。

2. 新能源电池产业。通过市域社会治理现代化试点工作的协同作用，宁德时代、德方纳米、远景科技等行业领军企业顺利落户经开区，目前磷酸铁锂正极材料产能达 5.3 万吨，在建产能达 21 万吨，年产 8000 吨碳纳米管导电液等配套项目已顺利投产。"十四五"期间，曲靖经开区将围绕"材料—电芯—电池—应用"全产业链精准招商，推进"风光水储"一体化发展，壮大电池材料产业规模，力争到 2025 年建成 50 万吨磷酸铁锂、5GWh 动力电池、30GWh 储能电池产能，实现产值 1250 亿元以上。

（二）政务服务质量持续提升利企民

经开区始终致力于提升政务服务质量，以点带面促成市域社会治理现代化之路走上快速轨道。为更好地便民、利企，经开区实施相对集中行政许可权改革，推行"一枚印章管审批"，实现了职能、人员、事项的三个集中。自改革起，累计办理行政审批业务3.5万余件，行政审批事项提速50%以上，为企业减轻负担，累计减税降费约25.46亿元，极大地提高了服务效率和水平。另外，经开区持续深化"容缺审批"服务机制。不断优化审批流程、精简审批环节，实行"承诺预办"和"告知+承诺"的"容缺审批"服务。围绕服务群众和企业的高频事项，经开区各审批部门共梳理并实行容缺审批的事项共38项，可容缺事项审批时限平均提速达70%以上。经开区还为推进政务服务，施行"一网一门一次"改革。根据"最多跑一次"工作要求，在目前政务服务平台中经开区发布的最多跑一次事项比例已达92.51%。

为助推项目落地，经开区全面压缩时间，优化流程，采取"告知+承诺"先办后补材料或加强监管方式，简化办理手续，压缩审批时限，提升审批效率。探索推进"先建后验"管理新模式。实行"承诺预办"制度，变"先批后建"为"先建后验"。目前，经开区已有7个项目纳入"先建后验"管理新模式管理。此外，经开区认真贯彻落实"项目代办制度"提升服企能力。2021年以来，经开区结合项目包保服务机制，建立投资项目代办服务制度，实行全流程电子化网办、全程留痕流转电子监察督办的工作机制，确保代办服务工作高效推进、限时办结。

（三）平安经开、和谐经开初显成效

经开区在试点工作开展以来扎实有序推进市域社会治理现代化建设，"平安经开区"和"和谐经开区"的治理追求渐成。在打击违法犯罪领域，经开区常态化开展扫黑除恶斗争，深入推进七大行业领域进行整治，优化和谐社会环境。其中，制作的"我眼中的扫黑除恶"专访节目观看人数超59万人，起到了良好的宣传效果。在打击涉信息网络领域违法犯罪中，2021年公安分局共立电信网络诈骗案件308件，同期相比上升528.57%，破案64件，同期相比上升966.66%。另外，经开区还持续深入开展无案小区、单位、社区（村、组）创建活动，推进发案"红、黄、蓝"挂牌通报制度。通过一系列的制度措施有效推行，经开区犯罪率稳步下降，区内无重大刑案发生。

此外，经开区亦扎实开展矛盾纠纷排查化解。坚持和发扬新时代"枫桥经验"，加强矛盾纠纷排查调处，2021年共排查各类矛盾纠纷220起，调解成功209起，调解成功率95%。对10个社区13 363户开展家庭安全风险评估，切实从源头防范矛盾纠纷升级。此外，经开区注重初信初访、源头预防和联合稳控。经开区开展市域社会治理现代化试点工作以来，始终坚持服务和保障大局，圆满完成各类安保任务，无一差错。

四、优化建议

经开区设区的目标定位为曲靖市"经济发展的主战场"，而市域社会治理现代化工作则是面向社会生活的全方面，存在目标着力点的不同。但是应该明确二者并不是冲突矛盾的，市域社会治理现代化的目标在于提升政府的治理能力，营造和谐良好的社会环境。而政府治理效能的提升，和谐环境的营造，对于区域内的经济发展有着积极的促进作用。

（一）曲靖经开区优化市域社会治理现代化工作的定位

基于目前经开区开展市域社会治理现代化工作的现实条件而言，因为辖区内没有设法院、检察院、司法局，社会治理机构相对不完整。加之经开区特殊的体制机制和聚集主责主业发展定位，确实无法与其他县区一般进行市域社会治理基层基础建设。不过也应该明确，经开区如此机构组织的设置也有不少优点，正是因为经开区组织机构建构轻盈，更易推行新政策，更具创新精神，也更容易吸引投资，更能使经开区聚焦主业主责。

因此，在推进市域社会治理现代化的工作中不应忽略经开区的特殊性，经开区应以"持续性地聚焦主责主业，协同推进市域社会治理现代化工作"为开展市域社会治理现代化工作的目标定位。

（二）曲靖经开区优化市域社会治理现代化工作的路径

1. 加强党建引领，以坚强组织推进市域社会治理现代化。围绕市域社会治理"谁来推"，坚持把党建引领贯穿始终，凝聚市域社会治理合力。一是强化党委领导。完善党委领导下的社会治理体制，严格落实平安建设领导责任制，发挥经开区市域社会治理现代化工作领导小组作用。二是探索党建融合。纳入各类主题教育常态化制度化内容，探索党建与社会治理深度融合的途径载体。三是推动党员下沉。深化属地管理，试点开展街道综合行政执法改革，积极推行权责清单和公共服务事项目录。

2. 坚持惩防结合，以安全稳定推进市域社会治理现代化。围绕市域社会治理"治什么"，坚持一手抓群众最盼、最急、最忧治安突出问题的解决，一手抓公共安全防控短板的补强。一是构筑总体安全防线。加强社会稳定风险评估结果运用，防微杜渐。二是实施综合治理工程。强化扫黑除恶专项斗争行业治理，重点推进七大行业领域专项整治，严厉打击群众反映强烈的违法犯罪。三是建立动态防控体系。深入推进警种融合和网格警务融合，落实综治责任单位挂点帮创工作，健全交通、消防、特殊人群等领域安全防范管理机制，织密防控网络。

3. 做实做细，以固本强基推进市域社会治理现代化。围绕市域社会治理"强什么"，坚持以基层综治中心实体化建设为载体，推进要素下移、力量下沉、保障下倾，不断强化基层治理能力。一是汇聚治理要素到中心。充分发挥基层综治中心组团式管理服务作用，实现民安民生事件"综治中心分派吹哨、相关部门依责销号"的工作格局。二是整合治理力量到网格。对网格过筛梳理、整合优化，细化服务事项准入清单，对网格内事项定人、定岗、定责，规范案事件采集办理流程。三是倾斜治理资源到基层。发挥乡街道政法委员作用，深入开展"枫桥式"司法所、信访代办站（点）创建，推行落实一村（社区）一警（辅警），提高响应群众诉求和为民服务能力。

4. 智慧治理，以科技应用推进市域社会治理现代化。围绕市域社会治理"用什么"，坚持科技支撑，建设信息互联、数据共享的治理平台和高效运转、规范运行的实战单位。一是打造信息大脑。深化大数据中心建设、社会治理云平台支撑，探索社会治理 APP，进一步整合各类综合信息系统资源，推动系统集成、数据融合。二是拓展实战末梢。推进视频数据信息与人工智能技术深度融合，深入推进智慧安防工程建设，推进智慧平安小区建设。三是延伸应用触角。深入推市域社会治理大数据平台建设，促进互通共享、集成应用，融党建服务、城市综合执法、市场监管、矛盾纠纷调处、信访问题化解、流动人口及重点群体管理、民生服务、治安防控于一体，实现"整合社会治理资源、集成研判社会治理信息、创新社会治理方式的重要平台"的目标。

5. 凝聚民力，以各方联动推进市域社会治理现代化。围绕市域社会治理"靠什么"，坚持发挥各类组织和广大群众的主体作用，不断激发基层社会治理新动能。一是挖掘居民群众自治潜能。培育一批治安防控、便民服务、养老教育、慈善救助类社会组织，做强平安志愿者队伍。二是发挥法治引领保障作用。坚持依法决策，做好普法宣传，培养"法律明白人"，引导群众依法办事。三是彰显社会主义核心价值。落实村规民约、市民公约，健全完善道德激励和诚信奖惩体系，开展道德模范、身边好人选树，弘扬时代新风。

实 践 篇

探索具有曲靖特点的社会治理之路

李知栩*

    曲靖地处珠江源头，是云南省下辖的一个地级市。近年来，针对市内人口众多、矛盾纠纷体量大、治安情况复杂和经济快速发展等给社会治理带来的一系列难题，曲靖市加大探索力度，从党建引领基层治理破题，不断完善社会治理制度设计，积极总结推广基层治理经验，探索出一条具有曲靖特点的社会治理之路，为曲靖经济实现高质量发展和社会保持和谐稳定提供了坚实保障。

一、曲靖市的基本情况

    曲靖市位于云南省东部，地处滇、黔、桂三省结合部，是云南与内地联系的重要通道。中国第三大河流、中国南方第一大河流——珠江发源于曲靖境内，使曲靖素有"入滇锁钥""滇东门户""珠江源头第一市"等美誉。曲靖总面积 2.89 万平方公里，占云南省面积的 13.63%，居全省第 5 位。根据曲靖市 2021 年国民经济和社会发展统计公报，2021 年曲靖市常住人口 570.1 万人，其中城镇人口 285.11 万人，乡村人口 284.99 万人，常住人口城镇化率为 50.01%。2022 年居民人均可支配收入 29 142 元，为云南省居民人均可支配收入的 108%，全国居民人均可支配收入的 79%。

    曲靖是云南省重要的粮食、油料、蚕桑、畜牧生产基地，烤烟、粮食、肉类、油菜、蚕茧产量均居全省第一位，有"滇东粮仓"之称。曲靖还是云南省重要的工业基地、第二大经济体，工业门类齐全，煤炭资源丰富，有较为完善的工业化体系。[1]近几年，曲靖着力打造"世界光伏之都"，推动新能源电池、绿色硅光伏、绿色铝精深加工等产业快速成长，带动经济快速发

---

  * 李知栩，云南财经大学法学院硕士研究生，曲靖职业技术学院教师。
  〔1〕 参见王启国编著：《曲靖史话》，云南人民出版社 2017 年版，第 1~14 页。

展。2021 年曲靖 GDP 达 3393.91 亿元，比上年增长 12%，不仅经济总量首次登上 3000 亿元台阶，经济增速也开始领跑全省。2022 年曲靖 GDP 总量 3802.2 亿元，比上年增长 8.1%，连续 2 年居全省第 1，高于全国 5.1 个百分点、全省 3.8 个百分点，占全省比重由 12.5% 上升到 13.1%，对全省经济增长的贡献率达 23.8%。同时，2022 年 GDP 增量达 408.29 亿元，反超昆明，也位列全省第一，拿下了全省增速和增量的"双料冠军"。自 2020 年首次入围中国城市 GDP 百强榜以来，曲靖的排名一路上升。从 2020 年的第 93 名上升到 2021 年的第 90 名，2022 年更是跃升 11 位，排在第 79 名。

曲靖位于我国中西部地区，与东部沿海发达地区相比，经济发展水平并不高，居民人均可支配收入等指标甚至没有达到全国平均水平。但在中西部地区，曲靖近几年经济发展势头较好，与全国平均水平的差距正在迅速缩小，是中西部地区新兴工业城市的代表。一方面是经济发展的起点低、基础薄弱，另一方面近几年经济快速发展，成为全省经济增长的"领头羊"，这样的大背景，给曲靖市的社会治理带来了一系列难题和挑战。快速的经济发展给原先的治理体系带来冲击，迫切要求加快推进治理体系和治理能力现代化，保持更高水平的社会和谐稳定。这样的情况下，曲靖的社会治理该如何作出变革？如何走出一条适应曲靖需要、符合曲靖实际、具有曲靖特点的社会治理之路？

二、曲靖市社会治理之路的基本特点

曲靖市委、市政府高度重视社会治理工作，坚持一手抓经济、一手抓治理，在推动经济高质量发展的同时，大力推进治理体系和治理能力现代化建设。2021 年 9 月，曲靖市委六届一次全会明确提出要开展一场"社会治理革命"，彻底解决曲靖社会治理的短板弱项，彻底扭转曲靖社会治理的落后面貌。围绕"社会治理革命"，曲靖市委、市政府作了系统谋划和周密部署。"社会治理革命"首先从党建引领基层治理破题。

2022 年 5 月，经过半年的研究谋划，曲靖市委印发了《曲靖市党建引领基层治理三年行动计划（2022—2024 年）》，提出以党的建设为引领，以服务民生为宗旨，以完善治理体系为重点，以提升治理能力为根本，努力打造党建引领基层治理的曲靖模式。在具体举措上，主要是健全"市县乡村网"五级党建引领基层治理体制，推动形成市级主导、县级主管、乡级主抓、村级主战、网格感知一贯到底的体系，将党的组织体系贯通到网格等基层治理单元。同时，通过推行乡镇（街道）管理体制机制改革、"一件事"模块化运行改革[1]、乡镇（街道）"一支队伍管执法"改革、党群服务中心整合改革、政务服务平台整合改革等，着力提升乡镇（街道）、村（社区）和网格三级的治理能力和服务水平，努力实现治理重心下移、力量下沉、保障下倾的目标，打通服务群众的"最后一米"。

《曲靖市党建引领基层治理三年行动计划（2022—2024年）》的实施，其重要意义不仅在于建强基层治理体系、提升基层治理能力。笔者认为，更重要的意义在于，通过市委、市政府从上而下的强力推动，更多的资源、更多的保障不断汇聚到基层治理中，有效带动了基层创新的发展。原先一些凝聚了群众智慧的基层治理经验受到肯定，由此激发出基层更大的活力和创造力，与党建引领基层治理工作产生联动效应，有利于形成多元共治的社会治理格局。如果站在市域社会治理的角度，把曲靖市委、市政府推动的党建引领基层治理视为"顶层设计"，它与原先基层存在的治理经验和创新举措相呼应，带动曲靖走出了一条"顶层设计"与"基层创新"相结合的社会治理之路。站在"五治融合"的角度，这也是一条"政治"引领"自治、法治、德治、智治"之路。在党建引领基层治理的推动下，曲靖基层治理的面貌更加丰富，基层治理的实践更加生动。笔者在大量查阅资料和实地调研的基础上，梳理归纳出曲靖社会治理之路的五个具体特点[2]：

（一）精密划分治理单元

2022年之前，曲靖各地网格划分的标准并不统一。最多的设置了五级网络，即县（市区）、乡镇（街道）、村（社区）、村（居）民小组、基层网格。有的划分为四级，有的划分为三级。最低一级的网格，有的与村（社区）合一，包含几百上千户人家；有的与村（居）民小组合一，包含几十上百户人家；有的又在村（居）民小组下划分网络，包含几十户人家不等。不同层级的网格设置，不同的网格划分标准，给全市的网格服务管理工作带来了困扰

---

[1] 按照《曲靖市党建引领基层治理三年行动计划（2022—2024年）》，"一件事"模块化改革，是把涉及部门多、协调难度大、群众急难愁盼的事项明确为"一件事"，按照先定事、再设模、后建制的路径，"一件事"组建一个模块、成立一个专班、制定一套流程，由一个部门领办、相关部门协同，实现"一件事"集成办理、一办到底。

[2] 鉴于"党建引领"在基层治理中具有根本性、引领性、综合性的特点，这同时也是全国各地推进基层治理的普遍做法，笔者没有把"党建引领"单独作为曲靖社会治理的一个具体特点。

和不便。为了统一标准、优化服务，曲靖市从 2022 年起开始着手规范和提升网格服务管理工作。在对市内外各种不同的网格服务管理模式比较优选的基础上，决定以"沾益模式"[1]为基础，在全市推行更加精密化的网格服务管理模式。

2022 年 5 月曲靖市委印发的《曲靖市党建引领基层治理三年行动计划（2022—2024 年）》中，对网格设置和划分作了明确规定。全市统一设置三级网格，乡镇（街道）为一级网格，村（社区）为二级网格，在村（社区）以下合理划分三级网格。在农村原则上推行"组网合一"，人数较多的村民小组，可根据需要设置多个网格；在城市社区一般以居民小组、居住小区、街巷、工贸企业、商务楼宇、商圈市场、机关企事业单位等划分网格，也可以结合地域和人口等因素灵活划分。

2022 年 6 月，曲靖市人大常委会审议通过《曲靖市城乡网格化服务管理条例》，并于次月报省人大常委会批准。条例在总结过去网格服务管理经验的基础上，将《曲靖市党建引领基层治理三年行动计划（2022—2024 年）》有关网格服务管理的最新改革举措法制化，上升到地方性法规的层次。条例对网格的划分、网格员的配置、市县乡相关部门的职责等作了明确规定，既巩固了已有的改革成果，又为下一步的改革奠定了基础。该条例是云南省内第一部网格服务管理的专门立法，它的出台，标志着曲靖市的网格服务管理及立法工作，走在了全省前列。

2022 年 7 月，在曲靖市推行的"三蜂工程"[2]中，对基层网格即第三级网格的划分作了进一步细化。在农村按照 150 人左右设置一个网格，在城市

---

〔1〕"沾益模式"来源于曲靖市沾益区，其主要特点是：精密划分网格，以 150 人左右为单位划分基层网格，提供尽可能细化的服务；建立一支专责化的网格员队伍，而不是由村组干部兼任，尽可能地提高网格服务质量；建立网格员激励保障机制，在区财政较为困难的情况下，每年仍拨出 1000 万元用于保障基层网格员待遇。

〔2〕"三蜂工程"指的是 2022 年 7 月曲靖市委办、市政府办印发的《曲靖市实施"蜂巢、蜂眼、蜂蜜"工程构建矛盾纠纷预防排查化解工作新格局行动方案》。"蜂巢工程"旨在优化网格设置，织密像"蜂巢"一样结构紧凑、无缝衔接的网格化精细化服务管理体系；"蜂眼工程"旨在建立矛盾纠纷预防、排查、评估、化解、跟踪全流程闭环管理机制，锻造像"蜂眼"一样动态感知、全域覆盖、反应敏锐的矛盾纠纷预防排查调处体系；"蜂蜜工程"专门针对曲靖市婚恋家庭纠纷难发现且引发命案占命案总数 70%以上的实际，建立多部门共同参与的婚姻家庭矛盾预防排查化解工作机制，培育像"蜂蜜"一样甜蜜和谐、健康美满的婚姻家庭生活体系。"三蜂工程"的相关情况，可参见石飞、姜光鑫、尹瀚："曲靖'三蜂'工程构筑社会治理同心圆"，载《法治日报》2023 年 2 月 5 日，第 1 版。

每个网格原则上覆盖 300～500 户。与此同时，在三级网格下进一步划分网格单元，农村以 10 户左右为标准划分网格单元，城市根据楼栋、居住单元划分网格单元，实行更加精密化的服务管理。通过这样的方式，在最基层的村（社区）组织体系之下，织就了一张横向到边（村、社区边界）、纵向到户的网络，打通了为群众服务的"最后一米"。织密这张基层之网，作用不仅在于上情下达，把党委政府的声音、政策文件精神、基本公共服务更加有效地提供给每家每户，甚至是每一个人。这张网更重要的作用，是"下情上报"，发挥"眼耳鼻舌""神经末梢"的作用，更加敏锐地感知群众的所思所想、急难愁盼、诉求愿望，从而有利于政府更加精准地提供服务管理。

"三蜂工程"实施前，曲靖市在村（社区）以下共划分网格 21 320 个。实施后，全市已划分三级网格 26 488 个，网格单元 87 965 个，网格划分的精密化、精细化程度大大提高。网格从"大而笨"转向"小而灵"，大大提高了网格事项的办理效率。笔者在调研中遇到的一些基层群众反映，现在通过网格寻找丢失的儿童或迷路的老人，往往比公安机关还快。许多地方的公安派出所，开始更多地依靠网格寻找犯罪嫌疑人、涉案车辆、案件线索、目击证人等，效率也很高。

（二）精准提供网格服务

精密划分网格，还只是优化网格服务管理的第一步，是"硬件"建设。为了充分发挥网格的作用，向群众提供更加精准的服务，曲靖在"软件"建设上下足了功夫。

一是加强网格力量建设。一级网格设总网格长 1 名，由乡镇（街道）党委书记担任；设副总网格长 2 名，分别由乡镇长（办事处主任）和政法副书记（政法委员）担任。在此基础上，各地根据实际可配备网格指导员，由挂钩联系的上级领导或者下沉干部担任，负责指导或者配合总网格长开展工作。二级网格设网格长 1 名，由村（社区）党组织书记担任，设副网格长 1 名，由村（社区）副书记或副主任担任。在二级网格内设多名兼职网格员，分别负责调解、治安、法律咨询等工作。按照"三蜂工程"的要求，要做到"一村一基层治理工作队（由不少于 3 人的下沉干部担任）""一村一专（兼）职心理服务工作者""一村一专职人民调解员""一村一警（辅警）""一村一法律顾问"。这"五个一"配备到位，大大增强了村（社区）一级的治理力量。三级网格内配备 1 名专责网格员。所谓专责网格员，是指专门从事网格工作，不兼任其他工作或承担上级指派的网格以外的工作。设立专责网格员，是为了改变过去由村组干部兼任网格员工作导致的网格工作质量不高的情况。在曲靖基层，许多村组干部往往身兼数职，本身任务就很重，再加上网格工作，很难发挥出基层网格"眼耳鼻舌"的作用。专责网格员从符合政治素质、身体素质、群众基础、遵纪守法条件的群众中选任，多数是老党员、老干部、老教师、退转军人、致富带头人或热心公益事业的人。这些人在当地具有一定威望，或群众比较信任，由其担任专责网格员，有利于网格工作开展。三级网格内除了专责网格员，还有下面各网格单元推选的"联户长"或"楼栋长"、"单元长"，协助专责网格员开展工作。

二是建立网格准入事项和禁入事项"两张清单"。网格员的作用主要是"眼耳鼻舌""神经末梢"。如果网格内承办的事项太多，就会失去网格本身存在的意义，网格员特别是专责网格员也承担不了。因此，突出网格的主要功能，建立网格准入事项清单就很重要。曲靖市规定，由市县两级党委政法委、组织部联合制定网格准入事项清单，严格控制网格准入事项，未纳入网格准入事项清单的，不得交由各级网格处理。从而防止将本属各级各部门职责范围内的事项，随意交由网络处理，使网格丧失本来的服务管理功能。一、二级网格的网格长，主要起到指挥、组织、协调的作用。网格"眼耳鼻舌"和"神经末梢"的作用，实际上主要依托三级网格来实现。三级网格的专责网格员，主要负责5项工作，即政策宣传、信息采集、矛盾排查、隐患排查及一些小微便民服务，除此之外，要交专责网格员承担工作，需事先报县级社会治理中心同意，并报市社会治理中心备案。三级网格内的网格单元，各"联户长""楼栋长""单元长"主要负责协助专责网格员开展信息采集、意见收集、治安防范、邻里互助等工作。在"准入清单"的基础上，曲靖市还建立了"禁入清单"，明确了属于各部门法定职责范围内的事项、行政执法事项等8类事项，不得交由网格办理。通过建立"两张清单"，明确网格员的职责任务，有利于党委政府正确运用网格、有效发挥网格作用，为群众提供更加精准的服务管理。

（三）精细预防矛盾纠纷

曲靖市在推行党建引领基层治理的过程中，高度重视矛盾纠纷的预防，提出要实现关口前移、前端治理，把基层治理的重点从矛盾纠纷的排查化解上，转移到预防和排查化解两手抓、两手都要硬，既要治已病，更要治未病。

围绕这个思路，曲靖市在矛盾纠纷的预防预测预警方面，做了大量探索。

一是着力提升普法工作的针对性。根据对曲靖市近 10 年发生命案的统计分析，农村初中文化以下的男性青壮年作案占到了 70% 以上。针对这一实际，2022 年底，结合省上开展的普法强基补短板专项行动，曲靖市在全市部署"知法明理·共创平安"行动，重点针对矛盾纠纷较多的家庭、农村初中文化以下的青少年、外出务工人员等重点人群，开展"扫盲式"普法专项行动，力争通过对重点区域、重点群体开展有针对性的普法，达到防范命案和重大刑事案件、改变基层治理面貌的目标。"知法明理·共创平安"行动分三个子行动：第一个是主要针对农村家庭的"知法明理·平安家庭"行动，通过送法入户、法治辅导、开展"知法明理人""知法明理示范户""知法明理示范村（社区）"认证等方式，让大部分群众接受最基本的法治教育，懂得最基本的法律常识，明白最基本的道理事理，树立最基本的法治思维。第二个是专门针对中小学生的"知法明理·平安成长"行动，通过对中小学生、家长和教师开展分门别类的法治教育活动，提高中小学生及其家长、教师的法治意识，提高中小学生防性侵、防校园暴力的能力，防止校园伤害事件和命案的发生。第三个是专门针对务工人员的"知法明理·平安务工"行动，通过开展劳务输出前的集中法治宣传、外出务工人员返乡"以案释法"警示教育、针对务工人员家庭的"送法进家"活动和针对有务工人员的企业"送法进企"活动，提高务工人员及其家庭的法治意识，为其务工创造一个平安安全的环境。曲靖市希望开展普法专项行动，加强对三类重点群体的普法教育，达到预防和遏制"民转刑"命案，特别是一案致死多人的重大恶性命案，实现全市命案发案数、发案率持续下降的目标。截至目前，该项行动正在开展中，效果暂时无法评估。但是，改变过去"大水漫灌"式的普法宣传，加大对重点区域和重点群体的普法宣传力度，提高普法宣传的针对性，笔者认为此举的方向无疑是正确的，对精细化预防矛盾纠纷也具有重要作用。

二是扎实开展社会稳定风险评估工作。除了提高普法宣传的针对性，曲靖市在精细化开展矛盾纠纷预防工作方面迈出的第二步，就是开展社会稳定风险评估工作。所谓社会稳定风险评估，就是针对曲靖实际，对有可能引发社会稳定风险的相关领域，如政治安全、社会治安、生态资源、城乡建设、金融等，分门别类建立指标体系，并运用这些指标体系开展评估，提出防范和化解涉稳风险的意见建议。这项工作，云南省外有个别地区开展，但运用到实践中并能真正发挥作用的极少。曲靖市 2022 年与云南财经大学合作，设立社会稳定风险评估研究中心，委托云南财经大学为曲靖市量身定做一套社会稳定风险评估指标体系，并运用这套指标进行社会稳定风险评估。通过开展社会稳定风险评估，为曲靖市防范化解各领域社会稳定风险、预防重大矛盾纠纷发挥了积极作用。按照合作计划，曲靖市还将结合智慧城市建设和大数据应用，运用人工智能对社会稳定风险进行评估和分析，并实时预警，从而实现对社会稳定风险的动态监测和长期预测，更精准地预防矛盾纠纷和风险隐患。

（四）精确排查矛盾纠纷

对矛盾纠纷，除了着重预防外，最重要的就是发现在早、处置在小，防止"小事拖大、大事拖炸"。近年来，曲靖市在提高基层发现矛盾纠纷的能力、精确排查矛盾纠纷方面，做了一些探索。

一是建立矛盾纠纷排查三级响应机制。在不同的时间段，对矛盾纠纷排查的频次、密度要求各不相同。重大活动、重大节假日、敏感时间节点，要求较高的排查频次。针对这种情况，曲靖市创新建立矛盾纠纷排查三级响应机制。平时保持Ⅲ级响应，要求网格员、村（居）民小组干部至少每 3 天动态开展排查 1 次；村（社区）、企事业单位调解组织每周开展纠纷排查不少于 1 次，乡镇（街道）调解组织和行业性、专业性调解组织每月开展纠纷排查不少于 1 次。响应级别越高，排查的频次越高、要求越严。2022 年 10 月，党的二十大召开前一个星期和会议举行期间，曲靖市就启动了最高等级的Ⅰ级响应，网格员开展实时巡查，村级每天排查至少 1 次，乡级每 3 天至少排查 1 次，各级实行每日"零报告"制度，最大限度做到矛盾纠纷早发现、早化解。

二是强化分类排查、不留死角。对基层"面上"的矛盾纠纷，曲靖市要求网格员开展实时动态排查、基层干部开展定期全面排查。网格员特别是第三级网格的专责网格员，要发挥"源于群众、贴近群众"的优势，主动开展网格内矛盾纠纷排查工作，实时掌握所在网格各类矛盾纠纷基础信息，能调解化解的，先行调解化解；一时调解化解不了的，要及时摸清情况，向社会治理中心报告。基层干部要定期组织矛盾纠纷排查进村组、进社区、进学校、进企业、进机关、进家庭"六进"活动，做到矛盾纠纷排查"横向到边、纵向到底、不留缝隙、不留死角"。对各行业"线上"的矛盾纠纷，曲靖市要求各行业主管部门建立完善风险隐患线索收集机制，落实"首接必调"制度，通过案件审理、接处警、纠纷调解、医疗救治、热线接听，及时收集转办涉离婚诉讼、扬言报复、威胁恐吓、家暴性侵等可能引发重大案件的线索信息。"面上""线上"排查出的矛盾纠纷线索信息，统一汇总到各级社会治理中心，由社会治理中心分类进行交办处置。

三是集中力量强化婚姻家庭矛盾纠纷排查工作。曲靖市70%以上的命案由婚姻家庭矛盾纠纷引发，这类矛盾纠纷，往往比较隐秘，外人不易察觉。受"家丑不外扬"传统影响，当事人也不愿意主动透露。因此，这类矛盾纠纷很难通过常规的方法排查出来。针对这种情况，曲靖市在"三蜂工程"中专门提出解决应对方案。其中的"蜂蜜工程"规定，要建立完善多部门共同参与的婚姻家庭矛盾纠纷预防化解工作机制，最大限度预防和减少婚姻家庭矛盾纠纷转化为治安案件、刑事案件、重大命案。首先，明确了排查的重点，主要是夫妻两地分居、正经历诉讼纠纷、正闹离婚、涉婚外情、恋人情人感情纠葛、抚养赡养关系变化、重男轻女思想严重且无子、上门女婿等8类群体。其次，拓宽婚姻家庭纠纷线索排查渠道。要求公安机关对此类纠纷引发的报警第一时间现场处置，法院和检察院把此类纠纷引发的案件作为敏感案件处理，司法行政机关、民政、妇联等对此类纠纷要重点关注并及时报送社会治理中心。此外，"蜂蜜工程"为提高婚姻家庭矛盾纠纷排查的效率，还推出了一系列创新性举措。比如，组建"珠源和姐"志愿者团队，按照"一格一姐"的模式，每个三级网格聘任一名女性志愿者，发挥女性热心家长里短的优势，专门负责婚姻家庭矛盾纠纷的走访排查、心理疏导、法律辅导。再如，实施"邻里守望"计划，在城市各类小区和农村实行"两户守望"或"多户守望"，发现周边邻居有大吵大闹、打砸东西等异常动向，要第一时间向网格员报告或者向公安机关报警，并第一时间采取干预措施，防止事态扩大化。"蜂蜜工程"的实施，为排查较为隐秘的婚姻家庭矛盾纠纷，提供了一种可能的方案，也为精确排查各类矛盾纠纷提供了示范。

（五）精心化解矛盾纠纷

对排查出的矛盾纠纷，如何做到及时化解、有效化解？曲靖市探索在"精心"二字上下功夫，对矛盾纠纷评估分类、确定等级，指派专人负责、建档立卡，实行分级化解、多元化解，并对化解结果加强后续服务管控、跟踪问效，确保矛盾纠纷当事人事心双解、案结事了，防止矛盾纠纷久拖不决、扩大升级。

一是开展矛盾纠纷线索风险评估。对网格员、基层干部排查发现矛盾纠纷，不能即时调处、及时化解的，要填写矛盾纠纷线索报告单，逐级上报至乡镇（街道）社会治理中心。县级相关部门梳理发现的矛盾纠纷线索，也要及时填写矛盾纠纷线索报告单，推送至县级社会治理中心，经汇总后转办至各乡镇（街道）社会治理中心。乡镇（街道）社会治理中心收到线索后，要根据矛盾性质、积累时间、冲突烈度、当事人情况及其他苗头迹象，综合研判矛盾纠纷潜在风险、发展趋势，对其激化为刑事案件的可能性作出评判，逐一进行风险评估，确定为低、中、高风险等级。对民事权利义务内容相对简单、易于化解，暂无"民转刑"潜在风险的纠纷，评估为低风险；对涉及民事权利义务关系较为复杂，有"民转刑"潜在风险的纠纷，评估为中风险；对涉及面广，纠纷内容更为复杂，可能影响社会稳定，有较大"民转刑""刑转命"潜在风险的纠纷，评估为高风险。

二是实施矛盾纠纷分级化解。充分发挥乡镇（街道）社会治理中心在矛盾纠纷调处化解中的综合枢纽作用，由其根据矛盾纠纷线索风险评估的情况，及时建立档案、提出处置意见，并第一时间向有关责任主体分流交办处置任务，明确牵头部门、包案领导、责任人员、配合单位、工作措施和化解时限等。对评估为低风险的矛盾纠纷，委派村（社区）调处或同级人民调解组织、矛盾纠纷调解中心进行调解处理，必要时由乡镇（街道）司法所指派专职调解员开展调解工作；对评估为中风险的矛盾纠纷，委派乡镇（街道）司法所组织力量进行调处或会同同级人民调解组织、矛盾纠纷调解中心、派出所、法庭等职能部门联合开展调处工作；对评估为高风险的矛盾纠纷，由乡镇（街道）党委组织有关村（社区）、纠纷当事人工作单位以及辖区派出所、妇联等部门，共同做好劝解、说服、帮扶、化解等工作，连续2次调处不成功的，应当申请县级社会治理中心协调县级相关职能部门介入，积极导入行政复议、行政仲裁、诉讼等渠道。对可能引发命案的高风险纠纷，不仅要指派专门负责部门，还要成立专班进行实时监测、重点帮扶、全力调解，严防发生命案或重大刑事案件。

三是大力推行矛盾纠纷多元化解。曲靖市历来比较注重矛盾纠纷多元化解，并在此基础上先行开展立法探索。2020年曲靖市在云南省最早启动了多元化解矛盾纠纷的地方立法工作，受到了省人大常委会、省委政法委的关注。借鉴曲靖市的立法经验和立法调研成果，云南省人大常委会启动了省级地方性法规的制定程序，并于 2021 年 11 月 24 日审议通过《云南省矛盾纠纷多元化解条例》。按照省人大常委会的统一安排部署，为了防止市的地方性法规与省的地方性法规在内容上出现不一致或矛盾，曲靖市暂缓了市级地方性法规的立法程序，于省条例通过后的 2021 年 12 月 14 日，审议通过了《曲靖市多元化解纠纷促进条例》，并于 2022 年 1 月 17 日报省人大常委会批准。曲靖市的多元化解矛盾纠纷地方立法，不仅把实践中证明行之有效的做法经验上升为地方性法规，而且为省级的相应立法提供了经验、作出了贡献。曲靖市多元化解矛盾纠纷的经验，也受到了省人大常委会、省委政法委等相关部门的充分肯定。实践中，曲靖市认真贯彻实施《云南省矛盾纠纷多元化解条例》《曲靖市多元化解纠纷促进条例》，加大对矛盾纠纷多元化解的探索力度，特别是在强化"三调联动"（人民调解、行政调解、司法调解相互衔接和联动）方面，进一步做实做细工作，充分发挥三种调解方式的优势，提高调解效率。在"三调联动"的基础上，大力发展行业调解组织，按照"应建尽建"的原则，在文化旅游、医疗卫生、道路交通、劳动争议、金融保险、物业服务、婚姻家庭等行业领域，大力建设行业性、专业性调解组织，把"三调联动"升级为"四调联动"，调解方式对化解矛盾纠纷的作用得到进一步显现。同时，注重调解与和解、仲裁、公证、行政裁决、行政复议、诉讼等手段的相互衔接和联动运用，和解、调解不成的，及时导入相应的法定程序。

四是注重矛盾纠纷化解后跟踪回访。除了矛盾纠纷的预防、排查、评估、化解外，曲靖市还注重精心做好矛盾纠纷化解后的跟踪回访工作，防止出现"案了事不了""案结心不结"的情况。矛盾纠纷化解后跟踪回访制度的建立，形成了对矛盾纠纷预防、排查、评估、化解、跟踪五个环节的全流程闭环管理机制，确保每件矛盾纠纷都能及时发现、有效化解。对调解成功的矛盾纠纷，曲靖市要求村组干部、调解员、网格员等按照"不漏一户、不漏一人"的原则，定期入户走访、做好法理指导、心理疏导、情理引导。参与调解的有关部门工作人员，要通过电话、微信、上门等方式及时开展回访，做好跟踪问效工作，防止问题反弹、矛盾纠纷再次激化。并探索建立化解成效第三方评价制度，委托第三方对"矛盾纠纷就地化解率""非诉纠纷化解群众满意度""非诉纠纷化解成功率"等指标进行监测评估，从而进一步提高矛盾纠纷的化解质效。

三、曲靖市社会治理之路的示范意义

曲靖市坚持党建引领基层治理，在"五精"（精密划分治理单元、精准提供网格服务、精细预防矛盾纠纷、精确排查矛盾纠纷、精心化解矛盾纠纷）上下足功夫、做足文章，依托精密的网格，提供精准的服务，建立预防、排查、评估、化解、跟踪全流程闭环管理机制，对矛盾纠纷做到预防在先、发现在早、处置在小，探索出一条适应曲靖需要、符合曲靖实际、具有曲靖特点的社会治理之路，并取得一定成效，曲靖的社会治理开始呈现新的面貌。曲靖的命案发案数，2021 年和 2022 年大幅下降，下降幅度分别达 24%、54%，在全省处于前列。直接反映社会治安情况的刑事警情和治安警情自 2021 年摆脱了前几年连续上升的势头，呈逐年下降趋势。2021 年刑事警情同比下降 0.88%，治安警情同比下降 1.76%；2022 年刑事警情同比下降 9.09%，治安警情同比下降 11.04%。信访总量和反映信访工作质量的其他几项核心指标 2022 年首次呈现全面下降的趋势，其中，信访总量同比批次下降 8.35%，人次下降 17.14%。在当年全省信访总量上升的大背景下，曲靖这样的人口大市、信访大市，取得这样的成绩尤其难能可贵。2022 年曲靖进京越级访同比批次下降 76%、人次下降 76.92%；赴省越级访同比批次下降 48.54%、人次下降 39.08%；到市上访同比批次下降 47.2%、人次下降 49.16%，这几项指标的大幅下降，证明曲靖的信访秩序呈持续好转的趋势。[1]

曲靖地处中西部欠发达地区，其在社会治理道路上探索出的一些经验，对中西部欠发达地区或许具有一定的借鉴价值。尤其对中西部处于经济快速发展阶段的一些城市，在解决经济快速发展给治理体系和治理能力现代化建设带来一系列问题方面，可能具有一定的示范意义。每个地方的具体情况不同，在具体治理道路的选择上也会有所不同，但总的来说，在经济快速发展和治理体系治理能力现代化建设双重压力驱使下，治道变革是大势所趋、改革所向。我们唯有顺势而为、乘势而上，更快融入国家治理体系和治理能力现代化进程，方能更好实现经济高质量发展和社会长治久安。

---

〔1〕 以上反映曲靖社会治理成效的几组数据，来源于访谈单位曲靖市公安局、曲靖市信访局、曲靖市委政法委。

发挥协商制度优势　助推市域社会治理

政协曲靖市委员会

一、背景起因

进入新时代以来，曲靖市委、市政府紧扣时代命题，高位统筹、系统设计、强力推进，在推进市域社会治理现代化的道路上奋勇争先，笃定前行。

作为专门协商机构，如何发挥政协组织在社会治理中的优势和作用？曲靖市政协努力把习近平总书记关于"有事好商量，众人的事情由众人商量，是人民民主的真谛"的重要指示精神落实到基层，转化为生动实践，把开展"协商在基层"作为推进治理体系和治理能力现代化实践路径的具体举措，打造具有曲靖特色的"协商在基层"工作品牌，推动政协协商与基层协商有效衔接，将人民政协制度优势转化为基层社会治理效能。

二、工作举措

（一）协商有向："硬核"措施构建制度保障

2020年3月，曲靖市政协党组会议专题研究"协商在基层"工作；4月，成立"协商在基层"工作领导小组，召开"协商在基层"工作动员部署会，印发《政协曲靖市委员会关于开展"协商在基层"工作更好发挥政协专门协商机构作用的实施意见》《曲靖市"协商在基层"协商议事工作规程（试行）》；5月，"协商在基层"试点工作全面铺开。

市政协按照"不建机构建机制"的原则，围绕"谁来协商""协商什么""怎么协商"，从协商的内容、形式、程序以及保障等方面，加强顶层设计，制定规范性文件，不断健全完善各项制度机制建设，确保政协协商与基层协商有效衔接、有章可循。同时，聚焦"搭台"，依托现有的"政协委员之家""委员服务联络处""委员活动小组""委员工作室"等，在各试点乡镇、村社区和企事业单位搭建"协商在基层"常态化协商议事平台，分层级建立乡镇、村社区、企事业单位协商议事会议，设立协商议事室，作为基层协商议事的基本场所。议题选择上，注重选择切口小、关联广、与群众切身利益密切相关的议题，并通过党委点题、政府出题、委员荐题、社会征题等多种方式精选确定协商议题，真正实现群众的事情与群众商量着办。

（二）协商有质："到位"指导提升工作效能

自工作开展以来，市政协领导班子和相关专委会成员组成工作专班主动下沉，分别挂包指导各试点单位，研究协调推进过程中的困难和问题，督促挂钩联系点按时间节点完成目标任务。

马龙区政协建立区政协领导、委（室）、界别、委员挂包联系"协商在基层"试点工作机制，8名处级领导和89名委员分别挂包，现场指导协商议事；26家区级职能部门推荐46名相关人员，组建为"协商在基层"政策顾问团，开展政策讲解宣传引导、解疑释惑等工作。

麒麟区政协探索实践基层协商民主"三阶五步"议事程序，以"党委领导、政协搭台、政府解难、企业发展"的形式，组织民营企业家与区委、区政府领导开展面对面协商，共协商解决30家民营企业提出的涉及税收、土地、规划、资金等方面的问题38个。

陆良县政协创新提出"8+X"统筹协商理事会人员，把有一定威望的乡贤、精英及老同志（包括社区的老干部、老党员、老劳模）等与利益关联方的社会组织和个人吸纳为基层协商"朋友圈"，让多元社会主体在协商议事中良性互动、各展其能、各尽其才，体现政协作为。

在市政协的有力指导下，全市各试点县（市、区）齐头并进，你追我赶，呈现出争创一流、蓬勃发展的良好局面，各项工作正在由"做了什么""做了多少"向"作出什么成效"悄然转变，在打造共建共享共治的基层社会治理格局中彰显了政协作为。

（三）协商有效："扎根"群众飘香基层治理

全市政协系统把以人民为中心的理念贯穿"协商在基层"工作的全过程，围绕保障和改善民生议题，聚焦基层的一些矛盾问题开展协商，解决了一大批民生问题。在具体协商活动中，紧扣脱贫攻坚、推动乡村振兴、推进市域社会治理现代化、爱国卫生"7个专项行动"、集镇规划建设日常管理、农村人居环境整治、城乡老旧小区改造、乡村道路交通建设管理，特别是农村就业、教育、医疗、养老、土地征用、土地流转、易地搬迁小区管理、农贸市场管理、人畜饮水管理、殡葬改革事宜、村规民约制定等群众密切关注的问题，积极开展协商议事活动。

走进陆良县大莫古镇戛古村，绿树红花掩映庭院，洁净村巷四通八达，一个生态宜居、乡风文明的小山村映入眼帘。曾几何时，村里阴沟水淹到村民家门口，生活垃圾随地堆放，臭气熏天。该村还被县里划入软弱涣散党组织进行重点整顿。

自开展"协商在基层"试点工作以来，戛古村将协商议事机制应用到解决基层治理的各方面和全过程，以寻求法治、自治、德治"三治"融合和"协商于民，协商为民"的最大公约数。通过"协商在基层"平台，将"话筒"和话语权交到群众手中，最终凝聚了共识，问题迎刃而解，各方皆大欢喜。如今，戛古村已成为引领全县基层党组织软弱涣散整顿转化的示范标杆。

这是全市政协系统不断推动协商触角向基层延伸、将制度优势转化为治理效能的一个工作缩影。

三、治理成效

2020年以来，全市共建成协商议事室669个，开展协商活动852场次，协商解决了学校周边停车难、整治交通乱象、老旧小区改造、助力农业产业高速发展等一批民生难题，成为基层党组织的"好帮手"、联系人民群众的"连心桥"、委员履职的"新平台"。"协商在基层"工作的开展，在推进常态化协商议政中实现建言资政和凝聚共识双向发力，确实为党委政府增了合力，为基层群众解了困难，为改革发展聚了共识，为推动市域社会治理现代化作出了政协贡献。

四、经验启示

（一）党的领导是根本

坚持党的领导是"协商在基层"工作长久发展的根本原则。在党的组织领导下建立基层协商议事平台，密切了党同人民群众的血肉联系，增强了党在基层的影响力、公信力和号召力。在工作中，各县（市、区）政协积极争取党委重视和支持，协商中遇到的重大事项、重点问题、重要情况以及协商成果及时向党委请示汇报。在协商议事过程中积极宣传党的方针政策，引导群众不断增进对中国共产党和中国特色社会主义的政治认同、思想认同、理论认同、情感认同，形成同心同德贯彻落实党委决策部署的强大合力。

（二）关注民生是前提

始终按照习近平总书记"为人民谋幸福"的要求，把不断满足人民群众对美好生活的向往作为"协商在基层"工作的出发点和落脚点，强化问题导向，聚焦群众的急难愁盼，围绕人民群众关心关注的热点难点问题遴选协商议题，尽量做到群众有所呼、有所盼，政协有所应、有所为，聚焦以协商为民的实际成效赢得群众真心点赞。充分了解群众诉求，化解矛盾分歧，扩大了人民群众有序政治参与，真正让协商民主在市域社会治理现代化中起到优化基层社会治理机制的作用。

（三）搭建平台是基础

依托乡（镇、街道）"政协委员工作室"和村（社区）"政协委员活动小组"，搭建乡（镇、街道）协商议事室、村（社区）协商议事室、企事业单位协商议事室三类协商议事工作平台。在协商议事室张贴悬挂"协商在基层"标识、协商议事工作规则、协商议事会议规则等。各县（市、区）政协在经费困难的情况下，积极筹措安排经费抓好协商平台建设，协商议事平台的搭建，为政协协商向基层延伸、推动政协协商与基层协商有效衔接铺设了"管道"，提供了载体，为开展"协商在基层"工作奠定了坚实的基础。

（四）制度机制是保障

按照省政协的要求，市政协及时制定"协商在基层"工作实施意见和工作规程，各县（市、区）政协也结合自己的实际，认真制定实施方案和工作细则，不断规范协商议事程序、健全协商议事机制，逐步形成程序规范、关系顺畅、运行有效的制度体系，切实提高协商议事的制度化、规范化、程序化水平。

（五）确定议题是核心

协商议题的选定关乎协商成果转化、关乎工作实效。协商议题选得好，协商效果就明显，议题选得不好，成果就难以转化，就会影响协商效果。各县（市、区）紧扣"党政所需、群众所盼、政协所能"的原则，选择切口小、关联广、与群众利益密切相关的内容来选题定题，使协商议题贴近实际、贴近基层、贴近群众。

（六）群众参与是关键

各县（市、区）政协深入学习贯彻习近平总书记"平等协商、有序协商、真诚协商"的要求，大力倡导"和而不同、平等包容"的理念，营造既畅所欲言、各抒己见，又理性有度、合法依章的良好氛围，求同存异、聚同化异，寻求最大公约数、画好最大同心圆。给群众搭建一个畅所欲言，表达意愿的平台，能够推动广大干部群众参与社会治理、为乡村振兴献计出力，增强干部群众之间的互动，广泛凝聚共识，为地方经济社会发展注入新活力。

（七）创新思路是抓手

各县（市、区）政协结合实际，积极探索创新，形成了一些有特色的做法，积累了一些好的经验。如麒麟区探索实践"三阶五步"议事程序，切实解决"谁来议、议什么、怎么议"的问题；富源县坚持"议题与谁有关就请谁来协商、哪里有利于问题解决就在哪里协商、哪种形式有效就以哪种形式组织"，灵活高效地组织了田间协商、院坝协商、车间协商；陆良县建立了"1+N"协商模式、探索规范议题确定办法，建立了及时"交"、跟进"督"、适时"复"等协商成果落实机制。

立德树人　筑梦成长　切实推进未成年人
思想道德建设

曲靖市教育体育局

为认真贯彻落实《中共中央　国务院关于进一步加强和改进未成年人思想道德建设的若干意见》精神，曲靖市委、市人民政府高度重视、精心谋划、压实责任、狠抓落实，推动未成年人思想道德建设工作再上新台阶，为巩固提升曲靖市创建全国文明城市成果打下坚实基础。曲靖市未成年人思想道德建设2018年得分95.48分，在113个地级市提名城市中测评排第17名；2019年测评得分94.6分，在全国排第28名；2021年测评得分97.31，排名全省第一。

一、措施及成效

2018年启动创建全国文明城市工作以来，曲靖市各地各部门和广大干部群众凝聚共识、团结奋进，以培养担当民族复兴大任的时代新人为目标，紧紧围绕立德树人根本任务，牢牢把握培育和践行社会主义核心价值观这条主线，持续用力推进未成年人思想道德建设，"扣好人生第一粒扣子"等系列教育实践活动深入开展，乡村学校少年宫等阵地建设取得进展，学校、家庭、社会"三结合"教育网络建设成效明显，社会文化环境整治扎实有力，领导体制工作机制不断健全，学校教育的主阵地作用充分发挥，法治教育进一步深化，未成年人思想道德工作成效显著提升。

（一）加强组织领导、健全工作体系

曲靖市教体局牵头研究制定，以市政府的名义印发了《曲靖市2021年未成年人思想道德建设工作实施方案》，进一步明确了未成年人思想道德建设的指导思想、工作目标、工作内容、任务分解、方法步骤和具体措施等。曲靖市发挥学校教育的龙头作用，把培育和践行社会主义核心价值观贯穿于未成年人思想道德建设工作的各方面和全过程，引导未成年人树立正确的理想信念和价值取向。有效整合社会资源，各成员单位责任明确，形成了学校教育为龙头，家庭教育为基础，社会教育为辅助，学校家庭社会协同联动的青少年思想道德建设体系。

（二）聚焦根本任务、抓实主题教育

以庆祝建党百年和党史学习教育为契机，全市各级各校以"童心向党"为主题，广泛开展"我向党旗敬个礼""唱支红歌给党听""党的故事我来讲""党的光辉照我心"等庆祝建党百年主题教育系列活动，引导青少年听党话、感党恩、跟党走；全市注册的未成年人志愿者已超过12.3万人、成立570支志愿服务队，开展"小手拉大手、文明交通齐步走""敬老孝老""清洁家园"等志愿服务活动；开展"阳光成长"主题心理健康教育，全市中小学心理辅导室建成率100%，曲靖一中等3所学校被评为"全国心理健康教育示范学校"；评选产生20位"新时代曲靖好少年"和4位"新时代云南好少年"候选人并在媒体上宣传。

（三）强化学校教育、提升育人质量

坚持用习近平新时代中国特色社会主义思想铸魂育人，办好思政课，发挥思政课堂主渠道作用，大力推进党的创新理论"三进"工作，引导未成年人树立正确的价值观念；持续推进师德师风建设，健全师德师风长效机制，坚决杜绝"课上不讲课后补习讲"现象；广泛开展"文明校园、平安校园、法治校园、书香校园、卫生校园、健康校园"创建，全市累计建成校园警务室1201个，创建国家级"和谐平安校园"5所、省级平安校园86所、市级平安校园558所。创建市级"健康校园""卫生校园"各100所，在全省率先为各级各类学校选聘2014名兼职卫健副校长。创建100所市级"书香校园"，推动优良学风、班风和校风建设，建成全国文明校园5所，省文明校园9所，市文明校园121所。实施学前教育提质扩容专项行动，积极争取中央资金8517万元，新建、改扩建幼儿园20个，新增学位3235个，中心城区建成投入使用公办幼儿园2所、新举办民办幼儿园16所，增加学位5965个，47个城镇小区完成配建幼儿园。累计安排16.4亿元落实义务教育"两免一补"和"营养改善计划"等教育普惠政策，抓好义务教育控辍保学工作，义务教育阶段适龄儿童辍学率动态清零。

（四）搭建教育平台、形成工作合力

发挥三元宫等 5 个爱国主义教育基地的作用，逾 2000 名青少年走进麒麟区党群服务中心党史馆，开展主题教育实践活动。全市各类科技馆、文化馆等公益性公共文化场所对未成年人免费开放，联合举行青少年曲艺（故事）比赛等传统文化活动。建强管好乡村学校少年宫和青少年活动中心，市级财政下达 109.5 万元用于全市 37 所中央项目乡村学校少年宫的运转经费。加强校外培训机构监管和清理整治工作，规范达标 559 所，清理取缔无证 92 所，立案查处 1 所。

（五）强化部门联动、净化成长环境

巩固提升校园周边治安秩序，公安部门出动 43 300 余人次，整改隐患 332 处，整治乱点 214 处，化解涉校纠纷 22 起；净化社会网络环境，开展"护苗 2021 网络安全进课堂"宣传活动，检查网吧 251（家）次，出动检查人员 433 人次，警告 7 家，责令整改 1 家；强化校园食品及周边安全检查，出动执法检查人员 4778 人（次），监督检查营业单位 6983 户（次），责令整改 270 户，排除隐患 663 个。关爱未成年人特殊群体，下发孤儿等特困儿童基本生活费 2475 万元，保障 2993 名困境未成年人的基本生活，238 名孤儿被纳入"福彩圆梦 孤儿助学"项目，设立留守儿童之家，帮助 14.49 万名留守儿童解决学习生活困难，对 919 名残疾学生采取"送教上门"等方式使其接受义务教育。在 435 辆公交车、100 个公交站台以及建筑工地发布主题公益广告，各级各类新闻媒体开展形式多样的宣传报道，营造关爱保护未成年人健康成长的浓厚社会氛围。

（六）深化法治教育、提升法治素养

全市中小学和幼儿园聘请法治副校长和法治辅导员 2184 名。把法治教育纳入国民教育系列，在高等学校、中等职业学校、普通中小学设立法治知识课程，保障每周不少于 2 课时，曲靖市中考法治内容达到年均 6 分以上。积极开展法律进校园活动，组织法律工作者成立法治宣讲团，新生入学法治宣讲率 100%，每年组织各类校园法治宣传活动 1 万余次。开展青少年网上法治学习宣传教育活动，利用第二课堂社会实践，组织 40 余万学生参加云南省"学宪法讲宪法"中小学法律知识网络学习和竞赛活动。推动建设青少年法治宣传教育基地，目前全市已建成 9 个青少年法治宣传教育基地、1 个禁毒宣传教育基地。组织全市中小学生依托教育部青少年普法网开展"宪法卫士"活动计划，全市 496 620 名学生参加了"宪法卫士"的学习、测试活动，参与率 48.52%，超目标任务 13.52%，平均成绩 80.04 分。

二、经验启示

（一）领导重视是工作关键

未成年人思想道德建设，离不开市委、市政府的坚强领导。领导重视是未成年人思想道德建设的重要保证，曲靖市未成年人思想道德建设工作证明，抓好未成年人思想道德建设工作，关键在于领导，只有各级党政主要负责人把未成年人思想道德建设摆在突出的位置，纳入总体规划，真抓实干、狠抓落实，才能把未成年人思想道德建设落到实处。2018 年以来，曲靖市委、市政府多次进行专题调研，召开专题会议研究部署成年人思想道德建设工作，研究制定《曲靖市创建全国文明城市常态化突进未成年人思想道德建设工作实施方案》，细化工作方案，明确责任分工，细化任务分解，逐级压实责任，层层抓好落实，有力地推动了未成年人思想道德建设工作。

（二）部门协调是工作保障

未成年人的思想道德建设，离不开学校、家庭和社会的共同努力，必须在整合资源、构建网络、形成合力上下功夫。在未成年人思想道德建设工作中，曲靖市文明办、团市委、关工委、市场监督管理局、公安局、卫健委等相关部门结合自身职能职责，积极配合教体部门和各级各类学校，搭建活动平台、创新活动方式、营造活动氛围，取得了良好的工作成效。学生家长在学校的组织下，积极利用微信群等联系方式，加强与学校的沟通，积极配合学校做好学生的思想道德建设、心理健康教育等工作。

（三）学校管理是工作基础

未成年人思想道德建设，离不开全市各级各类学校干部职工的共同努力。全市各级各类学校通过加强组织领导、健全责任体系、创新活动方式，有的放矢地开展未成年人思想道德建设。不断强化校园文化建设、团建队建活动，强化德育工作队伍建设，积极抓好日常教育、实践教育、专题教育、健康教育、法治教育、安全教育等工作，创新活动载体、丰富活动内容，进一步夯实了未成年人思想道德建设的工作基础。

三、下步打算

下一步工作中，曲靖市教育体育局将采取多种措施，坚持"立德树人"

根本任务，用习近平新时代中国特色社会主义思想铸魂育人，深入推进社会主义核心价值观"三进"工作，开展主题突出、特色鲜明、形式多样的教育实践活动，厚植青少年爱党爱国爱社会主义情怀。坚持党对教育工作的领导，落实党的教育方针，贯彻实施党组织领导的校长负责制，发挥好学校的龙头作用，不断巩固提升学校教育水平；发挥好家庭教育关键作用，加强《中华人民共和国家庭教育促进法》的贯彻落实，指导家长家庭教育；发挥好社会教育重要作用，营造全社会关心未成年人健康成长的良好氛围。认真贯彻落实新修订的《中华人民共和国未成年人保护法》《中华人民共和国预防未成年人犯罪法》，深入开展"护苗"行动，打造"护苗"教育基地，减少并逐步杜绝校园欺凌案件的发生，实施困境儿童关爱和帮扶工程，营造全社会崇德向善氛围。全面排查整治校外教育培训机构；大力开展学校周边社会文化环境专项整治行动，定期开展预防未成年人网络沉迷宣传教育工作，进一步建立完善未成年人思想道德建设工作常态化机制，定期开展督促检查，强化跟踪问效，确保各项创建工作落到实处，持续巩固创建成果。

曲靖审计坚持"四个导向""看住"民生资金

曲靖市审计局

按照市域社会治理现代化工作领导小组的安排部署，曲靖市审计局紧紧围绕曲靖"先进制造基地、高端食品基地、城乡融合发展示范区、云南副中心城市"的发展定位，在打造共建共治共享的社会治理新格局中，立足审计职能职责，坚持"四个导向"，睁大审计监督的眼睛，盯紧重点民生资金和项目，保障了民生资金规范管理，兜牢了民生底线，为维护曲靖安宁、民族团结、人民群众安居乐业作出积极贡献。

一、坚持民生导向，优先安排民生审计项目

2018年至2021年，紧紧围绕市委、市政府中心工作和经济社会发展中的热点和难点问题，聚焦百姓事，突出审计重点。在每年审计项目计划中，优先安排重点民生资金、民生项目和相关政策落实情况的审计，将涉及群众切身利益的稳就业政策落实情况、脱贫攻坚情况、应对新冠肺炎疫情防控资金和捐赠款物使用情况、保障性安居工程建设管理情况、"十三五"水网基础设施工程建设情况、涉粮问题等重点民生资金和民生项目纳入审计范围，覆盖了人民群众关注的就业、住房、环境、粮食安全、应急等各个方面，努力通过审计推动各项民生实事办得更好，更加契合人民群众需求，让人民群众有更多的获得感、幸福感。

二、坚持问题导向，突出民生资金审计重点

揭示问题是审计的基本职责，坚持问题导向，针对民生痛点难点堵点，精准制定审计实施方案，力争打通民生服务"最后一公里"，让民生工作更加适应人民群众对美好生活的期待。在稳就业政策审计调查中，聚焦政策执行情况、促进重点群体就业和创业情况、帮扶和提升技能情况、就业相关的各级财政资金收支及绩效情况等；在应对新冠肺炎疫情防控资金和捐赠款物专项审计中，聚焦调拨采购物资、临时性工作补贴发放、下拨资金使用、捐赠资金分配和使用等；在脱贫攻坚审计中，围绕精准扶贫、精准脱贫，坚持

"掌握总体、揭示问题、督促整改"的总体思路，紧盯政策和资金两条主线，突出"精准、安全、绩效"；在保障性安居工程审计中，聚焦安居工程资金使用、安居工程任务完成、公租房分配和管理、城镇老旧小区改造政策实施效果等；在"十三五"水网基础设施工程专项审计调查中，聚焦规划落实、项目决策和审批、资金筹集管理使用、建设用地和环境保护等；在涉粮问题专项审计中，聚焦责任、作风、腐败问题等。

三、坚持结果导向，把"看住"民生资金贯穿审计工作始终

牢固树立"有问题没有发现是失职、发现问题不报告是渎职"的意识，在民生项目和民生资金审计中，立足审计经济监督定位，开展"经济体检"，"治已病，防未病"，抓住关键，审深审透，发现线索，动真碰硬，一查到底，效果明显。一是稳就业政策审计调查，揭示了违规享受财政补贴 32.57 万元等问题，推动更充分和更高质量的就业，为市委、市政府开展相关调研和决策提供了参考依据。二是围绕坚决打赢脱贫攻坚战，完成了沪滇帮扶资金、易地扶贫搬迁、产业扶贫、企业帮扶资金审计和全市脱贫乡镇和脱贫村委会全覆盖审计，清退、追回违规资金 1520.72 万元，上缴各级财政 3688.66 万元，促进资金拨付使用 167 483.69 万元；促进政策措施落实 63 项，促进项目推进 68 个，推动 2 项制度办法修订完善，完善相关手续 15 项；给予党纪政纪处分 20 人，问责 7 人，提醒谈话 4 人。三是及时跟踪审计新冠肺炎疫情防控资金及捐赠款物，按照边审边改、边审边促、边审边建的要求，督促及时分配下拨资金 1517.58 万元，促进疫情防控资金物资规范管理、信息公开。四是连续审计保障性安居工程，揭示了部分保障性安居工程进度缓慢、资金闲置或安排不到位等问题，促进有关部门和地区采取措施加快项目进度，及时拨付资金，取消不符合条件的实物保障和租赁补贴，促进实现好、维护好、发展好最广大人民的根本利益。五是对"十三五"水网基础设施工程麒麟区龙潭河水库建设审计发现的未取得建设用地批准手续、项目资金不到位、工程进度滞后、勘测设计费管理不严格、接待费报销不规范等问题，提出了审计意见和建议，促进了水网建设目标的实现。2020 年 11 月中旬至 2021 年 4月，该水库已向曲靖中心城区抗旱应急调水约 500 万立方米，有力保障了中心城区居民生产生活。六是对全市 10 个粮食主管部门、20 户涉粮企业 2013年以来执行国家粮食收购、销售、存储政策情况及储备库建设情况开展专项

审计，共查出主要问题 161 个，涉及问题金额 12.13 亿元。截至 2022 年 3 月 4 日，向有关部门出具移送书 45 份。

四、坚持审计技术方法创新导向，提升民生项目和民生资金的审计效率和效果

一是探索开展数字化审计。采集市级一级预算单位的财务电子数据，采取跨系统、跨部门、跨行业的"三跨"方式，开展内部与外部数据关联分析比对，构建数字化审计模式，推进以"大数据"为核心的民生资金审计方法创新，拓展审计监督的广度和深度，提高审计效率和效果。二是部门内部联动，上下审计机关联动，形成民生项目和民生资金审计强大合力。尤其是在涉粮问题专项审计中，市县两级审计机关共抽调 89 名审计人员、12 名数据分析人员，组成 14 个涉粮问题专项审计组开展审计。另外，市审计局抽调 3 人参加涉粮问题专项巡察组，5 人参加市纪委市监委专案组，倾全市审计系统之力，整合审计资源投入此项审计，体现了审计机关应有的政治站位和责任担当，也取得了显著成果。三是探索"巡审融合"工作模式。在涉粮问题专项审计中，学习借鉴纪检监察和巡视巡察发现问题的思路方法，以普遍性、倾向性、苗头性问题为导向，突出重点和关键环节。"巡审融合"的工作模式下，充分发挥了"政治体检"和"经济体检"各自优势，巡审相互支持，协作联动，信息共享，对移送的问题线索双方共同分析研判，抓紧核实查证，不拖延、不隐瞒、不误时，有力惩治了粮食领域的腐败，"看住"了稳粮保供的民生资金。四是推动标本兼治，把好事后整改关。坚持揭示问题与督促整改并重，认真落实习近平总书记关于"认真整改审计查出的问题"的重要指示精神，督促和推动各责任单位整改审计查出的问题，较好地发挥了审计监督"治已病，防未病"作用。特别是对 2016 年以来脱贫攻坚审计发现的 424 个问题进行了 4 轮全面督查督改，实现了问题清零，累计整改问题金额达 177 271.64 万元。

"小阵地"推动市场监管治理"大变革"

曲靖市市场监督管理局

爱国卫生专项行动开展以来，曲靖市市场监管局认真落实省委省政府和市委市政府工作部署，全力推进"净餐馆""管集市"专项行动落地见效，在全省 2020 年"净餐馆""管集市"专项行动第三方测评中，曲靖市多个县（市、区）位列全省前列。2021 年 4 月，全省爱国卫生"七个专项行动"现场推进会在曲靖召开，"净餐馆""管集市"多个现场点接受省、市领导检阅并受到肯定。2022 年 1 月，曲靖市市场监管局"净餐馆""管集市"专项行动入围全国"第四届市场监管领域社会共治政府类优秀案例"。

一、基本情况

2020 年 7 月以来，省委、省政府在全省范围内开展爱国卫生"七个专项"行动，其中市场监管部门牵头推进餐饮服务环境卫生全改善行动和农贸市场环境卫生全提升行动，即"净餐馆""管集市"专项行动。"净餐馆"旨在通过强化餐饮服务单位主体责任，持续改善餐饮服务环境卫生条件，实现周边环境整洁、就餐场所干净、后厨合规达标、仓储整齐安全、餐饮用具洁净、从业人员健康、配送过程规范"七个达标"，确保群众餐饮消费放心、安心、舒心。"管集市"通过整治农贸市场"脏、乱、差"现象，打造安全放心农贸市场。以"优环境、防疫情、保健康、促规范、提品质"为主题，狠抓环境卫生、疫情防控、食品安全、野生动物及活禽交易监管、周边环境、提升改造等 6 项重点工作，改变农贸市场垃圾乱扔、污水乱排、摊点乱设、货物乱摆、周边乱象"五乱"状况，落实有完善的硬件设施、有严格的管理措施、有整洁的场容、有安全放心的商品、有井然有序的周边环境"五有"要求，实现净化、美化、规范化、精细化、标准化"五化"目标。曲靖市通过强化"两个保障"，突出"三个提升"，聚焦"四化建设"，全面压实地方主体责任、部门牵头责任、行业主管责任、业主直接责任，探索构筑政府主导、社会参与的治理格局，专项行动开展取得积极成效，人民群众幸福感满意度不断提升。

二、工作举措

（一）强化"两个保障"，推动专项行动走深走实

一是强化组织保障。把推进"管集市""净餐馆"作为"一把手工程"，健全工作体制机制，构建以1个领导小组和10个专项工作组为主体的"1+10"工作体系。市委、市政府主要领导把工作放在心上、抓在手上，以上率下抓工作部署、抓宣传发动、抓暗访督查，带头参加现场会和宣传活动。建立市级领导定期研究推动、部门联席会议协调推进、责任部门指导落实的工作机制。市委、市政府主要领导先后16次召开会议针对具体工作进行调度安排。省委常委、市委书记李文荣同志亲自研究督促指导，市委副书记、市长李石松同志亲自一县一县开展明察暗访，督促工作落实，市政府分管领导调度落实。

二是强化制度保障。发挥好考核指挥棒作用，市委常委会、市政府常务会专题审议通过，专门将爱国卫生专项行动纳入全市综合考核体系，分别对县（市、区）单列50分（总分为1000分），对市直部门单列10分（总分为100分）进行考核，严格兑现奖惩。对标对表省级实施方案，细化分解目标任务，合理布局硬件基础设施、统筹考虑运行机制，提高工作系统性、针对性、操作性。建立联席会议、暗访通报、督促检查、信息报告、驻点督导、红黄白问题清单、现场观摩、投诉处理等制度，全面压实地方主体责任、部门牵头责任、行业主管责任、业主直接责任，为专项行动有效开展提供有力的制度机制保障。

（二）突出"三个提升"，确保专项行动落细落小

一是提升督促指导水平。建立牵头部门挂包制度和市级工作组驻点督导机制。抽调市直单位处级领导带队，市级专家组成员参加，对各县（市、区）开展为期2个月驻点督导，全面排查问题并督促整改，精准指导工作落实，紧盯各个时间节点和重点任务，坚持问题导向，把问题定到事、措施定到点、责任定到人，实现"问题清、责任清、时限清"，以点带面、举一反三，扎实推动问题整改见真章、动真格、求实效。

二是提升部门协同能力。建立联席会议制度，市级市场监管局牵头抓总，

城管、交通、商务等部门密切配合，加强统筹协调，针对农贸市场周边环境、餐饮单位卫生改善等工作，开展联合整治，形成工作合力，推动目标任务逐一落实。市县两级政府和各部门上下联动、密切配合，主动作为，在设施建设、资源整合、数据共享等方面强化沟通协调和衔接，构建了条块结合、网格管理、齐抓共管的工作格局。

三是提升宣传发动效果。市委宣传部牵头制定《宣传报道工作方案》，实行信息报送考核制度，各地通过开设专栏、大喇叭、新媒体等多种形式广泛宣传"净餐馆""管集市"工作。市交通局、市交警支队在各类公共交通工具及道路电子卡口处滚动播出爱国卫生运动小视频和宣传标语，积极协调移动公司，面向全市移动用户免费开通企业视频彩铃功能，上传爱国卫生运动公益宣传片，全体市民积极主动参与爱国卫生"净餐馆""管集市"专项行动。截至目前，共发放宣传材料 492 万份，新媒体宣传 11 462 条，被人民网、新华社客户端、中国文明网、学习强国、云南日报等省级以上主流媒体采用刊播我市"7 个专项行动"相关新闻稿件 542 条。深入开展诚信市场和餐饮示范点培育，共打造餐饮示范街 10 条，诚信经营示范街 27 条，诚信经营企业 158 家，诚信个体工商户 966 个。

（三）聚焦"四化建设"，推动专项行动见行见效

一是工作推进"标准化"。围绕"净餐馆"工作要求，突出可操作性，制定餐饮主体关于环境卫生、后厨管理、配送过程等 28 项内容，共 218 条规范达标细则。围绕"管集市"要求，制定市场主体责任、环境卫生管理、野生动物和活禽交易管理等 14 项内容，共 51 条规范达标细则。编印工作规范标准，从餐饮单位和农贸市场设施设置、人员着装、废污处理、货架设置、通风规范等方面设置具体指引 1000 余条，绘制空间平面示意图、现场设施示意图、模型示意图等 100 余张，使标准更加生动形象，更加利于操作实践。针对基层实际，将细则再细化再具体，进一步完善标准末端体系，打通落地见效"最后一公里"。

二是工作落实"精细化"。紧扣时间节点，确定"路线图"，绘好"时间表"，制定月度和年度《任务清单》，确立每周重点目标和每日具体目标，每天对工作推进情况进行通报，以工作目标倒逼工作进度。在充分摸底排查全市农贸市场、餐饮单位数量及分布的基础上，绘制"点位图"，建立网格化管理制度，采用市级部门包保县（区、市），县级部门包保乡（镇、街道），乡

镇街道分包具体市场和餐饮单位的方式,层层传导压力。陆良等县区采取"五级网格、两个清单"做法推进专项行动,把责任落实到每一个人,确保每一个网格无遗漏。宣威等县(市、区)针对具体问题,制定"1342"管理模式,实行"一场一策"办法,使各项措施更具针对性。

三是工作运行"常态化"。市委、市政府主要领导采取"不打招呼、直奔现场"的方式,经常性对爱国卫生和人居环境提升进行暗访督查。市政府督查室定期不定期开展督查检查,市专项行动办每月一次暗访,已经拍摄暗访曝光片5期,建立新闻媒体常态化曝光、畅通群众投诉举报等工作机制。聚焦省级和市级暗访督查发现问题,先后开展2轮问题大排查、大交办、大整改行动,实行红、黄、白"三色单"督促整改制度,对被红牌警告的给予严肃追责问责。沾益等县区针对督导检查出的问题实行曝光制度,要求工作后进部门进行检讨表态,确保工作推进不松劲。马龙区对整改不到位的经营户坚决落实停业措施。

四是规范管理"科学化"。坚持分层分类、科学谋划、统筹开展,坚决防止重复改造和重复整治带来的资源浪费。结合全国文明城市创建,将爱国卫生专项行动与农贸市场改造提升有机结合,将疫情防控、洗手设施设置、厕所改造等内容纳入到提升内容中一体推进,实现"一次检查、多项达标"。结合"净餐馆"专项行动,将"减量减价、点菜提醒、光盘行动、绿色包装"等制止餐饮浪费行为专项整治有机融入。强化科技支撑,以信息化手段提升工作质量,持续推进明厨亮灶工作,目前城区明厨亮灶完成率达100%。对接"一部手机游云南"和"互联网+食品安全监管"智慧平台,通过透明橱窗或视频连接方式,向消费者全面展示后厨加工、清洗消毒等过程。师宗等县区在餐饮单位管理中推行"红黄绿"牌公示制度,最大限度接受社会监督。

三、治理成效

通过"净餐馆""管集市"行动的扎实开展,曲靖市各县(市、区)城区16 847户餐饮单位实现100%达标,餐饮单位全面推行"安心码"使用。全市89个农贸市场淘汰取缔5个,五星农贸市场40个,四星农贸市场18个。全市餐饮和农贸市场环境持续得到改善,人民群众满意度和获得感大幅提升,在2020年全省第三方测评中,全市9个县(市、区)有6个取得较好成绩,多个县区位居全省前列。良好的餐饮服务环境和干净卫生的农贸市场环境成为曲靖市提升人居环境的靓丽名片。2020年11月，中央文明办发布第六届全国文明城市入选名单，曲靖市成功创建全国文明城市，受到省委、省政府通报表扬。2021年12月，曲靖市市场监管局"净餐馆""管集市"专项行动入围全国第四届市场监管领域社会共治政府类优秀案例，排名全省第4位、全国第36位。

四、经验与启示

新时代，人民群众对食品安全的需求更趋多元化、多层次、高品质，对餐饮和农贸市场的环境要求也越来越高。曲靖市通过强化组织制度保障压实各级责任、多部门形成工作合力开展联合整治、开展诚信市场和餐饮示范点培育、提高经营者参与积极性的做法为专项行动取得成效提供了有力保障。同时，为餐饮单位和农贸市场制定规范达标细则，也是市场监管部门在行政执法过程中提高规范化水平的一种有益尝试。

"智慧停车"建设典型创新案例

曲靖市城市综合管理局

一、背景起因

为切实解决"停车难、管理难"的问题，曲靖市坚持问题导向，贴近市民关切，于 2021 年年初研究启动了"智慧停车"建设工作。从小切口入手，推动"数字曲靖""城市大脑"建设，实现破茧突围，以实际行动贯彻落实省委、省政府建设"数字云南"的决策部署。市委、市政府高度重视"智慧停车"建设工作，主要领导多次就推进建设进行了现场调研和专题研究部署。曲靖市按照统一规划、统一布局、统一平台、统筹管理的一体化建设模式，制定工作计划，市发投集团具体负责组织实施，以高标准、全覆盖、服务群众、市场运作的要求，完成了中心城市"智慧停车"建设工作。

二、工作措施

（一）编制印发方案，确保顺利推进

根据曲靖市"智慧停车"系列专题会议要求，市城管局会同市发投集团报请市人民政府同意后印发了《曲靖市"智慧停车"实施方案》，要求各级有关部门加强沟通，强化协作配合，形成工作合力，围绕总体目标，狠抓落实；印发了《曲靖市人民政府办公室关于进一步加强中心城市"智慧停车"管理工作方案》，进一步规范中心城市"智慧停车"管理工作，明确了部门职责，促进了部门联动，形成了联合执法，强力推进了各项工作稳步高效开展，确保了曲靖市"智慧停车"建设顺利实施。

（二）组织摸底统计，理清家底资产

开年以来，市城管局投入了大量人力及物力先后四次对中心城市"家底"开展摸底统计，做到底数清、情况明。据统计，截至目前，曲靖中心城市汽车保有量 38.12 万辆，其中小型汽车 34.73 万辆；现有经营性、非经营性停车

场和路内泊位 28 558 个（含配建停车场），包括停车位 18 875 个、道路停车泊位 9683 个。通过摸底统计情况，制定了工作计划，为曲靖市"智慧停车"建设和停车资源专项规划提供了基础数据支撑，为"百日攻坚"作战奠定了基础。

（三）成立工作专班，形成部门联动

市城管局在启动建设工作后，迅速调度中心城市四区城管部门，抽调专人形成工作推进专班，各区以片区大队为主，对需要改造的停车场开展动员工作，同时按照市委、市政府时间节点要求，督促各有关部门和企业严格落实部门监管责任和建设主体责任，把职责摆进去、把工作摆进去，与正在做的事情相结合、与破解难题相结合、与提高工作质量相结合，有序推进曲靖市"智慧停车"建设工作，并强化上下联动，采取多项措施，保障和督促四区"智慧停车"推进工作，形成了四区联动的工作局面，推动"智慧停车"工作落地落实。

（四）制定管理办法，强化政策支撑

为进一步规范曲靖市机动车停放秩序，构建有序停车环境，合理引导交通需求，保障道路和交通安全畅通，促进城市交通协调发展，市城管局牵头起草《曲靖市机动车停车场管理办法（试行）》（以下简称《管理办法》），2021 年 3 月月底，形成了《管理办法》的初稿。为确保立法质量，先后征求了社会公众、10 个市直有关部门、各区城管部门以及社会律师、相关院校法学专家的意见，并向市委政法委申请通过了社会稳定风险评估备案。《管理办法》分为 7 章共 40 条，主要对停车场的类别、规划与建设、使用与管理以及道路临时停车泊位设置、智慧停车、服务与监督等进行了规范。

（五）研发部署平台，搭建管理中心

在市委、市政府的指导下，市城管局牵头，市发投集团完成了曲靖市"智慧停车"运营管理中心的建设工作，组建了曲靖智慧停车管理服务有限公司，充分利用现代互联网技术，研发和部署了曲靖市"智慧停车"综合管理服务平台，在全市经营性停车场（库、泊位）推广使用并负责平台的管理运营，积极推动了城市停车管理与移动互联网的融合发展，促进动静态交通和谐运转。

（六）强化宣传引导，畅通诉求渠道

为快速推广曲靖市"智慧停车"的知晓率及"曲靖智停" APP 的使用

率，发放了宣传资料 24 万份，在广播、电视、报刊等主流媒体及新媒体全方位、多角度地开展了宣传工作，引导市民了解智慧停车，接受智慧停车，善用智慧停车；打造便民服务窗口，开通了 6669777 人工客服电话，主动接受市民监督，强化自身服务监管，为市民提供了优质、舒心、便捷的停车热线服务，针对部分停车场缺少收费备案文件不符合改造标准，但周边确需保留使用的情况，市城管局联合发改部门开通收费备案绿色通道，在符合相关法律法规的情况下快速审批备案，打造了以民为本的便民绿色审批通道。

（七）编制专项规划，谋划智停未来

市发投集团已委托天津市政工程设计研究总院有限公司，对中心城市停车资源开展实地调研，编制了《曲靖中心城区公共停车设施布局建设实施方案（规划指引）》，经过四轮修改，于 9 月 7 日在市城管局召开专家论证会，待方案优化调整完毕后，报市自然资源和规划局审查通过后，曲靖市发投集团将即刻启动建设一批重点片区停车设施。

（八）网格化促推进，落实精准管控

为进一步促进中心城市封闭式停车场的改造协调工作并加强后期管理工作，各区城管部门结合网格化管理制度优势，按照执法大队分区域，以网格分范围，以车场实际情况分管理的方式，做到一人一场，定岗管理。通过定期和不定期进行现场督促检查，将管理责任严格落实到人。在改造前期有效推进了各封闭式车场接入"智慧停车"改造协调工作，在后期确保了封闭式停车场按照无杆及线上收费的精准管控。

三、治理成效

（一）集中统一部署，实现区域覆盖

曲靖市按照"切口小一点、研究深一点、更管用一点"的原则，以实现停车服务智能化、支付便捷化为切入点，对中心城市停车资源进行了智能化改造、建设和并网，搭建了曲靖市"智慧停车"运营管理中心，对车场数据、运营数据及管理数据进行可视化管理，探索了智慧空间精准管控，深挖了停车潜力，盘活了停车资源，节约了部署成本，中心城市实现了区域性全覆盖，在一定程度上缓解了城市交通拥堵，为公众停车提供了便捷的服务，有效提高了城市运行效率，提升了道路通行能力，为其他县、市部署提供了经验依据。

（二）统一 APP 应用，实现线上支付

按照"管理运营一平台，公众服务— APP"的要求，曲靖中心城市范围内所有经营性停车场（库、泊位）和路边停车泊位完成智能化提升改造，并接入曲靖市智慧停车综合管理服务平台；实现一个 APP 畅享停车服务；经营性停车场（库、泊位）全面实现线上收费；通过"曲靖智停"APP，可享受车场（泊位）搜索、导航、快捷支付、充值、电子发票的全流程高效便捷停车服务，APP 线上缴费有多种支付方式，支持微信、支付宝、银行卡进行支付，也可绑定银行卡开通无感支付，让支付更快捷。

（三）无人值守管理，降低运营成本

曲靖市按照要求对中心城市现有的经营性停车场（库、泊位）进行了智能化提升改造，逐步实现了停车场（库、泊位）无人值守；无人值守停车场用工少，效率高。传统的停车场管理系统还需要人工确认放行，通行速度慢且不便捷，而采用老旧设备的停车场因为识别错误的问题，必须采用人工干预，随着人力成本的不断上涨，增加了停车场运营成本，通过无人值守模式和智能化改造，大大降低了人力成本和运营成本。

（四）无感支付管理，实现随停随走

目前，曲靖市改造上线的车场与路边泊位，已经实现无感支付模式，车场设备自动识别进出场车辆，车主先离场后支付，开通无感支付的车主，在车辆出场时手机 APP 自动扣费，大大减少车辆通行时间，提高了停车场的车位使用率，提升了车主停车体验。同时优化停车场进出口管控，曲靖智慧停车推行的无感支付模式属全省首创，同时也被认为是智慧停车未来发展趋势。

（五）即时分析分账，实现智慧管理

目前，曲靖市改造上线的车场系统自动识别进出场车辆，数据回传至管理平台，平台推送停车订单给车主，车主通过"曲靖智停"APP 进行线上缴费或开通无感支付直接扣款，停车费进行空中分账，银行免手续费，让车场营业业主得到实实在在的优惠，收益最大化，从而最大限度地激活社会公共停车资源与民融合，切实做到惠民利民，让市民拥有更多的获得感和幸福感。

层级管理复合联动　院内院外融合发展

曲靖市直机关干休所

一、背景起因

　　曲靖市直机关干休所 1981 年开始建盖，目的是解决曲靖地区地厅级和抗日战争时期参加革命工作的老同志安置问题。占地 21.6 亩，建盖有办公楼及功能设施房屋，住户都已经办理了房屋产权手续，原礼堂、食堂、招待所、澡堂等作为商铺出租使用。随着时代变迁，管理越来越困难。房屋及基础设施管理问题多。由于建所时间久，部分基础设施、生活服务设施随时间推移老化，包括居住房屋地基下沉、墙面裂缝、屋顶漏水、地下水管老化漏水、排水管道严重堵塞等问题突出，存在一定的安全隐患，由于经费有限，干休所只能采取哪里问题比较紧急就优先处理补救的工作策略，维修维护工作难度逐年递增，人员复杂且不具备物业管理身份。过去，所内居住的人员仅有两部分人，老干部和工作人员。随着房屋出租、出售，增加了大量的外来人员，使所里变成了"大杂院"，再加上门面商铺出租管理，给干休所的管理工作带来了难题，日常工作既要服务于老同志，还要满足其他人员的普通居住需求。比如干休所对某些住户房屋加层、改建等问题的管理，只能就这些问题所带来的不良后果作劝解，并把这些问题报给城管人员，无权对干休所老干部的自购房屋进行其他的监管。车辆管理矛盾突出。随着经济水平的提高，所内需要停放的车辆数量大大增加而所内可停车区域狭小，这种供需之间的矛盾已经十分突出，如何规范停放、如何增加停车位等车辆管理问题已经成为亟待解决的问题。

二、工作举措

（一）党建引领层级管理

　　要抓硬件建设，反而要先从软治理入手，党建引领就是最好的抓手。2019

年年末干休所推行"双网合一"(党建网+社会治理网)层级管理制度,三个党支部结合住所人员,形成了以所长、各党支部书记为一级网格员,分管副所长、党支部委员及其他干休所工作人员为二级网格员,安保人员、环卫人员、医疗保健人员、住所党员同志,加上推选出的楼栋长与"敬老好家庭"住户为三级网格员的网格化管理。三级网格员查找、报告问题,二级网格员处理、整理问题,一级网格员统筹、反馈问题。三层网格管理齐抓共管,相互督促,不再是让干休所几个工作人员管理一大个院子,而让大部分住户参与到管理中来,有效解决所内工作人员太少、人员管理复杂的问题,如此架构运作 3 年来形成了一个稳定的管理体系,也为干休所发展与决策提供了许多宝贵的意见建议,出台如"一对一联系制度""月值班制度""每周巡查制度""五到五清楚"等常态化管理制度。

(二)文明创建和谐向善

为全面提高干休所全体职工和住户家庭成员的文明素质,干休所 2011 年在全所范围内开展以"长辈德高望重、家庭关系融洽、邻里关系和睦、生活文明健康、环保意识浓厚、敬老事迹感人"为评选标准的"敬老好家庭"及以"思想作风好、政策学习好、遵纪守法好、敬老服务好、工作完成好、所内评价好"为评选标准的"敬老好职工"评选活动,每年通过宣传发动、综合评选、调查核实、表彰奖励四个基本步骤搭建敬老爱老服务平台,11 年来共评选出"敬老好家庭"110 户,"敬老好职工"55 人。把尊老、敬老、养老、助老的活动不断引向纵深发展,提高了广大家庭的文明和谐程度,增强了干部职工的文明服务意识,以家庭和谐促进社会和谐,以个人文明带动社会文明,让敬老蔚然成风,文明得到承传,涌现出"交纳大额特殊党费离休干部雷文波""曲靖市最美家庭刘洪兰家庭"等一批先进道德文明模范,单位几年来先后荣获省、市级园林单位,省、市、区级文明单位,市级卫生单位,敬老文明号,无烟单位等荣誉称号,并在创文工作中亮点突出,成为麒麟区创文工作示范观摩点,先后被多家媒体采访报道,增加了我单位的社会公益曝光度及社会认知度,树立了良好形象。

(三)齐管共建社区融合

居民对于美好生活的向往,始终绕不开"便捷"二字,但毕竟我们只是单位和小区,除居住外不具备更多的生活功能,如何让居民更便捷地从院内和院外交互,我们起了桥梁纽带的关键作用。干休所与所在社区——康桥社区紧密联系，利用有利条件开展各类为老公益活动，连续 8 年利用医务室联合社区开展老年人免费体检活动，每年为社区老年人提供健康义诊 100 余人次。干休所志愿者队伍经常性联合市委老干部局、社区、周邻单位开展丰富多彩的志愿者活动，比如每年"我们的节日"系列活动，都会来到干休所，用干休所的活动场地为社区居民送上节日的祝福。渐渐地，干休所从一个冷清的小单位老小区摇身一变成了社区里最热闹的网红小区！

此外，干休所还通过社区志愿者、专业家政服务机构等多种途径整合资源，为居民提供购物、餐饮、保洁、护理、维修等多方面服务。与市医院联合开通绿色就诊通道，确保住所老同志能够快速便捷就医。建设图书室、活动室、娱乐室等各式各样的活动阵地，还创新性地引入了街道社区事务受理功能，可通过干休所办公室办理多项居民使用的高频业务，实现了"不出小区就办事"的便利。

（四）阳光助力健康发展

为关爱老年人心理健康，2020 年 11 月曲靖市委老干部局阳光心态工作室在市直机关干休所成立，运营 1 年多来，充分整合了全市的心理健康咨询专家资源和干休所的医疗健康资源、社区医疗卫生资源，聘请心理咨询专家 2 名，心理咨询师 4 名，为全市老干部提供疾病预防、保健养生、身心放松、心理疏导、政策解答等全方位服务。2021 年全年提供心理咨询服务 21 人次，医疗健康咨询服务 320 人次，身心放松服务 110 人次，上门医疗健康服务 30 人次，开展义诊活动两次，并以"阳光心态大讲堂"形式开办了"防诈骗宣讲""老年人心理健康""老年人日常穴位按摩"三期知识讲座。工作人员定期走访慰问、组织社区助老员或志愿者陪老同志聊天和谈心、一对一帮助心理疏导，消除老同志心理上的孤独感和失落感，培养积极乐观的精神状态，帮助老同志快乐养老，真正把关心老同志身体健康和情绪健康做到了人性化、专业化。

三、经验成效及启示

社会治理主要有四大内涵：一是管理，二是建设，三是激励，四是服务。而核心要义就是创造"条件"，创造管理条件、建设条件、激励条件和服务条件。干休所建成至今已近 40 载，基础设施老化，整体环境差，人员复杂管理难，但经费有限、工作人员有限，要想在硬件建设上有突破，反而要先从软治理入手。首先建立起一个良好的治理体系（双网合一层级管理制度），着眼于居民的根本利益，通过不断的交互演化，最大限度增加和谐因素，增强我们干休所想要发展的活力，再通过争取上级支持，申请专项经费进行基础设施改造等，再开始着手发展和建设。近年来，我们一边优化管理模式，一边也逐步进行一些基础设施的改造，两者相辅相成。现在的干休所，虽然还是老旧，但整洁、宜居。达到一年四季春有鲜花、夏有绿荫、秋有果实、冬有常青，做到净、绿、美、香，花团锦簇，树影婆娑。建设改造有效，环境好了，那对于居民、对于我们管理者来说，就是一种激励，激励着我们双方想让这里更加美好的共同愿望不断实现，于是管理更加顺畅，措施更加契合，服务更加到位，形成"复合联动"和"叠加作用"。

再者，干休所属于老旧小区，也属于所有权不具备物管性质的小区，单靠我们自己的力量无法做到尽善尽美，必须走出去，利用周边有效资源和社区融合发展，建立不以我们为主的管理组织架构，积极创造居民与外界交互的便捷条件，营造好和谐文明的小区氛围，为将来更大的社会治理融合发展打好坚实的基础。

"三化"同步 "八员"同责 共绘
新时代乡贤治理"同心圆"

麒麟区益宁街道党工委

一、背景起因

麒麟区益宁街道台子社区是 2014 年行政区划调整后，由原三宝镇雷家庄村委会划分成立的村改居社区，属典型的城郊接合部。随着城市的快速发展，台子社区面临项目拆迁任务重、历史遗留问题多、基础设施欠账大、群众观念转变难、干部群众关系紧等问题，干部不愿管，群众不愿听，鱼水情变成"水火怨"，严重延缓项目落地、制约城市发展。2020 年以来，益宁街道台子社区聚焦治理难题，创新思路、大胆尝试，以乡愁为基因，以乡情为纽带，以乡贤为载体，通过党建引领、"三化"同步、"八员"同责，充分发挥乡贤在社区治理方面的优势和特长，凝聚党心民心，推动共治共享，实现民事民议、民事民办、民事民治，各类矛盾纠纷和信访案件呈逐年下降，纠纷调解成功率大幅度上升。

二、工作举措

（一）"三化"同步，选好贤、管好贤

社区党委以求贤若渴的真心和诚心，"三化"同步，广纳英才，把优秀乡贤找出来、履职舞台搭起来。一是选贤标准化。坚持德才兼备、宁缺毋滥，按照有品德、有威望、有见识、有担当、有才能、有爱心"六有标准"，通过党员和居民代表推荐、党组织综合审查的方式，从辖区退伍军人、企业家、老党员、老干部、老教师等群众中推选出了 10 名乡贤成员，搭建起了党委与群众之间联系的乡贤"纽带"。二是管贤规范化。社区成立乡贤理事会，居民小组设立乡贤工作室，制定章程和乡贤公约，对乡贤人员进入和退出、议事规程、职能职责等进行共商共定，建立乡贤理事"周轮班"接待群众制度和理事会"周议事"研判分析制度，使乡贤议事有场所、活动有阵地、管理有制度、发挥作用有舞台。三是礼贤制度化。社区党委建立乡贤参与社区治理工作机制，对乡贤理事会收集的民意、提交的建议、指出的问题做到必研究、必办理、必反馈，形成了议事提交、处置办理、落实反馈完整的"闭合"链条，做到件件有落实、事事有回音，乡贤参与社区治理有成就感、获得感和荣誉感。

（二）"八员"同责，用好贤、当好贤

社区党委坚持问题导向，聚焦辖区治理的痛点难点问题，充分发挥乡贤人缘情结、地缘优势、亲缘资源，使乡贤成为居民自治的重要力量，让乡贤不闲，当好"八员"：一是当好重点事务监督员。社区、小组在工程项目建设、集体资金使用、重大事项研究、全国文明城市创建和"三务"公开等方面，积极主动邀请乡贤参与商议或监督，创新监督方式，拓展监督渠道，增强监督实效。二是当好方针政策宣传员。在疫情防控、项目拆迁、创文宣传、爱国卫生运动等工作中，乡贤们走村入户积极宣传党的方针政策、上级部署要求，语言朴实、平易近人，群众更易理解和接受。三是当好文明乡风传播员。乡贤们团结兄妹、尊老爱幼，让家庭和睦，同时也用自己的一言一行感染着周围的邻居，教育和引导群众讲文明、树新风，尊老爱幼，邻里互助，红事新办、白事俭办，自觉管好房前屋后环境卫生等，扭转乡村封建迷信风、赌博摸牌风、大操大办风，推动形成和美家风、醇美乡风、尚美社风。四是当好社情民意信息员。乡贤们及时了解群众家长里短、困难问题，所思所想、所盼所愿，及时向社区反馈处理，搭建起社区与群众的"连心桥"。五是当好基层矛盾调解员。乡贤们在宗族或邻里中威望高、口碑好，邻里纠纷苗头能够第一时间发现，迅速介入，及时上报，妥善处理，成为化解矛盾纠纷的"减压阀"和"灭火器"。六是当好助人为乐慈善员。乡贤中的企业家反哺桑梓、泽被乡里，对困难大学生、重疾人员、贫困人员进行救助，对老年人、少年儿童开展关爱，对村内公益事业进行捐助，赠人玫瑰，手留余香。七是当好助推发展智囊员。乡贤们充分发挥见识广博、人脉广泛、经验丰富等优势，在调查研究的基础上，围绕社区小组阵地建设、盘活集体资源、提升人居环境、厕所革命、道路修建、居民就业等方面积极建言献策、把脉支招，成为社区发展的"助推器"和"增压泵"。八是当好社会治理勤务员。乡贤每周主动轮流到社区坐班半天听取群众意见，理事会成员每周五开展1次分析研判，带头开展文明劝导，到家入户化解矛盾纠纷，引导群众整治环境、改变习惯，走村串户挖掘道德模范，春风化雨、以贤化人，推进乡村治理目标精准化、主体多元化、方式多样化。

三、治理成效

通过街道组织协调，社区全力整治，乡贤积极参与，群众主动配合，充分整合利用资源，有效地解决了许多群众身边的"关键小事"，避免了小事拖大、易事拖难、个访变群访等情况，群众的心气顺了，干部的劲头有了，社区的威信高了，工作的成效出了。自乡贤理事会成立以来，乡贤累计参与社区、小组重大事项决策、集体资金使用、物资采购、工程建设等议事会议64次，有效保障了决策科学、项目规范、资金安全、监督到位。收集民情民意387条，提出意见建议148条，开展家风家教宣传21场次，资助1名贫困大学生顺利毕业，捐资小组道路硬化款50余万元，配合完成水石路重点项目群众房屋拆迁32户，矛盾纠纷调解率达97%。台子社区人居环境从"脏乱差"变"洁净美"，城郊接合部创文工作从"后进"变"先进"，干群关系从"紧张"变"鱼水"。先后荣获"全国综合减灾示范社区""云南省精神文明建设工作先进集体""曲靖市文明单位""曲靖市创文工作先进集体"。

四、经验启示

一是党的领导是最大政治优势。实践证明，必须充分发挥党总揽全局、协调各方的领导核心作用，准确把握党的领导与社会治理的关系，把党的领导贯穿始终，充分发挥基层党组织战斗堡垒作用，坚持以党建带社建，把基层党建政治优势转化为社会治理优势，推动基层组织由原来的"管控型"向"服务型"转变，从局部推进向整体推进转变，从各自封闭向共同参与转变，从简单粗放向精准发力转变。

二是人民群众是最大力量源泉。实践证明，广大群众参与越积极、越有序、越深入的领域，其成效就越突出越明显。只有注重人民群众主体地位，调动群众自我管理、自我服务，才能不断增强群众参与社会治理的成效。只有尊重人民群众的主人翁意识，做到民事民提、民事民议、民事民决、民事民办、民事民管、民事民评，才能不断提升人民群众的获得感、幸福感和安全感。

三是优质服务是最好治理方法。社区是党工委、办事处联系千家万户的桥梁和纽带，也是服务群众的重要平台，社区功能配套完善、服务高效便捷，对于提高群众幸福感、满意度，增强凝聚力具有重要意义。实践证明，基层社会治理要想做得好，就要化解好辖区内居民的各种纠纷矛盾，以百姓心为中心，为群众提供精准、优质、高效、便捷的服务，解决好群众"急难愁盼"问题，为居民群众提供最便利优质的服务。

建千名义警　护万家安宁

麒麟区建宁街道党工委

一、背景起因

建宁街道地处麒麟中心城区西北侧，辖区面积 7.29 平方公里，有常住人口 4.6 万人、流动人口 1 万余人，辖区内古城新巷、沃尔玛、吉玛特等经济商圈集中，有曲靖火车站和高快客运站两大窗口，历来是流动人口的落脚地、出租房屋的聚集地、商品物资的集散地，形成了"一圈两站三地"的复杂治安状况，给社会治理带来巨大压力，呈现出难治难管难服务的鲜明特点：

商圈集中、治安复杂。辖区流动人口多，人口和治安管理压力大，特别是古城新巷夜态经济商圈运行初期，打架、噪音扰民等警情多发，治安复杂，商户各类矛盾纠纷凸显。

警力有限、疲于应付。建宁派出所现有民警 33 人、辅警 86 人，民警平均年龄 44.2 岁，队伍老龄化趋势严重，各类矛盾纠纷剧增，派出所警力不足日趋凸显。

力量分散、合力不足。社会综合治理力量薄弱，各类内部单位安保力量分散，难以整合、动力不足。

面对以上社会治理难题，建宁街道传承"枫桥经验"，积极探索创新基层社会治理方式，统筹各方资源、力量，充分依靠基层组织，广泛动员辖区单位和社会力量，组建千人义警队伍，由建宁派出所招募、管理、培训和使用，构建人人有责、人人尽责、人人参与、人人享有的社会治理共同体，形成共建共治共享的社会治理新格局，不断提升基层治理能力。

二、工作举措

1. 激活社会治理"细胞"，广泛发动"建"义警。一是立足点位实际，建立义警队伍。街道党工委结合辖区内基层社会治理状况，以两站、商圈、市场、公园、相关社区为依托，成立"红色商圈""火车站初心号""公园巡防""河北集市""平安客运"等7支义警队，每支义警队由社区民警担任分队长，社区综治办主任、社区辅警任副队长，下设多个工作班组，成员由安保人员、企事业单位职工、党员、群众志愿者等组成。二是融合各方力量，吸纳义警成员。充分发动辖区车站广场、学校医院、公园广场、商业小区等单位和组织的人员力量，整合社区综治力量、单位内部保安、治安志愿者，吸纳义警成员1000余人。三是健全管理机构，确保运转顺畅。在街道党群服务中心建立建宁街道义警工作办公室，明确专人负责收集义警提供的信息，完善工作处理流程，确保义警队伍管理规范、运转顺畅。同时，根据义警队伍建设需要，发布"义警招募令"，明确"四心"（爱心、耐心、细心、责任心）、"四优"（政治素质优、思想品德优、工作业绩优、群众评价优）、"三把关"（辖区单位择优推荐、派出所实地走访调查、街道审定）的"四四三"招募要求，推动义警队伍进一步扩容增量、不断壮大。

2. 列出工作开展"处方"，健全机制"强"义警。建立义警招募机制、培训奖励机制、每日简讯机制、积分兑换机制将7支义警队伍串点成线，实现高质量运转。一是推进义警培训科学有序。在街道党群服务中心建立义警实训基地，根据义警的特点，分类为义警队员量身定制了"理论+实操""模块+阶段""必修+选修"的4大类6阶段24科目课程，涵盖工作纪律、法律知识等、个人防护、急救知识及纠纷调解等课程，切实提升义警队员履职能力。二是明确义警巡防工作开展步骤。创建义警"每日五步工作清单""定时定点巡线图表""三融合"巡防机制。义警队员按照"巡逻防范我参与、宣传引导我在行、为民服务我积极、发现问题我来报、提供线索我第一"的五个步骤、五块工作类目开展每日工作，按照巡线图表将巡逻防范与公安巡逻防控相融合、与入户走访收集社情民意相融合、与反电诈、反传销等法治宣传相融合的"三融合"巡防机制完成每日巡防。三是制定出台义警管理规范。明确义警"五项职能"（法律宣传员、安全检查员、社情信息员、矛盾调解员、治安巡防员），细化义警队员工作职责及范围，包括常态化治安巡逻、全覆盖式宣传引导、点对点承接群众交办事项、第一时间上报发现问题、为侦查办案提供有效线索等工作职责。同时，延伸服务触角、精准服务，开展热心寻人、矛盾化解、家校警护学等志愿活动。

3. 建立持续发展"方案"，多方保障"优"义警。一是强化资金保障。

街道党工委、办事处安排专项经费，为义警队员配发义警背心、肩灯、警哨、电筒、工作包等"义警五件套"，同时出台线索举报奖励规定，举报或抓获违法犯罪分子给予 200 元至 2000 元的奖励。二是实行积分管理。通过街道补助、商会赞助、公益捐助，设立"义警服务超市"，创新激励机制实行积分兑换、以奖代补制度，如义警每参加 1 次 1 小时以上的巡逻防范能积 5 分，参加一次集中宣传活动积 5 分，救助群众、调解矛盾纠纷一次积 10 分，发现安全隐患，按 10 分到 50 分五个档次来积分，通过积分兑换让义警参与者、支持者和奉献者有所收获，保障义警队伍长期稳定运行。

三、治理成效

自建宁义警队成立以来，辖区治安、刑事案件发案率同比分别下降 12.67%、6.45%，矛盾纠纷调解成功率上升至 90.5%，古城新巷夜态商圈治安明显好转，营造了良好的商圈经济环境，火车站秩序良好，实现了发案少、秩序好，重点人员稳控吸附在当地。

1. 各方力量融合，治理效能提升。街道义警队伍通过常态化运行，这支千人群防群治队伍茁壮成长，积极活跃在安保维稳、护校安园、疫情防控、反诈宣传等工作中，成为了平安建设的"生力军"、群防群治的"践行者"、治安管理的"好帮手"。截至目前，建宁义警已有 1213 名队员，其中有保安、教师、保洁员、商超店员、社区工作者、退休职工等来自各行各业的治安志愿者。各位义警队员虽然身处不同岗位，但都在为社会治安、为身边群众作出力所能及的贡献，有效地支援和支撑了基层社会治理工作。

2. 管控网格建实，群众满意提升。根据各义警分队的不同职能、不同类型、不同特点，先后划分了 32 个义警小组，着重围绕两站、医院、商圈、白石江公园、沃尔玛、吉玛特等重点部位，组建反应快速、训练有素的应急响应义警小组，通过常态拉动和应急演练，提升快速反应和义警处置能力，织密群防群治网络。义警队员每日平均参与巡逻防控 346 人次，截至目前，宣传引导 2210 次、为民服务 1025 次、发现问题 53 次、提供线索 25 次，各支义警队成功调解各类矛盾纠纷共 105 起，群众满意度不断提升。

3. 治理体系建全，服务水平提升。结合社会面防控，组织义警队伍协助做好人流、车流密集场所的治安巡逻防控，发动义警参与护学岗，共同守护校园及周边安全。截至目前，义警队通过参与巡逻防控，提供信息给建宁派出所，累计发现并查获传销人员 30 人，抓获入室盗窃嫌疑人 1 人，偷盗居民物品 1 人，参与送治精神病人、助走失老人回家、为中高考学生站岗等各类服务 68 次，通过义警队各项工作的开展，有效改善了辖区内的社会治安状况，义警队伍也成为服务辖区群众的千人守护团队。

四、经验启示

1. 强化党建引领作用，确保队伍建设更"广"。街道党工委始终坚持把党的政治优势、组织优势转化为推进城市基层治理工作的优势，有效融合基层各级党组织和单位的力量组建义警队伍，让党员、普通群众在社会治理中成为参与者、宣传者、建设者，做法律知识的普及员、安全防范的宣传员、社情民意的信息员、矛盾纠纷的调解员、治安防控的战斗员，形成多方参与、共同治理的治理格局。

2. 推进义警规范管理，确保工作开展更"准"。自建宁义警队伍成立以来，按照实际工作成效、听取队员意见建议，不断改进管理办法、完善相关机制、借鉴先进经验，力求管理上不断创新，工作开展内容逐步完善，矛盾纠纷处理机制更加健全。同时，充分发挥义警管理办公室的中枢神经作用，有效调节义警工作力量分配，工作任务派发等事务，确保义警队伍管理科学有序。

3. 建立义警奖惩机制，确保作用发挥更"久"。为最大限度增强义警队员责任感和积极性，街道党工委通过量化管理考核办法、细化奖惩机制，建立了义警服务超市和积分兑换机制，通过积分兑换物品，既弘扬了义警队伍见义勇为的奉献精神，又充分调动了义警队员的积极性。同时，通过进一步争取成员单位和商会的公益捐赠支持，充实义警超市的物资，促进积分兑换的可持续性，也将政府、社会组织、居民群众、商家紧紧黏合在社会治安群防共治的链条上，画好共建共治共享"同心圆"。

"四化共治"市场兴 "三力带动"群众富

麒麟区太和街道党工委

一、背景起因：新市场+新矛盾

1. 建市场。曲靖晟融农产品电商物流园位于太和街道南小线与龙华大道交叉路口，由曲靖市福建商会投资 2.6 亿元新建，物流园占地 175 亩，建筑面积 6.6 万平方米，融合鲜果批发零售、冷链配送于一体，是西南地区规模较大的综合类农产品物流市场。

2. 生意好。自 2020 年 8 月 9 日投入运营以来，在场商户达 700 余户，日均水果交易量达 1250 吨、交易额达 620 余万元、市场交易人数达 5000 余人次，每年可实现交易额 24 亿元。

3. 矛盾多。因市场商家数量多、人员流动性大、交易方式多样、外来人员集散流动强等原因，导致市场内呈现交易矛盾纠纷多，盗窃案件发生多，执法监管堵点多，市场治理漏洞多的"四多"特点。

4. 无头绪。针对出现的问题，市场管理方经过多方努力，不仅耗费了大量人财物，而且整治效果还不佳，疲于应付。为了规范市场管理，太和街道党工委主动介入，以抓实城市基层党建为引领，以提升社会治理为使命，将新时代"枫桥经验"与市场治理有机融合，全力推进"智安市场"创建，推动社会治理进市场、进企业、进商户，以市场"小治理"推动社会"大治安"。

二、工作举措：强引领+抓整合

坚持市场建到哪里，党的组织和工作就覆盖到哪里。太和街道党工委及时在市场内成立晟融党支部，派出街道党工委副书记担任党建指导员，通过"双找双培"亮组织亮身份，同时组建"红色商圈党建联盟理事会"，吸纳经营大户、党员商户担任理事，采取"一核引领、四化共治"举措，推动市场制度化、规范化发展。

（一）一核引领—党旗红

采取3个"党建+"模式，把支部建在市场发展一线，让党旗飘扬在治理服务一线。

1. "党建+示范"强引领，带动商圈党员。每月开展"双找双培"活动，组织党员充分发挥模范带头作用，当好"四员"：一是经营"示范员"。通过创建10个"共产党员示范店"，让党员经营户"亮身份、亮职责、亮承诺"，带头做到证照齐全、诚信经营、文明服务；二是环境"监督员"。19个党员划分到5个党员责任区，督促商户履行门前"五包"责任；三是矛盾"调解员"。共收集意见建议203条，参与矛盾调处101起；四是政策"宣传员"。深入到商户做好政策宣传，统一思想，凝聚共识。

2. "党建+服务"优环境，推进商圈发展。市场投资100余万元建立"红色商圈"党群服务中心，打造"红色驿站"，提供便民利民服务；设立"市场服务热线"，受理投诉、纠纷调解、政策咨询等；搭建商圈银企交流合作平台，累计为商户提供贷款600余万元；依托"双吹哨、双报到"机制，街道帮助解决问题46件；市场配合街道办理民生实事12件。

3. "党建+群建"激活力，凝聚商圈群众。党支部统筹推进市场工青妇群团组织建设，实现了党建、群建组织和工作"双覆盖、双推进"。建职工之家，开办"市场学堂"，定期开展维权宣传、技能培训等，成立维权"绿色通道"，构建和谐劳动关系。建青年之家，将28岁以下的非党员年轻员工21人并入太和社区组建联合团支部，每月参加"志愿服务日"活动，引导青年爱岗敬业、乐于奉献。建妇女之家，开展"巾帼示范岗""三八红旗手"评选，引导市场内妇女带头弘扬传统美德，树立自尊自信自立自强精神。

（二）四化共治—市场兴

突出治理主体、阵地、机制、支撑"四个重点"，推动市场治理向多元、法治、规范、专业、智能迈进。

1. 治理主体"聚合化"。坚持党支部牵头抓市场治理，发挥承上启下作用。在市场内保力量、管理人员自治的基础上，根据需要协调街道市管所、执法队、派出所、司法所、综治中心等力量适时下沉市场，紧扣果品质量监管、车辆秩序规范、流动人员管控、矛盾纠纷化解等难点问题，建立日统计、周分析、月调度机制，及时解决问题、研判情况、完善制度、堵塞漏洞，做到组织聚合、人员聚合、职能聚合、工作聚合。

2. 治理阵地"规范化"。围绕"一站六室"规范治理阵地。一站，建立市场治理服务站，受理财务、物业、综合服务等业务；监控室，设立视频指挥调度平台，实时监控、动态巡查、快速处置突发情况；警务室，派驻社区民警指导市场做好流动人口管理、治安防范、消防隐患排查等工作；调解室，整合司法所、民警、商户代表等多方力量，建立"调解超市"，确保纠纷不出市场、矛盾不上交；装备器材室，建立 4 个微型消防站，常态化备勤联防，为处置各类突发事件提供装备保障；农残检测室，每天对市场果品动态抽检、动态公示，保障食品安全；综治室，做好信访接待、应急处置等工作，推动市场治理提质增效。

3. 治理机制"多元化"。"治保会"治理，挑选经营规模大、热心市场治理、在商户群里具有一定影响力的 24 户热心商户和市场综治队伍成立市场治安保卫委员会，定期研判市场治安状况，实行 24 小时轮值制，为商户"看好铺、守好货"。"网格化"治理，将市场划分为 5 个网格，每个网格按网格长、清扫保洁员、治安巡逻员、农残检测员、热心服务员"一长四员"配备，动态履职，管卫生、管纠纷、管"五包"、管设施。"红黑榜"治理，"红榜"定期开展"星级商户"评比，给予进场费减免、房租减免、物业减免等一系列奖励措施；"黑榜"采取惩扣经营保证金、取消经营权等方式给予惩处，立规矩、强治理、优秩序、兴市场。

4. 治理支撑"智能化"。投入 330 万元，在市场内部及周边建设安装 166 个高清视频探头，配置高规格智能消防喷淋系统。主要进出口配置 10 套车辆识别和结构化人脸识别监控探头接入公安大数据，确保人过留影、车过留牌、卡过留痕，做到了"视频监控全覆盖、人员管控全过程、安全巡查全天候"。

三、治理成效：环境优+群众富

通过街道全体干部"店小二"式贴心服务，真心实意为企业纾难解困、办实事，打造了安商亲商敬商的营商环境。市场繁荣发展的同时形成了"三力带动"效应，拉动了片区经济，富裕了辖区群众。一是产业吸附力强。以市场为"吸铁石"，带动项目周边百货、餐饮、住宿、娱乐、运输、仓储等280 余家配套产业发展，极大地提升了太和、小坡、荷花塘三个社区群众房屋出租率，从不足 10% 提升到 60% 以上，群众租房收入每年可增加 1 万元以上，汇聚了商气、集聚了人气、凝聚了财气。二是就业吸纳力高。市场商户捡果、包装、销售、搬运、保洁等用工需求，已经直接带动周边群众就业岗位2000个以上，间接带动物流、餐饮等配套服务产业用工岗位1.2万人以上，在稳就业中具有强有力的支撑作用。三是发展吸引力大。通过市场治理，实现了各类案件下降、矛盾化解率和交易额逐年上升、治安秩序持续平稳的"一降两升一平稳"的治理效果，构建了依法诚信经营、文明热情服务的市场环境，让经营者安心、消费者放心，极大地提升了市场知名度、美誉度和发展竞争力、承载力和吸引力，初步实现了"党旗红、治理优、市场兴、群众富"的治理目标。

四、经验启示：早介入+用真心

1. 坚持党的领导才能确保执行到位。针对市场运行之初发现的"四多"治理难点，太和街道党工委发挥主观能动性，多次深入市场调查研究，及时成立市场党支部，执行董事兼任支部书记，认真落实"三会一课"制度，开展"双找双培"，通过组织找党员、党员找组织，把4名党员培养成骨干，把经营能手培养成党员，各级党组织变"问题来了才去解决"为"主动发现解决问题"，为企业解决后顾之忧专心经营。

2. 建强治理阵地才能提升服务质量。市场建设之初，街道就及时介入沟通，将治理阵地作为规范市场运行的必备需要融入规划设计之中，在装修、物资采购等方面充分考虑便民利民的同时，满足治理工作需求，"一站六室"的规范设置，提升"服务商圈、服务党员、服务群众、服务市场、服务发展"的品质，也极大地提升了市场发展竞争力。

3. 凝聚各方力量才能降低治理成本。在市场治理中坚持"物畅其流、人尽其才"的目标导向，充分整合政府、社会组织、市场主体、人民群众等有效治理资源，调动各方参与治理的积极性；坚持"管治结合、多方发力"，软办法与硬办法兼施、老办法与新办法共用，推动治理效能最大化。

4. 建立健全机制才能保持常态长效。街道党工委建立《晟融市场治理"三个一"制度》，对各类矛盾纠纷排查做到市场内保力量"一日一统计"、红色商圈理事会"一周一分析"、街道力量下沉市场"一月一调度"，实行"销号"管理，确保矛盾纠纷"发现得早、化解得了、控制得住、处置得好"。

"四个一"夯实社会治理基层基础

沾益区西平街道党工委

云南省曲靖市沾益区西平街道成立于 2013 年 10 月 20 日，地处沾益主城区，是沾益区委区政府所在地，辖区国土面积 54.25 平方公里，耕地面积 4170 亩。下辖 11 个社区、112 个居民小组、30 个自然村、19 766 户 61 427 人。辖区有行政事业单位 82 家、个体工商户 6011 户、各类小区 99 个。有彝族、白族、回族、哈尼族、傣族、土家族、苗族、壮族等 20 个少数民族 931 人。辖区内有注册公司 1027 户，个体工商户 6011 户。有 51 个老旧小区，33 个单位自建小区，15 个建成安置小区。

一、背景起因

党的十九大报告指出：提高保障和改善民生水平，加强和创新社会治理，打造共建共治共享的社会治理格局。加强社区治理体系建设，推动社会治理重心向基层下移，发挥社会组织作用，实现政府治理和社会调节、居民自治良性互动。《中共中央关于坚持和完善中国特色社会主义制度、推进国家治理体系和治理能力现代化若干重大问题的决定》提出，推动社会治理和服务重心向基层下移，把更多资源下沉到基层，更好提供精准化、精细化服务。西平街道由于区位特殊，社会整体形态呈现出"一小、五多"的特点：面积小、流动人口多、辖区单位多、建设项目多、矛盾纠纷多、居民服务需求多，尤其是沾益撤县设区以来，随着城市化步伐的加快，各类问题接踵而至，错综复杂，给基层治理工作带来了巨大挑战。

二、主要做法

面对机遇与矛盾并存，发展与困难同在的客观实际，西平街道紧紧围绕"平安沾益"目标，坚持以党建为统领，以人民为中心，以法治为保障，探索实施具有西平特色的"四个一"基层社会治理模式，着力构建政治、自治、法治、德治、智治深度融合，人人有责、人人尽责、人人享有的社会治理共同体。

（一）基层治理一网覆盖

全面落实中央关于"全科网格"建设部署，坚持"规模适度、便于管理"原则，将网格建在党小组上，在 11 个社区按照常住居民、商住小区、单位、商户、工贸企业 5 类，划分 397 个网格单元。严格按照"三不可以两严禁"的标准，在党员中优先选聘 397 名网格员，有效发挥基层党组织战斗堡垒作用和党员先锋模范带头作用，实现网格建设"横向到边、纵向到底、全域覆盖"。实行"一证一卡"管理网格员，即为每位网格员制作包含群众基本信息的工作证，每户群众发放含网格员基本信息的便民联系卡，让网格员找得到群众，群众找得到网格员。制订《网格员考核办法和考核细则》考核网格员，对网格员工作履职情况实行一月一统计，一季一考核，一年一表彰，着力打造一支能力精干、责任心强的社会治理宣传员、信息员、治安员、调解员、服务员。

（二）社情民意一屏知晓

西平街道依托"曲靖市市域社会治理公共信息平台"，网格员入户采集网格内的人、地、物、事、组织等相关信息录入系统，全街道的人口、住房、特殊群体等 75 000 余条信息汇聚到平台；397 名网格员发挥"千里眼"与"顺风耳"作用，利用"平安曲靖 APP"上报自查自处或各类矛盾纠纷、安全隐患等信息 2364 条，实现"一屏知全域"。整合公安、城市管理视频监控 326 个，在安置小区、老旧小区、主次路口、公共场所等安装视频监控 1058 个，常态化开展视频巡查，为社会治理提供强大技术支撑。层层建立 500 多个网格微信群，全覆盖纳入"沾益政法企业微信"，上情下达、下情上报渠道全面畅通，社会治理触角延伸到千家万户。

（三）指挥调度一体联动

街道建成含矛盾调处、法律服务、群众来访接待、网格化调度指挥、社区戒毒、扫黑除恶等功能的社会治理中心，11 个社区建成含矛盾调处、网格化管理、社区警务室、党群服务为一体的党群服务和社会治理中心。实行定期走访群众、人大代表及政协委员每周轮流参与街道接访和一般矛盾纠纷定期排查、倾向性问题集中排查、重要时期专题排查等工作制度，街道挂包干部、社区两委成员、小组干部和网格员定期不定期进村入户了解群众诉求、排查矛盾纠纷。依托"曲靖市市域社会治理公共信息平台",由街道及社区社会治理中心对区级下派、干部走访发现、网格员上报、群众来信来访等情况进行统一研判、调度、处置,形成一套"信息获取—分析研判—任务分流—跟踪督办"的闭环指挥调度工作机制,实现街道、社区、小组、网格员四级既资源共享、相互融合、对口联动,又各司其职、各尽其责。

(四)群众诉求一呼必应

坚持"党建+服务+治理"相融合,依托街道党群服务中心、11个社区党群服务站及辖区红色驿站、老旧小区、劳务市场等"1+11+N"服务阵地集群,以"红色居民圈""红色商圈""红色工圈"建设为抓手,组建平安红岗队伍,构建群防平安居民圈、联防平安商圈及和谐物业,提升服务群众水平,回应群众服务需求,引领辖区商户、企业、居民诚信依法经营、积极参与社会治理,最大限度把党建优势转化为基层治理效能。整合综治、信访、司法、公安等部门工作力量,邀请法律顾问、法治指导组等力量共同参与,组建矛盾纠纷化解法律团队、领导干部团队和政策专家团队,开展每周一接访,每案一调处,实现"小微矛盾院户亲情调、一般矛盾理事村规调、疑难矛盾人民调解调、重大矛盾司法权威调",积极回应群众信访诉求。指导社组规范完善社区、小区、楼栋自治章程、居民公约,浑水塘村的"塘八戒"、九龙社区的"铁九条"等被群众纷纷称赞。组建红白理事会及乡贤理事会,积极开展"协商在基层",推动居民有序参与社会治理,实现矛盾协商解决、社区协商共治、成果居民共享。

三、治理成效

(一)社情民意更加畅通表达

探索实施"四个一"的基层社会治理模式,顺应了广大群众参与民主管理、知晓大政方针、监督社区工作的现实需求,拓展了广大群众民主参与、民主监督、民主管理的渠道,更好地将各家各户融入自我管理服务之中,促进了基层组织与群众自治之间的良性互动。

(二)矛盾纠纷更加有效化解

2021年以来,街道、社区、小组干部及网格员共计入户走访8000余次,累计收集群众诉求2650件,化解各种矛盾纠纷264余件,化解信访积案4件,无命案及大规模群体性事件发生,未发生较大或重大安全事故,治安案件和刑事案件发生率、黄赌毒现象明显下降，各类矛盾问题趋缓、趋稳，群众安全感、获得感、满意度大幅提升。

（三）服务群众更加高效优质

通过网格化服务管理、党群服务阵地集群建设、"五星小区"示范点创建等，从小事着眼，着力为群众办实事，打通服务群众"最后一公里"，群众荣誉感、获得感和精气神明显提升。

（四）重点工作更加有力推进

探索实施"四个一"的基层社会治理模式，广大居民与各级基层组织之间的理解互信不断增强，城市更新改造、乡村振兴、创建全国文明城市、疫情防控等重点工作顺利推进。在老城区盘活闲置土地和房屋打造的以车站记忆、花园驿站、光华时代广场为代表的城市经济项目广受群众赞誉，昔日社会治理痛点难点，今日成为经济增长点、网红打卡点。

四、经验启示

习近平总书记指出，"治理和管理一字之差，体现的是系统治理、依法治理、源头治理、综合施策"，为我们指明了方向，提供了遵循。基层治理要取得实效，必须发动群众、依靠群众、惠及群众。在探索基层创新治理的道路上，西平街道坚持以基层党建为引领，以网格管理为载体，以创评活动为抓手，以积分奖励为动力，引导各社区、居民小组、党员居民群众、商户在党的基层组织建设、经济发展、社会治理、人居环境、乡风文明等各项工作推进中争先进、立标杆、作表率，从而带动引领社区基层各项工作整体提升，形成了共建共治共享的社会治理格局。

"一核三建五治"助力基层社会治理现代化

马龙区委政法委

基层社会治理现代化是国家治理体系和治理能力现代化的应有之义，也是国家治理效能得到新提升、新发展的重要基础。在推进基层社会治理现代化工作中，马龙区全面推行"一核三建五治"基层社会治理新模式，助力基层社会治理现代化。"一核"即党建引领，发挥党组织核心作用；"三建"即同步推进阵地、队伍、网格建设；"五治"推行政治、自治、法治、德治、智治"五治融合"。

一、背景起因

曲靖市马龙区位于云南省东部，地处昆明市和曲靖市之间，国土面积1614平方公里，2018年拆县设区，辖2镇、3乡、5个街道，居住着汉、彝、苗、回等各族人民共20余万人。马龙区人文底蕴深厚，区位、交通优越，撤县设区以来，马龙区驶入"麒沾马"发展快车道，城市化建设进程加快，经济社会发展取得明显进步，先后荣膺国家卫生县城、国家园林县城、国家农产品质量安全县、省级生态文明县等殊荣。随着经济社会的不断发展和改革的深入推进，群众的权益意识、公平意识、法治意识不断增强，各种利益诉求不断增多，各类矛盾和冲突日益复杂，社会冲突的诱因变得错综复杂，部分基层党组在基层社会治理中的作用发挥不明显，基层社会治理面临挑战，急需推进基层社会治理体系和治理能力现代化。

二、工作举措

1. "一核引领"，发挥党建核心作用。把加强基层党组织建设、巩固党的执政基础作为贯穿社会治理和基层建设的一条红线，充分发挥基层党组织在社会基层社会治理中的战斗堡垒和核心作用。全面推行街道"大工委"社区"大党委"制，实施基层党组织"一线筑垒"工程。在城区，打造形成"区委—街道党工委—社区大党委—片区党总支—网格党支部"五级党组织管理体系，成立片区党总支 28 个，网格党支部（党小组）98 个；在农村，实行"组网合一"，构建"区委—乡镇（街道）党（工）委—村（社区）党总支—村（民）小组（网格）党支部"四级党组织管理体系。发挥党员在基层治理中的先锋模范作用，将党的领导体现在基层社会治理最末梢。

2. "三建同行"，夯实社会治理基础。一是建强阵地。全面推进区乡两级社会治理中心建设，打造融信息汇聚、研判决策、指挥调度于一体的社会治理阵地。建立矛盾纠纷多元化解机制，实现矛盾纠纷逐年下降，连续多年无重大群体性事件。二是建强队伍。加强基层社会治理队伍建设，建立治保会 74 个，乡镇（街道）调解委员会 10 个，村（居）民调解委员会 74 个，行业调解委员会 5 个，企业调解委员会 5 个，专兼职人民调解员 373 名。实现"一村（社区）一警（辅警）"全覆盖。三是建强网格。科学划分，下好网格化管理"先手棋"。在网格划分上下足"绣花"功夫，科学划分网格，在村（社区）建设一级网格，在村（居）民小组建设二级网格。全区划分一级网格 74 个、二级网格 624 个。配强队伍，用好网格化管理"主力军"。采取"专兼结合、专群一体、分类推进"的方式，配齐配强网格队伍，打造网格化管理"铁军"。整合转任职级干部、村（社区）干部、党员、志愿者、专职招聘等方式配备专兼职网格员 1131 名。强化保障，注入网格化管理"兴奋剂"。将专职网格员补助、片区党总支办公经费纳入财政预算。积极探索合法合规程序，将村（社区）集体经济收入按一定比例提取，用于保障网格员待遇。闭环管理，挈画网格化管理"路线图"。对所有网格实行统一编号和网格地理信息数字化建设，健全网格信息采集上报、事项流转处置、研判预警等机制，规范"多元受理、分流办理、反馈核验、考核考评"工作流程，实现"信息采集—上报—研判—分流—处置—反馈—核查"闭环运行。

3. "五治融合"，激发社会治理活力。一是以政治强引领，提升基层社会治理"高度"。把政治引领贯穿于基层社会治理全过程、各方面。构建党委领导、政府负责、群团助推、社会协同、公众参与的共建共治共享格局，使基层社会治理政治方向不偏离。二是以法治强保障，加大基层社会治理"力度"。在基层治理中明晰"尊法守法"的价值取向，树牢"懂法用法"的法治理念，把制度优势更好转化为治理效能。区、乡两级公共法律服务中心全覆盖，实体化运行。建成区、乡两级青少年法治宣传教育基地 2 个，法治文化广场13个，农村法治小院2个，法治宣传中心36个，法治宣传中心户339户。推进民主法治示范创建，现有民主法治示范村（社区）2个、全国民主法治示范村（社区）2个。三是以德治强教化，彰显基层社会治理"温度"。深入实施新时代公民道德建设工程，以培育和践行社会主义核心价值观为根本。组织开展"道德讲堂""传承红色基因 弘扬家风家训"访谈等活动。发扬志愿服务精神，成立235支志愿服务队，网上注册志愿者达到49 581人。四是以自治强基础，巩固基层社会治理"深度"。推行村级事务阳光工程，落实"一事一议""四议两公开"等基层议事制度。100%的村（社区）建立了村（居）民会议、村（居）民代表会议、村（居）民议事会、理事会等议事协商载体。100%的村（社区）修订或制定自治章程、村规民约及居民公约。100%的村（社区）设有橱窗式公开栏，意见箱和监督电话。五是以智治强支撑，拓展基层社会治理"维度"。推进智能化基础设施建设，推进"雪亮工程"建设，推动信息技术与基层社会治理深度融合。建成平安城市及结构化视频1000路、人脸识别1200路、车辆道闸120路、车辆卡口100路、社会面监控视频8000路和智慧安防小区21个。实现全区所有乡镇（街道）、村（社区）、自然村智能感知设备全面覆盖。

三、治理成效

随着"一核三建五治"基层社会治理新模式的深入推进，基层治理体系更加完善，治理能力明显提升，治理成效更加显著，人民群众获得感幸福感安全感进一步提升。2021年全区无刑事案件报警天数累计达47天、城区达123天，命案零发生。创成全省民族团结进步示范区，被国家信访局授予2020年度信访工作"三无"区，荣获"2017~2020年度平安中国建设示范县"。

1. 治理模式实现由"单一化"向"体系化"转变。解决了过去基层社会治理政府一元管理难题，党建引领社会治理的组织体系更加完善，进一步明确了党组织在基层治理中的领导核心地位，党的领导在基层社会治理最末梢得到充分体现，治理体系更加完善，共建共治共享格局初步形成，现代化水平明显提升。

2. 治理方式实现由"粗放化"向"精准化"转变。通过"支部+网格"模式，细化社会治理单元，延伸社会治理触角，有效解决了"服务不到位"

"覆盖有死角"的问题，社会治理方式更加精准，更加高效。

3. 治理手段实现由"被动化"到"智能化"转变。主动融入"智慧城市"，广泛布建、联网和整合各类新型非接触式、无感、智能感知设备，基层社会治理的数字化、网络化、智能化水平全面提升。

四、经验启示

1. 党建引领是推动基层社会治理现代化的根本保障。发挥政治引领作用，加强基层党的建设，充分发挥基层党组织的领导核心和党员先锋模范作用，整合社会资源，推动社会参与，是构建基层社会治理体系的根本保障。

2. 基层建设是推动基层社会治理现代化的基础保障。治国安邦，重在基层；社会治理，重在基础。社会治理的工作最坚实的力量支撑在基层，最突出的矛盾问题也在基层。在基层社会治理中，要不断加强基层社会治理阵地、治理队伍建设，规范网格化服务管理体系建设，夯实基层治理根基。

3. 五治融合是推动基层社会治理现代化的要素保障。"五治"是我们党领导人民探索中国特色社会主义国家治理之路的实践结晶，也是新时代推进国家治理现代化的基本方式。推动基层社会治理现代化就要深入推进政治、自治、法治、德治、智治深度融合，充分发挥政治引领、法治保障、德治教化、自治强基、智治支撑作用，不断推进基层治理体系和治理能力现代化。

干群共酿"联"招 浓绘最美"枫"景

富源县墨红镇党委

近年来,墨红镇积极践行新时代"枫桥经验",秉承"在继承中创新、在积累中深化"的理念,以网格化社会治理为抓手,统筹搭建多元参与社会治理平台,全力打造"矛盾不上交、平安不出事、服务不缺位"的基层社会治理新高地。

一、背景与起因

墨红镇地处富源县西南,辖区面积495.5平方公里,辖16个村(社区)、139个村(居)民小组,常住6.8万余人。随着人们对民主、法治、公平、正义、安全、环境等方面的要求日益提高,基层社会治理难度和压力相应增大,也暴露出一些问题和弱项:一是联动合力难以形成。面对复杂事件,过去习惯性单一部门解决或"踢皮球"式的问题化解模式已不适应社会发展需要,建立健全"协同高效、一体化推进"解决现实问题的机制需求十分迫切。二是服务体制不够完善。没有形成多元主体共建共治共享的治理格局,对苗头性问题不敏感,出现矛盾,要么"捂盖子",要么"撂挑子",最后"小事拖大、大事拖炸",传统治理模式遇到了新挑战。三是局部矛盾点多易发。辖区煤炭企业多,流动人口多,矿村、矿企、矿农等矛盾突出,治安状况复杂,公共安全风险防控、社会和谐平安建设面临诸多卡点。

为切实解决这些现实问题,墨红镇强化担当、主动作为、不断实践,充分调动广大干部职工和社会力量参与社会治理,通过补短板、强弱项等措施,着力破解重点领域矛盾突出和社会治理难点问题。

二、工作举措

(一)搭建"办事台",擦亮综治"热窗口"

整合现有资源,投入100余万元在镇、村两级全面建成党群服务和社会治理中心并投用,镇、村各配齐专职社会治理工作人员6名、3名,搭起区域群众共享的公共服务平台;统筹镇综治中心、派出所、司法所、法庭和各行政村，建立了集社会治理、维护稳定、群众信访、矛盾化解为一体的综合办事平台。设置证照办理、户籍计生及信息采集等紧贴群众日常诉求的服务事项；设立群众接待室，实行领导干部、乡贤人士等"坐诊"接访，现场听取意见、化解矛盾，实现群众办事只需一个窗口即可办好。

（二）推出"六联制"，探索治理"新模式"

坚持"矛盾不上交，化解在基层"的新时代"枫桥经验"，从"办小事、解小愁、除小患、惠小康"入手，深化扩展各项服务，探索推出矛盾纠纷联调、社会治安联防、重点工作联动、突出问题联治、基层平安联创、社会管理联抓的"六联"社会治理工作机制，并在全镇范围内高效推进。2021 年以来，各部门联动处置化解矛盾纠纷 186 起，处置成功率达 95% 以上；全天联防整改各类安全隐患 98 起，截至目前，将评估出的 30 户高风险家庭，严格落实"三级包保"责任；易肇事肇祸精神病人 10 人全部送医治疗；邪教人员 31 人，教育转化 31 人，社区矫正 34 人全部纳入管控；在册 231 人安置对象全面落实帮教措施。

（三）织密"服务网"，筑牢维稳"防火墙"

本着"尊重传统、便于管理、便于服务"的原则，按照一格一支部、一格一工作群的组建要求，将 17 033 户群众划分为 662 格联户单元格；配齐配强联户长、网格员及网格长，明晰权责，建立网格实体化运作制度，推进治理工作向基层延伸、在末端落实。一是建立"网格+协商"制度。依托村级红白理事会、党群服务窗口等协商议事平台，引导居民群众积极参与村（社）治理，让村（社）事务居民议、居民商、居民决。二是建立"网格+警格"制度。统筹利用辖区政法力量和社会资源，推动村（社区）网格化和警务大融合，建立联席、联勤、联防、联治的运行机制，通过技防、物防、人防入手，实行专群结合、群防群治，夯实社会治安稳定基础。三是建立"网格+调解"制度。积极优化各类调解资源，将人员、资源和工作重心下沉到网格，建立"调解员+基层法官+网格长"制度，将矛盾纠纷吸附在格中、化解在萌芽、解决在基层。四是建立"网格+普法"制度。依托网格化管理模式，积极宣传党的路线、方针、政策，引导群众自觉遵守法律法规和村规民约。

（四）打好"组合拳"，深推工作"强落地"

成立领导小组，把社会治理创新工作纳入党委会议必研议题；落实必要经费按需保障制度，确保"有钱办事"；建立领导包片包案包户责任制和目标责任考核激励机制，坚持问题导向、挂图作战、挂账销账制度；健全社会治安和社会稳定形势分析研判机制，定期对社会治安进行分析研判；常态化开展隐患排查整治活动，切实做到防范在先、发现在早、处置在小的源头治理；利用 QQ 群、网格群、广播等线上渠道推送法治知识，通过立标语、拉横幅、设橱窗等形式和开展发传单、法律宣讲、以案说法活动，提升群众法治意识。

（五）暖挥"审判锤"，唱响庭外"终结曲"

坚决把诉讼纠纷解决机制挺在前面，探索出"三下乡五服务"制度，即集中下乡立案、下乡调解、下乡开庭，设立"亲自送达""诉前劝导""诉讼引导""法律指导""信访疏导"五个服务，把调解服务送到大街小巷、农家小院、田间地头；完善委托调解机制，倡导政府统筹、法庭主导、部门联动的止纷模式，促进"诉源治理""衍生案件"治理；发动网格员、村组干部、能人贤士等力量参与调解，奉行"嘴破腿断不为过，唯愿双方达和解"的服务意识，多频次上门向当事方通过摆事实、讲道理、释法义、划过错、明责任，做到以理服人、以情动人、以境悦人，激发有理方降低诉讼标准和无理方诚心表实意，促使双方达成互谅互解、握手言和的庭外和解愿望，实现诉讼的庭外终结。

（六）坚守"为民情"，构筑社会"大和谐"

一是常怀"输不起"的危机感，实行社会治理工作镇党委书记、镇长双组长负责制，亲自部署、推动、督促；对突发事件，主要领导都必到现场，组织指挥、协调处理、跟踪督查，直至事了。二是保持"坐不住"的紧迫感，推行领导干部包片包案包户工作制，推动乡镇力量主动沉到农村一线，炼作风、解问题、办民事、顺民意，促进由管理向服务的转变；做到哪里有问题、哪里有矛盾、哪里就是工作场所。三是增强"慢不得"的责任感，常态化开展进家门、访家情、送家暖、结家亲活动，坚持每天排查、处置、反馈的网格联动机制，开展群众的零距离服务，以群众的小确幸，汇聚社会的大和谐。

三、治理成效

1. 社会治理战斗力明显提升。截至目前，中央第十巡视组移交办理的书桌煤矿拖欠农民工工资问题得以稳妥化解；斯派尔煤矿成为全县第一家破产清算的企业，为全县企业社会矛盾处置提供了新途径。辖区 14 个煤矿全面完成整治重组，整治重组中的各类矛盾逐一得到化解，构建了矿山与乡村和谐共生共美的新型矿群关系，实现了煤炭产业的绿色发展。通过集中攻坚，处置化解了一件件疑难、重大矛盾纠纷，2021 年以来，累计排查的 385 件矛盾纠纷，成功化解率达 98.96%，其中：辖区补木、吉克、九河片区等地质灾害引发的矛盾纠纷得以全面化解，切实维护了群众的切身利益，获得群众的一致认可。近 3 年来共办理民事案件 256 件、执行案件 77 件、委托委派案件 265 件，全部以调解或撤诉方式结案，调撤率 100%，实现连续 3 年的"零判决"。

2. 齐抓共管工作格局初步形成。发挥党委总揽全局、协调各方的领导作用，把镇直部门机构、工作人员力量合为一体，为群众办事提供一站式服务。营造"中心吹哨、部门报到"的良好工作氛围，依托网格化管理，坚持上下联动，以解决人民群众关心的社会问题为目标，奔着问题去、盯着问题改，摒弃了以往工作中"各吹各打""出工不出力""能管不愿管"等现象，形成了"一方受理、多方参与、全程跟进、共同解决"的新型工作格局。通过广大干部群众的共建共治，镇、村上下面貌焕然一新，实现了环境差有人抓、治安差有人管、服务差有人纠、管理差有人督的良好局面，让人民群众切实感受到看得见、摸得着、更实在的治理成效。

3. 人民群众幸福指数不断提高。坚持把群众呼声作为第一信号，把群众的问题清单作为履职清单，把群众的小事当作大事办；推行网格化管理后，党员干部全部下沉到网格中，"人往格中去，事在网中办"，"管事的人"来到了群众身边，变群众上门为干部下沉、变被动应对为主动作为。在处理矛盾纠纷时，不强调客观因素，以诚恳的态度、积极的姿态倾听群众的诉求，争取群众的信任和理解，站在当事人的立场，主动采取措施，及时、稳妥地帮助当事人解决实际问题。目前，辖区墨红、普冲、九河、田冲等村（社）创成"平安村"，墨红法庭和墨红派出所创成"枫桥式"单位。2019 年度被中共曲靖市委政法委员会表彰为综治维稳工作"优秀乡镇"；2021 年度被评为曲靖市"平安细胞"创建工作"平安乡镇"。

四、经验启示

随着社会的进步、时代的发展，新环境衍生新问题，社会治理将是伴随发展的长期必研课题。路虽远，行则至，事虽难，做则成！只要持续聚焦民意、紧贴民心，秉持"化解矛盾、守护平安、服务群众"理念，敢于以锐意创新的勇气、敢为人先的锐气、蓬勃向上的朝气,充分发挥党组织在社会治理中的领导核心作用,织密为民服务网络,变上面千条线为下面一网兜,延伸党建工作触角;想群众之所想、急群众之所急、办群众之所需,积极探索基层治理新实践,定能谱写更为和谐的新"枫"景。

创新安置社区治理　共筑幸福和谐家园

会泽县钟屏街道党工委

钟屏街道是服务管理会泽县 10 万人易地扶贫搬迁进城新设立的街道之一，于 2019 年 5 月挂牌成立，辖区面积 35.6 平方公里，有 7 个社区、128 个居民小组、15 031 户、60 182 人，其中，搬迁社区 5 个，搬迁群众 11 512 户 48 753 人，占全县搬迁进城总人口的 60%、辖区总人口的 81%，安置区整体呈现出外出务工人员、留守老人、留守儿童多，自治能力、安全意识、融入城市生活能力弱的"三多三弱"等特点。

面对从山村搬进城区，如何能安心扎根？生活习惯各不相同，邻里间怎样相处？从农民到"新市民"，怎样融入城市生活等问题，如何实现有效治理？会泽县钟屏街道紧紧围绕搬迁群众既要"住上好房子"又要"过上好日子"的目标，积极探索社会综合治理机制，坚持党委领导、政府负责、民主协商、社会协同、公众参与、法治保障、科技支撑的社会治理思路，通过建机制、强服务、重自治、树新风，先后推出"欣城大叔""向阳先锋队""智慧钟屏平台""党建+网格"等特色社会治理品牌，创建安置社区居安、业安、身安、心安"四安家园"。自 2019 年 1 月搬迁以来，"两案"发生率为零，矛盾调处率达 100%，社区安居、欣欣向荣。

一、"五长三队一联盟"建机制强队伍

一是建立"五长一员"网格负责制。将辖区按街道、党支部、居民小组、楼栋划分为 7 个一级网格、128 个二级网格，建立"点长（易地搬迁安置区县级包保领导）—指挥长（街道班子成员）—警长（社区民警）—网格长（社区"两委"班子包片、支部书记）—网格员（专职网格员、兼职网格员）—单元长（党员中心户）""五长一员联动"工作机制和责任体系，通过"一网统办"的方式跟踪问效，形成党委领导、支部主导、党员带头、社会协同、群众参与的工作格局。二是建好"三队"优服务。组建 22 人的时代

170

先锋模范队、66 人的欣枫巡逻队和 19 人的欣城大叔服务队，由街道购买服务，派出所管理、使用和考核，发挥工作情况联络员、社情民意信息员、矛盾纠纷排查化解员、社会治安巡逻员、政策法规宣传员、文明新风督察员"六大员"作用。三是建强"联盟"促共治。依托辖区 7 个社会治理和党群服务中心，组建"党支部+物业+志愿服务队+双报到共驻共建单位+N 个参治单位"的"红色联盟"队伍，明确由派出所所长担任召集人，实行"派出所支部班子成员包片区、社区民警包园区、辅警包楼栋区"的"三包制度"，坚持每月召开一次联盟会，每周深入各党支部开展一次基层社会治理问询会，动员辖区 500 余名在地、在册、在岗党员下沉网格开展工作。

二、"四万行动"排查补短板强治理

持续深入开展"进万家门、知万家情、解万家忧、办万家事"基层社会治理大排查活动，每月动态排查，全面盘清辖区内 15 031 户 60 182 人就业、就医、就学、矛盾纠纷等情况，做到社情、户情、人情"三清"，"提楼知户、提户知人、提人知事、提事知情、提情知策"的"五提五知"，通过大调查、大分析、大研判，找准制约党建引领城市基层治理短板、弱项，深入剖析问题根源，听取群众意见建议，积极研究破解难题的办法措施，建立民生保障管理服务台账，打牢基层治理基础，实现大服务、大发展、大治理，全面增强易地搬迁群众获得感、安全感、幸福感。

三、"三色标识"管理抓监测强精准

针对安置区特殊困难群体多、社区干部少，管理服务容易出现顾此失彼的问题，创新开发"智慧钟屏"管理服务平台，探索实行"红黄绿"三色标识管理模式，数字化精准化精细化把控每个环节。

一是"红黄绿"分类建档。以户为单位、以人为落点，根据大排查基础数据认真梳理，进行红黄绿分类、标签化识别、数字化建档、动态化调整。对空巢老人、慢性病群众、留守儿童、大病患者、残疾家庭等特殊家庭，以及易肇事肇祸精神病人等特殊需保障人群标记为"红色"；对就业、就医、就学、生活等基本保障有风险的家庭标记为"黄色"；对有稳定可持续保障的家庭标记为"绿色"。截至目前，标记建档红色家庭户 98 人、黄色家庭户 207 人、绿色家庭户 59 887 人。

二是"红黄绿"分级管理。将安置区 581 名空巢独居老人、3630 名残疾

人、442 名留守儿童和 55 名易肇事肇祸精神病患者、重大疑难婚姻家庭纠纷等特殊困难群体情况全部上传"智慧钟屏"APP 平台，全面落实"日随访""周跟踪""月动态"。对"红黄绿"三色家庭实行"社区、小组"二级网格，"街道—社区—支部—小组—网格员"五级包保进行分级管理，对家庭档案（台账）动态更新，高效、精准地开展动态监测帮扶救助。红灯亮，开展每天随访。对独居老人动员入住居家养老服务中心，对困境儿童和孤儿一对一落实帮扶措施；对残疾、智障人员根据意愿分类落实关怀措施，对精神病患者协同配合落实集中收治，对易肇事肇祸精神病人、社区矫正对象、重大疑难婚姻家庭纠纷等重点人员完善机制落实管控措施。黄灯亮，开展每周跟踪。将基本生活物资、基本生活照料、就医需求、就学需求、矛盾化解和日常安全"五保障"关爱机制落实到位。绿灯亮，开展每月监测。对突发严重困难户导致基本保障有风险隐患的及时调整标识，分类开展帮扶。

三是"红黄绿"分策保障。围绕"红黄绿"家庭就业、命案防范、就医、就学、生活等情况，统筹定点帮扶单位、双报到服务、社区"两委"、业委会、社工机构等多方力量，因户因人施策，及时解决群众实际困难，牢牢守住不发生规模性返贫底线，持续巩固脱贫成果。

四、实施"五个一工程"优服务促发展

一是组建一批志愿服务团队。整合社区老党员、公益岗人员、志愿者等力量，组建了"欣城大叔""欣枫巡逻队""爱心妈妈""红哨联盟""乐群社工"等志愿团队，针对各类别群体开展文明风尚劝导、开心文化娱乐、安心治安防范、爱心缝纫、省心家电、水电维修服务、暖心理发、热心宣传、细心健康服务等公益性暖心服务。常态化开展形式多样的"自强、诚信、感恩"教育，组织 200 余名志愿者"一对一"陪同引导搬迁群众，实现使用家电、马桶、电梯、过马路等"16 个教会"，让搬迁群众掌握必备生活技能，更快更好融入城市、适应城市新生活。

二是建立一个法治保障平台。充分发挥"云智调+诉讼服务中心+人民调解"多元资源力量，与公检法司搭建共建多元矛盾纠纷化解平台。重大疑难纠纷建立"法官进网格"和公安、司法、法检为一体的多元矛盾纠纷调处工作机制，规范化、法治化调处；一般矛盾纠纷依托社区社会服务组织，发挥群众自治能力打好感情牌化解，2021 年，"欣枫巡逻队""欣城大叔"等志愿

团队调解邻里纠纷 81 起。同时，积极搭建法治教育专题宣讲平台，邀请在会律师事务所组成 20 人的法治教育宣讲团，利用周末时间到社区、学校、企业、扶贫工厂开展法制教育宣讲，普及法律知识，增强社区群众学法、知法、守法、用法意识。

三是开展一堂育心课。针对搬迁入住后出现的家庭婚姻关系问题增多的情况，组织社区及妇联、卫健等部门开展宣传教育，引导树立正确的家庭观、婚恋观、爱情观；对山歌会、广场舞的形式和内容进行管控，杜绝低级低俗，树立新风尚；充分发挥欣枫巡逻队女队员的作用，深入了解收集相关情况，对发现"弱信号"背后的"强信息"，及时教育转化。

四是实施一个"关爱青少年"工程。针对辖区留守儿童多，隔代监护问题突出，秉持"向阳而生、逐梦前行"的理念，创新组建"向阳先锋队"，探索推进"党建+关爱青少年"模式，构建起"家庭抚育网、学校教育网、社会帮扶网、司法保护网"四张青少年健康成长关爱网，建立"监测预防机制、发现报告机制、评估转介机制、处置帮扶机制"四项关爱机制，将 41 名学生纳入管护对象，制定详细的关爱帮扶计划，利用周末时间集中开展心理疏导、兴趣培训等活动，为青少年健康成长创造良好的环境，树立自立自强、向阳向上的人生。

五是培养一批青年后备人才力量。把辖区内 18 岁~35 岁未外出的 2651 名务工青年人才、126 名返乡大学生志愿者纳入青年后备人才库，进行重点教育培养，把特别优秀的青年及时充实到社区、楼栋班子队伍，同时鼓励青年人才创新创业，示范带动社区群众万众创业就业，为钟屏高质量发展赋能助力。目前，累计开展"五个一"活动 200 余场次，服务群众达 2 万余人。

全面推进乡村振兴使命在肩，深化基层社会治理任重道远。钟屏街道将深入学习贯彻落实习近平总书记关于基层社会治理的重要论述、中央决策部署和省市县工作要求，以统筹推进市域社会治理现代化为抓手，不断完善工作机制，积极探索实践新时代"枫桥经验"，推动平安钟屏、法治钟屏建设再上新台阶。

实施"缩面提标"改革 建设相对职业化村（社区）干部队伍

师宗县委组织部

近年来，师宗县坚持以党的建设为引领、以社会治理为重点、以服务群众为宗旨，创新实施"缩面提标"改革，加强村组干部队伍建设，切实巩固基层基础，有力提升基层治理效能。

一、背景起因

师宗县是典型的欠发达山区农业县。2020 年以前，全县共 110 个行政村（社区）、784 个村（居）民小组，有村（社区）"两委"干部 938 名、村民小组干部 1030 名。此外，还有民政协理员、综治调解员等"几大员"30 余类 2095 名，每月累计需补贴 1.16 万元。这些"几大员"，有的是县乡职能部门直接安排，有的是村（社区）"两委"成员兼任，有的则是普通党员群众担任；在待遇保障上，有的是补助到村（社区）兑现，有的则是上级部门直接发放，待遇最高的 1500 元/月，待遇最低的仅 50 元/月；在日常管理上，普遍存在职能部门管不到、村级组织管不了的情况，有的甚至"只领钱不干事"。针对村组干部和"几大员"普遍存在待遇不高、管理不严、履职不力等问题，师宗县结合省委深化农村"领头雁"培养工程，创新实施"缩面提标"改革，加强村组干部队伍建设，打好基层治理"主动仗"。

二、工作举措

按照"人力资源整合、工作职能合并、干部结构优化、服务能力提升、报酬待遇提高、财政负担不增"的工作思路，稳步实施"缩面提标"改革，全面加强基层治理体系和治理能力建设。

1. 创新改革规范配置，把最优的体系建立在基层一线。一项改革，持续深化。按照统一岗位设置、统一补贴标准、统一发放渠道、统一考核方式"四个统一"原则，结合省级"大岗位制"工作要求，持续深化"缩面提标"改革，规范设置专职干部职数 465 个，规范"几大员"岗位 20 类 2276 个，全部由"两委"兼任。一个转变，设岗定责。坚持把解决"人"的问题作为加强村级组织建设的关键，教育引导村组干部树牢服务群众意识，推动村组干部实现从"选人当官"到"选人干事"转变。一次调整，规范运行。按照"便于管理服务、便于群众自治，利于经济发展和社会治理"原则，调整新增社区5个，健全组织体系。

2. 多种途径因村选拔，把最强的干部充实在基层一线。关口前移"引才"。全面充实农村人才储备，在2021年村（社区）"两委"换届中，共有207名青年人才党支部后备干部、回引人才成功选入"两委"成员。工作一线"练"。"一对一"结对联系帮带回引储备人才，强化实践锻炼，提升服务能力。广开渠道"选"。坚持高线标准、优中选优，对所有人选进行考察、比选，最大限度实现组织意图、群众意愿、干部意向相统一。多维考察"审"。突出政治标准和能力素质，认真开展县乡村三级联审，县委常委会对村（社区）党总支书记人选"过堂"把关，高质量完成村级组织换届选举工作。

3. 强化教育对单履责，把最新的要求落实在基层一线。开门一件事。按照"立足教育、着眼防范、关口前移"的要求，对新一届村级组织班子成员全覆盖开展任前廉政谈话。到岗一堂课。举办新任村（社区）"两委"干部能力提升专题培训班，高质量完成新任职村（社区）"两委"干部培训工作，示范带动全县10个乡（镇、街道）完成1400名村组干部兜底轮训工作。上任一场考。强化对村（社区）党总支书记的管理，县级开展谈心谈话，签订履职承诺书，以工作实绩检验个人能力水平。

4. 完善制度强化督考，把最严的管理压实在基层一线。在队伍管理上全机制。建立村组干部"双述双评三规范三公开一提升"系列管理制度，健全村组干部管理运行机制，最大限度实现精细化管理。在规范权力上出硬招。贯彻新时代全面从严治党要求，建立"小微权力"清单，强化村（居）务监督制约。在乡村治理上下功夫。以抓"领头雁"为着力点，有效确保2018年9个、2019年12个、2020年7个、2021年3个软弱涣散村（社区）完成整顿提升，以"群众会+"基层治理为导向，积极探索创新乡贤参与基层社会治理新模式，集中修订村（居）民自治章程和村规民约居民公约，稳妥推进抓党建促农村宗教治理，推动基层治理焕发新活力。

5. 注重激励真心关爱，把最好的保障倾斜在基层一线。提高报酬待遇。健全村干部待遇保障机制，落实村干部结构性待遇保障政策，推进"红旗村

（社区）"创建，努力实现"4321"提标目标。拓宽晋升空间。探索村干部职务晋升机制，支持和引导村组干部提升学历层次，在定向招录乡镇公务员和乡镇党委换届中优先选拔推荐优秀村干部。解决后顾之忧。印发关于做好村（社区）干部基本养老保险等工作的系列制度文件，持续跟进394名村干部入保工作；对离任的220名村组干部全覆盖进行资格联审，摸清符合离任补偿条件人员166名，安排570余万元进行补助。举办荣退仪式。为村（社区）"两委"换届中主动让贤的村组干部举行荣退仪式，鼓励和引导他们为家乡发展、乡村治理发挥余热，确保他们"离岗不离心"。

三、治理成效

师宗县通过实施"缩面提标"改革，基层干部队伍整体素质得到优化提升、面貌焕然一新，基层组织的政治功能和服务功能不断提高。

1. 党对基层各项工作的领导全面延伸。通过实施"缩面提标"改革，让"两委"成员特别是村级党组织委员有岗位、有职责、有待遇，在基层各项事务中有话语权、有存在感、有荣誉感，强化了村（社区）党组织对各类组织、各项工作的领导，推动了基层党组织在联系服务群众上用情，在宣传教育群众上用心，在组织凝聚群众上用力。

2. 村组干部的管理机制得到系统规范。通过实施"缩面提标"改革，使村组干部定人定岗定责，有效破解了以往"几大员"拿钱不干事、村干部干事不拿钱的矛盾。通过落实村级党组织书记县级备案、村组干部任职资格联审制度，严格村组干部准入标准，规范村级"小微权力"运行机制，有效强化了县乡党委对村组干部的审核把关和监督管理。

3. 基层干部的干事热情得到有效激发。通过实施"缩面提标"改革，在不增加财政投入的情况下，大幅度提高了村组干部的待遇，扭转了一部分村组干部视岗位补贴如"鸡肋"、心不定、不想干等思想，有力激发了村组干部干事创业和服务群众的内生动力，让村组干部稳得住、想干事、干成事，形成了"要我干"到"我要干"的思想转变，有力推动脱贫攻坚、乡村振兴、基层治理等各项工作任务的落实。

四、经验启示

在师宗县"缩面提标"探索实践中，我们得到几点启示：

1. 加强村组干部队伍建设，有利于加强基层组织建设。实施"缩面提标"，去冗就简，在一定程度上缩小管理面，最大限度实现村组干部的精细化管理，将党的领导向基层延伸，全面加强县乡两级党委对村组干部队伍的领导和管理，提高农村基层组织建设质量，切实把基层党组织建设成为宣传党的主张、贯彻党的决定、领导基层治理、团结动员群众、推动改革发展的坚强战斗堡垒。

2. 加强村组干部队伍建设，有利于提升为民服务能力。实施"缩面提标"，通过整合职务及岗位补贴，提高村组干部基本报酬待遇，推进村组干部收入水平与当地农村城镇生活水平相匹配的报酬待遇增长机制，让村组干部稳得住，最大限度地把村组干部干事创业和服务群众的积极性主动性激发出来、调动起来，着力提升为民服务质量和水平。

3. 加强村组干部队伍建设，有利于加快乡村振兴步伐。实施"缩面提标"改革，严格村级党组织书记县级备案和村组干部任职资格联审，适度提高村干部准入门槛，对其学历水平、能力素质和年龄结构提出更高的要求，使村组干部成为精通业务的内行，专业素养逐步适应发展需要，为实施乡村振兴战略，推进乡村治理体系和治理能力现代化建设提供有力保障。

党群同心共建幸福家园

罗平县长底布依族乡长底社区小河边村

罗平县长底布依族乡长底社区小河边村，地处国道 324 线沿线，全村 56 户 217 人，有党员 6 名。近年来，村党支部按照"党建引领发展，发展惠及民族，民族团结进步"的思路，立足区位条件和资源禀赋，携手群众同心同向同行，共建共治共享，共筑美丽幸福新村。

一、背景起因

小河边村属于布依族村寨，国土面积 1.33 平方公里，平均海拔 1150 米，年均气温 17.6℃，年降水量 1319.5 毫米，距县城 31 公里，距乡政府 2 公里，区位优势明显，但党支部建设不规范、党员作用发挥不明显；基础设施差，村内村外全是泥巴路，"晴天一身土，雨踏两脚泥"就是这里的真实写照；人居环境脏乱差，污水乱流、垃圾乱倒；村民经济意识不强，满足于常规的春耕秋收，收入单一；整村发展滞后。

二、工作举措

1. 党群携手，组织强。村党支部以持续巩固党支部规范化建设成果为抓手，将支部建设成为基层治理的桥头堡。党旗飘在田间。持续提升村级阵地功能，健全完善党群活动阵地，在凝聚人气的同时，活化"三会一课""主题党日"形式，把组织活动搬到田间地头、教育基地、农家院落，与村民一道，开展专题讲学、现场教学、志愿服务等，变"单向灌输"为"双向互动"，田间地头焕发新活力。党心连着民心。创建"天平 1+1"党心加民心的服务模式，让党员凝聚向党初心，让群众感受党员关怀。发挥党员模范作用，评选党员先锋示范户，实施"四清两美"党员行动，建立党员包户机制，1 名党员联系 10 户至 15 户群众，畅通支部、党员、群众之间沟通联系渠道，直接倾听民声、准确掌握民意、高效解决民忧。党群共谋发展。成立"党群议事会""乡贤参事会""道德评议会"等机构,形成了"有事敞开说、大事共商议、决议马上办、好坏大家评"的基层治理模式,提高了群众参与家园建设的主人翁意识。

2. 党群联动,治理好。在党支部的带领下,建立三支队伍,形成"支部带领、网格细化、五人巡防、巾帼助力"的乡村治理新格局。建好"管理网格队"。按照"人由自己选、事由大家议、议定共同办"的原则,将村民小组细分为11个网格责任区,每个网格实行男女"双组长"制,推动人居环境提升、疫情防控值守、矛盾纠纷调处和邻里互助协作等,成为村庄管理的"生力军"。建好"五人巡逻队"。组建一支以党支部书记任组长、党员和退伍军人为主的五人护村巡逻队,实行"五张嘴参与议事,十只眼全程监督,五支笔把关复审",每周常态化开展村内巡逻,向群众宣传政策,公开村组事务,收集归纳意见,调处矛盾纠纷,守护村民安全。建好"巾帼先锋队"。推选11名妇女组成巾帼志愿服务先锋队,开展政策宣传引导、环境卫生整治、文化宣传教育等工作,针对困难家庭、孤寡老人、贫困学子、留守儿童等开展帮困、捐赠、助学等活动,打造服务发展、服务村寨、服务群众的"贤内助"。

3. 党群同心,人心齐。丰富党建工作载体,引领群众听党话、感党恩、跟党走。实施"民族团结示范创建"工程。将党建引领民族团结进步与少数民族文化传承有机融合,建设布依文化传习馆,弘扬和发展布依把式舞、布依冲粑粑、八音坐唱等传统文化;建设农耕文化广场,每天晚上定时组织群众,通过花灯小戏、民族歌舞、布依说唱等方式学文化、学科学、学法律,中华民族共同体意识进一步增强。实施"文明创建"工程。开展"颂乡贤、学乡贤、做乡贤"主题教育活动,定期开展道德讲堂、传统文化、自强诚信等教育和美丽庭院、文明家庭、好公婆、好媳妇等创评活动,推动感党恩进村入户、扶智自强进村入户、文化文明进村入户,摒弃陈规陋习,激发内生动力,培育文明乡风。实施"基础建设"工程。党支部带领群众出工出力出土地,积极支持和参与公益事业建设,共同携手抓发展,共享小康幸福果。

4. 党群同行,乡村美。党支部坚持党建引领生态文明建设,科学规划"三生"空间,建设美丽宜居乡村。制定好村规民约。党支部牵头修订完善村规民约,由村民代表签名确认,共同执行,互相督促;贯彻布依族爱山爱水的生态观,明确不准破坏林木、污染水源等,绿化美化村庄河流;围绕生态环境保护开展主题党日活动，召开群众大会宣传生态环境保护政策，通过一系列宣传和整治，使保护生态环境、爱护环境卫生化为行动自觉，山清水秀、干净整洁的生态小河边正在形成。整治好人居环境。突出发挥党员干部"头雁"效应，在率先保持好自家庭院干净整洁的同时，主动作为、积极引导，开展小花园、小菜园、小果园、小庭院、小公厕"五小工程"建设，落实"门前五包"责任，全村形成"党员带头群众赞，百姓跟着党员干"的良好局面，推动人居环境大变样，实现了村寨更绿、庭院更美。发展好绿色产业。探索"党建+产业"融合模式，通过"支部牵头、党员带头、行业领头"以及"长短结合"的方式，做大做强生态经济产业。培育形成"板栗+热区水果+农作物（蔬菜、薏仁）+庭院经济"的特色产业，农文旅融合发展，打造"林中有板栗、田里有作物、院内有瓜果"的生态经济景观；为群众打开了一条经济效益和生态效益共赢的可持续发展致富路。

三、治理成效

实践证明，罗平县长底布依族乡长底社区小河边居民小组治理效果明显，小河边居民小组先后荣获"国家森林乡村""云南省民族团结进步示范村""云南省五星级文明村""云南省规范化创建示范党支部"等荣誉称号殊荣。成立"党群议事会""乡贤参事会""道德评议会"等机构，提高了群众参与家园建设的主人翁意识。建立"管理网格队""五人巡逻队""巾帼先锋队"三支队伍，形成"支部带领、网格细化、五人巡防、巾帼助力"的乡村治理新格局。通过实施"民族团结示范创建"工程、"文明创建"工程、"基础建设"工程，建设活动阵地360平方米，改造特色民居52幢，修建道路2.4公里，安装太阳能路灯56盏，引领群众听党话、感党恩、跟党走。开展人居环境整治"五小工程"建设，发展好绿色产业，培育形成"板栗+热区水果+农作物（蔬菜、薏仁）+庭院经济"的特色产业，全村种植优质板栗500余亩、热区水果300余亩、冬春蔬菜100余亩、薏仁600亩，2021年人均可支配收入达到1.4万元，生态优势转化成了经济优势。

四、经验启示

1. 加强基层社会治理，要突出党建统领作用。习近平总书记指出，"要把加强基层党的建设、巩固党的执政基础作为贯穿社会治理和基层建设的一条红线"。小河边村健全完善党群活动阵地，活化"三会一课""主题党日"

形式，创建"天平1+1"党心加民心的服务模式，建立党员包户机制，建强了党支部堡垒，很好的发挥了党支部组织、宣传、凝聚、服务群众的作用，使党支部成为领导基层治理的坚强战斗堡垒。

2. 加强基层社会治理，要增强群众自治活力。小河边村成立"党群议事会""乡贤参事会""道德评议会"等机构，制定完善村规民约，建立"管理网格队""五人巡逻队""巾帼先锋队"三支队伍，充分调动了群众参与基层社会治理的积极性、主动性，不断拓宽群众参与基层治理渠道，方便群众自我管理、为我服务，激发群众自觉参与社会治理的潜力和活力。

3. 加强基层社会治理，要发挥德治教化作用。小河边村建设布依文化传习馆、农耕文化广场，弘扬和发展布依把式舞、布依冲粑粑、八音坐唱等传统文化，定期开展道德讲堂、传统文化、自强诚信等教育和美丽庭院、文明家庭、好公婆、好媳妇等创评活动，目的在于营造崇德向善的良好风尚，培育文明乡风，激发内生动力。

4. 加强基层社会治理，要注重精准施策。小河边村立足自身实际，针对存在问题，加强村内基础设施建设，开展"五小工程"建设，落实"门前五包"责任，打造"林中有板栗、田里有作物、院内有瓜果"的生态经济景观，改善了人居环境，增加了群众收入，为群众打开了一条经济效益和生态效益共赢的可持续发展致富路。

"五治融合"走好乡村善治之路

宣威市丰华街道祯祥社区

祯祥社区位于宣威市城郊西南，距市区 3.5 公里，辖区面积 9.68 平方公里。下设 7 个居民小组，有居民 684 户 2505 人；下设 7 个党支部，有党员 106 人。

近年来，祯祥社区按照宣威市委、市政府的安排部署，构建以"强化基层支部作用，激活最小单元治理"为内容的"微治强基、五治融合"的治理体系，实践"一约三会、一校三评、三官一顾问"的治理模式，深入开展"五治融合"示范村组建设，着力打造生态休闲、宜居幸福的美丽家园。

一、一约三会，共治共享建家园

按照有一个务实管用的居民公约、打造线上议事会、创建乡贤理事会、组建道德评议会的"一约三会"思路，全面激发群众参与共建共治共享的民主活力。

1. 制定居民公约。在社区党总支和居委会组织领导下，充分保障居民参与权、决定权，考虑"十里不同风、百里不同俗"的社情，由居民共同协商讨论、表决通过，制定了切合社区实际的"十要公约"。同时，探索建立了居民积分管理制度，以"十要公约"为积分主要内容，每月开展积分评比，积分作为爱心超市物资兑换的依据，群众的积极性、参与性大幅提升，小积分发挥了大作用。目前，社区人居环境、文明和谐等工作得到常态化保持。

2. 打造线上议事会。依托"腾讯为村"平台，打造线上议事会，以"小村庄"撬动"大服务"，让"线上村庄、线上联系，线下村庄、线下办理"，做到社区动态"一键浏览"，居民事务"一键办理"。

3. 创建乡贤理事会。由有威望、有德行的老干部、老党员和创业成功人士组成 78 人的乡贤理事会，建成乡贤馆，形成了有祯祥特色的乡贤文化。完善议事制度，激发乡贤人士献计献策、出智出力、引才引资，献力社区治理，带领群众增收致富。

4. 组建道德评议会。由为人正直、办事公道、威信较高、说服能力强的居民代表、乡贤人士、退休教师组成道德评议会,在社区党总支领导下开展评议活动,对人居环境、社会公德、家庭美德、个人品德进行监督,当好居民日常行为的"侦查员",促进社区文明和谐。

二、三官一顾问,定分止争促和谐

积极推进以网格化管理为基础的"党总支+党支部+三官一顾问+志愿者"四位一体的法治格局,网格员进村入户、现身说法,提供法律咨询服务,不断提高广大党员群众的法治意识。

(一)干部进村"讲法",营造法治新风尚

利用"支部主题党日",把宪法法律和党内法规列入党支部每月学习内容,党员带头树立依法办事意识。成立治保会,培养法律志愿者24人。开办法律讲堂,通过以案说法,以法释理让居民学法、懂法和守法。今年以来,开展"以案释法"培训会4场,发放宣传资料5500份。打造了凸显法治文化的百米文化墙、法治画廊、法治科普长廊等人文景观。

(二)机制保障"守法",争当法治排头兵

制订了矛盾纠纷预防预警、排查化解等工作机制,用好"三官一顾问",组织"警官、法官、检察官、法律顾问"进村入户走访,开展刑事民事问题处置、矛盾纠纷、黑恶势力摸排,对村内"乱象"进行综合整治。织密治安防控网络,在社区重点区域、主要路口安装电子监控设备48个。

(三)严加惩治"护法",依法治理止纷争

落实依法办事制度,提高法治思维,用法治方式化解矛盾,对违反有关规定的,坚决予以打击。近5年,未发生一起越级上访、未发生一起黄赌毒、未发生一起邪教组织、未发现一起黑恶势力事件、未发生一起安全责任事故,居民信法守法护法用法的意识进一步提升。

三、一校三评,春风化雨润人心

以"一校三评"为抓手,用好用活"党群夜校+",抓实"三评",引导乡风文明。

(一)"党群夜校+"月月开

以居民小组为单位,以活动场所为主阵地,统筹整合村间场所、农家书屋、居民院落等场地资源,因时因地因事确定"党群夜校+"露天夜校、室内夜校,发挥德治引领作用。每月开展1次形式多样的宣传学习、培训教育、

议事交流、化解矛盾等活动。通过树家风立家训、道德大讲堂、善行义举榜等，开展"最美祯祥人"系列评选活动，评选十星级文明户、党员示范户、最美庭院户、致富能手、好公婆、好儿媳等68户。对不文明现象进行批评教育，帮助革除陋习。打造"家风国风"文化长廊，让群众在耳濡目染中感受家国情怀，向上向善向美的良好风尚蔚然成风。

（二）村组干部述评

定期对履职情况进行述评，听取群众意见、找准工作差距、明确努力方向、落实整改措施、提高履职能力，切实服务好群众。通过定期述评，促使社区干部从管理者角色向服务者角色转变，工作作风更加务实。

（三）挂村干部讲评

街道挂村干部全程参与"党群夜校+"活动，针对活动的组织和开展、形式和内容、效果和不足、群众点评和村组干部述评进行讲评，肯定成绩、指出不足，今年以来，向社区提出讲评意见45条，"党群夜校+"活动取得明显实效。

（四）人民群众点评

充分保障群众的表达权，让群众来点评"党群夜校+"的形式、内容等是否正面回应了群众的诉求、是否清楚解答了群众的疑问、是否彻底化解了群众的矛盾、是否切实解决了群众的困难，进一步强化了群众的主人翁意识，激发了群众的参与热情。

坚持党对政法工作的绝对领导
着力提高司法质量促进公正司法

中共曲靖市委政法委员会

一、旗帜鲜明讲政治，始终坚持党对政法工作的绝对领导

司法，是维护社会公平正义的最后一道防线。司法为民，是建设法治曲靖的出发点和落脚点。曲靖市委始终坚持党对政法工作的绝对领导，高度重视司法公正工作，从着力解决影响全市司法质量和公正司法的突出问题入手，以"推进社会矛盾化解、社会治理创新、公正廉洁执法"三项重点工作为主线，决定在全市开展"提高司法质量促进公正司法"专项工作，努力让人民群众在每一起案件中都能感受到公平正义。一是抓组织建设，注重领导带头。市委成立了由市委副书记任组长，市委常委、政法委书记为常务副组长，市四班子分管联系领导任副组长，市法、检、公、司主要领导为成员的提高司法质量促进公正司法领导小组，下设办公室在市委政法委，市级财政每年预算 50 万元专项工作经费。各县市（区）和市级政法部门相应成立强有力的领导班子，预算专项经费开展此项工作。同时，市委专门建立督查指导制度，市四班子分管联系领导分别联系一个部门，市委政法委和市级政法各部门领导班子成员分别联系一个基层政法单位，推动工作有效开展，在全市上下形成了领导带头促司法公正的良好氛围。二是抓调查研究，注重顶层设计。2011 年年初，市委政法委牵头组织人员开展为期三个月的专题调研，提出了"提高司法质量促进公正司法"工作的基本思路及操作规程，拟定了曲靖市提高司法质量促进公正司法实施意见。市委多次召开市级四班子分管或联系领导，政法各部门主要领导和分管领导及相关单位（部门）主要领导、市综合考核办负责人、各县（市）区政法分管领导等参加的会议，专题研究在全市政法机关开展"提高司法质量促进公正司法工作"，经反复讨论、集体修订，最终达成共识，制定出台了《曲靖市提高司法质量促进公正司法的意见》，下

发到各县（市、区）党委政法委及市级政法各部门贯彻执行。三是抓标准量化，注重规范考核。按照市委制定下发的《曲靖市提高司法质量促进公正司法的意见》，市委政法委及时研究制定《曲靖市提高司法质量促进公正司法考核办法（试行）》，法院、检察院、公安局、司法局等各自职能，提出了24项考核指标（法、检、公、司各六条），细化了12方面提高司法质量促进司法公正的考核标准，严格考核奖惩，实现了司法公正从定性评价到量化考核的转变。

二、持之以恒抓考核，围绕"三化十二个促公正"提高司法质量

"提高司法质量促进公正司法"专项工作自2011年下半年启动以来，全市政法各部门将该工作列入年度工作重点，市委政法委坚持围绕正规化、专业化、职业化的方向，持之以恒地把"十二个促公正"落实在具体考核工作中，充分发挥党委政法委"把握政治方向、协调各方职能、统筹政法工作、建设政法队伍、督促依法履职、创造公正高效的司法环境"的职能作用。

1. 围绕正规化建设，着力强化队伍建设的考核。一是抓班子带队伍促公正。充分发挥党组织的战斗堡垒作用和党员干警的先锋模范作用，法、检两院入额领导及部门负责人带头办理案件，不按规定完成办案任务的，年底扣分。二是抓交流回避促公正。全面推行政法领导岗位及其他干警交流制度，政法干警招录前须报同级党委政法委备案，新进政法干警到基层工作制度，提拔政法干警须有2年以上基层锻炼，案件办理过程中依法实行回避制度。三是抓廉洁自律促公正。建立领导干部干预司法案件登记制度，进一步排除干扰，支持政法干警依法独立行使司法权。充分发挥信访接待、督查督办、案件评查、纪检监察等作用，及时收集干警违法违纪线索，重点惩治办关系案、人情案、金钱案等违法违规行为，加大效能督促检查，及时发现和纠正违规行为。四是抓组织领导促公正。要求政法部门领导班子研究部署"提高司法质量促进公正司法"工作不少于4次，强化督查指导，及时总结经验，加大宣传力度，工作做不到位的，年底考核严格扣分。

2. 围绕专业化建设，着力强化司法业务考核。结合司法体制改革，强化司法业务考核，推动司法责任制的落实。一是抓全过程全方位公开促公正。着力推进审判流程公开、裁判文书公开、执行信息公开三大平台建设，推进检察机关起诉、抗诉等相关法律文书公开等制度；健全公安机关执法信息、流程、内容公开机制；完善司法行政机关指导建立减刑假释保外就医等依法公开制度。二是强化规范促公正。按照审判权、检察权的不同属性，制定司法"权力清单"，解决权力如何配置的问题。科学配置审判、审判管理、审判监督职权，理清独任法官、合议庭、院庭长、审判委员会的责任边界，明晰院庭长、法官、法官助理和书记员的工作职责；合理界定检察权的司法、监督、行政属性，对检察委员会、检察长（副检察长）、检察官的职权进行明确界定，规定了检察官办案工作流程和标准。三是全程质量把关促公正。构建新型办案组织，解决权力如何运行的问题。法院系统采取"1+1+1"审判团队组织模式，按规定取消了层层请示、逐级审批案件制度，改革裁判文书签署机制，明确院、庭长不再签发本人未参加审理案件的裁判文书。新型审判权运行机制运行顺畅，法官独立签发裁判文书比例达95%。检察院系统实行独任检察官或者检察官办案组的新型办案组织模式，普通案件原则上采取独任检察官的办案模式，特殊案件经检察长决定组成临时办案组进行办案。采取"随机分案+个别调案"分案规则，严格遵循员额检察官分案顺序、分案类型和分案比例，利用系统实现随机循环分案至员额检察官，实现"放权不放任"。四是完善防错纠错促公正。要求建立责任追究制度，解决责任如何承担的问题。法检两院以权责一致为主线，都制定了相应的办案责任追究办法，明确了司法责任追究的标准，区分故意徇私枉法、重大过失造成错案与一般工作失误导致的瑕疵案件等不同情况，强化履职保障，提高司法人员权责担当意识，在放权的同时加强责任约束。

3. 围绕职业化要求，着力强化职业保障的考核。一是会商协调促公正。充分发挥市委政法委统筹协调作用，加大重大案件的协调，切实做到依法处置、社会面管控、舆情引导"三同步"，实现了法律效果和社会效果的统一，为政法部门依法履职创造公正司法环境。如在办理会泽2016年"9·29"故意杀人案中，时任市委常委、政法委书记的吴朝武同志第一时间亲赴现场，多次听取专题情况报告，加强侦查、起诉、庭审前各个阶段的协调指导，两级检察院检察长和分管领导先后8次深入办案第一线，参与案件现场勘查、案情分析研究、引导公安侦查取证、审查关键证据等工作。该案庭审时由市中级人民法院时任常务副院长担任审判长，市检察院分管副检察长出庭支持公诉，会泽"9·29"故意杀人案的开庭审理取得圆满成功。二是接受监督评价促公正。市委政法委结合政法主要业务分析研判所发现的问题和不足，坚持问题导向开展工作监督，把政法机关重大事项向党委政法委报告与备案制度的落实纳入考核，要求政法各部门主动接受人大的法律监督、政协的民主监督和新闻媒体的监督，切实加强人民陪审员、人民监督员队伍建设，既保证司法权力在阳光下运行，也提高政法干部的职业尊荣。三是全面推进涉法涉诉信访改革促公正。坚持把涉法涉诉信访案件办理纳入考核之中，加强案件评查，把评查意见整改和案件化解情况纳入考核，促进办案人员提高司法质量，从源头上减少办案瑕疵和失误，促进涉法涉诉信访案件总量下降。四是考核奖惩促公正。坚持把"提高司法质量促进公正司法"纳入市委政府年终综合考核，每年根据中央、省、市对政法工作的新部署新要求进行修改完善考核指标，使政法部门对标对表抓落实，促进司法公正，体现政法干部的职业尊荣。

三、统筹协调抓落实，让人民群众感受到公平正义

曲靖市自开展"提高司法质量促进公正司法"专项工作10年来，始终坚持把司法质量考核纳入市委政府的综合考核体系，纳入市委、市政府"狠抓落实年"的落实项目中，考核业务工作由市委政法委统筹协调，执法监督室承担具体工作，从考核导向上体现市委对政法工作的绝对领导，体现党委政法委对政法工作领导监督的重要职能，旨在努力让人民群众在每一起案件中都能感受到公平正义，这在全省是唯一的市（州）。该项工作开展8年来，考核占市委、市政府综合考核的权重从2011年的30%增加到了2021年的70%，每年根据中央、省、市对政法工作的新部署新要求，进行修改完善，在保持大稳定的前提下，细节方面每年都有新的调整变化，考核内容越来越具有时代性、针对性和可操作性。考核结果是案件质量逐年提高，涉法涉诉信访逐年下降10%以上，公正高效的司法环境逐步形成，为曲靖经济社会高质量跨越发展提供了强有力的法治保障。

曲靖市扎实开展生态环境资源司法与执法联动机制建设

中共曲靖市委政法委员会

为服务保障曲靖生态文明建设、打好污染防治攻坚战，打响"大珠江源"绿色品牌，进一步推进曲靖生态环境资源司法与执法的衔接，加强生态环境资源司法与执法联动，在曲靖市委政法委牵头下，市生态环境局、市中级人民法院、市检察院、市公安局、市司法局、市自然资源和规划局、市农业农村局、市市场监管局、市水务局、市林草局等11家单位联合发文建立各司其职、相互衔接、相互配合、相互监督的生态环境资源保护司法与执法联动机制。

一是强化组织领导，落实保障措施。司法与行政部门联合建立生态环境司法保护联动协作机制，是践行习近平生态文明思想，进一步加强生态环境司法与生态环境行政执法有效衔接，构建全市生态环境保护新格局的重大举措。按照《关于建立生态环境资源保护司法与执法联动机制的意见》（曲政法〔2019〕28号）要求，在建立生态环境资源保护联席会议制度及联络员制度的基础上，各成员单位逐步建立工作协作平台、信息资源共享制度、双向咨询制度、案（事）件应急处置制度、违法犯罪案件处置会商制度、联动执法制度、资源纠纷联合调解制度等8项制度，切实加强对全市生态文明建设的司法保障和生态环境资源保护司法与执法联动工作的统筹安排与协调指导。

二是建立联席会议制度。印发了《关于成立曲靖市生态环境资源法治保障工作领导小组的通知》（曲政法〔2021〕5号），各成员单位联合成立曲靖市生态环境资源法治保障工作领导小组，建立联席会议制度。通过各成员单位定期通报生态环境资源违法犯罪行为的查处情况以及联动工作有关情况，查找联动工作中存在的问题，提出加强联动工作机制的办法，部署推进下一阶段联动工作的开展。各成员单位设立联席会议的联络员，由联络员组成生态环境资源司法与执法联动工作组，开展经常性的信息互通、工作协调，办理联动机制的有关工作。截至 2022 年 1 月，曲靖市生态环境资源法治保障工作领导小组召开联席会议 2 次，联络员会议 1 次，印发了《曲靖市生态环境资源保护司法与执法联席会议材料汇编》25 本。

三是建立信息资源共享制度。各成员单位根据本单位业务范围，定期通报工作动态、典型案（事）件、业务数据、线索举报等信息，逐步实现系统互联互通、自动共享。各信息共享单位在接到生态环境资源案件信息后，按照各自的职责，密切配合、相互协作，协调联动、快速高效地应对和处置。同时将重大案（事）件及时上报同级党委政府；建立生态环境资源案件双向咨询制度，行政机关可就刑事案件立案追诉、证据的固定和保全等问题咨询公检法三机关；公检法三机关也可以就案件办理中专业性问题咨询行政机关。

四是建立联动执法制度。将每年 6 月确定为联动执法月，共同做好"6·5"世界环境日宣传工作，以生态环境资源执法专项联动为抓手，突出重大环境污染案件、重点区域环境资源案件、久拖不决信访举报和其他涉及生态环境资源案件的办理，联合开展专项行动，集中查处、公布一批生态环境资源违法犯罪典型案件，依法加大对重大环境违法犯罪案件的综合惩处力度；拓展线索渠道，对重点区域、重点领域进行全面、深入、滚动式的排查，对日常巡查、环境信访、专项行动中发现的问题及案件线索，及时移交司法机关核查；成立突发生态环境事件应急领导组织和工作机构，遇有突发重大生态环境资源案（事）件时，制定《突发生态环境资源事件应急预案》和《突发生态环境事件救援应急预案》，在党委政府的统一领导和协调下，及时有效地处置各类突发性生态环境资源案（事）件。

五是建立案件处置会商制度和纠纷联合调解制度。对于案情重大、复杂或社会影响较大的生态环境资源案件，由生态环境资源行政机关牵头，会同有关单位进行专案会商；建立多元化、常态化的联合调解机制，充分发挥行政调解、人民调解、行业调解、律师调解、仲裁等非诉讼纠纷解决机制的作用；对一些专业性、行业性要求高的复杂疑难类生态环境资源案件，充分发挥专家作用，建立生态环境资源专家库，聘请部分专家担任环境专家咨询委员，邀请其参与案件调解工作，提高调解效率。

通过建立生态环境资源保护司法与执法联动机制，各成员单位积极发挥联动优势，重拳打击环境污染犯罪，在专项行动、线索会商、信息共享、应急管理、案件办理、疑难问题解决等方面共同严厉打击环境违法犯罪行为，强化了整体合力，推动全市生态环境司法保护联动协作机制工作向更高水平发展，共同保护好"大珠江源"的生态环境。

市域社会治理现代化背景下多元矛盾
纠纷解决机制的创新与改进

——以富源县墨红镇中心法庭为视角

李冬森*

一、概述

市域社会治理是国家治理的子系统，也是社会治理在市域范围内的自然延伸。[1]"市域社会治理现代化"这个概念最早由中央政法委秘书长陈一新于 2018 年 6 月 4 日在培训示范班正式提出；之后，《中共中央关于坚持和完善中国特色社会主义制度 推进国家治理体系和治理能力现代化若干重大问题的决定》经十九届四中全会审议通过，其中确定了"构建基层社会治理新格局"的战略目标，并提出了"加快推进市域社会治理现代化"的行动目标；同时市域社会治理是国家治理的基石之一，这一点得到了进一步明确。[2]经过三年多的发展，市域社会治理的现代化能力已经有了显著的提高，而作为其中重要治理方式的多元化纠纷解决机制，其本身的优劣和丰富性，一定程度上彰显了我国治理体系和治理能力现代化的发展成果。

人民法院一直以来都在纠纷解决中扮演着重要的角色，其不仅是人民化解矛盾的最后一道防线，更是守护公平正义的重要保障。如何在日新月异、高速发展的社会和市域社会治理现代化的双重大背景下，更快更好地解决纠纷，这是对人民法庭提出的全新要求；也是人民法庭积极参与基层社会治理、切实发挥桥梁纽带作用和司法保障作用的重要体现；同时还是人民法庭在基层社会治理工作中发挥职能作用和协调作用的重要体现。对此，富源县墨红

---

* 李冬森，昆明理工大学法学院 2020 级法律硕士研究生。

〔1〕 杨安、刘逸帆："市域社会治理现代化研究：意义、原则、逻辑、框架和路径"，载《社会治理》2020 年第 5 期。

〔2〕 参见《中共中央关于坚持和完善中国特色社会主义制度 推进国家治理体系和治理能力现代化若干重大问题的决定》，载《人民日报》2019 年 11 月 06 日，第 1 版。

镇中心法庭做出了富有成效的尝试，积累了一定的工作经验。

二、墨红镇中心法庭的工作实践与成效

（一）枫桥式法庭的建设

在市域社会治理现代化的大背景下，枫桥式法庭是多元纠纷解决机制的重要体现和必要要求。富源县人民法院积极学习领悟上级关于枫桥式法庭建设的要求和指示精神，坚决贯彻落实"党政动手，依靠群众，预防纠纷，化解矛盾，维护稳定，促进发展"的枫桥新经验。经过不懈努力，墨红镇中心法庭最终于去年成功创建了枫桥式法庭，不仅成为富源县的先进模范，同时也成为新时期全市乃至全省坚持好、贯彻好党的群众路线的先进模范。其中积累下的优秀经验包括：

1. 诉前调解平台建设

富源县人民法院在枫桥经验的指导下，积极建立与完善相关的制度与措施，将调解作为化解纠纷矛盾的重要手段，不断落实到各个派出法庭，做到了从制度上保障了对于调解的重视程度，并从实践中体现其明显的优势，即在立案环节设立非诉讼调解或和解程序。墨红镇中心法院对此主要的做法是：建成集送达、鉴定、调解功能为一体的"一站式诉讼服务中心"与"驻庭调解员工作室"，由庭长、书记员和经验丰富的人民调解员担任诉前调解员，积极引导当事人双方在立案前将所有的民商事纠纷先交由这两个工作室进行诉前调解，如当事人确无调解意愿或经工作室介入后仍有矛盾的，再进入诉讼程序。

2. 智能化、一站式建设显成效

墨红镇中心法庭一直以来在积极推动信息化建设，充分利用最高院"在线法院"网络平台，省高院"智慧法院"、"云解纷"网络平台开展网上立案、网上调解；同时进一步利用好"在线法院"的网上调解平台，实现跨域立案、跨域送达。其目的是更加方便当事人，利用技术保障受案程序的完整与迅速，为纠纷的解决打好文书基础。

3. 完善相应的法院流程，提升对当事人的服务

墨红镇中心法庭积极完善立案机制。法庭以解决当事人立案难问题为重点，加强和完善直接立案工作机制，做到立案、审理、执行一体化；同时设立相应的诉前服务窗口，方便当事人了解诉讼程序的全过程，并且针对当事

人的诉求提供相应的服务与合理化的建议，积极引导当事人利用调解等多元方式解决其矛盾，充分化解当事人所有的问题，做到高效高质量。

（二）机构与人员设置的科学化、合理化

机构与人员科学合理的配置是解决纠纷的重要保障之一，根据市域社会治理现代化的相关要求，人员配备的完备和人员素质的提升是体现治理能力现代化的重要指标。同时县乡的纠纷与矛盾多源于生活的琐事，其核心是人情世故的处理，因此解决此类问题必须要依靠人与人之间不断地沟通与交流。墨红镇中心法庭根据上级法院的要求，结合自身实际，开展了如下几点工作：

1. 全方位建立调解组织与机构

最高院结合地方特色，发布了《最高人民法院关于进一步发挥诉讼调解在构建社会主义和谐社会中积极作用的若干意见》（法发〔2007〕9 号）[1]和《最高人民法院关于人民法院民事调解工作若干问题的规定》（法释〔2020〕20 号）[2]，为各地法院创新纠纷解决社会化创造了制度条件。在此基础上，墨红镇中心法庭利用自身群众基础好、办事高效灵活的优势和特点，在所辖 16 个村（居）委会中，积极开展对各（村委会）人民调解工作的安排与部署，做到"小事不出村，大事不出镇，矛盾不上交，就地化解"，在全部辖区内建立人民调解组织，配备人民调解员；巡回审理点、诉讼服务站也已在各环节中设立，使当地居民的权利得到了最大程度的保障，切实成为守护司法公正的最后一道防线；邀请责任心强、有正义感的户长、网格长或片长参与矛盾纠纷预防调处工作，利用所辖村（居）委会网格化管理的制度基础，让更多基层群众力量充实到多元化解矛盾纠纷的工作中，把矛盾化解在基层；同时，将调解工作深入到田间地头、农村院落、学校社区等，最大限度地满足老百姓司法需求，让老百姓更方便、更快捷地解决问题。

---

〔1〕 该意见引言：党的十六届六中全会从全面建设小康社会、加快推进社会主义现代化事业全局出发，作出了构建社会主义和谐社会的重大战略决策。人民法院既是和谐社会的建设力量，更是和谐社会的保障力量，在构建和谐社会进程中肩负着重大的历史责任。为更好地适应新形势和新任务的要求，充分发挥人民法院化解矛盾、定纷止争，保障经济发展，促进社会和谐的职能作用。

〔2〕 该规定引言：为了保证人民法院正确调解民事案件，及时解决纠纷，保障和方便当事人依法行使诉讼权利，节约司法资源，根据《中华人民共和国民事诉讼法》等法律的规定，结合人民法院调解工作的经验和实际情况，制定本规定。

2. 积极稳妥推进司法体制改革，不断完善人民法庭工作机制

在司法改革之后，富源县按照有关要求，优化其下法庭的团队设置，设置更加专业化审判团队。墨红镇中心法庭由于发展原因和自身地理位置的关系，虽然没有很多的司法资源与力量，但是凭借过往长期的治理与司法实践，选取了有经验的法官作为庭长，领导中心法庭的日常工作。墨红镇中心法庭现有法官 1 名，法官助理 2 名，书记员 1 名，陪审员 8 名，利用精兵简政的力量，完成法庭的日常工作，维护法庭的正常运行。

(三) 多部门多层次联动平台建设

随着社会的发展，矛盾纠纷呈现多元化的趋势，因此强化部门与部门之间的联动势在必行，这也是市域社会治理能力现代化与综合化的重要表现之一，这样不仅能第一时间处理相关的矛盾纠纷，更能在有关专业的问题上得到相应部门的支持，群策群力地完成矛盾纠纷的化解。墨红镇中心法庭结合自身的情况建立了如下几个机制：

1. 建立与多部门的联动机制

近几年来，墨红镇中心法庭积极与基层国家机关、群众自治组织、行业调解组织，如公安局、司法局、农村土地承包仲裁委员会、人民调解委员会、民政局、妇联等加强沟通协调，并与易发、多发矛盾纠纷的行政部门联动合作，互相配合开展工作。这样既加强了法庭与有关部门之间的联动，积极促成当事人达成和解，保证纠纷的及时化解与处理，又形成了畅通的沟通渠道，让当事人都能第一时间坐下来相互沟通，同时还保证了当事人在第一时间能得到相关的法律帮助，防止其做出一些过激与不理智的行为。

2. 建立与特色调解机构的联动机制

按照上级相关文件的要求，墨红镇中心法庭继续完善相关的委托调解机制，在建立健全党委政府组织协调、人民法庭主办的、设立在妇联、民政所等部门的多元特色调解工作室与律师工作室的基础上，充分与其进行联动，让法律贯穿生活之中，解决矛盾的手段更加多元化，实现多单位联动的高效解决纠纷机制。同时还在此基础上设立了社会各界参与的执行工作长效机制，保证了执行案件能最大程度上得到协调与解决，既一定程度上缓解了目前尖锐的执行难问题，又积极保障了当事人正当合法的权利，体现了司法的威严与温情。

3. 建立相应的特邀调解组织

墨红镇中心法庭总结近年来的工作经验，并根据实际情况，邀请镇人民政府、派出所、司法所、煤炭分局、信访办、民政办、各村（居）委会等机关单位和基层组织作为特邀调解组织，成立矛盾纠纷多元化解决的诉调对接中心，建立多元化的矛盾纠纷化解机制，使矛盾纠纷化解平台更具综合性和多样性；同时针对不同矛盾纠纷由相关的部门组织机构来调解解决，体现了调解与解决问题的严谨性与专业性。

三、墨红镇中心法庭在多元纠纷解决机制运行中的创新之处

经过多年的工作与实践，墨红镇中心法庭根据自身的特点和所在镇的情况，结合调解工作的需要，提出了几个全新的制度来应对纠纷矛盾的多元性，同时对原有的部分制度进行了创新，具体如下：

（一）创新"三下乡"制度，同时设立了"五服务"制度

"三下乡"制度本来是指文化、科技、卫生下乡，[1]促进农村这三个方面的发展，墨红镇中心法院结合具体情况，积极探索与创新，将"三下乡"制度改变为"三下乡一提升"制度，即集中统一下乡立案，下乡调解，下乡开庭，提升司法效率。这样的改变与创新不仅能解决当事人因为交通等客观原因不能及时通过司法途径来解决自身问题的困难，同时也能加强法庭与群众的交流，起到普法与树立法律权威与公信的作用，更能体现司法为民、司法在基层的理念。在此基础上，墨红镇中心法庭还设立了"亲自送达""诉前劝导""诉讼引导""法律指导""信访疏导"，即"五服务"制度，与"三下乡"制度一起强化矛盾的解决，把群众放在工作的首位，将调解与劝导的理念充分运用其中，不仅践行了枫桥经验所要求的矛盾纠纷的处理准则，也进一步提供了高效便捷的诉讼服务，充分满足当事人的种种需求。

（二）建立了"1+2+1"快速矛盾处理小组制度

司法改革后的墨红镇中心法庭对法官队伍进行了精简，并在此基础上创新建立了"1+2+1（1名法官+2名法官助理+1名书记员）"快速矛盾处理小组制度，以法官为核心，班子成员分工协作，不仅能灵活应对不同矛盾纠纷，对突发情况的处理更是游刃有余。该制度的优势在于，处理小组可以在第一

---

[1] 参见《中宣部、中央文明办、教育部、共青团中央关于进一步加强和改进大学生社会实践的意见》（中青联发〔2005〕3号）。

时间赶到现场，参与到调解问题的过程中来；同时，也与其他部门和机构共同参与基层社会治理，为保障其工作合法性提供必要的帮助。例如在墨红镇搬迁农贸市场的工程中，法庭小组就积极参与其中，和其他部门一起对各商铺进行沟通与劝导，让搬迁工作依法顺利地开展。该制度的设立能全面及时地保障当事人合法正当的权利，同时让公平正义落实到社会的每个角落。

（三）创新建立"一把手"参与的特色调解机制

在墨红镇中心法庭的积极牵头和推动下，法庭会定期邀请镇政府领导、镇相关单位直接负责人、各村（居）委会书记及主任、乡贤、德高望重的村民等作为特邀调解员组成调解小组，深入各村、各社区，帮助群众做好矛盾纠纷的处理工作。这样，既能使群众直接面对各部门各乡村街道的"一把手"，将相关问题和生活中存在的困难，及时准确地反映出来；也能让各部门、各机构的负责人及时了解基层治理中存在的相关问题，以便对当前工作中存在的问题及时进行整改，通过对矛盾纠纷的调处，使下一步工作高效开展。通过该特色调解机制的建立，能在加强群众与组织联系的同时，进一步促进"诉源治理""衍生案件治理"，力争保持与完善将矛盾化解在基层、解决在当地的长效机制。

（四）创新建立"三机构"联动调解机制

墨红镇中心法庭在长期的工作实践中总结相关经验，发现群众在遇到矛盾纠纷的时候首选的政府部门是派出所和司法所，因此在法庭的牵头与提议下，三个机构创新形成了联动调节机制，只要任一机构收到了群众的调解需求，另外两个机构就会一起出现在现场帮助群众进行调处，这样不仅高效快捷地解决群众的矛盾纠纷，还能从不同的角度为群众提出解决问题的意见，适应了社会高速发展下矛盾纠纷呈现的多元性，切实让群众感受到政府机关与司法机关的温暖，让矛盾确确实实化解于基层。同时三机构还会定期召开研讨会，将近期的典型案例拿出来研讨，总结方法与经验，方便之后的工作能更好地开展。

四、多元纠纷解决机制运行中存在的问题

（一）人员配置不足

墨红镇中心法庭虽然牵头建立与创新了许多矛盾纠纷解决制度，但是由于其本身处于经济发展相对滞后的地区，人员配置上存在着不足。不仅是法庭的人员不足，其他机构与部门的人员同样也存在不足，导致很多制度都是相同的班子成员在执行，因此有些时候不能及时地照顾到多起矛盾纠纷；其次，由于是一套班子成员，导致很多制度在适用与执行上无法很好区分到位，变成类似或相同制度在执行。例如"1+2+1"快速处理小组和"三机构"联动机制实际上都是同一班人员在做，就不能很好的对两个制度进行区分。虽然各村组织也有相应的调解组织与人员，但是遇到专业问题或者是当事人希望有关部门机构出面调解的时候，会出现一定的执行落实不到位，导致不能及时满足当事人与群众的需求。

（二）"无讼"法庭下调解和诉讼不可偏废

根据相关数据，2019 年，墨红镇中心法庭总共受理案件 124 件，全部以调解（含撤诉）方式结案；2020 年，总共受理案件 131 件，也是全部以调解（含撤诉）方式结案；2021 年总共受理案件 78 件，仍然是全部以调解（含撤诉）方式结案。[1]实现了三年法庭没有开庭的"无讼"状况。这样虽然看起来是社会和谐的体现，但是背后也隐藏着一些问题。

不断涌现的社会矛盾纠纷能够得到妥善化解，这是和谐社会的前提和基础，也是"人和"的前提和基础。社会矛盾纠纷的主要解决手段是调解和诉讼，两者都要重视，不能偏废调解，通过情、理、法的综合运用，唤起当事人的良知、正义感和羞耻心，使纠纷双方消除感情上的对立，互谅互让，促使纠纷化解。[2]不过，斡旋并非万能。调解是在当事人自愿的前提下进行的，矛盾化解不可能通过强制调解的方式进行；有的社会矛盾很尖锐，没有基础，没有调处的可能；调解的代价是当事人放弃了自己的一部分权益，这部分权益的放弃会让自己的权利在法律上失去保障。所以，调解的作用是有限的，不能过分依赖，诉讼手段要用在调解行不通的情况下。中国传统"无讼"法律思想把打官司与和谐社会对立起来，实际上和谐社会与打官司并不矛盾，相反，打官司是构建社会主义和谐社会的一个重要手段。诉讼中，双方当事人在判断是非、依法作出对双方当事人有约束力的裁判的中立裁判者面前，进行理性说理和辩论。这种以理性平和的方式解决争议，体现了社会的文明与进步，而不是非理性的、暴力的自力救济。

---

〔1〕 参见"2019-2021 年墨红镇中心法庭结案情况"。

〔2〕 参见周标龙："'无诉'法律思想对和谐社会建设的启示"，载《船山学刊》2008 年第 1 期。

（三）法庭角色定位偏移与不明晰

通过对墨红镇中心法庭的走访与调研，发现法庭的角色定位有些偏移，不是特别明晰。日常工作的大部分内容是作为调解者的角色参与案件，而诉讼的功能因为近三年来没有相应的案件而很少使用，大部分都是以调解结案，也导致了法庭缺乏使用，变成了学校模拟法庭的场所或者是其他法制教育的教室。法院更像是一个调解机构与普法宣传机构，一定程度上弱化了审判的功能，模糊了其角色定位。虽然符合了新时代下对于人民法庭的要求："坚持诉讼事务（审判）与非诉讼事务兼具，更加注重通过非诉讼手段化解社会矛盾，参与到社会治理中"[1]同时将其凝结社会各界力量共同化解矛盾的功能制度化，但过多的制度化就会让法院失去了原本作为中立第三方的审判者的功能定位。如何正确认定法院在日常纠纷矛盾处理中的定位，何时以怎样的方式介入矛盾纠纷之中，做到何种程度，以及参与基层社会治理的哪几方面，层次如何，这些都是需要注意的问题，一旦处理不好就会容易让法院原本的功能与定位缺失、弱化。

五、多元化纠纷解决工作机制的改进和对策建议

（一）进一步完善人才队伍的建设

"人员短缺"一直是困扰基层法院特别是贫困地区基层法院、法庭的一大难题：法官和书记员人才队伍分布不平衡，个别基层法院法官和书记员人才队伍严重不足，基层法院工作人员数量严重缺乏。因此需要结合地区的特点来改变相应的现状，其中包括增加员额法官的名额及司法辅助人员的人数。首先是从选拔制度来说，要拓展基层法院人员的来源渠道，适当放宽基层法院进入门槛，可以在人员选拔录用中优先考虑录用当地户籍人员。对符合条件的当地户籍人员，报录考试合格者，同等条件下优先调剂、优先录用，这样能增加本地人员进入法院工作的积极性；[2]建立有利于基层法官成长的交流机制，同时进一步完善法官选任、挂职交流制度。这样不仅能让年轻的法官到基层更好的锻炼，积累工作经验，也能促进各个派出法庭的人员一定程度上的流转，防止某些法庭的庭长或法官在一个地方"一干就是一辈子"，使

---

〔1〕 龙剑珏："司法体制改革后人民法庭设置及职能定位"，载《法制与社会》2017年第12期。

〔2〕 参见李振国、梁昱："人民法院治理能力现代化的实践选择——以J市基层法院内设机构改革背景下的人员管理路径为视角"，载《公民与法：审判版》2020年第8期。

其有更好的工作积极性。

其次是推进人员分类管理，使人力资源得到合理配置。将法院各个岗位的人员进行精简化，将人力资源集中到工作量大与任务重的地方，适当增加基层派出法庭的工作人员，让相应的制度能在"有人"的情况下充分发挥其所有的效果，同时进一步发展其他部门或者是村子里的优秀人才加入到处理纠纷矛盾的队伍中，开展相应的培训活动，将法律的基本理念与"凡事都坐下来谈一谈"的想法更好地落实到基层。

（二）正确处理"无讼"问题，平衡诉讼与调解的使用

通过实地走访发现，虽然墨红镇中心法庭近几年的案件都是以调解或者是撤诉的方式结案的，并没有通过开庭审理的方式解决，达到了"无讼"的要求，但是这并不是一个好的现象和趋势。因为诉讼同样是解决问题的方式，能通过法院的第三方裁判维护自己最大的公平与利益，不会过多牺牲自己的利益与要求，也不会因为双方当事人关系特殊等情况无法提出相应的要求。同时过分依赖调解制度会导致司法失去其本来的作用，法院的作用是作为独立的第三方进行居中裁判，但是过多的调解结案会使群众对法院的作用产生误解，认为法院和其他部门一样，都是调解的机构，那么任意找一个机构去调解即可，会使审判的严肃性与法治精神淡化，遇到问题即使不能调解或调解不能很好维护自己的合法正当利益，也要采用调解而不去法院提起诉讼，导致诉讼与调解的使用严重不平衡。

所以，用诉讼的方式来解决争议，这本身就符合和谐社会的精神。通过调解、诉讼的相互配合，使社会矛盾得到有效化解，社会和谐得以实现。我国存在重调解轻诉讼的倾向，这是受我国传统"无讼"法律思想的影响。应摒弃诉讼与和谐社会对立思想，切实推进司法改革，保障司法公正，在构建和谐社会中充分发挥诉讼的功能和作用，化解社会矛盾、实现社会和谐。

（三）进一步明确法庭的定位

墨红镇中心法庭在多年的实践中很好地扮演了解决多元矛盾与纠纷的角色，也积极地参与了社会基层的治理，宣传了法治，维护了法律的尊严，确实履行了基层法院应该履行的相应责任与义务。通过这次基层的走访与调研，我们认识到，在社会矛盾的化解中法院的力量仅仅是其中很小的一部分，在社会综合治理这台高速运转的大机器中法院扮演的仅仅是修理、维护的角色，需要协调各部门的力量，共同参与。因此，在这个角色的扮演过程中我们应

当协调各部门的力量，共同进行维护。因此在实际工作中一定要进一步厘清人民法庭的职责，做到角色定位清晰，工作任务与内容到位但绝不能越位，越位就是越权、就是违法，眉毛胡子一把抓造成的后果不仅仅是忙不过来，还可能使社会综合管理机制的秩序受到影响。

同时在一系列司法改革之后，作为基层办案组织，尤其是类似墨红镇中心法庭这样的基层派出法庭，其相应的工作职责、近期的工作任务及内容应定期连续地作为专题进行探讨，进一步地完善法庭在多元纠纷环境下的准确定位，以及在处理相应矛盾时所应遵守的尺度，这样才能防止出现有的案子因为情况熟悉、案件小就积极地协调各方力量积极化解矛盾；有的案子情况不熟悉，矛盾不明晰或者情况复杂，就比较被动，就案办案、机械办案以及不当介入纠纷化解等现象。切实扮演好法庭所应有的角色，让法院落实公平正义作用得到有效维护，法治社会建设得到进一步推进。

六、结语

墨红镇中心法庭在认真维护法院公平正义形象的同时，也积极参与到社会基层治理的疏解工作中，按照市域社会治理现代化的相关要求，较好地完成了近年来化解多元矛盾纠纷的本职工作。2022年国务院总理李克强在政府工作报告中强调，推动平安中国、法治中国建设水平进一步提高，[1]这是当前和今后一个时期面临的新形势，人民法庭工作应当加以重视。深化司法体制改革是推进法治中国建设的重要环节，是满足人民群众多元司法需求、推进国家治理体系和治理能力现代化的需要；人民法庭作为人民法院"基层"，是深化司法体制改革、促进司法公正的重要环节。

下一步，墨红镇中心法庭将继续通过不断丰富新时期"枫桥经验"内涵，以及不断完善和创新相应的机制和制度，按照市域社会治理现代化的相关要求，切实维护好基层社会稳定，努力把墨红镇人民法庭建设成为社会平安建设的桥头堡，社会治理的排头兵，群众工作的解决者。不断满足人民群众日益增长的司法需求，争取广大人民群众的支持和拥护；不断解决社会高速发展中出现的多元纠纷和矛盾，切实肩负起新时代的职责与使命。

---

〔1〕 参见李克强：《政府工作报告——2022年3月5日在第十三届全国人民代表大会第五次会议上》。

理 论 篇

市域社会治理现代化背景下的犯罪治理新思路

杨锦芳　吴静娴*

摘　要： 在市域社会治理现代化的背景下，传统犯罪治理出现了捉襟见肘的情况。新时期，犯罪治理工作需要树立"人民为中心"的观念、防患于未然的预防观，多元主体共治共享的合作观，以推动犯罪治理法治化进程、发展地方经济、调整社会政策的方式转变对犯罪治理的思路，借助网格化管理的方式，实现犯罪治理社会化和智能化。

关键词： 市域社会治理现代化；犯罪治理；以人民为中心

中国市场化进程的推进在促进了经济发展的同时，也给社会带来了不可回避的问题：人们追求物质利益的欲望加强、伦理道德意识水平下降、社会中贫富差距问题凸显。市级城市既是流动人口的汇集地，也是社会矛盾的承载地，市域社会治理现代化任重道远。

一、市域社会治理现代化的概述

（一）市域社会治理现代化的涵义

关于市域社会治理现代化一词，学界有多种认识。何阳、娄成武主张市域社会治理现代化是社会治理现代化在市域层面的强调。[1]庞金友认为市域社会治理现代化是在国家治理中凸显市级为中心拉动周边治理层级以及各层级之间的相互协调作用。[2]中央政法委秘书长陈一新从治理理念、治理体系和治理能力三方面阐释了该词的内涵。[3]陈成文等学者则是从空间、手段、内

---

* 杨锦芳，女，昆明理工大学法学院副教授；吴静娴，女，昆明理工大学法学院 2021 级法学硕士研究生。

[1] 参见何阳、娄成武："市域社会治理现代化的理论蕴涵及建构路径"，载《求实》2021 年第 6 期。

[2] 参见庞金友："'中国之治'的市域之维——新时代市域治理现代化的逻辑与方略"，载《人民论坛》2020 年第 35 期。

[3] 参见陈一新："推进新时代市域社会治理现代化"，载《人民日报》2018 年 07 月 17 日，第 7 版。

容、目标多个角度对市域社会治理现代化作出界定。[1]

本文认为，在市域社会治理现代化一词中"市域"与"治理"是关键词。首先，"市域"凸显了市级层面在国家治理中举足轻重的位置。作为行政层级中的市级政府部门具有管理、协调本地区行业系统发展、上传下达、为政策措施在市域领域的推广作出周密安排的职能，相较于省级政府更接近基层。市级政府相较于基层占有更多可供支配的资源，包括人才优势、技术优势、政策信息优势、项目资金分配权等，这些资源是社会治理中不可或缺的基础条件。市域政府是"推进基层治理现代化的前线指挥部"[2]，能够及时接受基层反馈信息，切实掌握基层工作的困难之处并指导其进行有效整改。

其次，"治理"与"统治""管理"不同，治理强调参与主体的多元性、参与目标的共同性、采用手段的复杂性（依靠舆论、伦理、道德、法律等为后盾而开展的工作）。从我国的情况看，社会治理应该是在党的领导下，以实现社会现代化为目标，充分调动、协调社会政府资源、企业优势、社会组织以及民众优势，打造协商合作、全民参与的开放治理体系。

由此，我们认为市域社会治理现代化是国家社会治理现代化在市级层面的落实，是指中国市级行政区在党的领导下，为实现美好生活目标，协调社会资源，打造全民参与社会现代化建设的活动。

（二）市域社会治理现代化的特征

作为立足于中国实际的具有中国特色的一项现代化模式，市域社会治理现代化呈现出党的领导、承上启下、多元合作性、服务智能化的特征。

1. 党的领导

"办好中国的事情，关键在党。"[3]中国共产党第十九届四中全会提出的"健全党的全面领导制度"为新时代加强和创新市域社会治理指明了根本方向、提供了根本保障。党从成立之初就将复兴中华民族作为其奋斗目标，在这百年中，党始终把人民放在至高无上的中心地位，把全心全意为人民服务

---

〔1〕 陈成文、陈静、陈建平："市域社会治理现代化：理论建构与实践路径"，载《江苏社会科学》2020年第1期。

〔2〕 庞金友："'中国之治'的市域之维——新时代市域治理现代化的逻辑与方略"，载《人民论坛》2020年第35期。

〔3〕 龚维斌等：《中国社会治理创新之路》，经济科学出版社2019年版，第15页。

作为一切工作的出发点和落脚点，用历史撰写了党与人民心连心、同呼吸、共命运的历程。铁的事实证明，坚持党的领导是把 14 亿多中国人民凝聚成为一体的关键，是市域践行社会治理现代化的核心。

2. 承上启下

从时间维度看，我国正处在两个百年的交汇期。回望过去，中国政府踔厉奋发、笃行不怠，逐步摸索出了一条中国特色社会主义道路，极大改善了人民群众的生活水平，积极调整政府职能、逐步探索政府定位，从国家管理向国家治理转型，从"管理型政府"转向"服务型政府"。就现阶段而言，"着眼于基层的社会治理模式的局限性越发凸显，缺乏市域层级的整体统筹和协调已经成为制约基层社会治理推进的主要瓶颈"[1]。市域社会治理现代化正是在这样的历史拐点，顺应我国社会的发展提出，呈现出承上启下的特征：延续国家主导下的社会治理，同时充分发挥"市域"政府的协调作用，提高人民自治能力。市域上承国家、省域，横向可与同级市域或市域范围内的区域无障碍沟通，下启基层自治组织和广大人民群众，[2]在国家治理现代化过程中将起到不可替代的重要的作用。

3. 多元合作性

市域社会治理现代化的多元合作性主要表现在两个方面。其一，主体的多元化。市域社会治理现代化之"治理"的实现需要依靠社会力量共同参与社会事务。无论是从事经济活动的组织、还是社会公益性质的组织，甚至是人民群众，不再是被管理的对象，应为社会自我治理以及政府治理的合作伙伴，在社会事务的方方面面发挥应有作用。其二，实施手段的多元化。新时代下社会问题呈现出多样化和不可预见性的特征。为了应对这样的新情况，市域社会治理也应从以行政手段为主转向综合运用各种治理方法，在基层矛盾的处理上多采用心理疏导、人民调解、行政调解、基层自治等多种方式。多元主体、多种治理方式能够较好地应对多样化的社会问题。

4. 服务智能化

数字时代的到来，为实现"智能化城乡"的目标提供了坚实的硬件基础。

---

〔1〕 陈成文、张江龙、陈宇舟："市域社会治理：一个概念的社会学意义"，载《江西社会科学》2020 年第 1 期。

〔2〕 庞金友："'中国之治'的市域之维——新时代市域治理现代化的逻辑与方略"，载《人民论坛》2020 年第 35 期。

我国许多地区在市域社会现代化治理的实践中，依靠现代信息技术，收集、分析数据，掌握群众的切实需求，努力实现按需精准提供服务，提升政府服务的针对性，改变了以往自上而下单向性统一式的管理方式，取得了较好的社会效果。

二、在市域社会治理现代化背景下，对于我国当前犯罪治理的反思

自新中国成立至今，我国犯罪治理[1]经历了三个阶段：第一阶段为建国初期。由于当时我国社会制度及组织还不健全，民间社会力量在犯罪治理中发挥了极大的作用，取得较好的犯罪控制效果；第二阶段是改革开放后的一段时间。由于当时社会处于转型时期，大量犯罪涌现，国家构建专业化、正规化、精英化的专门力量，加强对犯罪的治理，社会力量逐渐退出犯罪治理的舞台；第三阶段从 20 世纪 90 年代初开始，在这一时期，国家出台了一系列以《全国人民代表大会常务委员会关于加强社会治安综合治理的决定》[2]为核心的文件，包含了犯罪治理政策和措施，确立了社会治安综合治理[3]的犯罪治理战略。我国现阶段的犯罪治理正处于第三阶段的末期，正由国家包办、政府主导向国家与社会协商合作、共同治理的方向转型。由于转型尚未成功，传统犯罪治理理念和做法还很明显，所以文章拟就第三阶段，特别是对当前的犯罪治理进行讨论、反思，为探讨在社会治理现代化背景下促进犯罪治理工作奠定基础。

（一）犯罪治理的基本情况

1. 国家层面的犯罪治理

继三次"严打"政策的实施之后，我国的犯罪率在高压态势的遏制之下，出现了短暂的下降，但是一旦失去外力的抑制，犯罪率就再次飙升。自 2003 年起，我国刑事案件数量呈现上升态势，在 2011 年甚至直接超过了 600 万起。[4]国家认识到仅仅运用"严打"政策无法从根本上扭转社会治安的形势，自

---

〔1〕 犯罪治理，表现为对犯罪或社会越轨行为所采取行动或作出反应的过程，是在客观准确观察犯罪问题的基础上，确立适当的政策目标，选择合理的路径与方法，组合多方力量系统作用于犯罪现象的科学之道。

〔2〕 1991 年全国人大常委会公布了《全国人民代表大会常务委员会关于加强社会治安综合治理的决定》，以下简称《社会治安综合治理决定》。

〔3〕 参见王瑞山：《犯罪预防原理》，法律出版社 2019 年版，第 66 页。

〔4〕 参见卢建平主编：《中国犯罪治理研究报告》，清华大学出版社 2015 年版，第 148 页。

2010 年开始践行"宽严相济"的刑事政策[1]。在该政策的指导下，国家层面的犯罪治理主要从立法、司法以及刑罚执行三个方面着手开展。

刑事立法方面，从 1979 年《中华人民共和国刑法》到《中华人民共和国刑法修正案（十一）》的罪名变化可以看出，我国刑事立法呈现出犯罪圈扩大的趋势。社会转型出现的大量"失范"现象已经对社会秩序产生威胁，科技发展引发的新型犯罪凸显出传统监管手段的短板。同时，近年来我国八类严重暴力犯罪犯罪率[2]和重刑率[3]（2015 年重刑率是 9.37%，2016 年下降到了 8.01%）[4]逐年下降。这些情况的变化，使我国刑法在立法层面从增加轻罪、限制重罪的角度扩大了犯罪圈，生刑过轻、死刑过重的刑罚格局也正在调整。随着我国市场经济体制的建立、民主政治的发展以及对个人自由和权利的重视，我国刑事立法目标也正在由"国家公共管理"向"关注民生、保护民生"转变。[5]

刑事司法方面，"从宽"指司法机关对罪行较轻的案件主要通过程序的选择实现入罪的严格化和量刑的轻缓化。人民法院为实现教育、感化和拯救未成年人的目的，普遍设置了少年法庭；为体现对认罪态度良好的被告人予以轻刑化处理，司法机关按速裁程序从宽处罚被告人；在刑事和解中司法机关通过凸显被害人在刑事司法中的主体地位，促进犯罪人与被害人商谈，修复被犯罪所破坏的社会关系，使刑事纠纷侧重处理非犯罪化、轻刑化。"从严"指司法机关对严重危害社会的恶性案件[6]以及对于人身危险性大的犯罪人采取从重的刑事政策。司法实践中，司法机关对这些从严案件普遍适用普通程序的刑事诉讼化路径，在量刑中，体现为人民法院对累犯、再犯等从重量刑的情节的适用以及对较重刑种监禁刑甚至死刑的运用。

---

〔1〕 2004 年罗干同志在中央政法委工作会议上的讲话首次提出"宽严相济"的刑事政策，2010 年 2 月 8 日，最高人民法院颁布的《关于贯彻宽严相济刑事政策的若干意见》明确指出，宽严相济的刑事政策是我国的基本刑事政策。

〔2〕 指《中华人民共和国刑法》第 17 条中规定的八种罪行：故意杀人、故意伤害致人重伤或者死亡、强奸、抢劫、贩卖毒品、放火、爆炸、投放危险物质。

〔3〕 根据最高人民法院的统计惯例，判决有罪的罪犯中，被判处 5 年以上有期徒刑、无期徒刑乃至死刑的罪犯称为重刑犯，重刑犯在所有罪犯中的比率即为重刑率。

〔4〕 参见卢建平："轻罪时代的犯罪治理方略"，载《政治与法律》2022 年第 1 期。

〔5〕 参见卢建平主编：《中国犯罪治理研究报告》，清华大学出版社 2015 年版，第 150~155 页。

〔6〕 主要指黑恶势力犯罪、恐怖主义犯罪、有组织犯罪、跨国境犯罪、严重暴力犯罪、严重影响群众安全的多发性犯罪。

我国"宽严相济"的刑事政策在刑罚执行中主要体现在两个方面：其一，我国的社区矫正制度。社区矫正是将罪犯置于社区进行矫正的方式代替监禁刑的一种行刑方式。具体负责矫治的人员是地方司法行政管理部门组织的专业社区矫治人员和志愿者，矫治的内容主要是思想道德、法律意识、行为规范等，矫正采用的主要方法是思想教育、法律宣传、心理辅导，甚至是心理干预的方法，矫治的目的是实现罪犯顺利回归社会。其二，对减刑、假释制度进行改革。"严"表现在延长适用减刑的实际执行期限，使犯罪人的实际服刑时间与其罪行相符；对严重暴力性犯罪适用减刑、假释进行严格限制。"宽"则体现在扩大对减刑、假释的适用。社区矫正与假释制度的配合适用使得犯罪人"能够得到有效的教育、辅助和监管，改变了过去司法资源无力顾及、控制力较弱的局面"〔1〕。

国家运用刑法打击犯罪过程中对宽严相济刑事政策的践行，使犯罪人和社会感受到刑罚的公正和法律的威严，从一定程度达到一般预防与特殊预防的目的。然而，国家作为犯罪治理的主体无法兼顾所有的社会治安问题，不可避免地会出现"管理失灵"的情况。社会力量参与犯罪治理尤为重要。

2. 社会治安综合治理

社会治安综合治理是社会层面参与犯罪治理的主要方式。1983年"严打"行动的开始标志着我国社会综合治理工作的启动。1991年，中央社会治安综合治理委员会成立后，地方也成立了相应的综治组织，社会治安综合治理工作继续稳步向前推进。综治机构的设置采用以党委领导为首、行政领导协助、有关部门负责同志参加的方式。

社会治安综合治理从其宗旨而言是拟通过组织化调控手段，调动和依托全社会的共同力量，从而实现控制犯罪的目的。为此，不少地方依托上述领导体制在20世纪90年代初就逐步开展安全文明小区、治安模范乡村、镇等基层安全创建活动，取得一定的成效。各地在政法委的组织和号召下也会开展不定时的综合执法和专项治理活动。〔2〕社会治安综合治理离不开宣传发动，在中共中央社会治安综合治理委员会的努力下，《长安》杂志、《法制日报》、中央电视台法制宣传栏目"今日说法"作为宣传主阵地、主渠道，为社会治

---

〔1〕 参见卢建平主编：《中国犯罪治理研究报告》，清华大学出版社2015年版，第167~168页。
〔2〕 参见肖金明主编：《社会治安综合治理法治研究》，山东大学出版社2015年版，第117页。

安综合治理实现了良好的法制宣传的效果。

（二）犯罪治理中存在的问题

1. 国家层面犯罪治理存在的问题

如前所述，国家层面的犯罪治理是从立法、司法和刑罚执行三个方面开展的。在这三个方面的工作中，立法层面的问题尤为突出，而司法和刑罚执行方面则存在着重刑主义思想突出、相关体制封闭、社会性程度较低等问题。

随着社会的发展，不安全因素的增多以及人们对安全保障要求的提高，使得国家站在积极刑法观的立场上对犯罪圈不断进行扩大，一定程度上制约了公民本应享有的自由。有学者指出，"从 1979 年第一部刑法典颁布至今，我国刑事立法已在犯罪化道路上进行了三十余年。"[1]刑事立法增设新罪过度，缺乏综合考量。我国目前的刑法修正案强调法定犯的入刑，例如《中华人民共和国刑法修正案（十一）》新增的 17 个罪名中，其中 16 个罪名都集中于侵犯社会法益的犯罪。对于这类法定犯的入刑的做法很难达到一般预防的效果。同时，许多新增的罪名有与第 13 条但书相抵触之嫌。目前许多新增罪名的社会危害性并未达到犯罪的程度，使用民事或行政手段予以惩罚或许更加合适。这种在增设轻罪时有违刑法谦抑性的做法，不利于为刑法之外的规范和国家之外的主体让渡犯罪治理的空间，一定程度上阻碍了我国犯罪治理向多元治理格局的转变。此外，增设轻罪有通过立法形式掩盖司法弊病之嫌。司法实践中出现"重罪误用"的原因在于司法工作者将自己置于制裁者的地位，按照"先定罪再找罪名"的错误顺序进行司法裁判，这就免不了将一些本就不属于刑法调整的行为硬生生地拉入刑法之中，再以扩大解释为名结案。这与罪刑法定原则的要求相去甚远。

在司法层面，司法人员在重刑主义思想的影响下，容易忽略法定和酌定从轻、减轻情节的量刑作用，降低定罪标准，从而导致刑罚权的扩张。在刑罚执行层面，执法人员同样在重刑主义的影响下，在刑罚执行中出现一些重惩罚、轻保障的情况。同时，我国行刑权主体呈多元分散化，造成了行刑权的过于分散，无法形成一个完整的刑事执行体系，无法建立起统一的刑事执行标准，影响了行刑权的效力。

鉴于犯罪治理的最终目的在于将社会中的犯罪控制在可容忍的范围内，

---

〔1〕 刘艳红："我国应该停止犯罪化的刑事立法"，载《法学》2011 年第 11 期。

因此预防犯罪和化解可能引发犯罪的矛盾才是犯罪治理的首要之义。过多依赖刑法解决新型社会问题的做法是有待商榷的。

2. 社会治安综合治理存在的问题

社会治安综合治理虽然有一定程度的科学性,其中的"治理"二字看似契合了国家治理体系与治理能力现代化的趋势,但实际上仍存在控制色彩,不符合治理现代化背景下的时代要求,其具体实施情况并不尽如人意。

一方面,定位不清,治理主体不明。我国对社会治安综合治理是预防犯罪的基本模式还是刑事政策,定位不明。如果将其定位为总刑事政策或基本刑事政策,那么就会有一些与社会治安无关的事项被纳入其中,扩大了社会治安的外延,反而不利于具体工作的开展;如果将其认为是我国治理犯罪的基本模式,又不能体现其在实践中所发挥的"纲领性作用"。[1]这样模糊的定位进一步引发了实施主体的定位不明。我国将社会治安综合治理的主体定义为"党和政府共同领导,部门负责,人民广泛参与",但并未说明实施主体是谁。没有明确的实施主体导致了权责分配不清、相关主体积极性不高的困境,阻碍了社会组织的参与以及对人民群众的主人翁意识的唤醒。

另一方面,社会性程度较低。虽然从社会治安综合治理的宗旨和有关文件[2]的内容看,社会治安综合治理需要落实到基层,并强调得到群众的支持和参与。但是在实践中,该项工作社会性程度不高,政府包办情况严重,群众本身缺乏治安责任意识。

三、市域社会治理现代化背景下的犯罪治理新思路

在人民群众对于安全需求日益多样化的趋势下,国家自上而下的集权方式显得力不从心。"刑罚失灵的危机和犯罪预防论的兴起推动了国家单一刑罚制裁向多元对策整体转变"[3]。市域社会治理现代化背景下,犯罪治理不仅需要强调多元主体合作,同时也需要重视社会力量在犯罪治理的地位。

---

〔1〕 辛科:"社会治安综合治理:问题与对策",载《中国政法大学学报》2011 年第 3 期。

〔2〕 包括《社会治安综合治理决定》以及 2001 年《中共中央、国务院关于进一步加强社会治安综合治理的意见》(以下简称《综合治理意见》)。

〔3〕 参见卢建平主编:《中国犯罪治理研究报告》,清华大学出版社 2015 年版,第 206 页。

（一）树立犯罪治理新观念

1. 以"人民为中心"的观念

从治国到治安，均须"以人为本"，已成为一条历史规律。[1]一方面，市域社会治理不再将综治维稳作为其传统任务，而是创新性地将国家安全和非传统安全等新内容纳入其中……这是一种典型的"大社会管理"模式。[2]在这样的模式下，我国犯罪治理必然遵循"以人民为中心"的理念，牢固树立为了人民、依靠人民、造福人民、保护人民的理念。这是我国社会主义基本制度决定的，也是中国共产党人治国理政的根本宗旨。

2. 防患于未然的预防观

厘析犯罪成因与探究刑罚威慑效果，对犯罪治理具有重要影响。社会本身存在着诱发犯罪的各种因素，其中，刑罚畸重也有可能引发某些犯罪。一味依靠刑罚，甚至是重刑并不能达到犯罪控制的效果。"犯罪人本人存在着促成和影响犯罪结果出现的各种因素"[3]，然而，个体的不良因素并不是犯罪形成的充要条件。个体本身性格中的不良因素或许很难消除或改变，但是如果社会总体环境较好，社会形成遵纪守法的观念，养成依法办事的习惯，对于搞好社会治安，减少和预防犯罪发生有十分重要的作用。

3. 多元主体共治共享的合作观

深刻的历史背景、独特的制度逻辑优势与切实的客观依据，中国国家治理极为强调以国家主导为前提、自上而下的运行模式。然而，国家主导不代表国家是"单一管理主体"，在社会治理现代化进程不断推进的今天，仅凭国家单一之力量难以调控和处理所有犯罪治理中的难题。这一点在社会治安综合治理工作的开展过程中得到深刻的体会。犯罪治理应突出强调的"综合"。"综合代表着经过有机组合后的新的工作机制的形成"，其目的是追求 1+1>2 的效果。这种综合不是简单相加，而是一种科学的有机联合。马克思认为：国家的全体成员同国家的关系就是他们同自己事务的关系。[4]新的历史时期下，习近平同志指出："中华人民共和国的一切治理活动都要尊重人民主体地

---

〔1〕 蔡应明：《犯罪预防学》，上海三联书店 2010 年版，第 84 页。

〔2〕 杨磊、许晓东："市域社会治理的问题导向、结构功能与路径选择"，载《改革》2020 年第 6 期。

〔3〕 刘德法：《社会转型期犯罪控制研究》，郑州大学出版社 2013 年版，第 224 页。

〔4〕 ［德］马克思、恩格斯：《马克思恩格斯全集》第 3 卷，人民出版社 1956 年版，第 139 页。

位，尊重人民首创精神，拜人民为师。"〔1〕市域社会治理现代化背景下的犯罪治理应秉承多元主体共治共享的合作观。

（二）推动犯罪治理法治化进程

法治之于犯罪治理就如同水之于鱼一般不可或缺，无论是国家为主的犯罪治理还是社会治安综合治理，都离不开规范的法律制度作为保障。

1. 审慎运用刑罚权

"宽严相济"的刑事政策内含公民权利与国家刑罚权之间相互融洽的功效，国家应该以该刑事政策为指导，审慎发动刑罚权。在立法方面，犯罪圈的划定要以行为人违法行为的严重社会危害程度为标准，不能超越社会秩序被严重破坏的程度。在司法方面，可以考虑完善细化刑罚权的适用标准的做法，这不仅有利于限制法官自由裁量权，也有利于刑罚适用的轻缓化。对于可能判处重刑或者社会影响较大的案件，可考虑建立听证程序，提升案件裁判的社会效应和确保犯罪人的合法权益得到保障。在刑罚执行层面，我国应设立专门的行刑机关，统一行刑标准，并努力实现行刑人道化和社会化。

2. 完善预防性法律制度

正如拉德布鲁赫所说："最好的犯罪防范不是刑法的改革，而是我们的社会关系的改革"〔2〕犯罪治理的重点应落到社会预防层面。习近平总书记提出"要完善预防性法律制度，坚持和发展新时代'枫桥经验'，促进社会和谐稳定。"〔3〕"枫桥经验"蕴含着预防性治理的理念，其本质是借助人民群众的力量缓和社会矛盾纠纷。以完善预防性法律制度，将矛盾化解在基层是社会治理和犯罪治理的正确思路。

现阶段，我们需要健全的法律制度，有公证制度、法律顾问制度、公职律师制度、公司律师制度等法律制度。经公证的文书、行为和事实证明力较高，对防范和化解纠纷具有重要作用。法律顾问制度与公司律师制度通过专业法律顾问为社区或公司提供专业法律服务，能够有效保障社区或公司的日常工作依法运行，减少纠纷的发生。实践中此类制度仍亟待完善，司法部门应积极探索适应并促进我国社会发展的相关制度，应当尽快对公职律师履职

---

〔1〕 习近平：《习近平谈治国理政》第 2 卷，外文出版社 2017 年版，第 296 页。

〔2〕 ［德］拉德布鲁赫著，舒国滢译：《法律智慧警句集》，中国法制出版社 2001 年版，第 39 页。

〔3〕 刘军："预防性法律制度的理论阐释与体系构建"，载《法学论坛》2021 年第 6 期。

工作程序做出明确制度规定，完善包含公职律师在内的律师执业行为规范，为实现依法治国提供可依据的法律基础。

制定专门的《中华人民共和国社会治安防控法》是健全我国预防性法律制度的重要途径。直到今天我国尚未制定一部专门的社会治安防控法，社会治安综合治理的相关规定与目前的社会现状相比有一定的滞后性，并且只有原则性规定，缺乏相应的可操作性。在社会治安形势发生极大转变的今天，一部适应时代变化的权威的社会治安法律是维护社会秩序、经济秩序和保障公共安全不可或缺的。《中华人民共和国社会治安防控法》可以分为总则与分则两大部分。总则部分首先说明社会治安的性质、作用以及基本方针；其次，明确责任主体及其基本权利义务，这一部分中需要确定领导机构与参与主体之间的职权与职责，以此解决目前权责不明的现状；再次，赋予社会治安防控主体以行政处罚权，以解决目前在处置"直接涉及公民的人身和财产安全等基本权利"时没有法律依据的情况；最后，以法律条文的形式规定公众监督机制。分则的各章节设定可以围绕工作范围制定，即以"打击、预防、教育、管理、建设、改造"分别作为分则的主要内容。分则的条款应详细规定各参与主体在每一部分中的职责范围，明确责任分配，从而实现国家与社会依法共同参与社会治安防控的目的。

（三）大力发展地方经济，调整社会政策，满足人民需要

在社会发展过程中，技术革命与社会革命之间会出现时间滞差。[1]在这个时间滞差中贫富分化的问题是显著的，可以说在某种意义上贫富的严重分化是影响社会稳定及促成犯罪率持续攀高的社会有机体的"肢体缺陷因素"。[2]从我国实际情况看，社会中的就业和教育问题、劳动保障等问题既是解决贫富分化的关键，也同时需要通过经济发展给予带动。另外，对犯罪治理手段的增强也离不开经济发展的支持。地方政府发展经济的工作不可松懈。

与此同时，李玫瑾教授曾指出，"对待危险人格的犯罪人重在刑事政策的

---

〔1〕　参见［美］斯塔夫里阿诺斯著，吴象婴、梁赤民译：《全球通史——1500年前的世界》，上海社会科学院出版社1992年版。

〔2〕　张小虎："当代中国社会结构治理——犯罪防控的治本之举"，载《学术交流》2020年第1期。

制定与调整；对待危险心结的犯罪人，重在社会政策的制定与调整。"[1]除了经济发展，社会政策也是防止犯罪发生的关键一环。经济的发展并不能够保证每个人的需求都得到满足，而社会政策就应当在此时发挥作用。社会政策应该保障社会的弱势群体能够得到社会的支持，使这些群体能够在困境中得到社会及时的支持和帮助。这也是从根源上化解社会矛盾的重要途径。

（四）借助网格化平台，实现犯罪治理社会化

犯罪治理离不开社会民众的参与和支持，市级党委和政府应该把发动群众作为重头工作来抓，力争使自上而下的犯罪治理工作转化为上下互动。此项工作的开展，需要理顺社会基层组织的关系，目前的网格化工作为该项任务的开展奠定基础。

1. 打造和完善网格化平台

借助网格平台强化犯罪治理，应从构建网格平台出发。在市域社会治理现代化背景下，应打造市、县（区）、街道（镇）三级网格平台。当然，我们也不否认在镇和街道层面根据需要进一步设置网格平台。对三级平台在犯罪治理中的定位是这样的：市级平台抓总体，县（区）级平台重支撑，街镇平台强实战。

在构建网格平台的基础上构建犯罪治理多元参与的格局。犯罪治理应秉承"人人有责、人人尽责、人人享有"的原则，为此在网格平台上，我们应加强党委与政府相关部门（城管、民政、应急等）的协作，坚持多网融合、一格多能，联动物业、志愿服务等社会力量，逐步搭建综合性多功能的网格治理信息化平台，不断提升社会犯罪治理水平。

在网格化治理中，我们还需理顺各主体的地位和作用。党委在犯罪治理中居于领导地位，政府是具体的组织实施者，警察虽然处在打击违法犯罪的传统核心地位，但他们也需要与其他政府部门、社会组织、公民志愿组织以及公民个人进行联系，充分发挥"警力有限、民力无穷"的效果；社会组织具有自主、公正和灵活等特点，可在治安管理中填补政府的缺位，代表公众利益为政策制定建言献计；人民群众参与犯罪治理，有利于夯实工作，避免工作出现缺口。

---

〔1〕 李玫瑾："犯罪预防的刑事政策与社会政策"，载《法治研究》2014年第3期。

2. 利用网格平台，发动社会参与犯罪预防工作

法治观念淡薄是造成一部分违法犯罪的原因。预防和减少犯罪就必须通过法制宣传教育，增进法律与社会的沟通，真正发挥法律在社会秩序构建中的积极功能。法制宣传教育既要面向全体社会成员又要格外关注重点人群即"潜在犯罪人或曰高危人群"，也就是青少年和处于违法阶段或者犯罪情节轻微的有劣迹的人员以及刑满释放人员。对于特定的人群，我们可以从社区、学校两个层面依靠网格平台对重点教育对象进行法制宣传教育活动。对于一般人群，一方面可以由法院、检察院、公安机关通过网络平台定期推送可以公开的案件信息和处理情况，同时以通俗易懂的方式推送法律知识文章和漫画，强化宣传效果；另一方面，在基层社会组织，可借助网格化管理的平台，充分利用文化站、职工之家、俱乐部、妇女儿童活动中心等场所，以图书借阅、影片播放、法制讲座等传统方式开展法制宣传。

3. 利用网格平台，鼓励智慧技术创新，提升犯罪预防功效

犯罪预防问题除了发动群众群防群治外，借助网格化管理平台，鼓励智慧技术创新，开发研判犯罪预警和防范模型，降低犯罪率，有效控制犯罪。预警播报和防范模型的开发和运用可能会触及个人隐私，对其适用范围应有所限制，从目前看适用于以下领域：一是对网络诈骗的防控。网络诈骗是目前困扰社会的多发性犯罪，对此类犯罪可借助信息技术和手段进行合理预测；二是辅助执法。通过生物扫描比对、数据搜集及定位等手段，为警务人员执法提供技术支持。

市域社会治理现代化中执法权下沉问题研究

张　睿　罗秋燕*

摘　要： 自 2019 年以来，执法权下沉成为一种普遍的趋势，其要义是将"县级以上"的部分执法权下放到基层政府，由乡镇与街道直接行使行政执法权，解决因社会转型和经济发展带来的基层治理难题，回应了我国简政放权与社会治理现代化的基本要求，有助于提升乡镇（街道）的行政执法能力。但执法权下沉目前也存在着诸多问题，如缺乏法律层面的回应，执法权下沉事项较为模糊，上下级政府之间权限划分不清，职责衔接不畅，基层行政执法缺乏保障。面对这些有效性与合法性的问题，建议完善执法权下沉相关法律规定，明确适宜下放到镇街的行政执法权限，健全乡镇与街道相应的执法配套设施，扩大基层行政执法队伍，完善基层执法的财政保障，从而实现基层治理现代化。

关键词： 执法权下沉；执法体制改革；现代化治理；基层政府

引　言

十八届三中全会首次提出推进国家治理体系与治理能力现代化这个主题，将国家管理与治理相区分，明确了现代化治理的精神和要求。十九届四中全会进一步强调了市域社会治理的必要性与重要性，明确提出："加快推进市域社会治理现代化。推动社会治理和服务重心向基层下移，把更多资源下沉到基层，更好提供精准化、精细化服务。"[1]政府作为社会治理的重要参与主

---

* 张睿，男，法学博士，云南财经大学法学院副教授。罗秋燕，女，云南财经大学宪法与行政法学硕士研究生。

〔1〕《中共中央关于坚持和完善中国特色社会主义制度　推进国家治理体系和治理能力现代化若干重大问题的决定》，载 http://www.gov.cn/zhengce/2019-11/05/content_5449023.htm，最后访问日期：2022 年 3 月 28 日。

体，是社会资源的主要掌握者和分配者，社会治理和服务重心向基层下移就意味着政府必须将职权下移，实现基层政府的治理能力和服务能力现代化，充分发挥基层政府在多元共治格局中的治理作用。

近年来，中央正在逐渐加大综合行政执法体制改革，这也是国家治理体系与治理能力现代化改革的重要抓手，2019 年初，中共中央办公厅与国务院办公厅印发《关于推进基层整合审批服务执法力量的实施意见》（以下简称《意见》），明确在全国实行执法权下沉改革。[1]北京、浙江与江苏等地在逐渐实行执法权下沉到底，将行政检查权、强制权与处罚权等行政职权下放到街道办事处和乡镇人民政府相对集中行使。2021 年新修订的《中华人民共和国行政处罚法》（以下简称《行政处罚法》）第 24 条也回应了执法权下沉这一改革要求。由此可见，执法权下沉到底是创新现代化治理、综合行政执法体制改革的重要途径，在今后将不再仅限于部分地方试点，而会逐渐通过法律法规的方式加以规定，形成普遍的行政执法权限分配格局。但执法权下沉在理论与实践中仍存在诸多问题尚待解决，正如部分学者所担忧的那样，执法权下沉至今仍存在合法性与有效性的质疑。[2]而本文主要回应这一争议性问题，力图在厘清执法权下沉的现实需要后，从理论层面分析执法权下沉所面临的法律与实践操作中的问题，并尝试提出解决方案。

一、何谓执法权下沉

执法权下沉是指将部分县级以上政府及工作部门的行政执法权下放到乡镇（街道）进行综合集中执法，扩大基层执法权限，以弥补现有执法体制的不足。自 2013 年 11 月以来，《中共中央关于全面深化改革若干重大问题的决定》明确要求整合行政资源，集中行政执法，开始全面探索综合行政执法体制改革。[3]而执法权下沉则是行政执法体制改革的一个重大方向，其通过下放权力，将部分执法权交给基层政府或派出机关，有利于弥补执法力量不足，提高执法效率。执法权下沉的事项和方式可以由省级政府自主决定，根据各

---

〔1〕 参见《关于推进基层整合审批服务执法力量的实施意见》，载 http://www.gov.cn/zhengce/2019-01/31/ content_ 5362843. htm? trs=1，最后访问日期：2022 年 3 月 13 日。

〔2〕 卢护锋："行政执法权全面下移的组织法回应"，载《政治与法律》2022 年第 1 期。

〔3〕 参见《中共中央关于全面深化改革若干重大问题的决定》，载 http://www.gov.cn/jrzg/2013-11/15/content_ 2528179. htm，最后访问日期：2022 年 3 月 15 日。

地试点情况来看，主要探索的模式分为以下两种：一种是将各类执法权直接下放到乡镇人民政府；另一种是先将可以集中的执法权集中于一个部门——如综合执法部门，再通过在乡镇（街道）设置综合执法支队等形式将执法权下移。

执法权下沉中哪些执法权可以下沉，需要厘清综合行政执法的概念和要求，但综合行政执法概念并不统一。部分学者认为综合行政执法仅包括行政处罚权的集中，也有部分学者认为应囊括执法全过程，集审批、检查、处罚、强制等职权于一体。结合近年来执法体制改革试点情况以及学界主流观点来看，后者更居于主导地位。因此，一般而言，执法权下沉的执法权包括部分行政审批权、行政处罚权与行政强制权。[1]但这样的区分也稍显粗糙，以行政处罚权为例，法定种类包括精神罚、财产罚、资格罚、人身罚等，具体可分为上百种，并不适宜不作区分全部下放给基层政府。因此，究竟哪些执法权适宜下沉需作考证。

若要厘清执法权下沉是一个怎样的改革，则必须明确其基本性质。目前有行政授权、行政委托以及执法权限分配等观点。基于职权法定原则，行政机关的授权需有明确法律法规的规定，且不同法律法规对于被授权机关与委托机关有不同的要求，行政处罚权、强制权等对授权与委托事项也有区别，而乡镇（街道）取得执法权并非直接基于法律、法规的授权，而是一种内部的权限划分，由中央推动的执法实践改革，执法权限划分更多是由区、县政府自行决定。从实践来看，基本可以排除行政委托的观点，因为上级委托下级行使职权是长期以来存在的现象，若不是运行出现问题，也无改革的必要，委托无法解决基层政府自我决策的痛点，并导致权责不明晰。根据各地执法实践与《意见》相关文件的要求，对于此类职权与层级的转移与扩展应将其定性于执法权的纵向分配，是事权的转移，基层政府是直面社会矛盾的第一主体，将部分行政执法权直接划分给基层政府，能够提高行政执法效率，推进完善基层治理体系。

随着全国推行执法权下沉的普遍化，其出现的合法性与有效性问题也愈加显著。一方面，由于我国组织法与大部分单行法尚未提出有效的法律依据，故在推行上仍有一定阻碍，另一方面，将执法事权下放到基层的有效性尚未

---

[1] 叶必丰："执法权下沉到底的法律回应"，载《法学评论》（双月刊）2021年第3期。

得出合理性论证，我国不同地区发展不平衡，尤其是乡镇差异较大，执法权下沉的职能衔接、权责分配、管辖等问题仍未有定论。在市域社会治理现代化背景下，执法权下移应怎样改革才能既符合法治政府的要求也能符合基层治理的现状？这一问题还有待解决。

二、为何要执法权下沉

言及为何执法权要下沉，就必须直面基层，尤其是乡镇（街道）的实际情况。自全面探索综合行政执法体制改革以来，综合与下沉一直是行政法领域关注的重点，"但自 2013 年以来，行政综合试点推进缓慢，权责交叉、多头执法、多层执法和悬浮执法等系列问题没有得到有效解决。"[1]因此，明确其具体的需求与现阶段治理出现的问题，了解基层治理结构与治理方式，才能够从根本上厘清执法权重心为何要下移的问题。

（一）经济结构变化催发管理方式变化

在改革开放之前，我国处于高度集中的计划经济时期，城乡二元户籍划分较为固定，社会形态、社会资源与经济结构较为单一，政府作为权力中心，管理经济发展与社会事务，这种全面集中的组织结构能够快速统揽社会资源并进行有效分配，社会利益相对固化，对基层组织的自主性与自治能力要求不高，社会整体处于一种高度集中的管理状态。改革开放后，逐渐从集中管理到相对集中，进入工业化高速发展时期后，利益分化、社会形态日趋复杂，单一的管理方式已难以满足现实需要。但随着市场经济的快速发展，一些单位与企业也承担了部分社会管理的责任，单位在一定程度上对个人基本生活、医疗做出了巨大贡献，甚至还有一些社会组织被看成"二政府"的存在，对社会矛盾的调和与社会秩序的维护起着举足轻重的作用。在以往乡镇管理层面，基层自治组织与传统名望乡绅对行政执法具有正面作用，村集体公共事务集中，利于管理和维护。而 2000 年以后，中国经济快速发展，原有大型单位和企业改制转型，加上我国"政企分离"改革不断深入，使其承担的管理作用开始淡化，居民衣食住行均交由市场决定。同时，经济发展不平衡导致人口流动性增强，社会成员的身份限制也逐渐弱化，经济欠发达地区劳动者流失严重。乡镇传统秩序的代表人物逐渐消失，农村空心化、荒置化加剧，

---

〔1〕 吕普生："中国行政执法体制改革 40 年：演进、挑战及走向"，载《福建行政学院学报》2018 年第 6 期。

随着外来资本介入乡镇，社会转型过程中基层治理难度变大，传统社会治理方式失灵。基层政府需要直面民众的诉求，是新时期下政府由管理走向治理模式的第一实践者，却面临着执法权资源不足的困境，连自身的治理效能都难以充分发挥，更无力在社会治理中发挥主导和整合各方力量的作用。

（二）人口高流动性加大基层治理难度

随着经济的快速的发展，经济发展的地区差异性和不均衡性明显，城市与农村、经济发达地区与欠发达地区差距变大，人口逐渐由农村流向城市、欠发达地区流向发达地区。以云南省为例，根据第七次全国人口普查，截至2021年5月，云南省总人口为4720.9万人，人户分离人口1200万人左右，占比约25.4%，省内流动人口836.9万人，占总人口约17.7%，跨省流动人口223万人。[1]人口的快速流动，一方面可拉动经济的增长，带动资源、信息和财富的大规模流动；但另一方面，人口的高流动性也会加剧不同地区的经济差异，带来新的社会经济矛盾。在新冠疫情肆虐全球的时期，人口大规模流动极易引起传染病的快速传播，引发其他不可控的治安问题与社会风险，人口的高流动性不断挑战着现有基层治理能力。加之城市集群效应明显，导致农村人口呈空心化，年轻人才流失，留守老人与儿童呈上升趋势，基层医疗、教育与社会保障问题显得更加复杂。基于此种情况，如何更好地把握社会流动规律，构建灵活、适宜的社会治理体系，更灵敏、快速地解决问题的能力，是社会治理的关键所在。[2]我国现行法律一般规定"县级以上"政府及工作部门才拥有执法权，基层政府仅在有法律法规明确规定或县级以上部门委托时，才能实施或代为实施执法权，对资源、人力的分配能力有限，需要上级政府、部门的层层审批，发现问题与解决问题之间往往存在较长时间差，执法效率十分低下。面对乡镇治理的复杂情况，基层政府在缺乏充足执法权的情形下，很难快速、灵活地解决因人口快速流动带来的问题，也很难更好地提供更高效、便捷的服务。

（三）传统治理方式遭受冲击

基层治理是社会治理的基础，也是国家现代化治理体系与治理能力改革

〔1〕参见"云南省第七次全国人口普查主要数据结果新闻发布会"，载 http://www.yn.gov.cn/ynxwfbt/html/2021/zuixinfabu_ 0514/3834.html，最后访问日期：2022年3月16日。

〔2〕张宏伟："治理现代化视域下社会治理模式创新研究"，山东大学2015年博士学位论文。

的最长触角。明确基层治理方式出现的问题就必须明白究竟是"谁在治理"，传统正式的基层治理主体由两方面组成：村（居）民自治组织与基层政府。居委会与村委会负责本地的自治事项，对本集体中的公共事务进行管理，不具有行政执法权，且对超出本集体之外的事项也不适宜由其负责。而基层政府负责本区域政治、经济等整体事务，联系县级以上政府与基层自治组织，一般也不具有行政执法权。随着近几年来基层人才的快速流失，村集体公共事务减少，基层政府对基层治理的可操作空间有限。除了正式的治理体系外，道德规范和地方权威等非正式规范和主体也在治理中发挥着重要作用，尤其是在计划经济体制和小农经济下，集体经济组织和家族是维系基层秩序的重要力量，但这有赖于经济生产模式的协同与协作，即集体生产模式下生产秩序与生活秩序的高度统合，单位和家族可以通过自治规则和道德规范实现有效管理。随着计划经济和集体经济的衰退，个体对集体和家族的依附性迅速消散，中国社会进入一种准原子化的社会结构中，个体直面政府和社会，价值多元化和经济理性导致传统道德规范失去强大的统治力，而新的自发自主的社会组织又尚未广泛形成，出现了基层治理上的真空和离散状态。在多元化的治理主体尚未发展起来，新的治理模式尚未形成之时，基层政府不得不承担起填补治理空缺的重任，这将导致基层政府一方面继续延续其正式治理主体的任务，另一方面还不得不分担原来非正式治理体系中的治理任务。这些社会转型所带来的问题引发了基层治理的困境，需要进一步加强基层自治组织和社会组织的功能，发挥其积极作用，促进自治组织与基层政府的良性合作；但另一方面也需要关注基层政府的现状，明晰其权责边界，重新梳理其应负和能负的治理事项究竟是哪些，并对应赋予其执法权。

三、执法权下沉的必要性

经试点实践经验证明，执法权下沉可以推进执法力量向基层延伸，基层根据其实际情况进行灵活治理，既符合综合行政执法的要求，又能够让各基层因地制宜地解决社会治理问题。自 2013 年以来，中央大力推行"综合行政执法体制改革"，通过执法权下沉为基层赋权是其改革的一个重要方向，也为基层治理提供了新的改革方向。胡建淼教授认为，执法权下沉能够更加直接地解决基层政府看得见问题却解决不了问题的现状。[1]李洪雷教授也曾表示，执法权下移有利于解决实践中镇街有责无权的困境，也有益于解决我国地区发展不平衡的问题。执法权下沉是我国简政放权、治理现代化的要求，也有助于提高基层行政执法能力，在提高执法效率的同时，更好地实现公共服务和社会治理这一职能。

（一）简政放权的要求

简政放权主要立足于政府与市场、上级与下级之间的改革，其核心要旨在于公共权力的有效制约与分配。政府作为公共服务的主体，应厘清行政权力与市场的边界，才能优化行政服务，在法治化背景下营造便利的营商环境，并且其中一个关键因素就是放宽行政审批，依法下放行政审批权限。而执法权下沉则回应了上级政府对下级政府的放权，将适宜基层政府实施的行政执法权下放，将自治的边界下沉，从横向改革逐渐迈向纵向改革，同时也将纵向简政放权纳入法治化轨道，完善纵向权力配置。根据《意见》的要求，综合设置基层行政审批机构，推动资源、管理和服务的下沉，上级政府将细致、繁琐的执法权下放，为基层赋权，一方面有利于减轻自身层级的职能负担，也有利于精简政府机构，减少层层审批事项，由亲历者转化为监督者。基层政府在拥有一定执法权后，能够加强镇街管理的力量与资源整合的能力，同时加强基层政府的权威，提升灵活、快速处理基层事务的执行力，实现从国家到乡村的有序连接，解决以往基层政府只做"跑腿人"、出现责任推诿的现象，实现从中央到基层的合理权力划分，进一步深化简政放权工作。

（二）治理现代化的需要

基层的社会治理是国家治理的重要触手，随着城市化进程的加快，基层治理面临的问题更加复杂化，尤其是乡村治理。蔡文成教授曾表示，在乡村治理现代化实践中，主要存在的问题是，乡村治理主体融合性受阻，治理体系法治化以及治理方式创新性方面存在困境，[2]这严重阻碍着乡村治理现代化。而执法权下沉将部分行政审批、处罚权等下移，不少地区也逐渐实现以城乡管理与综合执法局为起点，由城区逐渐向乡村覆盖，将财力资源与财权

---

〔1〕 胡建淼："《行政处罚法》修订的若干亮点"，载《中国司法》2021 年第 5 期。

〔2〕 蔡文成："基层党组织与乡村治理现代化：基于乡村振兴战略的分析"，载《理论与改革》2018 年第 3 期。

下放，推进城乡一体化发展建设，提升乡村公共服务的水平，推动城乡基层网格化治理体系建立，从而形成高效能、可持续的治理格局。明确基层尤其是乡村治理主体的权责，形成各治理主体之间相互有序的融合与协作，改变以往基层治理权责不明、依法治理能力较弱的局面，提升基层治理依法办事的能力。其次，为基层赋权，是创新基层治理的一个重大方式，通过完善基层权力结构模式，增加解决社会矛盾与治安问题的能力。综上，执法权下沉有利于缩小市域城乡一体化治理背景下农村与城市治理水平的差距，实现治理体系与治理能力现代化。

（三）提升基层政府执法能力

目前基层治理权威的消解与弱化的一个很重要因素就是，基层政府执法能力较为欠缺。一方面，由于社会转型导致传统治理方式弱化，在新的治理模式尚未成熟之时，地区经济差异化严重，基层人才流失率居高不下等因素加重了乡镇（街道）基层治理困境；另一方面，基层治理是一个复杂的系统性社会工程，如果基层政府权力受限，权责不一致，主要起上传下达的作用，就无力负担其应有的治理任务。虽不少乡镇设置有县级工作部门的派出机构，但目前法律法规授权派出机构的职权范围狭窄，涉及的执法事项单一，导致乡镇一级的执法能力无法提升。且基层政府受托事项和协助事项繁杂，导致人员力量分散，使得乡镇（街道）人居环境保护、基础设施修建维护等事项难以通过统一的力量进行整合支配。

执法权下沉就是为了有效回应上述难题，提高基层政府的执法能力和治理能力。首先，通过适当合理的放权，明确其权责事项清单，提高依法办事的能力，深化基层法治化建设，可以实现有权必有责、用权受监督的法治政府建设目标；其次，通过健全上级政府与下级政府之间的协调机制，省级政府可根据基层的实际情况，因地制宜地选择由基层进行综合行政执法，基层因此拥有集中调配资源与经费的能力，会大大提高其执法队伍的执法素质与水平，加强由乡镇与街道牵头、上级政府与下级政府高效联动，可解决以往职能交叉、重复管理引起效率低下的问题，增强基层政府之间的良性互动，从而全面提升基层公共治理能力。

四、执法权下沉面临的问题

在明确了执法权下沉的应然性与必要性问题之后，也应直面目前我国执法权下沉过程中存在的问题或潜在风险。执法权下沉到底最主要的两个问题就是对其有效性与合法性的质疑，学界以及实务界皆有"为乡镇政府赋权，基层能否接得住"的担忧。执法权下沉在我国部分地区已有试点，但诸多情况表明，执法权下沉恐会引发上级政府借以合法推卸责任的风险，基层政府"管得了"与"管得好"之间存在的差距不容忽视。在实践中执法权下沉已成为不可逆转的改革趋势，之后执法权下沉势必会如雨后春笋般在全国各地推进，但目前我国在顶层设计上还未形成统一标准，实践中不免出现一些不规范不合理的操作，导致执法权下沉脱离改革的初衷，甚至演变成上下级政府间权责划分博弈的角斗场。因此，以下问题值得我们认真思考和分析。

（一）立法回应不足

对于执法权下沉，目前从法律上可以明确的是，省级以上政府可以自主决定由哪些行政机关行使行政处罚权，也可以根据情况将处罚权交由镇街行使，并且排除了法律授权与行政委托的可能，而是直接将行政权交由其行使。但除开中央与各地发布的改革文件，在单行法中，仅在《行政处罚法》中有所规定。[1] 其他单行法与组织法中皆没有对执法权下沉问题作出明确规定，在立法表达上仍主要是"县级以上"政府或工作部门拥有执法权的规定。《意见》曾指出，省级政府可以制定赋权清单，赋予镇街行政执法权的主体资格。但学者对此提出了合理质疑：省级政府制定的权责清单能否突破单行法中"县级以上"的规定？实践中，对于权责清单的定性也存在极大争议，但一般认为其属于规范性文件，并不具备修改法律的权限，即便是通过地方政府规章的方式制定权责清单，也不符合立法法中法律法规和规章之间的效力等级规定。由于缺少组织法与单行法的明确规定，执法权下沉的诸多设置较为模糊。且在没有编制法提供人员编制与财政支持前，乡镇（街道）调配资源与经费的能力仍然有限，组织法与行为法之间的不匹配导致事权的下放陷入困境，在面临合法性质疑的同时还会引发基层政府能否承担起行政执法权的

---

[1] 我国新修订的《行政处罚法》第 18 条第 2 款规定，国务院或者省、自治区、直辖市人民政府可以决定一个行政机关行使有关行政机关的行政处罚权。第 22 条规定，行政处罚由违法行为发生地的行政机关管辖。法律、行政法规、部门规章另有规定的，从其规定。第 24 条第 1 款规定，省、自治区、直辖市根据当地实际情况，可以决定将基层管理迫切需要的县级人民政府部门的行政处罚权交由能够有效承接的乡镇人民政府、街道办事处行使，并定期组织评估。决定应当公布。这些规定为行政处罚权下沉到乡镇提供了法律支持。

担忧。

（二）执法权下放事项缺乏合理性论证

根据各地试点情况来看，执法权下沉普遍存在下放事项缺乏合理性的问题。基于长期以来我国行政系统的科层制结构所形成的下级服从上级的领导模式，实践中上级指令或安排下级承担自身事务已然是行政实践中的惯例，下级并无抵抗和反对的权利，因此基层政府与上级政府之间的权责分配并不如法律法规中规定的那么明晰。在执法权下沉中，对于哪些事项适宜下放，哪些下放事项基层无法胜任，基层政府事实上并无话语权，这导致下放事项的选择面临合理性质疑。实践中，执法权下沉往往并未充分考虑不同地区乡镇（街道）之间存在的差异，而不同乡镇与街道对执法权的承载能力并不相同。部分地区一刀切的权力下放形式，存在引发上级政府不作为、乱作为风险的可能，也可能为上级政府合法推卸职责提供了借口，将执法的风险与责任"甩锅"给乡镇与街道。另一方面，盲目地下放执法事项，将执法矛盾转移给下级，会加大基层的治理压力，由于下放职权的合理边界未厘清，便不能形成统一的适用标准和实施程序，妨碍乡镇执法主体身份的确认，无益于解决基层政府权威消解与弱化的问题。从云南省曲靖市公布的权力清单中显示的内容来看，例如机动车登记、驾驶证核发、审验、爆破作业单位、人员的许可等事项，便不宜下放至乡镇与街道。而对于大型活动的场所检查、对娱乐场所的监督检查等事项，可以适当下放给基层。[1]执法权事项下放不合理，会导致执法权下沉功能受挫，阻碍改革的步伐，这也是急需解决的问题。

（三）上下级执法权责衔接不畅

首先，从执法权下放的业务类别看，分别涉及交通、规划、公安、民政、教育等多个部门，由于部门之间存在着不同程度的部门主义倾向，不同的部门遵循不同的职权依据，在不改变现有法律制度的基础上，将这些执法权直接置于基层会增加其综合行政执法的法律风险，部门之间的权限纠纷将延续至乡镇与街道。基于此，学者曾形象地表示，基层政府恐将成为"夹心层"，上下均受到一定程度的挤压。[2]其次，在管辖权方面，行政执法一般遵循着

---

〔1〕 参见"云南省曲靖市人民政府权力清单"，载 http://qingdan.ynbb.gov.cn/show_ s4List. html? typeId=6，最后访问日期：2022 年 3 月 18 日。

〔2〕 参见吴海红、吴安威："基层减负背景下'责任甩锅'现象透视及其治理路径"，载《治理研究》2020 年第 5 期。

以属地原则为主，兼采属人原则等，上级的管辖权与下级管辖权区域存在差异，执法权虽然下移，但基层政府的管辖区域有限，如果不加论证地将执法权下沉给基层，很有可能加剧实践中本已存在且难以有效解决的管辖权冲突问题，导致乡镇（街道）之间的执法推诿或执法争夺现象加剧。最后，近年来也有不同地区实行执法体制改革，将部分执法权向镇街转移，多项职权集于一个主体，基层政府从协助者变为执法者，由于配套法律制度尚未跟进，基层执法的程序与监督方面仍存在欠缺，上下级政府之间权力与职责衔接不通畅，例如审批、监管、执行三项职能中，伴随着审批职能的下放，监管与执行问题相对比较模糊，由于涉及到多部门执法的衔接，一般认为谁审批谁监管，但实际中又存在上下级监管与执行交叉的问题，乡镇（街道）职权的集中与上级政府部分职能的冲突问题尚未得到合理解决，权力衔接不畅就会导致责任划分不清，从而出现相互推诿现象。毋庸讳言，这些都是执法权下沉带来的新问题，急需在以后的改革中予以明确。

（四）基层行政执法缺乏保障

上文说到，执法权下沉仍然存在有效性的质疑，认为现阶段基层政府没有承接执法权的体量，对基层质疑的主要理由表现在以下三个方面：其一，由于缺乏行为法与组织法的支撑，乡镇与街道执法人员严重不足，执法队伍的建设落后，执法素质相对较低，不同程度地存在执法"全靠劝"、执法不到位、滥用执法权等情况，如果不解决乡镇与街道执法力量薄弱的问题，执法权下沉的有效性便会受到质疑，也背离提升基层社会治理质量的初衷；其二，"组织法居于国家管理的上游，是资源的掌握者与规则的设计者，行政组织的结构清晰是行政任务较好实行的前提，行政组织权责清晰、结构适当，行政职能就能得到有序的履行。"[1]现在的执法权下沉改革主要通过行为法先行规定，导致行为法与组织法之间产生冲突，以处罚权为例，行为法对基层权限方面已经作出调整，而组织法方面却存在滞后性，基层的人员编制与规模未得到扩张，基层政府履行行政职能存在障碍，不能实现执法权下沉的目的；其三，基层政府的财政经费未得到保障，基层政府面临着权力扩大但经费有限的窘迫局面，使执法权的行使一直浮于表面，难以实现其真正的功能。

---

〔1〕 贾圣真："行政任务视角下的行政组织法学理革新"，载《浙江学刊》2019 年第 1 期。

五、落实执法权下沉的对策建议

执法权下沉在现有法律框架与实践中出现的问题，也应回到法律与实践中去解决，法治与改革应相辅相成，为保障执法权下沉改革工作的良好有序进行，充分发挥基层政府行政执法功能，促进基层实现现代化治理，结合执法权下沉出现的质疑，可以从以下几个方面着手解决。

（一）健全执法权下沉法律制度

赋予乡镇与街道执法权，需要法律的明确规定，改革必须在法治的轨道运行。在执法权方面，《意见》以及《行政处罚法》已经给出了答案，为今后的修法指明了方向，增加《行政处罚法》《中华人民共和国行政许可法》《中华人民共和国行政强制法》等有关执法权下沉的规定，修改以往"县级以上"这一执法权的下限标准，增加例外情形，或删除"县级以上"这一执法门槛，原则上可由省级政府根据本地区的情况，依法决定将执法权下沉到乡镇与街道。此外，还应明确上下级政府之间、部门与部门之间的职权衔接，增强法律统一性，科学合理地界定乡镇之间、乡镇与上级政府间的管辖权冲突。虽然《意见》指出，省级政府可以制定规章明确乡镇与街道的执法主体地位，但根据职权法定原则，执法事权下放的重要事项，只能由法律规定。在完善行为法的同时，也应进一步修改组织法的相关规定，十三届全国人大第五次会议于 2022 年 3 月 11 日通过了《全国人民代表大会关于修改〈中华人民共和国地方各级人民代表大会和地方各级人民政府组织法〉的决定》，因争议较大且缺乏足够的实践经验，条文中并未对执法权下沉问题作出直接的规定，从立法表达上可以看出，对于街道的执法权问题仍交由单行法的规定解决。[1]这可能导致地方的执法权下沉工作继续面临较大的法律风险，且执法权涉及的法律法规依据数量较多，要通过单行法的修改完成执法权下沉在立法技术上更加难以操作。因此，比较适宜的做法是由组织法设置执法权下沉的原则性条款规定，并通过编制法增加乡镇与街道的人事编制与财政补贴，

---

〔1〕《全国人民代表大会关于修改〈中华人民共和国地方各级人民代表大会和地方各级人民政府组织法〉的决定》第 46 条："增加一条，作为第八十六条：'街道办事处在本辖区内办理派出它的人民政府交办的公共服务、公共管理、公共安全等工作，依法履行综合管理、统筹协调、应急处置和行政执法等职责，反映居民的意见和要求。'"其中的依法履行执法职责的表述，应视为依照有关单行法的规定履行执法职责，如果单行法对街道办事处没有规定执法权的，应视为其没有执法权。

促进基层政府高质量履行行政职责，使执法权下沉于法有据。

（二）明确执法权下沉相关事项

执法权下沉事项是否合理关乎下沉的效果，探究这一新的改革内容，应明确执法权下放的相关权限与程序。就下放权限而言，评估乡镇与街道的执行能力，明确乡镇与街道执法主体与权限，对下放事项需经过专业论证和公众参与决策，不能采取一刀切的下沉方式，应根据当地的需要，因地制宜地下放相关执法权，尤其是涉及专业性、技术性较强，或由县级以上政府实施成本更低的事项，更应谨慎对待、理性下放。此外，还需完善基层执法的程序，使执法程序正当化，实现审批、执法、监管三者紧密连接，明晰责任划分，既加强县级以上政府及工作部门对基层的监管，又充分尊重基层政府的自主权。防止上级政府与部门不作为、乱作为，将责任与风险下沉，增大基层政府的执法压力，又提升乡镇与街道的执法水平，保证其公正文明执法，促进其权威的提升，增加基层政府治理工作的公信力。

（三）保障基层基本执法条件

保障基层政府基本执法条件，首先，需扩大基层执法人员队伍，增加基层执法人员编制，确保基层有充足的执法人数承载执法权的下沉。此外，提高执法人员的综合素质，加强对基层执法队伍的考核与评估，以综合评估机制作为任职晋升的考核依据。并通过定期培训的方式提升乡镇与街道执法人员的法律素养，提高其文明执法、依法执法的水平。其次，给予充分的财政支持，在基层治理中如事权下放而财权落后，将导致基层无法承接执法权下沉的相关事项，更有可能产生新的矛盾，因此只有当事权与财权同时下放，才能保证乡镇与街道执法机构的正常运转与维持。最后，充分利用互联网与网格化治理，实现执法权下沉的资源共享，增强基层政府灵活应变的能力，从而促进基层治理现代化。

六、结语

在行政执法体制改革已经进入攻坚化的阶段，执法权下沉是探索新的执法改革的重要方向。执法权全面下沉是市域社会治理现代化的基本要求，也是提升基层治理水平与能力的重要途径，将县级以上政府及工作部门的执法权下移到镇街，是缩小地区差异的一种有效实践，虽然现阶段执法权下沉仍存在诸多问题，但这些改革中出现的问题也会在改革中解决。同时，执法权下沉有利于促进上下级政府间的良性互动，破解乡镇与街道的治理难题，符合现代化治理的基本精神与要求，有益于实现国家治理体系与治理能力现代化。

乡村社会治理共同体法治化构建研究

王嘎利　　吴俊凯*

摘　要：党的十九届四中全会提出建设人人有责、人人尽责、人人享有的社会治理共同体。作为社会治理的基本单元体，乡村治理共同体构建的重要性不言而喻。反观当下，乡村社会治理共同体的建设仍面临着治理主体功能模糊、治理方式单一、村民参与度低等诸多困境，故应在法治化的视角下，从完善农村公共法律服务体系入手，规范多元主体间的权责边界，在充分保障各主体地位的同时，秉持自治、法治、德治相结合的"三治融合"理念，集聚力量、凝聚人心，营造共建共治共享局面，为乡村振兴提供法治保障。

关键词：社会治理共同体；乡村社会治理；法治

乡村治理是我国国家治理、社会治理、基层治理的重要组成部分，是发展农业、稳定农村、保护农民权利、维护乡村秩序、推进乡村发展的保障。[1] 只有确保夯实乡村基层治理工作，社会和谐稳定才能有坚实基础，意即乡村治理的良莠，事关国家顶层设计在基层社会的贯彻落实，关系到我国乡村振兴战略的成功与否。[2] 为此，党的十九大报告指出："加强农村基层基础工作，健全自治、法治、德治相结合的乡村治理体系。"十九届四中全会强调必须加强和创新社会治理，建设人人有责、人人尽责、人人享有的社会治理

---

　*　王嘎利，昆明理工大学法学院副教授、硕士生导师；吴俊凯，昆明理工大学法学院 2021 级法学硕士研究生。

〔1〕参见高其才："走向乡村善治——健全党组织领导的自治、法治、德治相结合的乡村治理体系研究"，载《山东大学学报（哲学社会科学版）》2021 年第 5 期。

〔2〕参见邓建华："构建自治法治德治'三治合一'的乡村治理体系"，载《天津行政学院学报》2018 年第 6 期。

共同体，[1]六中全会重申"完善社会治理体系，健全党组织领导的自治、法治、德治相结合的城乡基层治理体系，推动社会治理重心向基层下移，建设共建共治共享的社会治理制度，建设人人有责、人人尽责、人人享有的社会治理共同体"。[2]乡村社会治理共同体建设即是回应乡村振兴背景下社会主要矛盾转化与国家治理体系和治理能力现代化诉求的需要，而在我国社会转型的背景下，乡村社会治理共同体建设并非易事。

一、乡村社会治理共同体建设所面临的困境

乡村社会治理共同体建设关键在人，在全面建设社会主义现代化强国、团结各族人民奋斗、不断创造美好生活、逐步实现全体人民共同富裕的新时代背景下，乡村社会治理在治理主体、治理方式和社会参与度等方面仍然呈现出发展的困境。

（一）多元主体功能有待完善

乡村社会治理主体构成包括农村基层党组织、基层政府、各社会组织及广大农民个体。[3]多元主体群策群力、协同共治方是乡村善治之道，但在具体治理实践中，各主体间分工不明，权责边界模糊，主体间缺乏良性互动和融洽凝聚，不仅没能产生"一加一大于二"的效果，更是掣肘了乡村社会治理共同体的整体发展，若不能妥善解决，势必对农村社会的和谐稳定与乡村振兴战略的贯彻落实产生不利影响。

1. 农村基层党组织核心作用弱化。其在乡村治理中扮演着总揽全局、协调各方的领导角色，是实施乡村振兴战略的"主心骨"，但部分农村地区面临着党员队伍供不应求、人才流失等困境，基层村委主任和支部书记未能实现一肩挑，党组织领导核心作用弱化。同时，伴随着乡村社会治理内涵的多样化和乡村社会治理的事务的复杂化，与之相匹配的党员队伍服务意识淡薄、社会治理能力较弱等问题初见端倪。

2. 乡村治理主体关系异化。村委会本应作为村民自我管理、自我监督、

---

[1] 《中共中央关于坚持和完善中国特色社会主义制度 推进国家治理体系和治理能力现代化若干重大问题的决定》，2019 年 10 月 31 日中国共产党第十九届中央委员会第四次全体会议通过。

[2] 《中共中央关于党的百年奋斗重大成就和历史经验的决议》，2021 年 11 月 11 日中国共产党第十九届中央委员会第六次全体会议通过。

[3] 丁菲菲："乡村社会治理共同体构建的困境与出路"，载《现代农业》2021 年第 5 期。

自我服务的自治机构，其工作重心、内部结构、治理方式等都不同于基层行政机关。不过由于村委会财政主要来自乡镇和上级政府的拨付，导致乡（镇）政府心安理得地将村委会作为自己的工作机构，对其分派任务、制定考核指标，村务与政务难以区分，潜移默化中推动了村委会的"行政化"倾向，村委会疲于应对行政任务与考核指标，逐渐背离《中华人民共和国村民委员会组织法》中界定两者"指导"与"被指导"关系的初衷；村庄的治理偏离自治化轨道，越来越趋向于形式化治理，即不再关注治理实效，而是注重塑造政绩、打造亮点。[1]

3. 乡村社会组织建设不完善。乡村社会组织本应是政府与社会之间的沟通桥梁，但当前乡村社会组织的不规范，并缺乏有效的监管机制，部分乡村社会组织还面临着规模偏小、内部管理松散、可支配资源要素匮乏等困境，导致乡村社会组织认同度不高，难以有效地参与乡村社会治理。

（二）治理方式与治理手段较为单一

数字技术时代驱动"互联网+"服务管理模式的快速发展，智能化、信息化的公共服务方式随着基础设施的改善实现了普及化、便捷化和高效化。但城乡之间、不同群体之间的"数字鸿沟"[2]现象仍然存在，乡村社会在网络设施、信息技术应用和创新能力上仍相对落后，加之村委会的"行政化"趋向导致其虽具有行政性特征却又没有行政性权力，权威不足的困境在乡村人居环境整治、土地流转、疫情防控等方面尤显突出，[3]沿用传统治理方式很难组织和动员村民参与管理公共事务。

（三）村民参与度低

伴随市场化进程逐步推进，"乡村社会生活由同质性向异质性转变、社会关系由熟悉性向陌生性转变、社会结构由紧密性向松散性转变、社会价值由一元性向多元性转变、社会行为由规范性向失范性转变"，农村人口流动不断加剧，大量乡村青壮年劳动力涌入城市亦工亦居，虽然仍是农民身份但却已不务农，对乡村依赖感减弱，个体独立性明显上升，对参与乡村治理也缺乏

---

〔1〕 兰红燕："我国乡村社会治理法治化研究"，河北师范大学 2019 年博士学位论文。

〔2〕 按照美国商务部的定义，数字鸿沟意指数字富人与数字穷人之间的贫富悬殊。具体可参见曹荣湘：《解读数字鸿沟——技术殖民与社会分化》，上海三联书店 2003 年版，第 2 页。

〔3〕 钱红："推进乡村治理体系和治理能力现代化的障碍因素及对策分析"，载《中共云南省委党校学报》2020 年第 4 期。

积极性与主动性，村民会议或村民代表会议难以召开，乡村治理涣散，同时其自身的共同体意识也逐步淡化甚至缺失，从而导致乡村治理主体缺位的现象屡见不鲜。

二、乡村社会治理共同体法治化的必要性

法治兴则国家兴，法治衰则国家乱。法治是国家治理现代化的基石和保障，党的十八届四中全会强调推进基层治理法治化，2018 年 1 月 2 日公布的《中共中央、国务院关于实施乡村振兴战略的意见》，2018 年 9 月 26 日中共中央、国务院印发的《乡村振兴战略规划（2018—2022 年）》以及 2021 年 1 月 4 日公布的《中共中央、国务院关于全面推进乡村振兴加快农业农村现代化的意见》等文件中反复强调以法治保障乡村社会治理，并多次提到法治乡村建设的迫切需要。将构建新型乡村治理体系纳入法治化的轨道，实现固有乡土秩序和现代法治秩序的耦合，自然也成为新时代坚持全面依法治国基本方略的内在要求。我国乡村社会治理共同体的建设面临的重重困境需要统筹各方力量，通过法治实现"乡村善治"。

（一）保证乡村社会治理共同体规范化的需要

乡村治理共同体的最终目标是满足乡村居民日益增长的美好生活需要，提升人民群众的生活质量及幸福感，保障乡村居民的主人公地位和根本利益。只有符合法治理念、法治思维、法治规范的社会共同体才能妥善化解各种社会矛盾、适足回应个人关切需要、有效弥补国家治理不足。[1]乡村社会治理共同体法治化的渊源包括法治理念、国家法律法规和乡村社会的软法等，通过切实维护村居群体的个人利益，使村民感受到相应规范的公平与公正，树立法治的地位与权威。通过推动乡村社会治理共同体的规范化，形成共同体内部共建、共治、共享、共商的治理格局，实现治理前期风险预防、治理中期矛盾纠纷解决机制、治理后期反馈调适，[2]提升乡村"三治融合"下治理共同体的标准化与制度化。

（二）保障乡村社会治理共同体稳定性的需要

法治化视域下的乡村社会治理共同体在满足自身内部逻辑要求的前提下，

---

〔1〕 张青波："从社会共同体到社会治理共同体的法治路径——以基层群众性自治组织为中心"，载《师大法学》2020 第 1 期。

〔2〕 张明皓："新时代'三治融合'乡村治理体系的理论逻辑与实践机制"，载《西北农林科技大学学报（社会科学版）》2019 年第 5 期。

对乡村治理在治理规范的整体性与稳定性、治理要素的系统性等方面达成了全面改善，并对"三治融合"体系下乡村治理共同体间内部逻辑运作的整体有效性起着秉要执本之作用。

乡村社会治理共同体出于维护整体利益的需要，在协商的基础上形成符合自身要求的规范，为实现基层政府治理、社会调节、居民自治的"政社民"良性互动提供现实依据，为市场化的公共事务治理模式转换为村庄内生性治理模式制定适当的提案、审议、表决、执行、监督、救济等方面的程序规则，有利于培育村民的法治精神，让村民自觉学法、守法、遵法，引导村民正确地行使权利、表达诉求、解决纠纷、维护权益，鼓励村民运用法治思维和法治方式解决问题、化解矛盾。

(三) 保障乡村社会治理共同体现代化的需要

现代基层治理重心呈现下移趋势，以社区作为社会治理的基本单元，社区的民主治理遂成为现代基层治理的基本形态。[1]国家治理体系现代化与乡村振兴战略的实现不仅要真正推进民主制度和民主价值的复兴，营造共建共治共享局面，最大限度激发基层发展活力，还要通过乡村上层建筑的调整构建现代乡村治理体系，为乡村振兴提供制度基础和重要保障。随着对基层治理制度、治理体系、治理理念、治理手段等的认识不断深化，必然要对乡村治理的传统合法性依据进行建设性的改革与调整，实现基层社会治理的自我优化与自我革新，乡村社会治理共同体的法治化因应新时代乡村治理能力和治理体系现代化的需要，通过主体建设间接推动乡村社会治理现代化进程。

三、乡村社会治理共同体法治化建设的可行性

"法治是治国理政的基本方式。"[2]马克思主义蕴含丰富的社会治理学说，构成了新时代中国特色社会主义社会治理的思想渊源。[3]在马克思主义基本原理指导下，我国不断加强和创新社会治理，逐步将社会治理与法治建设相结合形成的社会治理法治化理论，为乡村社会治理共同体的法治化建设

---

〔1〕 参见苟欢："论现代社区治理中的民主追求、悖论与进路——兼评理查德·C·博克斯的'公民治理'理论"，载《甘肃行政学院学报》2018 年第 3 期。

〔2〕 习近平："关于《中共中央关于全面推进依法治国若干重大问题的决定》的说明"，载《人民日报》2014 年 10 月 29 日，第 2 版。

〔3〕 叶静漪、李少文："新时代中国社会治理法治化的理论创新"，载《中外法学》2021 年第 4 期。

贡献了理论基础与实践经验。

（一）理论支持

马克思主义社会治理规则对社会主义国家的社会治理问题提出了治理方案，要求社会治理体系在建设过程中将妥善处理国家、社会与法律的关系作为核心要务，并突出人民在社会治理中的主体地位。《中共中央关于全面推进依法治国若干重大问题的决定》提出的"推进多层次多领域依法治理。坚持系统治理、依法治理、综合治理、源头治理，提高社会治理法治化水平"为共同体的法治化发展指明了方向。乡村社会治理共同体的法治化建设可以将社会治理法治化理论作为理论依据，以党和国家关于乡村社会建设和发展的思想与政策为有力支撑，在法治化框架下重视基层治理体系和制度建设，强调依法治理，实现国家治理能力和治理体系现代化。

（二）法律依据

在乡村社会治理共同体的法治化推进过程中，形式表现多样化的法律规则与之相辅相成，将乡村社会治理的各种关系规制到法治轨道内加以调整。包括：（1）宪法作为国家的根本大法，确定了乡村社会治理的基础原则和基本制度框架，法律则以宪法规定的基本原则与制度制定不同的外延规范，这些不同的法律对乡村社会治理从各自的不同侧重点作出了规定，并在不断完善法律的过程中以基本法与特别法加以互补。（2）行政法规与各部门规章确立的乡村社会治理规章制度对乡村社会治理法律体系作出了进一步完善。（3）党内法规与各级党政部门规范文件作为乡村社会治理的重要保障与重要制度组成，成为了乡村社会治理法律制度体系中的重要组成部分。

（三）现实经验

全国开展的法治乡村建设以"民主法治示范村"创建活动作为法治宣传教育与法治实践相结合的有效载体，深入推进农村基层民主法治建设。从支部建设、村规民约、小微权力清单，到公共法律服务和村民议事会等，法治乡村构建起适应新时代发展的崭新治理框架，为乡村社会现代化治理提供了宝贵经验与可行路径。

四、乡村社会治理共同体法治化的实践路径

乡村治理共同体的法治化建设并非一蹴而就的工程，需要多元化主体各司其职、共同努力，通过有效的乡村法治资源整合，形成有力的法治保障。

（一）建立完备的农村公共法律服务体系

乡村社会公共法律服务体系建设先要完善基础设施建设。其一，加强法治宣传教育，提高乡村社会普遍法治意识水平，以培育乡村社会法治精神，夯实法治文化土壤。简言之，需要拓展乡村法律服务，广泛开展"送法下乡""法律进家庭""普法基层行"等普法惠民服务和群众性法治文化活动，发挥村法律顾问、人民调解员、普法志愿者队伍等作用，深入开展"尊崇宪法、学习宪法、遵守宪法、维护宪法、运用宪法"宣传教育，组织实施"宪法进万家"活动，逐步推进覆盖乡村社区的公共法律服务体系建设。其二，规范发展基层法律服务工作者队伍，促进多元化农村公共法律服务队伍建设。稳步壮大政府法律顾问队伍，积极发展基层专职人民调解员队伍，鼓励、引导新乡贤等社会力量参与公共法律服务，实现公共法律服务提供主体多元化。其三，提高农村公共法律服务产品质量，均衡配置城乡基本公共法律服务资源。推进公共法律服务平台建设，建立有效的乡村治理司法解纷机制，完善人民调解、行政调解、司法调解联动工作体系，并切实保障农村特殊群体的基本公共法律服务权益，满足基层群众对民主、法治的多元化需求。最后，加强对农村公共法律服务体系的督查与指导，定期对农村公共法律服务体系的建设进程及成效进行督促检查和考核评估，以保证基层公共法律服务管理部门积极履行职责。

（二）建设责权明晰的乡村社会治理共同体

明确多元主体的功能边界，使多元主体能各司其职，实现功能互补是各主体协同共治的良性保障。法律法规需要对社会共同体的权限范围作出精确划分，保障其独立地位，推动基层政府为适应乡村治理共同体而进行的自我优化与改善，防止政府对共同体事务的过度干预，引入对共同体自治的司法保障。为此，需要修改完善《中华人民共和国村民委员会组织法》及地方实施办法，增强乡村治理相关立法的具体性和可操作性，明晰村委会、村党委及基层政府的职权清单及运作程序，实现政社民良性互动。无论在什么时期，也无论处在何种社会制度下，政府与社会关系都是社会治理进程中的关键变量，实现良性的政社互动都是社会治理现代化的核心所在。[1]

---

〔1〕 谭诗赞："走向社会协商：社会治理进程中的'政社互动'建构"，载《治理现代化研究》2018 年第 6 期。

1. 基层党组织的法治化。以完备的党内法规加强党自身建设、提升党的组织力。完备的法律规范既能赋予乡村基层党组织领导共同体社会治理所必要的权力，保证乡村社会秩序和谐安定，促进乡村社会稳步发展，又能够有效地监督和制约乡村基层党组织徇私舞弊抑或滥用职权。

2. 基层政府职能的法治化。首先，明确乡（镇）政府行政职权范围清单，对乡（镇）政府各项行政权力及其具体行使程序加以规制，杜绝以言代法、以权压法现象的产生。其次，通过立法协调政府与社会共同体之间的关系，避免乡（镇）政府对基层自治的过度干预，为其他乡村社会治理主体充分行使自治权提供全面的法治保障。最后，完善对基层政府依法行政的监督体制。从法律和制度上完善对乡（镇）政府行政行为的监督规范，以实现针对性和有效性监督。另一方面，乡（镇）政府的同级人大及上级政府应当及时对乡（镇）基层政府制定的各类规范性文件的正当性与合法性作出审查，对有违法治精神的文件予以取缔。再者，在具体治理过程中，充分发挥乡（镇）党委与社会公众对基层政府依法行政的监督力量，通过现代互联网技术建立民众监督政府的网络平台，在加强对乡（镇）政务公开、依法行政等方面监督的同时，保障乡村社会民众的热点情绪能得到切实关注。

3. 基层自治组织的法治化。基层自治事务治理主体如地方村委会、村小组等承接了传统乡村社会组织的相关职能角色，[1]作为乡村社会治理共同体法治化建构的中枢力量，既能构建政府与群众之间的纽带，强化乡村治理中农村居民对治理共同体的决策认同，又能推进多元治理体系完善，协调政社关系，规范乡村治理结构，优化治理机制、治理资源分配和治理监督，为乡村振兴提供强有力的组织保障。为保障村民自治始终得以在法治轨道内运行，农村群众能够切实行使自治权，实施民主决策与监督，需要对作为村民自治组织的村委会的法定职责加以明晰，厘清村委会承担的自治性事务与行政性事务。在防止村庄自治事务不受非法行政行为干预之时，又避免了村委会怠于协助行政管理事务抑或行使超出法律界限的自治权，充分发挥村民自治权力机构的法定功能，在加强基层民主政治建设的同时，改善村庄内部的权力制衡体制。

---

[1] 参见张志泽："中华民族共同体语境中社会治理共同体建构的认同要素研究"，载《黑龙江民族丛刊》2021年第2期。

4. 主体之间关系的法治化。"中国社会治理的任务，不仅要激活基层群众自治组织，扩大多元主体参与，还要使基层党委、政府与基层群众自治组织、各类社会组织有效衔接起来。"〔1〕如何在"党委领导、政府负责"的基础上，正确处理乡（镇）政府与乡村社会间的关系，实现政党、政府、社会的良性互动更是重中之重。《中华人民共和国村民委员会组织法》第 36 条第 3 款规定："乡、民族乡、镇的人民政府干预依法属于村民自治范围事项的，由上一级人民政府责令改正。"但在实践中，对于村民自治范围内的事项并未作出明确具体的规定，政务与村务难以辨别，自治与否界限不够明晰，亟须加以完善。于村委会而言，仍会受到基层政府影响，难以妥善处理自治事务。在社会共同体与政府的关系上，必须严格规范共同体的自治权限和治理空间，防止基层政府越俎代庖、不适当干预，避免社会共同体难以自主有效地处理自治事务。

（三）培育乡村社会治理共同体意识

社会治理的兴起本身就是社会结构变迁和社会力量壮大的必然结果，而社会治理共同体的提出意味着由"强国家—弱社会"向"强国家—强社会"的现实转换。〔2〕乡村社会治理共同体构建的本质在于以人民为中心的治理，实现人人参与，重中之重在于贯彻"农民在场"的根本原则，将村民放在乡村社会治理的主体地位，充分发挥村民参与乡村社会治理的积极性与创造性，保障自主使用公共资源，有效表达公共品需求偏好。

1. 依法培育和发展更多的社会力量参与治理，积极鼓励和创造条件让更多现代乡贤、能人等乡村社会精英和社会组织参与到乡村治理和社会服务中来，充分调动乡村社会中的多种积极因素，加强资源配置，增强农民的公民意识和"主人翁"意识，培育农民的参与精神与合作理念，在"主人翁"式的参与中，锻炼农民现代市场经济意识，增进民主法治观念；培养农民责任意识，提高村民参与治理能力，实现村民社会的现代转型。在保障村民及其他社会组织治理主体的基础上，在参与式民主的框架内提升公共治理价值的合理性与正当性，力求政府治理在工具理性与价值理性之间获得平衡。〔3〕

---

〔1〕 樊鹏："'政社互动'领跑社会治理创新"，载《光明日报》2016 年 2 月 22 日，第 11 版。

〔2〕 张磊："社会治理共同体的重大意义、基本内涵及其构建可行性研究"，载《重庆社会科学》2019 年第 8 期。

〔3〕 廖业扬、李丽萍："整体性治理视域下的乡村治理变革"，载《吉首大学学报（社会科学版）》2015 年第 1 期。

2. 优化社会治理共同体制定社会规范的程序，确保协商民主制度的贯彻落实。民众在追求攸关自己利益的公共事务上有决定权和影响力，[1]故村规民约的制定应当征求区域公众的意见与建议，保障共同体规范制定过程的公开性与民主性，确保治理主体对共同体事务的充分参与、平等讨论、民主决策，在保障人人参与的同时切实满足共同体成员的共同需要，从而确保规范的合法性和实操性。

（四）"三治融合"构筑乡村社会治理体系

"三治融合"乡村治理体系基本表现为"自治为本、德治为基、法治为要"的关系结构，[2]在运作机制方面则呈现出"一体两翼"的辩证关系，即以村民自治为主体，以法治作为自治和德治的底线保障，以德治作为自治和法治的价值支撑。[3]"三治融合"并非简单的机械化运作，而是根据社会问题的实际状况作出的动态选择。其整体方向是法治发挥了根本性的排头兵作用，德治形成了社会治理过程的理念根基，并以此为本推进民众进行"自助性"的治理和服务，由此建构"法治为要、德治为基和自治为本"的乡镇社会治理"混合模式。"[4]党的十九大报告强调指出："要坚持农业农村优先发展，按照产业兴旺、生态宜居、乡风文明、治理有效、生活富裕的总要求，建立健全城乡融合发展体制机制和政策体系，加快推进农业农村现代化。"[5]"三治融合"治理体系在理论上与人民主权理论和协商民主理论相契合，在实践上与当代乡村治理现状相匹配，已然成为健全乡村治理体系的着力点和适应新时代社会主要矛盾变化的内在需要，为世界范围内的基层社会治理提供了中国智慧与中国方案。

---

〔1〕 郁建兴、任杰："社会治理共同体及其实现机制"，载《政治学研究》2020年第1期。

〔2〕 参见向此德："'三治融合'创新优化基层治理"，载《四川党的建设》2017年第20期。

〔3〕 张景峰："新时代健全自治法治德治相结合乡村治理体系探讨"，载《河南科技大学学报（社会科学版）》2018年第6期。

〔4〕 胡洪彬："乡镇社会治理中的'混合模式'：突破与局限——来自浙江桐乡的'三治合一'案例"，载《浙江社会科学》2017年第12期。

〔5〕《决胜全面建成小康社会 夺取新时代中国特色社会主义伟大胜利——在中国共产党第十九次全国代表大会上的报告》，2017年10月18日在中国共产党第十九次全国代表大会上的报告。

乡村基层治理中村民积分制的现状、困难与对策研究

樊 安 程 旭*

引 言

村民积分制[1]自乡村治理实践探索发展而来，是源于基层社会的一种自生自发的制度创新。起初，积分制主要用于基层党员管理，因此称为"党员积分制"[2]。后来，积分制被逐渐推广使用于多种领域，脱贫攻坚工作领域有幸福积分[3]、平安创建领域有平安积分[4]、乡风文明建设领域有爱心积分、公益服务领域有时间银行积分[5]、敬老养老领域有养老积分、生态环保领域有绿色积分。究其实质，村民积分制属于基层党组织和群众自治组织积极学习现代化的量化管理手段。该制度尝试加强过程管理，提升管理方式和内容的可视化程度，试图把新时代基层党员干部管理制度、群众组织和动员工作融入积分制这个制度容器之中。村民积分榜的具体产生要经过民主评议，

* 樊安，昆明理工大学法学院副教授。程旭，曲靖市人大监察和司法委员会副主任委员。

〔1〕 道德红黑榜其实质与村民积分制没有差别。在我国传统风俗中，"红"通常象征喜庆、积极、兴旺，于是红榜被用来表示村民符合主流道德观念、体现正能量的行为。"黑"往往具有凶险、消极、悲伤的意蕴，因此黑榜被用来表示村民背离主流道德观念、带有负能量的行为。有些地方没有用"黑榜"，改用"改进榜"，以期凸显道德红黑榜的规范引导和正面教育等目的。有些地方在"红榜"和"黑榜"之后，还制作"道德进步公示榜"去肯定和鼓励那些曾经被写上"黑榜"、后来积极改正取得良好效果的人员。"红榜"和"黑榜"各自所指的道德意蕴准确、显明，能够发挥引导和规范作用。鉴于道德红黑榜的意义、做法、困难与村民积分制高度类似，本文将这二者等同视之。

〔2〕 参见王思民、高艳："关于农村党员积分制的思考——基于北京市昌平区泥洼村的实践"，载《领导之友》2011年第11期。

〔3〕 参见何霞云、张天期："'积分制+幸福食堂'实现社区治理人人参与"，载《乡镇论坛》2021年第29期。

〔4〕 参见张晓明、刘熠烨："黎山村：实行村民积分制 激励村民参与乡村治理"，载《村委主任》2021年第10期。

〔5〕 参见赵定东、黄炤羿："社区营造中的时间银行：优势、困境与改进策略——以兰溪市兰红街道为例"，载《社会工作与管理》2020年第2期。

评议组织的权力来源于群众自治组织，评议程序遵循公正公开原则，讲求奖惩与教育相结合，能够提高乡村自治水平。村民积分榜，在评选标准和保障措施方面体现了乡村社会法治建设的要求，是一种自下而上形成的民间法治，是对那种自上而下的法治建设路径的补充。村民积分制是对进步乡风民俗的明确和发扬，是对乡土社会道德化传统的继承，是脱贫攻坚中的扶志，可以促进乡村德治。因此，村民积分制有助于在广大乡村促进自治、法治、德治"三治融合"。本文在肯定村民积分制积极意义的基础上，总结各地的典型做法和经验，探究其在进一步发展过程中所存在的问题和困难，并尝试给出自己的思考和建议。

一、功能定位

村民积分制可以有针对性地解决基层治理中的重点难点问题，符合农村社会实际，具有很强的实用性、操作性，是推进乡村治理体系和治理能力现代化的有效途径。具体来说，村民积分制具有以下预期功能：

（一）强化基层党组织的坚强领导力

在基层党组织的领导下推行运用积分制，推动农村基层党组织联系和服务群众工作规范化、常态化，进一步增强了基层党组织的凝聚力和战斗力，发挥了党员的先锋模范作用，强化了基层党组织在基层治理中的领导地位。

（二）提升开展重点工作的贯彻执行力

积分制把乡村治理与主导产业发展、人居环境整治、基础设施建设、生态环境保护、乡风文明建设等各项重点任务结合，并通过民主程序把农民日常行为转化为数量化指标，进行评价并形成分值，推动了共建共治共享的社会治理格局的打造，促进了乡村振兴战略落地。

（三）打造乡村共建共享共治平台

积分制采用了量化管理手段，有助于打造资源整合利用和人才集聚的共建共享共治平台。第一，积分制有利于打造基层社会共建的平台。有些地方的积分制中设有服务村级事务的积分类别。该类积分引导和鼓励村民关心家乡建设，吸引他们回乡投资和创业，拉来了资金，带动产业发展。第二，积分制有利于打造发展成果共享的平台。一些地方将积分作为村民的信用记录。村民可以通过积分累计信用，向合作银行贷款，合作银行的网上商城还可以帮助高积分的村民推广农产品。第三，积分制有利于打造基层社会共治的平台。有些乡村的积分制中设立了"党员标兵""优秀村民代表"等类别，对建言献策的党员和优秀村民代表进行奖励，为党员、群众提供了参政议政的平台。一些乡村的积分制中设置"乡村秀才"类别，旨在吸引受过高等教育的人才回归家乡或为家乡发展建言献策。村民完成了可以积分的事项后，会要求村干部给自己的行为认定积分，这会倒逼干部积极工作，成为党群互动的平台。总之，积分制把繁杂的事务具体化、抽象的事务数量化、分散的事务标准化，让乡村治理工作看得见、摸得着、可量化，提升了乡村治理的精细化、科学化、透明化、规范化水平，是推动基层治理体系和治理能力的有效抓手。

（四）创新社会动员制度，激发群众参与热情

根据村民积分制管理规定，帮人推车、捡烟头、打扫自己屋前院内等都可以获得积分。积分制让群众的善行及时得到肯定和奖励。村民可以用积分在爱心超市置换生活物品，从物质与精神两方面得到收获。积分内容群众定、积分方式群众议、积分结果群众评，确保了群众的知情权和参与权，发挥了村民的主体地位，激发了村民自治的积极作用，引导村民主动参与公共事务，激活了乡村发展的内生动力。该制度融合进步风俗和社会主义核心价值观，利用看得见、摸得着的方式来动员村民参与美好生活环境的营造，有效地激发了群众参与乡村治理的热情。

（五）建立密切联系群众的长久机制，增强村民归属感

村民积分制以积分为纽带，在基层组织与村民群众之间建立紧密的制度性连接。这种做法让村民感到乡村又回到了从前，就是一个大家庭，自然而然增强了村民的归属感。这有助于促使村民自觉参与乡村治理的各项工作，形成了轰轰烈烈的群众场面。有村民这样评论村民积分制，"以前觉得没人管我们，现在找到组织了，有了回到大集体的感觉。"

二、典型做法总结和个案专门分析

（一）典型做法总结

许多地方探索通过积分制，实现乡村基层社会治理的量化和规范化，以此提升乡村社会治理水平。通过"奖勤罚懒"等正向激励机制和社会舆论引导，促使乡村逐渐形成了诚实守信、自力更生、感谢党恩、尊老爱幼、团结友爱、热心公益活动的良好风尚，充分调动村民的积极性和主动性。总结各

地做法，乡村积分制管理主要有以下三种典型做法：[1]

1. 以综合治理为导向的红分管理系统

"红分管理系统"[2]是以红分管理为抓手，以互联网平台为支撑，将农村基层党组织、乡镇机关干部、党员、村民代表、村民等集体和个人，纳入红分管理系统，创造性地将党建工作与平安建设、文明创建、改革创新、脱贫攻坚等高度融合，构建以党建为引领，法治、德治、自治"三治融合"的共建共治共享社会治理大格局。红分管理系统设置奖励类、扣分类和一票否决类三种积分类别。例如，把见义勇为、拾金不昧等倡导的文明行为纳入奖励类积分；把违反社会公德、不赡养老人等不文明行为纳入扣分类积分；把参与传销、邪教组织或违法犯罪等恶劣社会行为纳入一票否决类积分。

2. 以破解脱贫攻坚难题为导向的"幸福积分"机制

"幸福积分"机制是以"积分"为抓手，探索"积分改变习惯，勤劳改变生活，奋斗幸福人生，共建文明乡村"的新农村建设模式。"幸福积分"划定贫困户和一般农户两类对象。针对"贫困户"设置户容户貌、扶贫政策知晓、内生动力、家庭美德、道德品质五类考核内容。针对一般农户"设置户容户貌、家庭美德、个人精神面貌、道德品质、积极参与村内发展、进步奖六类考核内容。每一类中又分为更为详细的项目，例如积极参与村内发展类就细分为热爱公益、熟练掌握扶贫政策、主动帮扶、带动贫困户等具体事项。云南省景东县曼等乡等地尝试开展此类积分制管理手段。

3. 以助推乡村振兴为导向的千分制机制

该机制是以千分制管理办法为抓手，设置村级党建与乡村振兴两大板块，突出村级党建的地位，以组织振兴带动乡村振兴，破解乡村振兴战略中的诸多难题。在村级党建中，对农村干部设置了详细的考核细则，涵盖"四议两公开"执行情况、"三会一课"开展情况、矛盾化解情况、执行纪律情况等各项主要村级党建内容；在乡村振兴模块直接对接乡村振兴五大内容，让群众在参与积分管理的过程中直接参与乡村振兴的建设。

---

[1] 孔祥香："新时代基层社会治理的积分制探索与启示"，载《农村·农业·农民（B版）》2020年第2期。

[2] 高其才："基于集中居住的乡村基层社会治理——以湖北京山马岭积分制管理为对象"，载《法治现代化研究》2019年第4期。

（二）个案专门分析

1. 大姚县新街镇村民积分制管理的实践探索

云南省大姚县新街镇[1]积极尝试村民积分制管理。第一，制定规章制度，并进行广泛宣传。制定或修改村规民约，把村民积分制规定为乡村自治的一种主要工作机制。制定《×××村村民积分制方案》或《×××村村民积分制实施细则》，就积分制具体内容作出规定。积分事项主要包括以下几类：遵纪守法类、美德实践类、公益参与类、积极进取类、团结和睦类、平安建设类、环境友好类。每一类别下设若干子项，每一个子项是一条行为标准，每个子项都被明确附上分值。借助各村的集体活动场合，充分宣传积分制的具体内容，确保广大村民知晓和了解。第二，以户为单位开展积分考评，实行一户一档。积分终身有效，不清零、不作废。第三，考核管理权力体现群众自治原则。通常从村法律顾问、人民调解员、资深党员、老教师、老干部和乡贤代表中推选组成积分制考核小组。第四，通过激励先进来形成引导和教育作用。经过考核组评审、村党总支审核，评出本村"三治融合光荣家庭"，区分一、二、三等奖分别给予物质奖励。积分制考核结果还会被作为更高级别评奖评优的重要参考因素。

2. 师宗县雄壁镇小黑纳村村民积分制管理的实践探索

本文第二作者程旭驻村扶贫的师宗县雄壁镇小黑纳村，在脱贫攻坚和乡村治理中，积极探索运用积分制管理。第一，村民代表会议审议通过了《村脱贫攻坚和社会治理积分制管理实施方案》（以下简称《方案》）和《村脱贫攻坚和社会治理积分制管理量化考评实施细则分值指导标准》（以下简称《细则》），正式启动积分制管理工作。2019 年，根据上级政府的文件，村级组织就《细则》的适用范围、指标体系、积分规则、操作流程等进行了调整和完善。按照《方案》和《细则》，在小黑纳村，村民、家庭、村级工作人员、党员是积分制管理的主要对象。户籍属本村的村民和户籍不属本村但在本村居住且愿意参与的，经本人申请、村委会同意的都可以参与积分制管理。村级组织根据不同的参与方式分别建立了积分制管理纸质档案和电子信息，实行积分累计使用，根据积分排名分类奖励。

---

〔1〕 参见"大姚县新街镇：村民管理实行积分制"，载 http://ylxf. 1237125. cn/newsview. aspx? newsid=272638，最后访问日期：2021 年 7 月 10 日。

第二，积分指标分为思想政治（公益美德）类、平安稳定类、村级建设类、奖励惩罚类四大块。涉及村民、家庭、单位（商户、社团）、村级工作人员、党员的指标数量依次为90项、33项、33项、13项、23项。根据不同治理对象的特点和行为面向，设置不同的行为类别和分值标准。在此基础上，积分制遵循了"分类而治"的治理逻辑。根据治理对象的不同，其指标设计的内容和侧重点也各不相同。从指标的具体内容来看，指标具有覆盖的全面性和价值的导向性。同时，指标设置具有地方性特征，在现代社会治理过程中融入乡土特色，与城市的积分制指标差异明显。

第三，小黑纳村积分制资源主要有直接的物质资源与间接的政策资源。其中，直接的物质资源包括县级政府按照常住人口1元/人的标准纳入本级财政预算的工作经费、乡镇政府按照常住人口0.5元/人的标准纳入本级财政预算的工作经费、村级组织按照常住人口0.5元/人的标准配套建立的奖励资金、社会组织和个人捐赠的资金等。间接的政策资源是指以条线部门为单位实行的各类公共服务（福利）资源，包括优先考虑子女就业、办理电话充值卡、代养人员优先入住养老院、优先作为各类慰问对象、优先推荐就业或者担任社团负责人、优先使用村活动场地或者设备、作为各类评奖评优活动的依据等。

第四，小黑纳村积分制奖励的形式包括物质奖励、精神鼓励、给予其他支持和便利三个方面的内容。其中，物质奖励主要是"以分易物"，即根据积分兑换日常生活物品。物质奖励是在肯定"理性经济人"的基础上，以利益作为激励的基点，将积分与所对应的物质进行挂钩，这是积分制实施奖励的主要方式。精神鼓励是指对积分高的村民、家庭、村级工作人员和党员进行公开表彰，并分别授予积分制管理荣誉证书。精神鼓励则借助舆论宣传产生正向激励效果，满足治理对象的精神生活需求，让其在参与中体会到成就感和荣誉感，从而教育村民的思想和行为。给予其他支持和便利主要是指对积分高的家庭和个人，村委会帮助其申请创业贷款。这种以信用为核心的支持和便利以提升村民诚信道德为目的，强调村民遵守村规民约、社会道德、法律制度等的内省性和自觉性，通过诚信意识的内化，使社会治理实现由"外部监督管理"向"内部自我治理"的转变。

三、主要困难

(一) 可用于物质奖励的经费来源难以持续

财政拨款是积分制得以生成并有效运行的重要基础。然而，单纯依赖财政资金这个单一渠道无法给村民积分制提供长效资源供给。一旦这项财政资金取消或者减少，积分制自然而然就会陷入运行困境。作为社会治理创新模式的积分制，其目的是通过"积分—奖励"的形式规范村民的行为。可供奖励的资源是积分制运转的关键条件，缺少了资源，积分制就缺少了运转的基础。

下文以本文第二作者程旭驻村扶贫的师宗县雄壁镇小黑纳村积分制实践情况为例讨论第一种困境。2018 年 7 月，小黑纳村试点运行村民积分制管理，上级政府不但给予相应的经费支持，还通过项目制的形式在该村设置了积分兑换爱心超市。超市配备相应的商品物资。村民可以按照"1 分 = 1 元"的标准在爱心超市兑换物资。当时，村民参与积分制管理、兑换商品的积极性和主动性高涨。2019 年底，上级政府对积分制工作进行验收，并高度赞扬小黑纳村积分制管理在社会治理和传播社会正能量方面取得的成效。与此同时，验收合格之后，上级政府不再投入相应资源，由小黑纳村自行运行积分制管理。由于资金不足，2019 年，小黑纳村采取"1 分 = 0.5 元"的标准兑换物资，同时抬高了兑换物资的价格。这两项措施实施之后，村民参与积分制的热情降低，申报数量大比例缩减，兑换商品次数显著降低。直至 2020 年底，脱贫攻坚基本结束，村级组织一直没有资金购买相应的兑换物资，积分兑换大会也没有召开。按照积分制的设计初衷，积分制要采取政府保障、部门帮助、社会筹措、吸引社会捐赠等与市场化运作相结合的方式，多元化、多渠道筹集积分制奖励经费。积分制的长效运行，需要村级组织通过各方渠道为积分制管理工作筹集经费，为工作顺利开展提供必要的财力支持。但是，在实际运行过程中，村级组织难以化解这一难题。主要原因在于：第一，对于村级组织而言，村民积分制管理的成绩只是工作绩效评价中的一个加分项。由于积分制管理不属于必须要开展的刚性工作任务，村干部就没有动力去筹集工作经费。再加之，随着行政事务的不断下沉，村干部要承担很多其他方面的工作，没有精力去解决这个难题。第二，在体制内部，一旦上级政府目标发生转移，下级基层组织的注意力也会随之发生偏转。第三，作为政策执行的末端单位，受限于组织结构、人脉资源、政治环境等方面因素，村级组织也难以整合行政系统内部资源和社会资源支持。乡镇政府和县级政府也有各自的困难。它们需要面对更多的村级组织类似需求，必须平衡各个村庄的整体利益，还要考量行政成本和治理效率的问题，因而往往难以给予同一个行政村持续、稳定的资源支持。

（二）村民参与度有待提高

在理想情况下，村民积分制这种基层治理工作模式能够凝聚多元主体，促进形成上级政府引导、社会自我调节、群众自我管理良性互动的有利局面，显著增强社会治理多元合力。然而，当前村民积分制运行面临的第二个主要困境就是社会参与不足。这主要表现为以下两方面：

第一，村民申报兑换积分的事项的范围比较窄。从积分制的制度设计来看，指标涉及乡村治理的方方面面，涵盖了平安创建、环境卫生保护、婚姻家庭稳定、邻里关系和谐等多方面的内容。但是，很多指标与村民生活贴合度不高、可操作性不强。从小黑纳村居民积分申报台账中可以看出，村民申报的积分项集中在缴纳保险、环境整治、清理河道、治安巡逻等几个方面，其他内容基本没有涉及。例如，平安创建类条款中的"举报私藏易爆品、非法持有管制刀具""举报卖淫嫖娼、淫秽表演、售卖淫秽物品""制止、举报吸毒、赌博等违法犯罪行为""制止正在侵害他人人身安全或者国家、集体、他人财产安全的违法犯罪行为"等。这些积分事项与村民的生产生活相关度不强。而且，在农村这个半熟人社会[1]当中，村民基于面子、人情等因素的考虑也没有动力去进行举报和制止。在小黑纳村的积分指标中，这些类似指标基本上成了不太可能产生实际效果的"僵尸指标"。

第二，参与积分制的申报主体比较集中。小黑纳村积分对象分为三类：一是党员户、村党总支、村委会、各村党支部和村民小组干部户；二是享受国家各类固定待遇的人员户（包括但不限于退役军人定补户、低保户、重度残疾户、保洁员户、生态护林员户、建档立卡脱贫户、离退休人员户、公职人员户）；三是除第一、第二类积分户之外的其他村民户。大部分申报积分的主体都属于村干部、信息员、退休干部及其家庭，一般村民的参与度并不是很高。虽然，村民积分制希望通过行政力量的整合吸纳各方社会力量，实现

---

[1] 关于半熟人社会，参见贺雪峰："论半熟人社会——理解常委会选举的一个视角"，载《政治学研究》2000 年第 3 期。

多元主体共治。但是，在实际运行过程中，村干部缺少治理抓手和治理资源来有效吸纳各类主体参与。正如小黑纳村支书所说，"我们奖励的都是一些生活日用品。且不说我们村企业和合作社少，即便企业和合作社多，单就这些物资也没有办法吸引人家。"同时，出于自利性的心理期望，由于积分制运行资金的不足，原来的参与主体往往基于自身利益的考量而退出积分制管理。小黑纳村村民参与积分制的过程本身就受到利益驱动。当积分兑换的规则和奖励内容发生改变，理性的村民就会仔细计算自己的投入成本与收益预期，并根据结果做出对自己最有利的行为选择。因此，当2020年小黑纳村改变积分兑换规则后，村民参与积分制的积极性明显降低。

四、对策建议

村民积分制尚处于实践探索阶段。只有针对实际问题，不断做出改变，才可能推进该项制度的良性发展。

(一) 完善积分体系，量化文明实践内容

积分制管理机制一般适宜于集中居住的行政村。各类行政村应该因村制宜制定工作方案，确定积分内容，建立积分体系。第一，要明确积分对象。可以将参与积分制管理的对象以户为单位，大体上分为两类：一类是本村户籍常住村民，另一类是非本村户籍常住村民。以本村户籍常住村民为积分主体，将每户家庭成员所得积分计入户积分卡。对非本村户籍常住村民，需经村民代表大会认可后，参与积分制管理，发放积分卡，享受积分激励待遇。

第二，科学设置积分内容和具体指标。将积分设定为基础积分、民主积分、贡献积分三大类。基础积分主要反映村民在日常生活中的共性表现和最基本要求，包括脱贫攻坚、公德美德、遵纪守法、移风易俗、环境卫生、公益事业、学习培训、党支部工作等若干方面。每个方面可以继续细分为若干项赋分内容。民主积分主要反映村民在村务管理中的行为表现，包括村级事务参与度、在群众中的影响力及群众认可度等方面内容。贡献积分主要鼓励村民争当先进、树立标杆，包括表彰奖励、先进事迹、立功表现三部分内容，涉及不同等级奖励。在设定奖励积分的同时，设定道德失范、邻里纠纷、子女辍学、参与赌博、乱搭乱建等扣分项目。通过奖励积分来引导村民从事所在村重点发展的特色产业。

第三，合理设定积分标准。基础积分和民主积分由乡镇指导村级组织结

合实际制定标准，分值从 2 分至 100 分不等，民主积分最高不超过 30 分。贡献积分由市县制定指导标准，分值从 50 分至 10 000 分不等。各乡镇村可根据年度工作重点，有针对性地设置积分项目，合理调整赋分标准，建立起动态管理、可操作性强的积分体系。

（二）规范积分管理，健全监督机制

从可操作性、实施效果、监督保障等多角度入手，完善制度，提升实效。第一，明确管理主体。以乡镇为责任主体，以村"两委"为管理主体，派驻第一书记全程参与，由村"两委"班子负责组建积分评议小组和监督管理小组，解决好"谁来打分"的问题。

第二，民主评定积分。积分评定由积分评议小组直接负责，积分评议小组由村民代表大会选定 5 或 7 人组成，定期逐户开展评比确定每户积分。村"两委"定期通过民主议政日会议、公示栏、微信群等途径公示积分情况。村民对公示结果有异议的，经村委会调查核实后，做出相应处理。对公示结果无异议的积分，由村委会或积分评议小组建立积分管理台账，核发当月积分卡。

第三，强化运行监督。各村组建由村"两委"班子、驻村工作队为成员的积分管理小组，负责积分评议兑换管理工作，严格落实申报、审核、评议、公示等环节，确保公平公正。村民可随时随地通过口头、电话等方式反映农户积分行为，并明确时间、地点、事由，提供相关证据。同时，从村"两委"成员中评出 3 至 5 人组成监督管理小组，负责对评分小组评分的公平性进行监督。

（三）落实积分兑换，建立长效机制

实行村民积分制关键是要树立正确导向，弘扬正能量，让群众自觉参与村级管理，逐步建立起有效的激励机制。

第一，合理选址，方便兑换。按照面积适宜、便于管理的原则，各村主要依托现有的小卖部、便利店、村集体闲置用房等建设文明实践爱心超市，由村民代表大会民主决定选择运营者。

第二，丰富物品，提高兑换满意度。村民积分卡由村"两委"统一制作，1 个积分相当于 1 元人民币。群众凭借积分卡随时到爱心公益超市兑换等价物品。各试点村坚持公益性与市场化并行的原则，由村"两委"通过争取民政财政等部门补贴、社团组织捐赠、村集体经济收入列支等方式筹集兑换物品，一般以生活日用品为主，基本能够满足群众积分兑换的需求。

第三，规范管理，持续运行。各试点村筹集的爱心超市物品，一般通过民政部门调度，乡镇按需派送，村"两委"建立管理台账，统一登记备案管理。进入超市的爱心物品与其他经营物品分区摆放，接受村"两委"监管。村民可持积分卡自由兑换等价物品，并签字确认。爱心物品和社会捐赠物品只能等价积分兑换，不能对外销售。

（四）强化积分运用，注重正向激励

各村按照"立足需要、量力而行、功酬相当"的原则，注重精神激励为主，积分结果与评先选优、政治待遇、惠民政策挂钩。总积分在全村前10名的，公开张榜，在"道德模范""文明家庭"等先进典型评选中优先安排，并作为年终乡镇表彰奖励依据，增强积分管理的"含金量"和吸引力。

附：小黑纳村积分户的基础积分、负面清单和一票否决清单

第一类积分对象基础积分、负面清单和一票否决清单

	积分事项	积分分值
基础积分	书面承诺承认并自愿遵守本《小黑纳村委会党建+乡村振兴"五积"爱心超市积分管理实施办法（试行）》，申请开设积分账户，取得积分卡。	100
	认真学习贯彻党的路线方针政策，学习党的理论知识，坚守共产党人信仰信念，牢固树立"四个意识"，忠诚拥护"两个确立"，坚决做到"两个维护"。	15
	认真执行党中央和上级党组织的决策部署，做到令行禁止，不打折扣，在思想上、行动上同党中央保持高度一致。	15
	明辨是非，政治立场坚定，不信谣，不传谣，维护党的形象。	15
	带头加强法律知识学习，严格遵守党纪国法、党章党规，自觉遵守各项规章制度。	15
	认真遵守《中国共产党章程》《中国共产党廉洁自律准则》《中国共产党纪律处分条例》，以身作则，廉洁自律，秉公办事。	15
	自觉践行社会主义核心价值观，主动与各种不正之风作斗争。	15
	牢记全心全意为人民服务的宗旨，始终坚持群众立场，自觉践行群众路线，积极帮助群众解决实际困难，维护群众正当权益，积极参加奉献社会活动。	15

	按时参加所在支部组织的集体学习，主动按时足额交纳党费。	15
	接受并认真做好镇党委政府、村党总支、村委会分配的工作任务，尤其在急难险重任务面前，能够发挥模范带头作用。	10
	自觉遵守政治品德、社会公德、职业道德和家庭美德。	10
	克勤克俭，情趣健康，反对铺张浪费、奢靡享乐。	10
	带头弘扬社会传统美德，维护社会公平正义。	10
	按时参加支部大会或支部委员会、党小组会、民主生活会（或组织生活会），积极参加各种主题学习活动，深刻自我剖析，虚心听取意见。	10
	按时足额缴纳社保、医保和卫生费。	10
	认真履行门前三包（包净化、包绿化、包亮化）责任。	10
	按时参加镇党委政府、村党总支、村委会组织的各种会议。	10
	清单事项	**扣分分值**
负面清单	无正当理由不参加支部大会或支部委员会会议、党小组会、组织生活会和各种主题学习活动。	20
	不主动按时足额交纳党费的。	30
	拒不接受并认真做好党组织分配的工作任务的。	30
	红白喜事大操大办或索要高价彩礼的。	30
	在疫情期间违反规定，不向党组织报告婚丧嫁娶活动的。	30
	邻里不团结、家庭不和睦影响恶劣，经查证属实的。	30
	私抢滥占耕地、破坏基本农田或者违法建设的。	30
	非正常上访、蛊惑群众或者主动聚众上访、越级上访、缠访、闹访的。	30
	随意抛撒垃圾、倾倒粪便、不定点投放垃圾、破坏村内环境卫生的。	30
	家畜、家禽和犬只散养的。	50
	不配合村党总支和村民小组开展各项工作的。	30
	无故不参加村民会议的。	30

续表

	酗酒滋事，造成不良影响的。	30
	开会迟到、早退的，请"突击假""霸王假"的，参会从事与会议无关的事情的。	20
	"空手"参会、会上玩手机、交头接耳的。	20
	因工作失误或工作落实不到位被督查通报的。	30
	不履行"门前三包（包净化、包绿化、包亮化）"责任的	20
	不按时参加镇党委政府、村党总支、村委会组织的各种会议的。	30
	不按时足额缴纳社保、医保和卫生费的。	30
一票否决	事项情形	
	散布、编造、传播政治谣言、泄漏党和国家秘密、参与非法组织和非法活动的。	
	违反政治纪律、组织纪律、工作纪律、生活纪律、廉洁纪律、群众纪律，受到党内警告以上处分的。	
	本人信仰宗教或其家庭成员组织、参加非法宗教活动的。	
	拒绝履行党员义务的。	
	适龄子女未按时入学或义务教育阶段辍学的。	
	有履行能力拒不履行赡养父母义务或抚养子女义务的。	
	因盗窃公私财物、涉黄赌毒、辱骂诽谤他人、打架斗殴等被公安机关行政处罚的。	
	阻挠政府依法拆迁、征地和工程施工的。	
	被举报有其他违纪违法行为经查证属实的。	
	因故意犯罪被人民法院判处刑罚的。	
	被人民法院列为失信被执行人的。	
	因违纪违法被相关部门处分的。	
	在积分工作中，串通他人弄虚作假骗取积分或以其他非法手段获取积分的。	

第二类积分对象基础积分、负面清单和一票否决清单

	积分事项	积分分值
基础积分	书面承诺承认并自愿遵守本《小黑纳村委会党建+乡村振兴"五积"爱心超市积分管理实施办法（试行）》，申请开设积分账户，取得积分卡。	100
	认真学习贯彻党的路线方针政策，遵守宪法和法律法规。	40
	自觉践行社会主义核心价值观，自觉遵守社会公德、职业道德和家庭美德，克勤克俭，反对铺张浪费，积极参加奉献社会活动。	40
	按时参加村党总支、村委会、村民小组组织的各种会议。	30
	按时足额缴纳社保、医保和卫生费。	30
	认真履行门前三包（包净化、包绿化、包亮化）责任。	30
	做好村党总支、村委会、村民小组安排的各项工作。	30
	清单事项	扣分分值
负面清单	无正当理由不按时参加村党总支、村委会、村民小组组织的各种会议的。	20
	拒不接受并且不认真做好村党总支、村委会、村民小组分配的工作任务的。	15
	红白喜事大操大办或索要高价彩礼的。	30
	在疫情期间违反规定，不向党组织报告婚丧嫁娶活动的。	30
	邻里不团结、家庭不和睦，影响恶劣，经查证属实的。	30
	抢滥占耕地、破坏基本农田或者违法建设的。	30
	不履行门前三包（包净化、包绿化、包亮化）责任的	20
	非正常上访或蛊惑群众或者主动聚众上访、越级上访、缠访、闹访的。	30
	随意抛撒垃圾、倾倒粪便、不定点投放垃圾、破坏村内环境卫生的。	30
	家畜、家禽、犬只散养的。	50
	不配合村党总支和村民小组开展各项工作的。	30
	无故不参加村民会议的。	30
	酗酒滋事，造成不良影响的。	30
	会上玩手机、交头接耳的。	20
	因工作失误或工作落实不到位被督查通报的。	30

续表

	情形事项
一票否决	散布、编造、传播谣言、组织或参与非法活动的。
	拒绝履行所享受的国家各类固定待遇相关的义务的。
	适龄子女未按时入学或义务教育阶段辍学的。
	有履行能力拒不履行赡养父母义务或抚养子女义务的。
	因盗窃公私财物、涉黄赌毒、辱骂诽谤他人、打架斗殴等被公安机关行政处罚的。
	阻挠政府依法拆迁、征地和工程施工的。
	被举报有其他违纪违法行为经查证属实的。
	因故意犯罪或其他违法行为被人民法院判处刑罚的。
	被人民法院列为失信被执行人的。
	在累计积分工作中，串通他人弄虚作假骗取积分或以其他非法手段获取积分的。

第三类积分对象基础积分、负面清单和一票否决清单

	积分事项	积分分值
基础积分	书面承诺承认并自愿遵守本《小黑纳村委会党建+乡村振兴"五积"爱心超市积分管理实施办法（试行）》，申请开设积分账户，取得积分卡。	100
	家畜家禽圈养、犬只拴养的。	50
	认真学习贯彻党的路线方针政策，遵守宪法和法律法规。	50
	自觉践行社会主义核心价值观，自觉遵守社会公德、职业道德和家庭美德，克勤克俭，反对铺张浪费，积极参加奉献社会活动。	50
	按时参加村民小组组织的各种会议。	30
	按时足额缴纳社保、医保和卫生费。	40
	认真履行门前三包（包净化、包绿化、包亮化）责任。	30
	清单事项	扣分分值
负面清单	无正当理由不按时参加村党总支、村委会、村民小组组织的各种会议的。	20

负面清单	拒不接受并且不认真做好村党总支、村委会、村民小组分配的工作任务。	15
	红白喜事大操大办或索要高价彩礼的。	30
	在疫情期间违反规定，不向村党组织报告婚丧嫁娶活动的。	30
	邻里不团结、家庭不和睦、影响恶劣，经查证属实的。	30
	抢滥占耕地、破坏基本农田或者违法建设的。	30
	不履行门前三包（包净化、包绿化、包亮化）责任的	20
	非正常上访或蛊惑群众或者主动聚众上访、越级上访、缠访、闹访的。	30
	随意抛撒垃圾、倾倒粪便、不定点投放垃圾、破坏村内环境卫生的。	30
	家畜、家禽、犬只散养的。	50
	不配合村党总支和村民小组开展各项工作的。	30
	无故不参加村民会议的。	30
	酗酒滋事，造成不良影响的。	30
	会上玩手机、交头接耳的。	20
	因工作失误或工作落实不到位被督查通报的。	30
一票否决	情形事项	
	散布、编造、传播谣言、组织或参与非法活动的。	
	适龄子女未按时入学或义务教育阶段辍学的。	
	有履行能力拒不履行赡养父母义务或抚养子女义务的。	
	因盗窃公私财物、涉黄赌毒、辱骂诽谤他人、打架斗殴等被公安机关行政处罚的。	
	阻挠政府依法拆迁、征地和工程施工的。	
	被举报有其他违纪违法行为经查证属实的。	
	因故意犯罪被人民法院判处刑罚的。	
	被人民法院列为失信被执行人的。	
	因违纪被司法机关追究责任的。	
	在累计积分工作中，串通他人弄虚作假骗取积分或以其他非法手段获取积分的。	

奖励积分清单〔1〕

积分项目	奖励事项和奖励分值
积勤 促进产业兴旺	主动引进发展成功一项本村原来没有的产业并带动 20 户以上农户参与的，积 500 分。
	积极发展烤烟种植产业并完成烤烟合同签订的交售任务数，积 20 分。
	鼓励向种植大户流转土地进行规模化种植，种植大户向农户每流转一亩土地，积 20 分。
	积极参与辣椒产业发展，每种植一亩辣椒，积 30 分。
	每向村合作社交售 1kg 干辣椒，积 1 分。
	积极参与花椒产业发展，每种植一亩花椒，积 30 分。
	每向村合作社交售 1kg 干花椒，积 1 分。
	积极参与万寿菊产业发展，每种植一亩万寿菊，积 5 分。
	主动引进设备建立农产品收购、加工或者在本村开展商品零售、餐饮服务并设立为市场主体的，积 200 分。
积美 促进生态宜居	主动参与人居环境整治，完成三堆（粪堆、草堆、柴堆）出村或粪肥还田任务的，积 20 分。
	主动参与村委会或村民小组组织的公共区域卫生清洁、陈年垃圾清运、公路沿线排水沟清理等大型集体活动的，每人次积 80 分。
	积分评定小组每周对各村保洁员清扫情况进行一次检查打分，评出该周前三名，分别积 30 分、20 分、10 分，连续三周被评为最差等次的取消其保洁员资格。
	鼓励按照"五净一规范"（院内净、卧室净、厨房净、厕所净、个人卫生净和院内摆放规范）的标准开展"美家美院"创建行动，每创建成为"美家美院示范户"的，积 100 分。
	鼓励收集烟头、废纸、废饮料瓶等垃圾兑换积 20 分。每 200 个烟头、20 节废旧干电池、5 公斤塑料、废铁、废纸可兑换积 10 分。
	家畜家禽圈养、犬只拴养，积 50 分。

---

〔1〕 本清单不区分积分对象的类别。

续表

积分项目	奖励事项和奖励分值
积俭 促进乡风文明	移风易俗，办理婚丧嫁娶事项，仪式从简、规模从小、时间从短的，积 200 分。
	积极落实殡葬改革政策要求，按时火化，积 50 分。
	主动帮助邻里缺劳力的留守老人打扫庭院，代买、代办老人不方便的事项者的，积 100 分。
	被村党总支和村委会评选为"卫生家庭""五好家庭""文明家庭""道德模范户""孝老爱亲户""遵纪守法户""诚实守信""好儿媳""好公婆"的，每一奖项积 50 分。
	拾金不昧，主动上交拾获财物或主动找到失主的，积 20 分。
	每输送一名家庭成员参与征兵服役的，积 100 分。家庭成员在部队服役并获得荣誉奖励的，积 100 分，立三等功及以上一次的，积 1000 分。
	丧事不搭设灵棚，不吹打鼓乐和鸣放烟花爆竹，不在出殡沿线散撒纸钱的，积 100 分。
	不邀请除直系亲属外的其他人员参加寿宴、乔迁宴、满月宴、升学宴的，积 100 分。
	主动参与扶弱济残、帮助困难家庭和特殊困难群体解决实际困难的，积 200 分。
	通过政策扶持和产业扶持自愿申请退出低保户的，积 500 分。
积善 促进治理有效	积极参加镇、村两级组织的各类技能培训、会议、政策宣传的，每人次积 5 分。
	积极向村组举报各类非法活动或者在维护社会治安中提供有价值线索的，积 100 分。
	家庭成员在党的建设、乡村振兴、精神文明建设、道德模范和好人评选、综治维稳、学业等方面获得荣誉的，乡镇级的一次积 100 分，县级的一次积 500 分，市级的一次积 2000 分，省级的一次积 5000 分，国家级的一次积 10000 分。
	主动参加疫情防控等志愿服务工作，服务时间每天超过 4 小时的，积 80 分。

积分项目	奖励事项和奖励分值
积善 促进治理有效	主动参加综治宣传活动、矛盾纠纷排查化解、禁毒宣传等活动的，每次积 60 分。
	家庭成员积极参与献血，且每累计 400 毫升的，凭借献血证，每次积 100 分。
	主动协助村委会或村组织承担不属于自身工作职责范围内工作的，积 50 分。
	主动向村委会举报他人违法犯罪或骗取积分，经查证属实的，积 100 分。
	个人出资帮困助残的，积 50 分。
积学 促进生活富裕	在村委的"农家书屋"看书时间达到 1 小时的，积 5 分。
	家庭成员外出打工的，一人积 20 分。
	家庭成员考入高中、中等专业学校的，一人积 100 分。
	在校学生获得学校奖励，小学阶段一人次积 10 分，初中阶段一人次积 100 分，高中、中专阶段一人次积 300 分，大学阶段一人次积 500 分。
	考取专科院校的，一人次积 500 分；考取二本院校的，一人次积 1000 分；考取一本院校的，一人次积 2000 分；考取双一流大学的，一人次积 5000 分；考取全日制硕士研究生的，一人次积 10000 分；考取博士研究生的，一人次积 20000 分。
	主动学习乡村振兴政策、惠农政策，并积极宣传政策，在入户调查时可以准确回答的，积 50 分。

村社干部职业化的实践机制研究

——以师宗县"缩面提标"为例

李梦侠*

摘　要： 村社干部职业化是不可逆转的趋势，师宗县的"缩面提标"政策通过整合队伍、强化激励和夯实责任，有效推动了村社干部的职业化。相关实践表明，群众需求多元化、村社组织行政化、干部收入工资化是支撑村社干部队伍迈向职业化的重要条件。然而，职业化是有限度的，治理责任的分配和工作方式的更新，要契合当前村社干部的实际。相关分析为认识村社干部职业化和基层社会治理带来了一定启发。

关键词： 村社干部；职业化；基层治理；社会治理

村社干部是连接国家和农民的纽带，村社干部的制度设计和运行机制在国家治理体系中具有重要的地位。随着社会经济的发展，村社干部的工作方式发生了变化，由原来的兼职迈向专职。近年来，全国各地不断探索村社干部职业化的路径，由于社会经济状况存在差异，各地的探索也存在很大差别。在西部地区，由于社会经济条件相对落后，地方政府难以投入充足的资源来推动村社干部的职业化转型，只能依据现有的条件开展探索。师宗县隶属云南省曲靖市，是典型的西部山区县。全县国土面积 2783 平方公里，下辖 10个乡镇（街道）、110 个村委会（社区）、784 个村（居）民小组。2019 年，师宗县"摘帽"贫困县，入选全国农业创新创业典型县。同年，该县开展了名为"缩面提标"的政策实践，有效提升了村社干部的职业化水平。文章以该政策的实践为研究对象，通过对政策的实施情况进行机制分析，以期对村社干部职业化、基层社会治理有更深入的认识。

---

*　李梦侠，男，法学博士，云南大学法学院博士后。

一、师宗县"缩面提标"的实施状况

"缩面提标"是师宗县委县政府针对村社干部队伍建设与管理进行的机制创新，目的在于优化改善当地农村、社区法律和政策执行乏力、有效服务供给不足的问题。主要内容包括：第一，对村社干部及基层各类公共服务的供给者进行统筹优化，建立一支规模精简、作风优良的村社干部队伍；第二，综合安排各类用于基层公共服务购买的政府资金，提升资金的使用效率；第三，建立符合基层社会实际的村社干部责任管理机制，强化对村社干部的管理。2019 年，在选择部分村社先行试点、总结经验的基础上，师宗县委印发《关于建设相对职业化村（社区）干部队伍的意见（试行）》，按照"人力资源整合、工作职能合并、干部结构优化、服务能力提升、报酬待遇提高、财政负担不增"的原则，稳步开展村社干部队伍管理制度机制的改革。

（一）整合队伍

人员整合是指对村社干部队伍、公共服务供给人进行结构上的优化，在精简规模的基础上聚合精干力量。"缩面提标"改革之前，师宗县通过设立"几大员"的方式来向群众供给基本的公共服务。从调查情况来看，师宗县至少需要向农村群众提供 18 项服务。如下表所示：

序号	服务内容	序号	服务内容
1	残疾人联络与帮扶	10	安全生产监督管理
2	农科辅助	11	道路交通管理
3	综治协调	12	老年人关爱与帮扶
4	新农保办理	13	烤烟辅导
5	森林防护	14	民政服务
6	人工增雨防雹	15	自然灾害预警
7	科普宣传	16	公共卫生
8	计划生育宣传	17	食品安全
9	治保消防	18	畜牧兽医

上述所列仅是在全县具有普遍性的公共服务内容，部分村庄和社区因为产业、地理等因素，还会有其他的服务内容。"几大员"依据服务内容的不

同，向上对应着不同的部门，通常负责某项具体公共服务的政府部门会依据村"两委"的推荐，或是以直接聘用的方式来确定"大员"的人选，有的公共服务由一个"大员"完成，而有的工作则需要同时任命或者聘用多位"大员"，比如烤烟辅导、森林防护、治保消防等。随着乡村公共服务的增加，"几大员"的规模快速增长，在"缩面提标"政策实施之前，有的村（社区）拥有20多人的"乡村几大员"。

然而，队伍的扩张并没有带来治理绩效的提升，相反还带来了服务供给方面的问题。首先是难以管理，"几大员"的选拔和管理并不统一，有的由村"两委"进行管理，有的则是由基层的政府部门管理，这使得各项公共服务的供给难以统一调度，特别是由政府部门所直接调度管理的服务工作，当群众将对此类服务的需求反映到村"两委"时，村社干部需要再对需求进行传递，让群众的需求得不到及时满足。其次，队伍规模过大会给"几大员"怠于履职创造空间。有的公共服务内容上存在着交叉，"几大员"之间会就履行职责产生推诿，让群众"不知道去找谁"来给自己解决问题。最后，在难以统一调度和互相推诿中，相应的公共服务工作最终回流到村"两委"，给"两委"带来额外的治理负担。

整合队伍就变得尤为重要。2019年，师宗县委县政府组建领导小组推进"缩面提标"工作。在深入调查的基础上，县委县政府将原有的"几大员"进行精简缩编，围绕着农村公共服务的内容与特点对"几大员"进行整合。在这一过程中，精简队伍和突出精干力量同时进行。首先，保留专业技术较强的"大员"，对专业技术要求相对较低的"大员"进行合并。公共卫生、畜牧兽医和增雨防雹工作有较高的专业技术要求，负责这三项工作的"大员"不作调整，其余的服务工作只需要有人负责管理便可，因而这是整合的重要部分。其次，以乡村民主评议和政府联审资格的方式对"大员"进行选拔。在民主评议环节，"大员"的候选人由村社的党组织通过党员大会选出，推荐人选在村民会议上接受民主评议；随后，乡镇政府组织各职能部门对"大员"候选人进行资格审查。其中规划建设、国土、社会事务办、林草办等部门对候选人的业务能力进行审查，党建、纪委、公安、派出所、司法所、扫黑办、信访办等部门对候选人的工作作风、既往经历进行审查。最后，乡镇党委对审查无疑义的人选进行研究后，发布正式任命。随着整合工作的深入，师宗县的乡村和社区形成了一支既精简又精干的村社干部队伍，其中村庄的干部队伍核定为 7 人，社区为 9 人。

（二）强化激励

强化激励是指在整合人员的基础上，对各类服务的财政补贴资金进行统筹使用，在职能集中的同时集中资金，也就是"提标"。"提标"的目的在于强化"几大员"的工作积极性。师宗县以政府购买服务的方式来回应群众日益高涨的生产和生活需求，但是基层政府的财力有限，因而所谓的购买其实是一种补贴，以相对低廉的价格换取"几大员"为群众服务。补贴资金源于不同的部门，数额存在差异，数额最高的是烤烟辅导，相应的"大员"每人可以获得每月 1500 元的补贴，而最低的是老年人关爱帮扶与科普宣传，每月仅有 50 元。其余的服务补贴多在每人每月 200 元这一数额上下浮动。

如果不对各类补贴资金进行统筹，那么这些补贴的数额并不能对"几大员"形成激励。可以对比的例子是当地的农用收入。师宗县的不少乡镇都从事经济作物的种植，包括烟叶、莲藕、茭白等作物。这类经济作物的生产需要消耗极大的劳动力，特别是在农忙时节。这一段时间内，雇工的价格是 180 元至 200 元每人每天，并且普遍包吃。此外，日常乡村零散工的日收入也能达到 100 元以上。外出务工的收入则视工作性质和内容而有所差异，但普遍高于留村供给公共服务。微薄的补贴带来了两个后果。其一，"几大员"缺乏积极性，容易生出"不划算"的想法，但是能够有一项进账，那也聊胜于无，两相作用下会让部分"大员"不放弃公共服务的岗位，但同时也不愿意倾情投入。其二，不同"大员"间过大的补贴数额差异，也会损害他们的工作积极性。这两个后果，最终都削弱了乡村公共服务的供给能力。

强化对"几大员"的激励，目的在于刺激"几大员"的工作积极性。为此，师宗县设计了"4321"的收入结构。第一，"两委"书记、主任"一肩挑"的按 4500 元每月；第二，"两委"的书记和主任 4000 元每月；第三，"两委"的副书记、副主任和监委会主任 3000 元每月；第四，村委委员、支委委员 2000 元每月；第五，村组支部书记、小组长 1000 元每月。这一结构并不是职位越高收入越高，而是收入和承担的工作内容成正比。例如，民政协理员、食品安全信息员等工作内容较多、责任重大的职务，就由"两委"的书记、主任来兼任，护林这种事关集体利益的工作就由村务监督委员来负责等等。这样的设置，既确保了重要工作由能力强、业务熟、有威信的人来承担，又合理衡量评价了每个"大员"的工作量，有效地激励着"几大员"

完成其服务工作。

（三）夯实责任

"缩面提标"政策的最后一步是通过完善责任管理机制来驱使"几大员"更好地为群众服务。责任管理体系由乡镇党委政府负责制定。村社干部的工作兼具政治属性和行政属性，因此对他们的考核也采用了双重的考核体系。第一重考核体系是对村社干部政治素养、工作作风的考核，围绕"德""能""勤""绩""廉"五个方面展开。第二重体系考核的是村社干部的行政任务履行情况。该重考核体系的核心是绩效，一方面是考核村社干部在乡村公共服务上是否回应了群众的需求，评价源于群众向乡镇党委政府的反馈；另一方面是考核村社干部是否依规履职，由公共服务所属的行政部门来作出评价。考核结果分为"优秀""称职""基本称职""不称职"四个等级，结果同村社干部的个人待遇挂钩。除了对个人进行考核之外，乡镇党委政府还要对村社集体进行考察，通过授予"红旗村"的殊荣来激励村社干部开展工作。

从上述实践不难发现，"缩面提标"政策重视责任管理机制的建设。该机制体现出三个特点。第一，重视一岗双责。村社干部作为和群众接触最多的干部，既要执行上级的政策，又要直面群众的诸多需求和诉求。通过对村社干部进行政治责任和行政责任的管理，既符合县乡两级政府的工作需要，又契合群众对村社干部的期待。第二，突出评价双轨制。乡镇党委政府"自上而下"与基层群众"自下而上"相结合的评价方式，有效起到了"指挥棒"的作用。村社干部的待遇源于财政资金，如果仅仅设了"自上而下"的评价路径，会使得村社干部的行动完全出于"唯上"的动机，但加入"自下而上"的评价之后，村社干部会更加关注群众的需求，这就将政府行政和服务群众实现了有机结合。第三，注重个人与集体的统一。村社干部的能力、素养需要通过村社组织的集体行动表现出来，如果村社干部只重视自己工作的履职情况、忽略村社组织的团结与合作，那么村社就难以发挥其在基层工作中应有的作用。在师宗县，设立"红旗村"这样的集体荣誉，目的就是让村社干部个人和集体之间建立利益、情感上的联结，实现个人利益和集体利益的相辅相成。

"缩面提标"自实施以来取得了巨大的成效，目前师宗县已全面完成110个村（社区）的干部职业化改革。这一实践不仅做到"百姓的事有人管"，还做到了"管事的人很积极"。从另一角度看，"缩面提标"准确地把握住了村社干部队伍运行实践中"分工-激励-责任"这一主线，为村社干部职业化的探索提供了有益的经验和参考。

二、村社区干部职业化的条件

"缩面提标"政策的成功有其必然性，支撑村社干部队伍职业化的条件逐渐具备。从成功经验中抽象出支撑条件，是进一步探索、推进和完善村社干部队伍职业化的必要步骤。就当前来看，村社干部职业化是不可逆转的趋势。随着乡村经济社会的发展，催生了基层群众的多元需求，为了回应群众的期待，地方政府推动村社组织的行政化转型，让国家的资源能够有效输入乡村，而地方政府财政则确保了行政化之后的村社组织及其干部有能力专职服务群众。

（一）群众需求多元化

群众需求多元化是村社干部队伍职业化的第一个条件。伴随着本世纪初农业税的取消，农村的治理事务日益"去生产化"，生活服务性事务和行政事务成为了乡村治理的主要事务类型。[1]"去生产化"有两个原因：第一，以服务农业生产为主要目标的基础设施由国家以项目的形式进行投资，村社组织不再需要像以前一样从乡村内部筹集资金、动员劳力。第二，随着打工经济的兴起，越来越多的群众选择外出寻找就业机会，乡村不再是群众唯一的生产场所，但是其作为重要生活场所的地位并没有降低，特别是在农民进城落地生根仍旧有不小难度的当下。这两个原因促使村社组织的功能发生改变，由原来的侧重于组织乡村农业生产，转变为侧重于服务群众生活、协助法律、政策和资源下乡。

这一转型有着深刻的时代背景。一方面是国家和农村的关系发生了变化。在农业税改革之前，基层政权通过向农村汲取资源以壮大城市和工业的发展，农业税改革之后，基层政权从过去的汲取型变为与农民关系松散的悬浮型。[2]随后，国家加大对农村的建设力度，通过新农村减少额、精准扶贫、乡村振兴等方式来夯实农村的基层基础地位，此时国家在和农民的互动中，扮演着公共服务提供者的角色。另一方面城乡关系越来越紧密，在新型城镇化的作用下，城乡融合的趋势加快，其中一个重要的表现是乡村群众的观念

---

〔1〕 梁永成、陈柏峰："农村后备干部培养体系的转型与重塑"，载《思想战线》2020 年第 5 期。

〔2〕 周飞舟："从汲取型政权到'悬浮型'政权——税费改革对国家与农民关系之影响"，载《社会学研究》2006 年第 3 期。

向城镇居民靠近，在公共服务方面，群众也希望能够和城镇居民一样享受到便捷的、有保障的公共服务。

可以说，经济社会的发展和群众观念的更新要求地方政府提供丰富的公共服务。在师宗，这些需求具体反映如下：以烤烟种植为主的农业指导、科技辅助和自然灾害预警；妇女、老年人、残疾人等特殊群体的权益保障；新农保、新农合等农业农村服务；以农地、林地为主的集体资产管理；以农村公路、乡村道路为主的基层公共设施管理；以矛盾纠纷化解、治安维护、食品安全保障为主的法治服务；此外还有生产安全管理、殡葬管理、计划生育指导等传统的农村工作，等等。这些需求是多方面的，既有体现农村制度特色的集体资产管理需求，又有与地方经济产业相关的农业科技需求，还有随着乡村社会发展而不断变化的法治需求，等等。多样且精细的需求，离不开一支分工合理、专业素养较高的村社干部队伍，而要发展这样一支队伍，职业化是必由之路。

（二）村社组织行政化

村社组织行政化是村社干部职业化的第二个条件。伴随着村庄治理需求的多元化，村社组织很难像以前一样作为非正式的机构存在和运行，而是作为国家机构的延伸，显现出一定的科层色彩。与之相应的是，对村社干部组织方式和工作方法也有了要求。

首先是机构设置专门化。传统的村社组织结构难以满足当下的治理需求，在坚持"两委"框架的基础上，对村社组织的结构进行优化，是为了更好地回应农村社会的发展。"两委"作为村社组织的基础架构，是群众开展自我决策、自我管理和自我服务的中枢，在传统的农村治理实践中，"两委"更多要面对的是村庄内部的问题。而当国家和农民的关系发生转变后，"两委"需要有更加精细的结构来同乡镇政府进行对接，因而在具体的职能设置上，不仅仅是需要保留既有的群团、民政、计生等职能，还需要更多的职能来配合协助乡镇政府的诸多专业职能。结果就是"两委"内部需要新增专业性更强的职位。其次是工作方式科层化。在结构优化的基础上，村社组织的运行方式也要和乡镇政府相协调。目前，农村治理很大程度上实现了"数字管理"，[1]这

---

〔1〕 朱政、徐铜柱："村级治理的'行政化'与村级治理体系的重建"，载《社会主义研究》2018 年第 1 期。

一现象的背后，是农村基层工作形态的两种转变。第一种转变是工作文牍化，无论是向上与乡镇政府对接，还是向下同群众互动，村社干部需要通过大量的会议、书面汇报、报表、台账，甚至网络平台来开展工作，文牍化在一定程度上确保了农村工作可查可控。第二种转变是村社干部更加重视各类资源的下乡。对于大多数农村来说，通过内部挖潜来促进发展是有难度的，需要国家资源的托底，因此资源如何进村，就成为了排序优先的工作。国家的资源通常以项目的形式进入村庄，村社干部一方面要"争资跑项"，一方面又要为项目进村破除障碍，这些工作都可以归属为行政任务，需要大量的文字、档案留痕。最后是人员管理规范化。如果说在既往的治理重视村社干部本身所具备的社会资本的话，现在的农村治理更依赖于规则。村社干部的职权有规则依据、工作内容很多都是执行法律和政策，甚至责任也以规则的形式出现。是什么工作、如何做工作、如何评价工作都有规则可循，可以说，在规则的作用下，村社干部不再像以往一样可以便宜行事，从选拔、行为到最终的评价，都变得可预期、可监督。

"缩面提标"政策加强了村社组织的行政化。在选拔阶段的资格联审中，有乡镇各部门的参与，在评价考核环节，乡镇各部门同样发挥着重要的作用。从乡镇的角度来看，村社组织的行政化有助于各个行政部门将自己的专业职能延伸到村庄和社区，从村庄和社区发展的角度来看，是为了能够更好地引入资源、提升服务。进一步看，"缩面提标"所具有的整合、激励和责任管理功能，并不是赋予村社组织行政化的性质，而是优化并提升效率，这意味着该县村社组织的行政化已有一定的历史，并且成为了整个治理体系当中不可或缺的一部分。

（三）干部收入工资化

收入工资化是村社干部队伍职业化的第三个条件。村干部的报酬工资化是大势所趋。[1]尽管有着干部身份，但村社干部仍旧是农民群众。农村家庭收入是一个结构性的问题，兼业构成了农村家庭获取经济收入的渠道。一方面，农业是传统的农村家庭收入来源。目前，大田作物的市场价格并不高，尽管国家对大米等粮食作物的收购采取了保护价，但是这一价格同经济作物的价格不能相比，仅仅依靠大田作物的种植，并不足以支撑起一个农村家庭

---

〔1〕 贺雪峰："村干部实行职业化管理的成效及思考"，载《人民论坛》2021年第31期。

的消费。经济作物的市场价格较高，但是波动巨大，其中还蕴含着风险，并不能够持续地为农村家庭带来高收入。因而，对于农村家庭来说，老年人留守家乡从事农业生产，青壮年外出务工是最优的选择。但无论是从事农业，还是外出务工，农村家庭的生计都需要花费劳动力和时间。历史上，村社干部一直是兼职的，他们利用农业生产的间隙来服务村庄的公共事务，基层政府给予他们的报酬，属于误工费。要让村社干部为群众提供全天候的、专职的服务，就需要让他们脱产专心从事村社组织的工作。

另一方面，集体资产及其收益很难转化为村社干部的薪酬。在部分东部发达地区、沿海地区的村庄，集体资产的经营收益为村庄带来了巨额的利益，在严格的管理和监督之下，这类收益能够为村社干部提供一部分报酬。这样的报酬来源有着极其特殊的经济基础作支撑，对于广大西部地区来说，很难复制和移植这种模式。此外，"村账乡管"制度使得村社的财务运行完全置于乡镇政府的监督之下，村社干部是没有空间去给自己发放报酬的。对村社资产和财务的严格监督，很大程度上杜绝了村社干部从集体资产及其收益中支出报酬的可能，有效遏制了"微腐败"的发生。而要使得村社干部能够脱产从事基层工作，最合理的出路便是将村社干部的薪酬纳入政府财政的保障。

"缩面提标"政策敏锐地把握到了政府财政对于村社干部职业化的作用。在财政资源有限的前提下，师宗县没有盲目扩大对公共服务的投入，而是通过精简队伍规模、提升村社干部的待遇标准来推动公共服务的运行质量。尽管村社干部目前工资收入同公务员相比仍旧存在一定的差距，但是结合当地的生活状况和消费水平来讲，"提标"之后的报酬，已经能够让村社干部脱产并全职从事基层的服务工作。

三、村社干部职业化的限度

村社干部的职业化程度是有限的，无论是其承担任务，还是自身的专业素质，甚至是工作方式，都不能同公务员相比，因而村社干部的职业化只能是相对的，不能无止境地对村社干部提出过高、过多的要求。

长期以来，村社干部承担了超出其权力的责任。虽然"缩面提标"取得了良好效果，但不得不考虑一个潜在的后果：村社干部成为法律和政策的兜底执行者，包揽所有的基层工作。对这一后果进行假设，并非没有根据。长期以来，政府与村社之间存在着治理目标的"承包"关系，其中包括了国家部门"发包"、地方政府"打包"、村庄"抓包"的复杂运作机制，[1]这使得村社组织深陷于"权责利不对等"的境地。比如说食品安全信息员，由于市场监督管理部分的基层机构只设立到乡镇街道一级，村庄和社区并没有常设的执法力量，因此市场监督管理部门通常会在乡村社区中设立食品安全信息员。食品安全信息员的功能是收集上报食品安全信息，弥补因执法部门渗透能力不足而带来的执法短板。然而，市场监督管理部门通常以"责任状"等形式，将"不出事"这一目标"打包"下派给食品安全信息员。不可否认，食品安全信息员对基层的食品安全监管工作有重要的功能，但这仅仅是功能上的弥补，而非替代。过多的责任下派，会带来两方面的消极后果，一方面，食品安全信息员并不享有执法权，其行为只能定义为协助执法部门、劝导监管对象，责任与权力的不匹配无助于食品安全风险的排除；另一方面，委以更多的责任，一定程度上等同于"放手"食品安全信息员来处理乡村的食品安全问题，这会产生巨大的"寻租"空间，从而埋下监管隐患；再一方面，过多的责任会加剧村社组织的治理负担，分散其用于本职工作的精力。

同时，村社干部本身的素质和能力也不足以完全跟上日新月异的行政技术。近年来，不少技术含量较高的工作方式被运用到治理中，诸如无纸化办公、网络办公、移动办公等。高新技术的运用在极大提升了行政效率、治理效率的同时，也给村社干部带来了困扰：要如何适应新的办公条件。村社干部毕竟和公务员不同，公务员的选拔条件本身包含了对学历、文化水平的要求，这类要求并不能完全移植到村社干部身上。同样的，村社干部具备了人熟、地熟、事熟的优势，这些优势是公务员所不具备的。面对的问题不同，对队伍建设的要求也要有所差异，公务员队伍和村社干部队伍应是有机协调、互相配合的关系，而不是在村社层面再复制一支公务员队伍。让村社干部适应行政工作的环境和节奏，熟练掌握各类行政技术是可预期的目标，但是这需要一个过程。师宗县的村社干部普遍以中老年为主，他们有着极强的基层工作经验，能够通过威望、面子、情感等方式来推动治理工作的运行，但是由于自身素质的局限，他们很难熟练地运用各种办公手段。目前，师宗县已经建立了相对成熟的村社后备干部培养机制，不少青年人已经作为后备人才

---

〔1〕 参见折晓叶、陈婴婴："项目制的分级运作机制和治理逻辑——对'项目进村'案例的社会学分析"，载《中国社会科学》2011年第4期。

加入到村社干部的行列中，相信在未来的治理实践中，会有一支基层经验丰富、工作技能纯熟的村社干部队伍。而当下，对村社干部队伍的技能要求，应更贴合实际。

四、结语与启示

"缩面提标"虽然是微观上的政策实践，但揭示了村社干部职业化的丰富内涵和深刻机理。村社干部职业化改变了村社组织原有的非正式属性，强化了乡镇和村庄社区之间的联系，加强了国家向基层社会渗透的能力。从师宗的实践不难发现，村社干部职业化是在特定历史条件下出现的治理机制，群众日益丰富的需求、村社组织的行政化转型以及政府财政，共同支撑着村社干部走向职业化。与此同时，在看到村社干部职业化所带来的治理绩效的同时，也应正视它的限度，注意区分村社干部和公务员的区别，审慎、稳步地推进职业化。相关实践蕴含着成功的治理经验，具备一定的推广价值。

"缩面提标"是在西部欠发达地区的基层发展起来的经验，相对落后的经济基础和孱弱的政府财政极大地限制了基层治理的运行。同发达地区不同，师宗的社会治理创新并不能依靠大量的经济投入，只能从既有条件出发，充分发挥地方政府的主观能动性。一方面，坚持问题导向，以问题来倒逼机制的创新。在这一点上，师宗县有着敏锐的问题意识，能够充分把握住要解决的问题及其背后的规律。另一方面，充分挖掘自身的条件，把治理机制创新建立在已有的基础条件之上。"缩面提标"的成功并非一蹴而就，背后是地方政府对自身情况的清楚把握，能够在面对问题时充分考虑哪些已具备的条件可以利用。再一方面，强调治理机制创新与社会基础的契合性、适应性。新机制的出现和持续运行离不开对社会基础的充分把握，仅仅依靠"自上而下"的认识，并不足以推进治理创新，需要紧密地结合"自下而上"的视角，在对基层社会的实际有充分把握的基础上，新机制才能落地生根。

论云南省民营经济领域多元解纷服务体系的完善

——以罗平县矛盾纠纷及信访问题多元排查化解工程为例

杨川仪*

摘　要： 民营经济领域的多元解纷法律服务体系是优化营商环境、实现社会治理现代化的前提条件和重要保障，本文拟以罗平县"枫桥派出所"创建工作为例，通过分析"枫桥经验"在市域社会治理现代化工作中的创新和实践，集合民营经济领域矛盾纠纷的多元调处，对我省民营经济领域多元解纷法律服务体系的建设与完善提供建议。

关键词： 营商环境；多元解纷；法律服务

目前，我国的经济发展已进入新常态，社会形势正经历深刻变化。在新冠肺炎疫情的影响下，我国在宏观经济发展和微观经济管理都面临着新的变局和挑战。随着社会经济的发展，民营经济领域的矛盾纠纷也呈现出高发态势，矛盾纠纷主体和矛盾纠纷类型的多元化、民营经济诉求的多样化，使得多元解纷法律服务体系的建设与完善显得尤为重要。

一、民营经济领域多元解纷与社会治理现代化的关系

社会治理现代化要求健全由党组织领导的自治、法治、德治"三治"结合的城乡基层治理体系，要发挥群团组织、社会组织作用，发挥行业协会商会自律功能，实现政府治理和社会调节、居民自治良性互动，夯实基层社会治理基础。民营经济是国家经济发展中最活跃的社会细胞，与社会组织和社会成员都息息相关。因此，民营经济领域的矛盾纠纷，也会从"神经末梢"传感、放射到现代社会治理的方方面面，直接影响着社会整体经济利益和分配正义。

＊ 杨川仪，女，法学博士，昆明理工大学法学院讲师。

（一）民营经济领域矛盾纠纷的新特点

近年来，受国际政治、经济环境变化的影响，我国的经济发展态势由外向内收缩。特别是在新冠疫情蔓延全球的"后疫情时代"，我国的民营经济发展态势正面临着极大考验，民营经济领域的矛盾纠纷多发，并呈现出多样化和复杂化的新特点。

1. 矛盾纠纷的多样化，这主要体现为矛盾主体的多元化和经济纠纷类型的复杂化。过去，民营经济领域的绝大部分矛盾纠纷集中在企业之间或企业与个人之间的民事经济纠纷，常以合同纠纷、融资担保纠纷和债务纠纷为主，而如今，伴随着高精尖科技与互联网技术在民营经济领域的大量应用和普及，主体间的商事交易过程被不断细化，除了传统主体间的民事矛盾纠纷之外，企业内部主体（如股东）之间的经济矛盾纠纷和民营企业与行政机关、非法人组织之间的经济矛盾纠纷开始大量出现，并且呈现出以互联网金融类、知识产权类和公司股权类等商事纠纷为典型的网络化、多样化发展趋势。

2. 纠纷类型的复杂化。主要体现：第一，行业性纠纷增加，专业化程度高。如建筑、医疗等行业纠纷案件极具专业性，对矛盾调处人员在行业知识、法律知识、商业知识等专业能力方面提出了更高的要求。第二，新兴行业的出现带来了新类型的纠纷案件，如跨境电商、网络艺术品平台交易、金融衍生品种交易、互联网平台交易结算等新型案件时有出现，而以上行业多以民营经济企业为主。

3. 矛盾纠纷的外溢效果叠加。由于当前国际环境不稳定性和不确定性增强，"十四五"规划明确提出要加快构建以国内大循环为主体、国内国际双循环相互促进的新发展格局，在"双循环"背景之下，民营经济领域的矛盾纠纷所产生的外溢效果将会不断叠加，对整个国民经济领域的影响将持续增强。

（二）完善民营经济领域多元解纷服务体系是社会治理现代化的必然要求

社会治理现代化的本质就是打造共建、共治、共享的社会治理格局，通过激发社会组织和社会成员参与社会治理，全面完善社会治理制度体系，切实提升社会治理的社会化、法治化、智能化和专业化水平。[1]因此，完善民营经济领域多元解纷服务体系，是实现共建、共治、共享社会治理格局的必

---

〔1〕 参见江必新、王红霞："论现代社会治理格局——共建共治共享的意蕴、基础与关键"，载《法学杂志》2019 年第 2 期。

要手段，也是实现社会治理现代化的必然要求。

1. 民营经济领域多元解纷服务体系需要社会力量的协同共建。"枫桥式"矛盾化解体系的完善需要结合群众路线与法治方式，建成以人民调解为基础，整合司法调解、行政调解、仲裁调解等资源，由政府力量、群众力量和专业力量共同参与的"枫桥式"矛盾纠纷大调解工作体系。[1]以罗平县板桥镇派出所为例，因交通便利，物流发达，罗平县板桥镇自古以来就是云贵两省、相邻县市的商贸集散地，外来人口多，常住人口密度大，社会治理和治安管理任务繁重，针对以上挑战，板桥派出所创新发展新时代"枫桥经验"，围绕"党委政府主导、职能部门主责、派出所主抓、社会力量参与"的思路，推动建立了"党政统领、齐抓共管、分色管理、分类流转、多元化解"矛盾纠纷排查调处机制，积极发动社会力量协同治理，预防民营经济领域的矛盾纠纷的产生。

2. 民营经济领域多元解纷服务体系体现了社会共治、共享。社会的共治共建，是在多元主体共同参与社会治理的格局下，政府角色从主导转向负责，通过政府进一步放权，逐渐退出那些不适宜、力不从心的领域，让社会主体参与、介入，在其擅长和专业的领域发挥适当作用乃至主导作用，[2]在社会组织、社会成员协同共建的基础上，通过加强党建引领，进一步激发社会组织和社会成员的共治、共享。罗平县板桥镇享有"国际小黄姜之乡"的美誉，当小黄姜成熟上市之时，国内外的小黄姜交易商都汇集到此，矛盾纠纷也随之上升，为了确保民营经济领域的多元解纷服务，板桥镇在矛盾调解中充分发挥地方商会和行业协会的力量，努力实现民营经济领域矛盾纠纷的"小事不出村、大事不出镇、矛盾不上交"。

二、云南省民营经济领域多元解纷服务体系的现状

为认真贯彻落实习近平总书记"要坚持把非诉讼纠纷解决机制挺在前面，从源头上减少诉讼增量"的指示精神，中共中央办公厅、国务院办公厅发布了《关于完善矛盾纠纷多元化解机制的意见》，各地方政府也出台了一系列文

---

〔1〕 参见董青梅："'枫桥经验'中的多元法治图景"，载《山东科技大学学报（社会科学版）》2018 年第 1 期。

〔2〕 参见江必新、王红霞："论现代社会治理格局——共建共治共享的意蕴、基础与关键"，载《法学杂志》2019 年第 2 期。

件确保矛盾纠纷多元化解机制的进一步落细、落实。

云南省委、省政府高度重视矛盾纠纷多元化解机制的建立与完善，在民营经济领域，云南省工商业联合会与多个省级部门协作配合，先后出台了云南省高级人民法院《关于依法保护和促进非公有制经济发展的若干意见》《关于适应经济新常态服务和保障非公有制经济健康发展的意见》《云南省工商业联合会民营企业维权案件办理工作规则》《关于落实"万所联万会"机制的实施方案》等相关文件，联合多部门逐步构建起了我省"法院+工商联+商协会"的一站式多元解纷的新格局。在"十四五"期间，我省将继续完善多维度的民营经济领域解纷机制，发展新时代的"枫桥经验"，推进我省民营经济领域的矛盾解纷多元调处和诉源治理工作，积极打造云南省市场化、法治化、国际化一流的营商环境，发挥工商联、行业商会的作用，全面引导民营企业顺势而为、不断创新、健康发展。

三、云南省民营经济领域多元解纷服务体系存在的主要问题

我省位于古代南方丝绸之路要道，拥有面向"三亚"、肩挑"两洋"的独特区位优势，是"一带一路"建设中的重要省份，特别是在我省的"十四五"规划中，要进一步将我省建设成为面向南亚和东南亚的辐射中心，因此，我省民营经济领域的多元解纷服务体系面临着双重考验，特别是在涉外商贸纠纷的处理方面，对我省多元解纷服务体系提出了更高的要求。受多方面条件的制约和影响，目前我省民营经济领域多元解纷服务体系还存在以下问题。

（一）多元解纷服务体系的社会共建、共治程度有待加强

尽管在省委、省政府的正确领导下，各基层党委积极推进社会组织和社会人员参与社会治理，在云南省工商联的协调下，各级地方政府、法院、派出所与行业商会已经初步建立起了一站式多元解纷的新格局，但各地民营经济发展程度不一，部分矛盾调处人员工作能力良莠不齐，一些政府部门和商协会在矛盾纠纷的化解调处工作中沟通渠道不畅通，某些行业（商业）协会和社会组织未能主动投入到矛盾调处工作中，尚未形成合力，共建、共治程度有待加强。商事调解组织和多元解纷机构所能发挥的作用有限，参与治理效果不佳，多元解纷服务体系难以落到实处。

（二）民营经济领域的法律宣传方式较单一

尽管省工商联和政府相关部门举办的"法治体检""万所联万会"等法

治宣传教育活动在全省已经取得了明显成效，民营企业已逐渐建立起了合法、合规的经营观念，逐步养成了决策前向专业机构进行法律咨询的习惯。然而需要指出的是，根据省工商联 2021 年度调研报告显示：有 69.52%的民营企业表示其所在地政府或地方有关部门都曾举办过民营经济领域的矛盾纠纷多元调处普法培训，但部分民营企业认为，政府组织的普法宣传教育活动是"形式大于内容"的走过场，宣讲内容虚浮不落地，未能精准到企业亟待解决的痛点、难点问题，个别宣讲人员还存在照本宣科、自吹自擂的问题。若是继续以散漫的"运动式宣讲会"来推进法治宣传教育和法律普及工作，必然无法有效地预防矛盾纠纷的发生。

（三）个别地方基层政府部门尚未落实多元解纷服务体系

虽然近年来省委、省政府不断强调要进一步优化我省营商环境，省总商会也不断加大对民营实体经济的支持力度，但支企政策不够精准、企业家培养不足、中小微企业融资难和政务服务水平不高等问题，仍然是我省民营经济发展的拦路虎。有 25.24%的云南省民营企业认为，民营经济领域的民商事矛盾纠纷之所以频繁发生并最终走向诉讼，与政府对企业（或公司）的帮扶力度不足息息相关。

就民营经济领域多元解纷服务体系建设而言，个别政府部门和地方政府存在对贯彻落实"多元解纷服务体系"建设的重要性和必要性认识不足、重视不够的情况，全省范围内仍有部分州、市或县、乡未及时落实多元解纷制度，政府服务水平和质量仍有待加强。在部分地方，还尚未建立行业调解组织和多元解纷机构，有的地方却形同虚设，还有的虽已指定了具体工作人员，但因具体工作安排或奖励措施没有落实，致使工作人员的工作积极性较低，对建设多元解纷服务体系缺乏认同感，参与相关工作的积极性较低，个别工作人员还存在政治站位不够、参与责任意识不强、组织化水平低和专业知识学习不到位等问题，极个别地方拘泥于"局部观、当前观"，处理矛盾纠纷不规范，影响了多元解纷服务落实的效率与质量。

首先，个别政府部门和地方的一些领导干部对贯彻落实多元解纷服务体系建设的态度不积极，从而导致其所在地区至今仍未出台贯彻落实多元解纷相关工作的实施方案。其次，在一些已开始探索开展多元解纷服务的地方或政府部门，对多元解纷服务的平台建设和宣传力度不足，云南省仅有 8.57%的民营企业了解并真正使用过政府的解纷渠道或线上调解窗口。再次，政府相关部门网站和公共服务平台，普遍存在建设不够完善的问题，如未能设置有效导览，或在醒目位置提供"多元解纷服务"的按键或标识。最后，受客观条件的限制，部分从事多元解纷工作的人员本身能力有限，对多元解纷服务的积极作用认识不足，存在办事效率低、工作推诿或不按高效要求处理矛盾纠纷的消极情绪，在面对民企解纷诉求时，常出现不作为、选择性作为和乱作为的情况，导致出现"有风险不积极防控""有矛盾不主动化解"等政务服务水平低下的问题。多元解纷治理出现的缺位最终导致矛盾纠纷流向法院，使得非诉讼手段与诉讼手段解决纠纷的作用失衡。

（四）大多数民营企业对多元解纷服务体系的认知不足

多元解纷服务手段包括调解、和解、仲裁、行政复议、公证等多元化手段，但大多数民营企业对多元解纷服务体系的认知不足，缺乏对多元解纷服务体系的全面认识和深入理解，认为政府提供的多元解纷服务仅是通过"三方会谈"的事后调解手段来进行矛盾调处，这就导致实践中存在民营企业不愿或不配合相关部门工作的情形。

其实早在 2019 年年初，云南省高院便同省司法厅、省工商联等多部门建立诉调对接机制与智慧诉服，开展网上云解纷、网上调解以及在全省开展 12 家涉侨纠纷多元化解试点法院。但截至目前，仅有 8.57% 的民营企业了解多元解纷制度中的解纷帮助渠道或线上窗口，高达 97.67% 民营企业表示愿意通过云端法庭或线上 AI 解纷服务等多元解纷方式解决纠纷，却不知晓相应途径。由此反映出我省的民营企业对多元解纷服务的认知不够，同时也间接反映出各基层法治宣传和法律普及效果仍不理想。

（五）多元解纷服务体系与民营企业矛盾解纷诉求匹配度不高

盖天下之事，不难于立法，而难于法之必行。我省民营经济领域的多元解纷服务体系虽已初步建立，但目前所能提供的多元解纷服务与民营企业诉求出现了断层。随着社会治理现代化程度的进一步深化，民营企业对经济矛盾的解纷诉求已经从"亡羊补牢"发展到"防患于未然"，而大部分单位、部门或社会组织在进行矛盾调处的过程中，仅立足为本次矛盾纠纷服务，使用的排查调解手段略显单一，尚未形成"从源头出发、避免民企陷入法律风险"的纠纷预警预防工作体系，缺乏对民营经济领域矛盾纠纷预防的统筹防控，多元解纷服务体系还不够完善，因而不足以满足民企诉求，不利于实现我省"诉源治理"的目标，需要进一步因地制宜，创新发展符合我省实际的

"枫桥经验"。

四、云南省民营经济领域多元解纷服务体系的完善建议——以罗平县矛盾纠纷及信访问题多元排查化解工程为例

罗平县在开展市域社会治理现代化试点工作的过程中，认真贯彻落实曲靖市委、市政府的要求，将社会治理现代化与曲靖市的五大工程结合在一起，紧抓"矛盾纠纷及信访问题多元排查化解工程"，多维度建立和完善了矛盾多元排查化解体系，为我省民营经济领域多元解纷服务体系的完善，提供了有益样板。

（一）夯实基层党建，加强党对社会治理工作的组织领导

罗平县板桥派出所始终坚持党对公安工作的绝对领导，坚持一切工作到支部的鲜明导向，严格落实"三会一课""主题党日"和"交心谈心"等活动，推动建立"党建联盟"，支部连支部，实现党性修养、服务意识、工作本领、群众安全感满意度"四提升"，推动建设平安和谐板桥，打造"枫桥姜乡，平安板桥"品牌。开创了"党建引领+1666"的工作模式，按照"矛盾不上交、平安不出事、服务不缺位"的要求，积极参与"枫桥式公安派出所"创建，被曲靖市公安局评为创建"枫桥式公安派出所"先进单位。

党的十九届五中全会对加强和创新社会治理提出新要求，要把非诉讼纠纷解决机制挺在前面，主动融入党委领导下的社会治理大局，全面推进一站式多元解纷体系建设。作为基层社会治理体系的重要组成部分，各级政府、有关单位、工商联和行业（商业）协会应当继续深入学习和贯彻习近平法治思想和习近平总书记"七一"重要讲话精神，夯实基层党建，要切实增强政治判断力、政治领悟力、政治执行力，不断提高法治素养、强化法治思维、强健法治本领，共促法治观念立起来、法治民企建起来、法律服务强起来、营商环境靓起来。通过"理想信念教育""万所联万会""万企兴万村"信息服务等平台建设，引导民营经济人士坚定不移听党话、跟党走，把个人成长、企业发展融入全面建设社会主义现代化新征程中。

（二）采取宣传与教育并举的综合措施

罗平县严格落实"谁执法谁普法"的普法责任制，健全以案释法制度。大力推进法治文化阵地建设，有效推进法治文化与传统文化、地方文化、行

业文化、校园文化等融合发展。深入推进公共法律服务实体平台建设。统筹推进热线、网络平台建设，建成覆盖城乡、便捷高效、均等普惠的现代公共法律服务网络。

我省各级政府、法院、检察机关和工商联应通力合作，加强普法人才储备、设计教育课程和多渠道开展宣传教育工作等综合措施，继续深化落实习近平总书记关于"法治是最好的营商环境"和"在合法合规中提高企业竞争能力"重要指示，聚焦营造良好法治环境、推进企业合规发展，持续推进法治营商环境和法治民企建设，切实引导和服务民营企业在新发展阶段发挥更大作用、实现更好发展，给民营企业吃好"定心丸"。

首先，应注意引进、培养、储备高素质的法治宣讲人员，对民营企业的负责人和主要管理者进行高质量的法治宣传教育，并完善经费保障，拓展宣传经费来源，通过商会会费、社会捐赠资助等方式提高经费保障水平。

其次，在后续工作中，有关部门、工商联更应聚焦民营企业关心的重难点问题，注意及时更新法治宣传教育的内容，采取线上培训和线下访谈相结合等多种方式，切实提升法律普及的及时性和高效性，形成科学、长效的普法工作机制。同时加大宣传力度，不断创新普法形式、丰富传播方式、建立企业普法宣传的长效机制，切实保障和服务疫情防控常态化条件下区域经济发展。

再次，可以在各行业主管部门建立起普法联系点，充分发挥多部门普法、释法职能。不仅要为民营企业的合法合规发展营造良好舆论氛围，针对社会中存在的对民营企业认识上的一些非理性、出偏差的因素，应当及时纠正，引导民营经济领域人士树立正确的国家观、法治观、事业观、财富观，强化依法合规经营意识。促使民营企业更好地创新发展，为民营企业的成长营造良好的社会环境。

最后，在日常工作中，应以持续优化营商环境为导向，尽可能地帮助并培养当地民营企业识别、预防纠纷风险，及时响应陷入纠纷的民营企业的相关解纷诉求，尽早组织相关部门或人员开展商事调解或纠纷调解，做到源头预防、前端化解和关口把控，为民营企业合法合规发展保驾护航。

（三）建立和拓宽民营企业的诉求渠道

罗平县在社会治理中心设立了"矛盾纠纷调处中心"，整合信访局、司法局、法院、人社局、妇联等 13 个单位入驻，实现综治（中心）、司法和信访的"三位一体"运行。在乡镇（街道）、村（社区）党群服务和社会治理中心（综治中心）设置矛盾纠纷调处室、群众来访接待室和信访代办站（点）等功能区，为群众提供一站式服务，并利用信息化手段，促进"云解纷""网上调解"和"微信调解"以及诉讼案件在线立案、在线审判等工作。此外，罗平县板桥镇派出所在进行矛盾调处联排联调时，坚持每月一访，听民声知民情，半年回访，固成效、防反弹。县级领导接访、约访、下访制度，对60件信访积案开展县级领导包案化解工作，2021年共化解信访积案18件，处理率达30%。

在建立和拓宽我省民营企业诉求渠道的过程中，应紧盯企业的难点、堵点和痛点问题，通过多种措施问计于企、问需于企，为企业排忧解难，进一步畅通民企诉求反映渠道，要做到广泛协调对接、主动联络联系、积极靠前服务、认真分析研判和提出办法措施。

首先，整合多家部门机构和社会组织，对企业问题集中"搜集"，广泛听取企业诉求，征求民营经济界的代表建议和委员提案，收集民营企业员工中的意愿和诉求，尝试开通民营企业热线电话，借助网络或微信群等方式畅通民营企业诉求反映渠道。

其次，利用政府部门的官方网站，设计搭建专门服务民营经济领域矛盾解纷的网络一站式综合服务平台，内容覆盖多元解纷、网络导览、诉求反映、法律服务、政策咨询等公共服务，引导省内民营企业注册使用。

再次，建立审核交办责任制，对于民营企业反映的诉求，先核实审查其真实性、可行性和合法性。对于不真实、不可行、不合法的诉求，要及时反馈民营企业并说明情况；对于合理诉求，应进行充分研究，推进落实。在研究解决合理民营企业诉求落实过程中遇到的难题，做好请示汇报、跟踪推进、协调落实，确保企业诉求得到解决。

最后，主动倾听民企诉求。应积极联络活跃在我省民营经济领域中的民商事主体，确立定期联系和回访制度，倾听民企声音，落实多元解纷服务效果，形成最终反馈。

（四）继续完善基层调解协同联动

民营经济领域的多元解纷服务对象主要在基层，服务力量主体在基层，因此，参与社会治理的工作重心也要放在基层，完善调解、仲裁、行政裁决、行政复议、诉讼等有机衔接和相互协调，搭建高效便捷的多元化纠纷解决机制。坚持顶层设计和重心下移相结合，想方设法壮大基层工作力量，并积极协调基层多部门的矛盾调处联动工作机制，提高解纷工作效率：

1. 积极构建"法院+工商联"一站式多元解纷新格局，推动 AI 法庭、ODR 或云端法庭的落地与铺开发展，依法平等保护各类市场主体合法权益，切实加强产权和知识产权保护，助力民营经济领域高效解纷，促进民营经济高质量发展。

2. 积极开展"检察院+工商联"协同模式，广泛听取民营企业合规发展的司法需求，合力推进涉案企业合规改革试点、第三方机制规范运行。

3. 继续贯彻落实省工商联在民营经济领域的"万所联万会"机制，加强各地州（市）律师与商会、行业协会的沟通和交流，定期为民营企业开展法治体检活动，为民营企业自查自检自纠提供可行性建议。

（五）充分发挥社会组织和社会成员的作用

罗平县通过不断健全人民调解、行政调解、司法调解联动的工作体系，健全完善乡镇（街道）、村（社区）人民调解委员会，配备人民调解员，并定期、不定期开展调解员培训。在板桥镇，"小黄姜协会"以行业协会的身份参与到民营经济领域的矛盾调处当中，发挥了重要的积极作用。

综上，要完善我省民营经济领域多元解纷服务体系，必须将社会组织和社会成员纳入到社会治理现代化的工作中来，要充分发挥它们的作用，加强社会组织和社会成员与公检法司部门的协作，不断提高商会服务非公经济的能力和水平，建立健全商会调解组织和工作机制，统筹推进规范发展、打造品牌、形成特色。我省各级工商联要发挥好桥梁纽带和助手作用，在党委政府的领导下，加强与公检法司机关的联系协作，把习近平法治思想贯彻落实到全面依法治国、依法治企全过程，助力营造法治营商环境，加强法治民企建设，增强企业家投资发展信心，激发市场主体创新创业活力，为全面建设社会主义现代化国家作出新的、更大的贡献。

基层社会秩序生产的路径与机制保障

——以麒麟区为例

张龙洋*

摘　要：改革开放以来，国家紧紧围绕经济建设的中心工作进行了大规模的改革，在激发社会活力的同时也引发了一些社会治理困境，为了应对社会治理困境，麒麟区在实践中不断探索生产出新的社会秩序，通过强化组织的动员能力，构建起多元的社会治理体系，不断完善多元矛盾化解机制，大大地提高了社会的治理效能。从中可以看出来，秩序的生产不是凭空产生，而是需要整合机制、内生机制、试点机制作为保障。

关键词：基层社会；秩序生产；路径；机制

一、问题缘起：改革、变迁与社会治理困境

改革开放后，为了释放农村的发展活力，国家开始大规模从农村地区"收缩"。国家的这一"收缩"激发了农村发展活力的同时，也引发了基层社会的"治理真空"。[1]国家为了应对基层社会出现的"治理真空"，明确规定了乡、民族乡、镇设立人民代表大会和人民政府，实现政社分开，下辖村民委员会。村民委员会是村民自我管理、自我教育、自我服务的基层群众性自治组织，具体办理本村的公共事务和公益事业，调解民间纠纷，协助维护社会治安等。然而，过去40年的基层改革与发展中，社会结构发生了深刻的变迁：首先，改革开放以后，在农村地区实行家庭联产承包责任制，取代了原先的人民公社体制，农民从体制的束缚中获得了自由；其次，2006年全面取消农业税后，农村社会关系发生了巨大的变化，这在一定程度上使

---

* 张龙洋，男，曲靖师范学院马克思主义学院教师。

〔1〕 王启梁："法治的社会基础——兼对'本土资源论'的新阐释"，载《学术月刊》2019年第10期。

得基层政府对基层社会的干预度降低。除此之外，在取消农业税后，基层自治组织的公共管理能力被削弱；最后，市场经济的深入发展、网络媒体的进入，都在潜移默化中改变着农村社会的结构。社会结构的变迁从根本上影响了社会的治理，可能会衍生出新的治理资源，但同时也可能面临巨大的挑战。

回顾过去 40 年的基层，发展活力被极大地释放出来，人们的生活水平有了极大的提高，但在基层社会治理层面出现了诸多的困境：

第一，基层社会组织的弱化，很大程度上削弱了国家对基层社会的控制。1982 年颁布的《中华人民共和国宪法》中明确设立基层自治组织。从基层自治组织设立的初衷来看，国家的目的是把基层社会组织作为国家进入基层社会的一座"桥梁"。但随着基层自治组织的弱化，基层社会发生了巨大的变迁，人口流动性增强，新兴科技进入增加了社会风险，社会中的不确定因素越来越多。虽然，从过去乡村社会的发展来看，秩序没有整体失范，但在微观秩序层面出现了变化。

第二，法律等正式制度进入到基层社会后面临的问题。一方面，由于基层社会复杂多样的社会因素，导致法律难以落到实处。例如，在执法领域中出现"弹性执法"，[1]影响着法治目标的实现。另一方面，法律进入"过剩"，导致其所带来的社会效果与法律效果不统一，甚至相违背。法律进入基层社会后的遭遇影响了"法律效果、社会效果与政治效果"三者的统一。

第三，社会的多元规范很难适应基层社会的快速变迁，[2]社会治理效能低下。长期以来，中国乡村社会被认为存在法律、宗教、道德、风俗习惯等多元规范，这些多元规范共同维护社会的有序运转。然而，在社会的快速发展中，多元规范在很大程度上难以适应基层社会的快速变迁，处于一种停滞不前的状态，具体表现：多元规范的秩序功能在一定程度上衰弱，多元规范之间难以形成合理的分工合作模式，导致了社会治理资源浪费，治理效能低下。

---

〔1〕 陈柏峰："基层社会的弹性执法及其后果"，载《法制与社会发展》2015 年第 5 期。

〔2〕 关于"内卷化"，杜赞奇的定义是一种社会和文化模式，在发展到某一阶段，达到一种确定的形式后，便停滞不前或无法转化为更高级的模式。参见杜赞奇：《文化、权力与国家——1900-1942 年的华北农村》，王福明译，江苏人民出版社 2010 年版，第 51 页。

整体来看，我国过去几十年间对基层社会改革发展，不断地冲击着基层社会秩序。在市场经济的不断深化发展过程中，基层社会的流动性越来越强，个体主义不断崛起，使得依赖熟人社会的礼治或单位控制已经不能全面满足社会结构变动带来的秩序和纠纷解决需求。[1]在这样的社会背景下，一些社会矛盾被激化，信访案件增加，可以说，基层社会秩序的生产已经成为一件非常迫切的事。

二、基层社会的回应：秩序生产的实践路径

正如福山提出，"社会秩序一旦紊乱，就会倾向于重新塑造……人类本性上是社会性生物，其最根本的内驱力和本能会令他们塑造道德律令从而使他们以群体形式团结起来"。[2]社会作为一个庞大的系统，在其运转的过程中，除了有国家建构起来的秩序作为保障，社会本身也具备秩序生产的能力。本文以曲靖市麒麟区作为观察视角，试图分析地方实践过程中如何应对社会治理的困境生产秩序。

麒麟区是云南省曲靖市的政治、经济、文化中心，地处云南省东部、滇东高原中部，总面积1552.83平方公里，城市建成区面积81.2平方公里，城镇化率78.41%。辖3镇13个街道134个村（社区），常住人口99.64万人。麒麟区素有"入滇锁钥"之称，贵昆铁路、沪昆高铁，杭瑞、汕昆等高速公路贯穿全境。在社会发展过程中，麒麟区出现了共性的社会治理难题，人口流动性不断增强，外来人口较多，社会治安管理困难；城市化进程中，城郊接合部的土地开发、房屋拆迁引发的社会矛盾较为突出；网络科技的不断发展，网络监管、网络犯罪问题突出……诸多的社会矛盾成为曲靖社会发展的制约因素。为了应对社会变迁出现的治理困境，麒麟区根据地方的实际需求，探索了新的社会治理路径。

（一）强化组织动员能力

组织功能的弱化是一段时间内社会治理存在的普遍性问题，为了应对组织功能弱化，麒麟区的主要做法是充分发挥党领导一切的政治优势，通过党

---

〔1〕 王启梁："法治的社会基础——兼对'本土资源论'的新阐释"，载《学术月刊》2019年第10期。

〔2〕 ［美］弗朗西斯·福山：《大断裂：人类本性与社会秩序的重构》，唐磊译，广西师范大学出版社2015年版，第10页。

政"一把手"担任市域社会治理现代化的主要负责人，在区域内全面推行"大工委、大党委"制度，[1]探索实行"书记吹哨、部门报到"制度，有效打通了层级制约、部门壁垒，构建起了社会"大治理"的格局。为了推进社会治理工作，麒麟区成立了工作领导小组，由区委书记任组长、区人民政府区长任第一副书记、16位区级领导任副组长，75名乡镇（街道）、区直部门主要领导组成。除此之外，麒麟区在全区搭建起"区委—乡镇（街道）—村（社区）—党支部—党小组—党员中心户"六级组织体系。从完善组织结构和组织机制方面不断强化了组织的动员能力，为推进社会治理提供了组织力量。

（二）构建多元化的社会治理体系

在社会的不断演进过程中，新的问题逐渐凸显出来，即国家建构的治理体系不能满足社会治理的全部需要。为了应对社会治理需求，麒麟区在"自治、法治、德治"三治的基础上，创新出了"五治"的治理体系，即政治、法治、德治、自治、智治。

1. 政治体系

政治秩序是社会秩序的核心，因为政治秩序需要解决的是基础性的问题，诸如队伍建设、干部思想意识等重要问题。麒麟区的主要做法：一是队伍建设，在配齐配强市域社会治理现代化人才队伍前提下，注重人才的考察培养，把能力出众的人员作为重点提拔的对象，激发了队伍的工作积极性。二是干部思想意识培育，把市域社会治理现代化纳入主题党日学习内容，要求全区以党支部为单位组织集中学习和研讨，不断增强干部的思想意识和工作思路。

2. 法治体系

法治秩序是社会秩序的有效保障，法治秩序的构建是社会治理法治化的必然要求。麒麟区在法治秩序的构建上，虽然没有立法权，不能从法律制度上为社会治理提供支撑，但不断创新法律实践机制，为法律、制度、政策等实践提供了机制上的有效保障。一是配齐法律顾问。麒麟区各区直单位、各乡镇（街道）、村（社区）还配齐法律顾问，与81名律师签约，让律师出庭

---

〔1〕"大工委、大党委"制度，即由街道党工委、乡镇党委统筹协调、明确责任分工的一种方式。

应诉、依法对村规民约等规范性文件合法性审查，确保政府部门行为合法化。二是创新"所所对接"机制，全区 14 个司法所、14 个派出所与 18 家律师事务所 141 名专职律师定点、定期联系，开展现场法律咨询、普法活动，参与化解矛盾纠纷。

3. 德治体系

道德秩序是社会秩序的重要基础，德治秩序主要是通过发挥价值观的濡化功能以达到秩序规范的目的。麒麟区道德秩序的构建，一方面是构建激励机制，营造文明和谐氛围。评选了 20 户"文明家庭"，评选 20 户"最美家庭"，同时开展了"农村十星级文明户"，评选了 1 万余户文明家庭；二是通过树立道德典型，发挥道德模范的"标杆"作用。评选"新时代好少年""身边好人""道德模范""最美抗疫志愿者""文明市民"等先进典型 298 人，组织先进典型事迹宣讲 60 余场次，充分发挥先进典型的榜样作用。

4. 自治体系

自治秩序是社会秩序的重要组成部分。麒麟区在市域社会治理过程中紧紧围绕"共治、共建、共享"的理念，充分调动人民群众的积极性和主动性。全区共设置了专、兼职 8703 名网格员，网格员由村社区党员或是村小组组长组成，达到覆盖全区所有村社区和村民小组。这些网格员一方面作为一个普通的群众每天正常工作和生活，同时，还肩负着发现问题、上报问题和参与解决问题的职能职责。除此之外，一般的群众也参与到社会治理中，全区的人民群众均可以通过网络平台 APP 反映社会问题和跟踪问题的整个处置过程。建立群众自治队伍，动员群众自发组建各类群治队伍，先后涌现出"五户轮值""红色哨兵""红袖标大爹"等群访队伍。推行义警招募，建立起 26 支义警队伍，3946 名义警，参与纠纷调解、协助办理案件、排查整治隐患、开展巡防等任务。

5. 智治体系

智治秩序是社会秩序的重要支撑。麒麟区构建了"网格员–APP–调度指挥平台"的调度指挥联动体系，通过微信公众号、网格员手机 APP，发挥"发挥问题在萌芽、上报信息在线上、指挥派遣在平台、处置干预在事前"的功能，在事件处置上形成闭环。在信息资源的基础上，开发调度指挥平台的自动化、智能化功能，及时预警涉稳信息、治安状况。目前，麒麟区网格化调度指挥平台已录入各种数据 65 万余条，接受各类案件 454 416 条，及时处置了 438 603 条，处置率高达 96% 以上。

（三）完善多元矛盾纠纷解决机制

麒麟区构建多元纠纷化解机制，一是建立了矛盾调解中心，区直各部门通过常驻、轮驻、随驻等方式介入各类矛盾化解中来，可能是一个部门化解矛盾，也可能是几个部门联合化解矛盾。例如，一个房屋拆迁的矛盾出现了，可能由住建局出面化解，如果化解不成，可能请司法局、法院等部门共同提供专项政策或法律上的咨询，以达到矛盾化解的目的。二是开通了线上调解的平台，通过"人民法院调解平台"引导当事人线上依法通过行政裁决、诉前调解、在线司法确认等方式解决纠纷，线下则通过对接室与法官远程视频对话、在线咨询调解。三是经过矛盾排查、分流化解的思路建立起联动机制，通过成立"调解超市"，把乡贤、律师、老党员、老干部请进"超市"，当事人可以根据自己的意愿选择调解员。

（四）推进社会治理精细化

从实践来看，麒麟区的主要做法：一是实施网格化管理。在全区构建起"乡镇（街道）—村（社区）"二级网格管理体系，部分偏远的行政村小组下设三级网格，全区一级网格 134 个，二级网格 1257 个，共配备 134 名一级网格长，1195 名二级网格长、8703 名专兼职网格员。实现"人在网中走、事在格中办、治理不留白"的目标。二是在全区医院、学校、小区、景区等场所创建"平安细胞"，在"大治理"的社会体系下，进一步将一些重点场所切割成若干小型治理单位，充分发挥小型治理单位的主体功能。三是充分发挥网络科技的优势，搭建智能化平台，通过大数据分析，大大提高了社会治理的精准度。

总体上来说，麒麟区的社会治理获得了较好的社会效果，"刑事案件数、命案发案数、上访走访数"连年下降，人民群众的安全感、满意度不断提升。良好的社会治理让曲靖市 10 次入选全国"十佳宜居城市"，入选全国最安全的 30 个城市，2020 年被评为"全国文明城市"，也为曲靖市经济社会发展奠定了良好的基础。

三、社会秩序生产的机制保障

麒麟区秩序生产的实践，给了我们一个启示：基层自身的秩序生产能力一直存在，在合适的条件下可以不断成长、适应社会现实的变化和需求。[1]
但社会如何能生产出秩序，并能不断回应社会发展过程中的需求。笔者认为，
社会秩序的生产过程中需要有一定的机制作为保障。

（一）秩序生产的整合机制

可以说，在我们生活中，秩序无处不在，人要走人行道，否则可能会被
经过的车辆撞上；不能随口吐痰乱扔垃圾，否则会受到他人的道德谴责；我
们摆放物品，总会呈现出一定的规律性……然而，过去十几年的时间里，社
会变革加剧、利益关系调整和社会结构调整，劳资关系、土地权益纠纷、家
庭婚姻、城市建设、环境绿化、村级村务等问题引发的基层矛盾纠纷呈现出
多层次、多类型的趋势。这些"零散"的秩序虽然构成了每一个个体生活的
重要部分，但如果缺乏秩序的整合机制，在应对突出的社会矛盾时，秩序很
难形成社会规范。

从麒麟区的秩序生产实践来看，主要通过发挥各层党组织，自上而下地
推动秩序的构建，不断整合社会治理资源。一方面，一些地方通过党组织的
动员，广泛地发动群众参与社会治理，涌现出"五户轮值""红色哨兵""红
袖标大爷"等群访队伍，参与纠纷调解、协助办理案件、排查整治隐患、开
展巡防等任务。另一方面，则是在基层党组织的参与下，整合社会治理资源，
解决社会矛盾。

调研中，实地走访了麒麟区的一个小区，据物业公司工作人员介绍，该
小区曾经因物业服务质量、房屋产权证办理、物业收费与停车收费等问题引
发的堵门堵路、打架斗殴、上访、投诉等时有发生，甚至存在恐吓物业工作
人员的情况，小区物业与业主之间的矛盾十分突出，辖区治安形势非常严峻。
在推动社会治理工作中，街道党工委办事处及相关职能部门探索实施"党建
引领下的'三共'促'三变'小区治理新模式"，小区成立了党支部，并积
极发动 13 名党员充分发挥"和事佬"的作用，有效解决了多年来物业和业主
双方"话不投机半句多"的不良局面。同时，在党支部的牵头下，统筹业主
代表、物业、综治、派出所、司法、信访等人员，成立了小区"家委会"，通
过召集业主代表商议、形成集体决策、推动收费或建设项目实施的方式，切

---

〔1〕 参见李娜："基层社会的秩序生产能力——从计划性与自发性秩序的关系切入"，载《学术
月刊》2018 年第 8 期。

实解决了多年以来成立业主委员会反反复复、进展迟缓、物业与业主的协调对接仅限于个人等问题，极大地改善了小区的生活环境和条件。

从上述案例中，不难看出，在应对社会治理困境时，基层党组织作为统筹协调的主体，主动介入到社会治理中，探索了新的社会治理模式，通过发动党员和动员群众，利用内部协商的方式最后把矛盾化解在基层。从矛盾的出现到矛盾的成功化解，之所以能形成良好的秩序，很大程度上是因为有秩序生产的整合机制作为保障。

（二）秩序生产的内生机制

20 世纪 60 年代初，浙江省在暨县枫桥镇开展社会主义教育运动的试点，当省委社教工作组进驻枫桥镇后，对当地一些因"闹社""退社"影响社会治安的群体通过"摆事实、讲道理、以理服人"的方式进行处理，获得了良好的社会效果。[1]这样一次成功的实践探索创造出了"小事不出村，大事不出镇，矛盾不上交"的社会治理经验。1963 年"枫桥经验"获得了毛泽东同志亲自批示："要各地仿效，经过试点，推广去做"。

50 多年来，"枫桥经验"焕发出活力与生机。习近平就坚持和发展枫桥经验作出重要指示，强调：要充分认识枫桥经验的重大意义，发扬优良作风，适应时代要求，创新群众工作方法，善于运用法治思维和法治方式解决涉及群众切身利益的矛盾和问题，把枫桥经验坚持好、发展好，把党的群众路线坚持好、贯彻好。[2]

在实践中，麒麟区的主要做法，一是汲取了"枫桥经验"的治理模式，坚持"平安不出事、矛盾不上交、服务不缺位"的原则，打造了"枫桥式集群"，即"枫桥式派出所""枫桥式司法所""枫桥式人民法庭"，构建起多元矛盾纠纷化解机制。建立起街道、派出所、社区、重点区域四级调解体系，形成了多层次、多维度矛盾排查化解格局；二是针对不同矛盾纠纷进行分类管理：对矛盾纠纷多发区域，主动干预矛盾纠纷；对复杂矛盾纠纷，建立"庭所衔接"机制，由律师联合派出所、司法所或是人民法庭，进行多方干预调解；对家庭邻里纠纷，进行柔性化解；三是坚持为人民服务的理念，提高

---

〔1〕 参见许根贤：《枫江红叶——枫桥经验产生和发展纪实》，群众出版社 2004 年版。

〔2〕 "习近平：把枫桥经验坚持好、发展好，把党的群众路线发展好、贯彻好"，载 http://www.xinhuanet.com//politics/2013-10/11/c_117677084.htm，最后访问日期：2022 年 3 月 18 日。

群众的参与度。设立安防体验馆，为群众提供安防体验；依托党群服务中心和"公安自助便民超市"，实现在派出所户籍、交通、出入境等业务"一门通办"；探索智能安防社区线下应用，通过大数据研判，对独居高龄老人、残疾人、儿童等特殊群体，发布安全风险预警提示；四是根据"共建、共治、共享"的理念，充分发挥社工队伍、志愿者服务团队、心理咨询队伍等社会组织的作用；动员群众也参与到社会治理中，提高人民群众参与社会治理的积极性，拓宽人民群众参与社会治理的渠道。

秩序内生机制的核心要义是能让基层社会具有一定的治理空间，基层社会的治理者在面对各种各样的目标责任时，总能想方设法地去创造适合地方治理的一种秩序来。麒麟区在实践中，不是一种国家力量的简单嵌入，而是通过动员、协商、服务等方式，让群众参与到其中，巩固了治理的社会基础，提高了人民群众对治理的认同度和对政府的信任度。

（三）秩序生产的试点机制

人们构想出来任何的制度，哪怕我们主观上认为非常完美，在面对复杂的社会环境时都可能会犯错，因为我们在制定制度时，不可能面面俱到、八面玲珑，这就需要我们在制度的实践中要遵循从"点"到"面"的原则。改革开放 40 年的实践经验，我国在制度的制定中，通过"试行""暂行"等办法，推行制度的试点工作，成效显著，避免了一些制度在实践中因与社会不适应造成大规模负面影响。

麒麟区的社会治理实践中，也运用到了试点工作的方法。例如，创建一批具有示范作用的"枫桥式示范集群"，推广了一批具有代表作用的"平安细胞"，打造了一批社会治理亮点突出的单位。这些做法一方面避免了治理方法在基层社会造成负面影响，另一方面社会治理较为复杂，很多工作都是在"摸着石头过河"，治理经验在一些地方成熟以后，可以在全区范围内推广使用，起到了一定的示范效果和激励作用。

四、结语

当前正处于社会转型时期，社会矛盾越来越突出，社会治理效能提升是一个重要而亟待解决的时代课题。本文以曲靖市麒麟区为例，提出面对社会治理困境，社会具备一定的秩序生产能力，能生产出适合社会本身需求的秩序。从麒麟区的实践也可以看出，当前的秩序生产过程，不再是我们过去所认为的完全意义上的"土生土长"的秩序，而是通过国家主导、地方动员、群众参与共同生产出来的秩序，为社会治理提供了秩序规范。这些秩序为什么能够形成，从根本上讲，需要一些机制提供保障。这给我们一个重要的启示，基层社会治理需要国家建构的秩序为其提供保障，但也让渡出一定的治理空间，让其自己生产秩序。

论社会工作介入市域社会治理现代发展的作用

吕雅洁*

摘　要： 推进市域社会治理现代化是党的十九届四中全会提出的重要战略部署，要求以民生为本，通过加强多元主体社会共治，解决人民关切的实际问题，预防和化解社会矛盾纠纷，最终达到建设平安中国的目标。社会工作作为将"以人为本"作为宗旨的综合性、应用性的学科，它的介入将对市域社会治理现代化发展起到积极作用，本文以此为论点，对社会工作介入市域社会治理现代化的意义、优势、困境和建议进行分析。

关键词： 市域社会治理现代化；社会工作；民生；共享共治

推进"市域社会治理现代化"是国家治理体系的创新举措，其旨在通过建立一个人人有责、人人尽责、人人享有的社会治理共同体，充分发挥基层治理在打造平安中国中的积极作用。要确保这一创新举措的有效推进，需要实现基层政府、市场、社会组织和民众等多元主体的共同参与。社会工作作为社会组织的重要组成部分，可以充分发挥自身优势，在推进市域社会治理现代化进程中发挥重要作用，本文将针对这一主题进行分析阐述。

一、市域社会治理现代化的起源和意义

陈一新同志在 2018 年 7 月正式提出"市域社会治理现代化"这一概念，随后党的十九届四中全会中正式作出"加快推进市域社会治理现代化"的战略部署，市域社会治理现代化正式成为推动建设人民安居乐业、社会治理有序的平安中国的有力推手。

我国目前的社会发展和现状距离真正实现平安中国建设的终极目标，仍然存在着很大差距。一方面，"市域"作为统筹城乡一体化的有效载体，它不

---

* 吕雅洁，昆明市明信公证处工作人员。

仅是一个独立执行国家政策的主体和为一定数量居民组成群体提供物质空间和生活空间的有机体，[1]也是社会矛盾和风险的高发地和聚集地。随着我国城市化的高速发展，人口迅速向城市聚集，城市人口增长速度远大于基础设施建设、资源配置和福利政策配套速度，加上近年来因"疫情"影响导致经济下滑、部分行业停工停产等使得城市资源大幅下降，固有的"本地人"和"外地人"差异观念进一步促使城市矛盾风险呈现激增势态。相较于城市而言，农村发展进程本就相对滞后，年轻劳动力不断外流，留守老人、儿童数量不断增大，这一群体本身就属于自我保护能力和法律意识相对薄弱的弱势群体，加上农村安防力量较弱，导致农村地区不法伤害和恶性事件发生率不断攀升，农村社会治理面临极大挑战。

另一方面随着我国经济和综合实力的不断发展，人民需求和社会矛盾也在不断变化，党的十九大报告指出"我国的社会主要矛盾已经转化为人民日益增长的美好生活需要和不平衡不充分的发展之间的矛盾"[2]。"美好生活的需要"体现为物质性需求、社会性需求和心理性需求，其中物质性需求表现为在当前基本物质生活得到满足的情况下，人民对于满足生存要求的外部物质条件要求不断提升；社会性需求表现为对于社会安全、社会保障、社会公正的需要不断提升；心理性需求表现为对于尊重和自我实现的要求不断提升。而目前我国的社会发展存在供需失衡、产能过剩、地区经济结构发展不平衡、社会服务及公共服务大量缺失等问题，这对满足人民对于美好生活的需要产生不利影响。

在此情况下，党和政府将"大力推进市域社会治理现代化"作为国家发展的重要战略部署，就是要通过高效的科学的手段，以社会治理的最基层为着手点，打破过去政府"大包大揽"的管理局面，加大社会力量在社会治理中的推动作用，这样才能逐步建立一个人人有责、人人尽责、人人享有的，多元社会主体共同参与的，国家和谐、社会文明、人民幸福安康的社会主义现代化强国。

---

[1] 杨安、刘逸帆："市域社会治理现代化研究：意义、原则、逻辑、框架和路径"，载《社会治理》2020年第5期。

[2] 《决胜全面建成小康社会　夺取新时代中国特色社会主义伟大胜利——在中国共产党第十九次全国代表大会上的报告》。

二、社会工作介入市域社会治理现代化发展的必要性

（一）社会工作的起源、定义和价值理念

社会工作起源于 1601 年英国的《伊丽莎白济贫法》，它的产生是为了应对因工业革命而产生的大面积的、日益严重的贫困问题。现代的社会工作是现代社会的一个用科学知识和科学方法为人民、为社会服务的职业和专业[1]，在党的十六届六中全会作出的《中共中央关于构建社会主义和谐社会若干重大问题的决定》精神中，社会工作的定义被内化为：社会工作是一种遵循专业伦理和规范，坚持"助人自助宗旨"，在社会服务、社会管理领域综合运用专业知识、技能和方法，帮助有需要的个人、家庭、群体、组织和社区，整合社会资源，协调社会关系，预防和解决社会问题，恢复和发展社会功能，促进社会和谐的职业活动。[2]

国际社工界认同的专业价值观包含：服务大众、践行社会公正、强调服务对象个人的尊严和价值、注重服务中人与人之间关系的重要性、待人真诚和守信、注重能力的培养和学习[3]。社会工作自传入中国以来不断与我国传统文化中儒家的"仁爱"、道家的"无为而治"、佛教的"慈善、博爱、众生平等"等福利思想相融合，并根据我国发展的实际情况不断地进行本土化发展，最终形成了一套符合我国社会特色的价值观：以人为本，回应需要；接纳和尊重；个别化和不批判；注重和谐，促进发展；平等待人，注重参与；道德与责任并举；个人潜能提升与社会发展相结合。[4]

（二）社会工作介入市域社会治理现代化的意义

1. 社会工作与市域社会治理现代化相契合

（1）具有相似的视角：市域社会治理现代化作为提高社会治理水平、提高人民福祉的重要抓手，满足新时代"人民对美好生活的向往"是其目标取向。当前我国的社会主要矛盾已经从"人民日益增长的物质文化需求"发展

---

〔1〕 王思斌主编：《社会工作导论》，北京大学出版社 2011 年版，第 8 页。

〔2〕 王思斌等："社会工作价值观的内涵和体系"，《社会工作综合能力》2014 年 2 月第 3 版，第 3 页。

〔3〕 王思斌等："社会工作价值观与专业伦理"，《社会工作综合能力》2014 年 2 月第 3 版，第 35 页。

〔4〕 王思斌等："社会工作价值观与专业伦理"，《社会工作综合能力》2014 年 2 月第 3 版，第 38 页。

为"人民日益增长的美好生活需要"，随着国家的发展和人民生活水平的提高，基本的物质文化已经无法满足人民日益增长的需求，在脱贫攻坚取得全面胜利的当下，温饱问题已经不是困扰社会大众的问题，获得更好的物质基础、享受更好的社会保障、体验更丰富的精神生活成为人民追求的目标。与此同时，随着法治社会建设推进和互联网的快速发展，人民的法律意识不断提升，信息获取更加快速和便利。人民对于民主、公平、法治、参与、监督等社会参与的要求也在不断提升。社会工作重要理论视角之一的马斯洛的需要层次理论提出人的需要分为生理、安全、社交、尊重和自我实现的需求，他认为五种需要由低到高排列，低级的需要满足人的生存，高级的需要满足人的成长，当人的低级需求得到满足时就会追求更高层次的需求。从不同时期需求变化的角度来看，社会工作与市域社会治理现代化所要实现的目标取向具有相似的视角。

（2）具有相似的目标：推进市域社会治理现代化，就是要通过基层治理手段，建立一个人人有责、人人尽责、人人享有的社会治理共同体。其发展的一个重要理念是以人民为导向，坚持一切为了人民群众，坚持一切依靠人民群众，坚持一切由人民群众评判，就是要做到充分发挥群众参与社会治理的积极性和主观能动性，在保障群众知情权、参与权、表达权、监督权的条件下，着力解决群众最关切的社会安全、福利保障、公平正义等问题。社会工作作为将"以人为本、助人自助"作为核心价值理念的专业学科，从微观层面上通过运用专业的技巧和知识，帮助处于困境中的服务对象激发自身潜能和协调周边资源，解决问题、缓解压力。从宏观层面上，充分发挥自身作为沟通枢纽的积极作用，通过汇集共性问题、整合社会资源、倡导社会政策等诸多方式，解决社会问题、促进社会公正。可以说，社会工作和市域社会治理都是以人民为工作中心，以促进社会稳定发展为目的。

2. 社会工作介入市域社会治理符合时代需要

"十四五"规划建议中提出："发挥群团组织和社会组织在治理体系中的作用，畅通规范市场主体、社会新阶层、社会工作者和志愿者等参与社会治理的途径"，标志着社会工作成为推动社会治理的重要组成部分之一，可以在推动市域社会治理现代化过程中起到积极作用。

十九大提出我国的社会的主要矛盾中"不平衡"的问题仍然存在，而人民日益增长的需求和社会服务、公共服务建设之间的不平衡就是其中的一个重点[1]。上文提到，随着社会的不断发展，人民的需要在不断提升，但是要满足这些需要，目前的社会服务政策、公共服务体系以及能够提供专业服务的社会力量仍显不足。社会工作作为一门具有专业知识和技巧，以"助人自助"为宗旨，以帮助个人、家庭、群体、组织等整合资源，协调社会关系，解决和预防社会问题为目的的学科，能够在推进社会服务发展中起到重要的作用。

（三）社会工作介入市域社会治理现代化工作的优势

1. 社会工作介入能为市域社会治理现代化提供更科学的服务

与其他单一学科不同，社会工作是一门集社会学、社会心理学、政治学、经济学、伦理学、管理学等诸多学科优势于一身的学科。它作为一门应用性的社会科学学科，具有独特的工作理论，同时又十分重视实务和操作。它的独特性在于社会工作本身涉及涵盖人的生命历程、不同职业范畴、不同社会群体等在内的广阔的社会生活空间，它要处理的是与人相关的问题，这就促使它必须与其他多个学科发生密切的联系。比如，社会学所研究的社会关系、社会行为、社会结构和社会变迁中引发的社会问题等，成为社会工作的知识背景和服务理论依据；社会心理学研究的社会心理现象的发生规律和条件，以及社会心理学所普遍运用的价值观和理论指引可以广泛地运用到社会工作中；社会工作作为一项服务人的专业活动，服务者需要具备的"博爱"，服务过程中需要具备的"利他主义"等都是伦理学在社会工作中的运用，还有很多学科在此就不一一进行列举。

市域社会治理现代化是一个全方位、多角度发展的社会治理过程，要解决的是以人民切身需要为主体的综合性的社会问题，社会工作的介入，相较于单一学科而言，可以提供更为高效、更为科学的服务。

另外，社会工作以利他主义为指导思想，这种不以营利为目的的"我为人人"的思想充分展现接纳和尊重的服务方式，在工作压力、生活压力不断攀升的社会中更容易被接纳。

2. 社会工作介入能为基层治理团队建设增添动力

首先，社会工作的介入能提高基层社会治理服务队伍的综合水平。目前，

---

[1] "人民日益增长的美好生活需要和不平衡不充分的发展之间的矛盾"，载 http://finance.cnr.cn/txcj/20171023/t20171023_523996728.shtml，最后访问日期：2022 年 4 月 17 日。

我国的基层特别是农村地区社会治理服务队伍、服务者多为基层政府人员或其他组织人员兼职，导致社会服务专业程度不足，服务水平服务质量处于较低水平，已经不能够满足居民的日益增长的服务需求。作为专业的社会工作者，除了要具备心理学、社会学、管理学等专业知识，了解和掌握社会政策和社会福利制度，具备熟练的介入技巧、评估方法、调研技术等专业知识，还需要具备丰富的文化知识，以更好地为服务对象解决生活中各方面的问题。另外，要考取本专业的资格证书，需要经过一定时间的专业学科教育并取得相应的学历，或者从事较长时间的社会工作专业实务，具备较强的专业知识，这使得专业的社会工作者具备一定的文化水平和相对较高的服务能力。因此，社会工作介入市域社会治理现代化，能够有效地解决基层政府及其他组织人员兼职因工作繁忙无暇顾及或专业度不足的问题，对提高基层治理团队的服务水平和服务质量起到积极作用。

其次，社会工作起源于基层更贴近民生，能更好地发挥居民和政府之间的纽带作用。相较于基层政府直接介入的自上而下的管理方式，社会工作扎根基层，服务基层，生活在基层民众的身边，倾听基层民众的真实心声，运用科学的方法评估基层民众的真实需求。一方面，在日常工作中，收集民众反映的共性问题，充分调动和运用基层社区资源，促进问题化解，在问题无法化解的情况下，还可以充分发挥自身作为连接政府的桥梁纽带作用，将民意有效地上传，必要时还可进行政策倡导。另一方面，作为最贴近民众的第三方组织，在政府需要时，可以运用专业的方法为其提供科学、有效的数据统计分析结果，为政府在社区人员统计、信息收集等方面提供便利。

3. 社会工作介入能通过多途径解决社会问题、化解矛盾纠纷，促进市域社会治理现代化发展

社会工作作为一门涉及面广泛的专业学科，服务方向多元化，有跟随人生发展的儿童、青少年、老年社会工作；根据弱势群体类别区分的妇女、残疾人社会工作；根据行业区分的企业、学校、社区、医务社会工作等。其广泛分布，有利于多方向多口径化解社会矛盾纠纷，为市域社会治理现代化发展助力。

例如：

面对经济下滑、工作机会骤减导致的劳资纠纷，社会工作者身处企业内

部，以预防和解决企业和职工之间问题为目标，以培养和发扬员工互助精神和自助能力为追求。促使企业关注员工权益，以平等的角度与员工建立良好的人际关系，增进企业与员工之间的沟通，减少不必要的劳资争议。通过倾听等方式帮助员工在激烈的企业竞争中，特别是近年来在疫情影响下，经济下滑、竞争更为激烈的环境中保持良好的、健康的心理状态。

面对近年来日趋严重的青少年自杀问题，社会工作可以通过专业的理论、理念和方法，在充分理解和尊重青少年个体发展和变化的基础上开展服务，从微观层面帮助青少年树立正确的价值观，预防和纠正偏差行为；从中观层面，加强家庭内部沟通，促进家长与孩子之间的相互理解，为青少年的成长创造良好的生态环境；宏观层面，进行政策倡导、法规修改倡导等促进营造青少年健康环境的活动。

面对新冠肺炎疫情等突发性公共卫生事件时，社会工作运行机制的灵活性、机动性，以及源自民间扎根基层的特性，可以在一定程度上弥补政府、市场力量的不足，而社会工作学科的专业知识，可在为医护人员、公共卫生专业人员缓解心理压力、为患者和患者家属减轻心理创伤，纾解民众的恐慌情绪等方面都有积极作用，除此之外，在重大群体性事件、不可抗力的灾难事件发生后，社会工作的这一特性均可发挥重要作用，等等。

从以上例子中可以看出，社会工作在涉及的各个领域中均能协调、联动、预防和化解纠纷，在资源链接、提供困难帮扶、促进社会稳步和谐发展等方面，都起到了积极作用。

三、社会工作介入市域社会治理现代化工作的现状和问题

（一）社会工作的本土化发展还不足

社会工作起源于 19 世纪的西方，其广泛使用的心理分析理论、认知理论、行为主体理论等都具有典型的西方色彩，加上社会工作是一门实践性的学科，其实践基础均以西方社会发展及文化为背景。在我国，直到 1989 年教育部批准北京大学社会学系设立社会工作专业，才标志着社会工作的恢复与重建，社会工作于中国而言还是一门年轻的学科，其本土化不足、实践经验缺乏都是发展的障碍。

（二）社会认知度不足

不同于心理咨询的成熟和在民众中的广泛认知，社会工作作为一门年轻

的学科，尚未形成一门独立的职业，在大众化的传媒中不受重视，导致在社会大众中的认知度严重不足，相当一部分人不知道社会工作是什么，甚至有人从未听说过这一学科。而人对于未知事物的接纳是需要时间的，这对于社会工作介入市域社会治理现代化工作产生了障碍。

（三）制度建设不完善

党和国家虽然多次提出要建设和发展社会工作，但是有关的配套政策和支持尚显匮乏，以云南省××市社会治理现代化试点模拟评估情况为例，各县市区、村社区建立社会工作站数量不足，专业社会工作者配备严重不足，配备到位的社会工作者工作考核定级制度、薪酬晋升制度等不完备。虽然该市具备一定体量的社会工作专业人才，并且建立了相应的人才库，但实际需求还是大于可配备人才数量。

（四）人才储备不足、人才流失大

目前我国社会工作的领域虽然广阔，但是缺乏对口就业岗位，这种有专业无职业的状况，严重减弱了社会工作专业学生的积极性，同时也严重制约了社会工作专业队伍的壮大。这样的现状一方面，导致社会工作专业招生困难，学生就读意愿不强。另一方面社会工作专业学生毕业后因为岗位不足、薪资待遇较低、职业发展前景不清晰等因素，从事本专业相关专业人员较少，毕业生大多选择到其他行业就业，导致社会工作队伍发展严重受阻，难以满足市域社会治理现代化发展对于社会工作专业人才的需求。

四、促进社会工作进一步在市域社会治理现代化工作中发展的建议

（一）加强制度支持

1. 建立具有各地特色的社会工作参与市域社会治理现代化制度，使社会工作介入有法可依

社会治理需要以法为准，社会工作介入市域社会治理现代化同样需要制度化的支持，不同地区社会工作发展的进程和市域社会治理现代化的重点领域不同，各地需要针对自身特色建立符合自身需求的介入制度，制度建设需要权责明确、具有可操作性。

比如，建立《政府购买社会工作服务指导意见》，其中明确规定政府购买社会工作介入市域社会治理现代化发展的服务内容、购买机制、资金管理、绩效管理等。通过制度化建设，让社会工作服务有理有据，让社会工作服务

有资金支持，也让社会工作服务的介入有的放矢。

2. 设立社会工作专业岗位名录等一系列配套制度，明确社会工作者的社会地位。

增强社会工作者的认可度和社会地位，对减少社会工作专业人才流失和推进社会工作参与市域社会治理现代化有重要意义。第一，通过建立《社会工作专业岗位名录》，让社会工作者专业岗位为大众认知，让社会工作在中国成为一个专业岗位；第二，通过建立《社会工作者薪酬定级体系》完善社会工作者薪酬待遇和福利体系建设，让社会工作从一个有"事"无价的低薪低竞争力工作岗位，逐步发展为具有薪酬竞争力的岗位；第三，扩大社会工作专业岗位人员在公务员考试中的招收比例，让专业的社会工作者进入政府内部，用自身的专业从政府内部进行宣传，自上而下改变社会大众对社会工作的基本认知，也让更多专业的社会工作人士有机会参与到社会工作的宏观管理和政策制定中去。

（二）多方式、多途径改变社会认知

只有树立社会大众对于社会工作的正确认知，才能进一步激发社会工作在市域社会治理现代化发展中的潜力。第一是要纠正错误认知，以政府为首要对象，进一步贯彻落实国家对于发展社会工作的政策制度和重要方针，将社会工作实实在在地作为市域社会治理现代化推进过程中的力量主体，增强社会工作在宏观层面的可信度。第二是要扩大认知范围、纠正认知偏差，通过拍摄大陆社会工作的专题纪录片，设立社会工作者日，加大影视作品对于社会工作的宣传力度等多种方式，通过媒体的力量将社会工作者的形象带到民众生活中去，改变过去对于社会工作就是慈善组织、志愿者、义工的错误认知。第三是扩大社会工作的影响力，运用社会工作的专业方法，打破目前社区群众、街坊邻里之间的壁垒，通过"共庆传统节日、弘扬传统精神"等关键时间、重点事件，促进社区居民相互沟通，重新拾起邻里间互助、互敬、互爱、守望的精神，为社会工作整合社区资源、调动社区力量助力。

（三）探索社会工作者岗位一岗多职，促进网格化建设

"社区网格化管理"作为推动市域社会治理现代化的最基层管理方式，承担着将过去被动应对问题的管理模式转变为主动发现问题和解决问题，用现代化、主动、定量和系统化的手段进行管理的任务，其本应具备管理敏捷、精确、高效等特点，还希望能够在高效管理同时实现社区资源的整合和共享。

但是此项管理手段在基层的落实过程中仍然存在一定的困难，以云南省××市社会治理现代化模拟评估过程中各县（市）区体现出的问题为例，具体体现：社区网格员人数少难以实现全覆盖、网格员多为兼职人员、工作量大兼顾困难、网格员团队整体素质有待提升、网格员服务效能较低、专职网格员配套福利和制度建设不到位、网格工作中政府占据较强的主导作用、社区居民自治力度不足等方面。

社会工作作为一门以"助人自助"为服务理念的学科：以服务人民，帮助人民解决切身问题为目的；服务者所学知识和技能贴近居民生活，能切实地发挥自身理论或协调社区资源为居民解决问题；社会工作者深入社区、扎根基层，能以居民的角度发现社区突发事件、群体性问题，也能作为中间枢纽促进居民与社区、社区与政府高效沟通。

探索社会工作者在社区网格管理中的一岗多职，从宏观层面而言可以体现为让社会工作的专业组织融入社区的网格化管理工作，帮助社区各层面搭建有效的沟通平台，建立沟通枢纽，为社区预防和化解纠纷矛盾的同时，也能为社区政府减轻工作压力；从微观层面而言可以聘用专业的社会工作者作为社区网格员，让具备专业知识和技能的、有同理心的人士参与到社区服务中，倾听居民的真实意愿，协助居民激发自身潜能，满足居民的切身需求，让矛盾和纠纷能够在最基层得到化解。

综合以上内容，社会工作从概念起源、工作理念、工作目标等诸多方面，与市域社会治理现代化都具有极高的相似性。其次，就社会工作本身而言，其利他主义"我为人人"的精神和帮助服务对象、群体整合资源、挖掘潜能、寻找"自助"方法的实践举措也能为推进市域社会治理现代化发展起到良好的助推作用。但是目前在社会工作参与市域社会治理工作中，还面临着一些困难，还需发挥党委政府主导、全民共建、多元主体共治的作用，进一步提高社会工作的专业能力和水平，更好地推进市域社会治理现代化发展。

家庭教育在预防未成年人犯罪中的路径探索

上官子凡*

摘　要： 近年来，未成年人犯罪呈逐年上升趋势，暴露出家庭教育观念错位、社会参与度不高等问题，是家庭教育在预防未成年人犯罪工作中的重要作用被忽视的关键因素。面对上述困境，需完善相关法律的支撑保障体系、家庭教育指导服务体系以及多方参与协作模式。通过探索家庭教育在预防未成年人犯罪方面的新路径，推进市域社会治理现代化，在市域社会治理的大背景下，推动预防未成年人犯罪工作取得成效。

关键词： 市域社会治理；未成年人犯罪；家庭教育；家庭教育指导服务

市域社会治理现代化是国家治理体系和治理能力现代化的重要实现路径与关键切入点。作为传统文化大国，千百年来中国文化十分看重家庭教育对于个人发展的影响，时至今日中国人对家庭教育的重视程度依旧在日常生活中占有举足轻重的分量。[1] "家庭是社会的基本细胞，是人生的第一所学校。不论时代发生多大变化，不论生活格局发生多大变化，我们都要重视家庭建设，注重家庭、注重家教、注重家风，……使千千万万个家庭成为国家发展、民族进步、社会和谐的重要基点。"[2] 习近平总书记的讲话不仅体现出党中央对于家庭、家风建设的重视，更体现出家庭教育在当下中国社会中的重要性。既能为预防未成年人犯罪提供新的路径选择，也符合新时期推进国家社会治理体系和治理能力现代化的要求，更是构建社会主义和谐社会的必经之路，重视市域社会治理中的家庭教育，从源头上防范化

　＊　上官子凡：昆明理工大学法学院 2020 级法律硕士研究生。

〔1〕　参见梅文娟、董善满："从地方到国家：家庭教育立法之思考"，载《青少年犯罪问题》2020 年第 2 期。

〔2〕　习近平："在 2015 年新春团拜会上的讲话"，载《人民日报》2015 年 2 月 18 日，第 2 版。

解风险，营造良好的家庭氛围。

一、家庭教育在预防未成年人犯罪中的价值

家庭是孩子最早接受教育的场所，是伴随每个人成长的终身教育，是国民教育体系最基础、最有影响力的教育，并在孩子的成长中起着奠基的作用。[1]在预防未成年人犯罪中重视家庭教育，选择家庭教育之路径，不仅为未成年人的发展提供了良好的成长环境，也为市域社会软性基础设施建设增加了定力。

（一）个体价值

在人格的塑造上，家庭潜移默化、根深蒂固地影响着他们。正面家庭教育不仅能塑造未成年人积极正确的三观，教会孩子基本道德规范和自制力、独立性，而且能为国家培养践行社会主义核心价值观、建设新时代中国特色社会主义的杰出人才。而负面的家庭教育，不仅对未成年个体的成长和发展造成了不良影响，也会加大社会负担、增加社会风险。

（二）法治价值

一方面，可以节约司法资源。预防未成年人犯罪是一项关系到家庭、政府、立法、司法、社会的多方协作的社会治理系统工作。长期以来，司法部门在预防未成年人犯罪过程中投入巨大，尤其是在乡镇社区司法所建设方面，从校园宣讲到网络宣传，从安置帮教到社区矫正，从专门学校到未成年法庭，都投入了大量的司法资源。笔者在云南省曲靖市所辖县级市 X 市调研时了解到，该市乡（街）司法所虽然集矛盾纠纷化解、法律援助、社区矫正、安置帮教、人民调解等职能于一体，但在日常工作中，司法所的主要工作仍是安置帮教和社区矫正，主要针对未成年服刑人员的刑释解教、社区矫正。充分重视家庭教育，将预防未成年人犯罪前置化，可以有效减少未成年人犯罪，司法部门可以将相关资源转移到市域社会治理的其他方面，加快建设完善基层法治体系的司法部门的其他职能，加强对未成年人违法犯罪行为的监督管理。概言之，重视家庭教育，探索家庭教育在预防未成年人犯罪中的新路径、新格局，有助于减轻司法部门的负担，降低司法部门在相关领域的成本，节约司法资源，响应中央号召建设高效的法治实施体系，坚持和完善中国特色

---

［1］ 参见吕新萍："家庭社会功能的重建与家庭综合服务的推进——从《家庭教育促进法》的制定与实施谈起"，载《少年儿童研究》2022 年第 2 期。

社会主义法治体系。

另一方面，有利于促进法律实施。近年来，国家先后修订《中华人民共和国未成年人保护法》和《中华人民共和国预防未成年人犯罪法》。2021年国家公布了《中华人民共和国家庭教育促进法》，各地推出了《湖南省家庭教育促进条例》等10部有关家庭教育的地方性法规。然而，天下之事不难于立法，而难于法之必行。立法先行，有法可依，如无强力有效的法治手段保障，再多的立法也是一纸空文。社会问题的解决既是立法工作的任务，也是社会治理的任务，重视家庭教育、强化家庭教育在预防未成年人犯罪中的作用既回应了立法的要求，也是保障法律实施的基本举措，立法、执法、司法、守法并行，才能在市域社会治理中推进预防未成年人犯罪，促进市域社会治理现代化。

（三）社会价值

首先，重塑家庭氛围，推进家风建设。习近平在会见第一届全国文明家庭代表时说道："家庭和睦则社会安定，家庭幸福则社会祥和，家庭文明则社会文明。历史和现实告诉我们，家庭的前途命运同国家和民族的前途命运紧密相连。"[1]在家庭面临种种风险和挑战的时候，在家庭功能遭遇不断冲击甚至损坏的情况下，家庭教育指导、困难家庭帮扶、家庭关系促进等家庭综合服务将为有需求的家庭提供良好的社会支持，修复和重建家庭的社会功能，提升家庭的问题解决能力，从而增进家庭的幸福与社会的和谐。[2]

其次，维护社会稳定，促进社会发展。家庭教育不仅对个人品质、教养、全面发展十分重要，对社会和谐稳定、国家长治久安也有不可忽视的作用。随着我国经济社会的发展、生活方式的变化和思想观念的转变，家庭结构和家庭组成形式日益多元化，家庭面临着前所未有的冲击和挑战。犯罪社会学的研究表明，涉罪青少年一般都来自功能失调的家庭。有的家庭教化功能薄弱，缺少对孩子基本的关心、尊重和理解，甚至使用极端的方式对待孩子，如家庭暴力、虐待、疏忽等，未成年人的治安违法行为与犯罪行为已成为

〔1〕 习近平："在会见第一届全国文明家庭代表时的讲话"，载《人民日报》2016年12月16日，第2版。

〔2〕 参见吕新萍："家庭社会功能的重建与家庭综合服务的推进——从《家庭教育促进法》的制定与实施谈起"，载《少年儿童研究》2022年第2期。

社会安全与稳定的重大阻碍因素。重视家庭教育，加强家庭教育指导，在预防未成年人违法犯罪工作中，把未成年人违法犯罪问题源头化处理，让他们在良好的环境中成长、学习，尽可能避免社会不良因素对他们的侵扰，从而最大限度地把不良行为控制在未成年人身上，维护社会稳定，推动社会发展。

二、我国未成年人犯罪现状

伴随着现代工业社会的迅速发展，青少年在成长中出现的各种问题越来越突出，对整个社会产生了严重的危害，人们开始认识到这样一个基本的事实：青少年问题酝酿于家庭、显现于学校、恶化于社会。[1]在家庭教育中发扬能够维持社会秩序的传统道德，社会期待肩负儿童社会化重任的家庭教育在培养有公德心的下一代方面发挥更大作用。[2]预防未成年人犯罪始终是社会治理的重中之重，未成年人在成长过程中出现的不良行为乃至犯罪行为，严重影响了未成年人自身的发展乃至整个社会的发展。

近年来，我国在预防未成年人犯罪方面取得一定成果。然而，也伴随着家庭教育能力不平衡的加剧。根据最高人民检察院发布的《未成年人检察工作白皮书（2020）》，继2019年受理审查逮捕人数同比上升7.51%、审查起诉人数同比上升5.12%之后，2020年全国检察机关共受理审查逮捕未成年犯罪嫌疑人37681人，受理审查起诉54954人。2020年同比分别下降21.95%和10.35%，创5年来最低。但2020年相关数据的下降，有其特殊的原因，那就是严格的疫情防控，极大压缩了社会接触的时间和人员活动空间，从而相应地限制了犯罪活动。与此同时，低龄未成年人犯罪的比例出现反弹。2016年至2020年，14至16周岁未成年人犯罪案件受理审查起诉人数呈上升态势。未成年人犯罪的低龄化，说明了家庭教育对于未成年人犯罪预防的缺失。

---

〔1〕 参见孙天洋："地方家庭教育法律制度构建研究"，载《法制与社会》2018年第1期。
〔2〕 参见孙天洋："地方家庭教育法律制度构建研究"，载《法制与社会》2018年第1期。

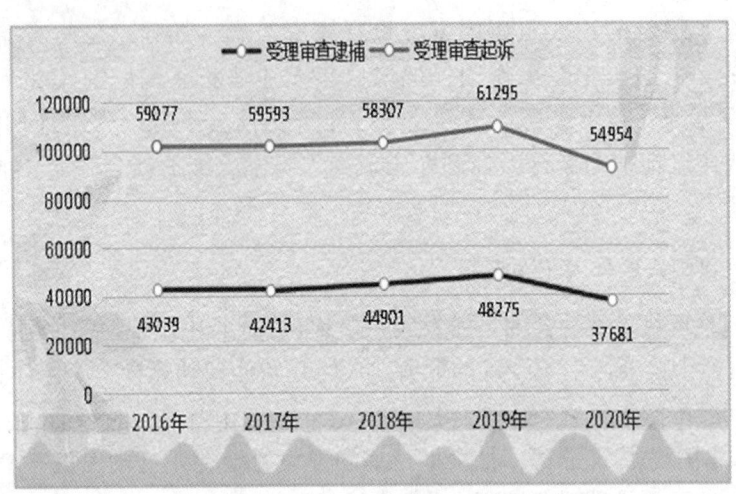

图1：2016年至2020年未成年人犯罪情况[1]

以云南省为例，国家统计局云南调查总队日前发布监测调查结果显示，截至第二季度（2021年）末，全省农村劳动力外出务工617.9万人，本地非农业劳动力转移就业420.5万人。大量人口外出务工必定影响大量家庭对孩子的教育，外出务工人口数量的增加也间接增加了留守儿童的数量，而留守儿童的发展教育将极大影响社会治理的成效与现代化国家的建设。目前，我国有902万名农村留守儿童，无人监护的农村留守儿童36万人，占4%。所以对于留守儿童的家庭教育仍然是市域社会治理中一个亟待解决的问题。

另，据2020年版《中国国民心理健康发展报告（2019—2020）》，家庭教育缺失或不当也是未成年人心理健康出现问题的重要诱因之一，可能导致未成年人出现严重的心理障碍甚至自杀、自残等行为，而未成年人心理的健康问题也是引发未成年人犯罪的重要因素。协助未成年人的父母或者其他监护人加强对未成年人的心理辅导，促进未成年人健全人格的养成，是预防未成年人犯罪的重要路径也是必由之路。

三、家庭教育在预防未成年人犯罪中存在的问题

2014年~2019年未成年人犯罪数量均在上升，其背后除经济社会高速发

---

〔1〕 参见《未成年人检察工作白皮书（2020）》，载 https://www.spp.gov.cn/xwfbh/wsfbt/202106/t202106 01_ 519 930. shtml#2，最后访问日期：2022年4月15日。

展、未成年人成长的不良因素不断增多的时代背景之外，家庭教育的缺失也是不可忽视的重要原因，而造成家庭缺失的原因涉及社会意识、法治建设、专业化服务缺失等多方面。

（一）家庭教育观念错位

家庭暴力案件、未成年人犯罪案件的发生暴露了部分监护人的未成年人保护理念淡薄、家庭教育观念错位。现阶段我国社会意识对家庭教育侧重点更多为孩子成绩、学习能力等功利方面教育，而忽视家庭氛围、立德树人等德育方面教育。近年来发生的极端案件中的罪犯，基本上都存在一定人格缺陷。仔细分析他们成长的家庭环境，每个极端行为的背后都有一段难以言说的痛苦经历，缺少关怀、信任、安全的成长环境，以及面对挫折时缺少正确的引导，造就了他们孤僻、冷漠、怀疑、敌对的极端性格。[1]

《全国家庭教育状况调查报告（2018）》显示：四、八年级班主任认为家长最关注孩子的方面是"考试成绩"，明显高于对学生"品行问题""爱好或特长发展"等方面的关注，而15.8%的四年级班主任和14.4%的八年级班主任报告大部分（80%以上）家长认为"教育孩子全是学校和老师的责任"。[2]

以上数据表明，现阶段的家庭教育观念错位。首先，家长在教育工作中对家庭教育认知的侧重，对学校教育者的认知偏差进行了一定程度的引导，说明了"重智轻德"、功利心重等社会对家庭教育的认知问题。其次，家长存在教育责任主体认识不清的问题，将教育孩子的责任完全转交给学校和老师，而老师也认为自己对孩子的教育责任主要集中在学业教育方面。再次，结合以上调查数据以及笔者在曲靖市下辖县级市X市调研时发现，对于长期不在孩子身边的、外出务工、不关注孩子德育教育的家长普遍对孩子的道德发展认知存在较大偏差。最后，因为社会个体存在短视性、趋利性，加之社会转型中经济高速、互联网行业空前发达，种种相关因素作用下，致使社会家庭教育观念错位，形成非理性、功利化的教育需求，且教育观念倾向性严重、主体认识不清、德育发展认识偏差等都为通过家庭教育预防青少年犯罪设想

---

〔1〕 参见吕新萍："家庭社会功能的重建与家庭综合服务的推进——从《家庭教育促进法》的制定与实施谈起"，载《少年儿童研究》2022年第2期。

〔2〕 参见北京师范大学中国基础教育质量监测协同创新中心："《全国家庭教育状况调查报告（2018）》发布"，载《教育学报》2018年第5期。

增加了难度。

（二）法律规范支撑保障体系不健全

法律的生命力在于实施，当前，国家关于未成年人保护以及家庭教育的法律体系日益健全，但也存在大量有法不依、执法不严的问题，法律规范保障支撑成当务之急。目前我国关于家庭教育及未成年人相关的法律法规、地方性法规的相关立法已初见规模，但其仍存在层次单一、法律实效低、法律保障力量薄弱等问题。《中华人民共和国家庭教育促进法》颁布以前，重庆、贵州、江西等10地已有相关地方性法规，但其实施效果并不理想。法律的顶层设计看似考虑周全，且通过立法已建设了完备的家庭教育实施体制机制，但实则相关法律规范配套衔接协同机制尚未构建。法律给出了较为具体的实施机构、负责单位与措施，但经费管理、人员配置、协同机制等实施重点并未涉及，且未详细规定由何部门通过何种方法进行监督以支撑、保障法律的实施，也没有相应的奖惩机制落实法律的实施效果。还需完善相关法律规范，加快建设相关支撑保障体系与配套衔接协同机制。

（三）缺乏专业化家庭指导服务

这几年，我们的家庭教育指导师队伍已经有了初步的规模。然而，现有从业人员还存在专业水平和服务能力不足等问题，以至于其在一定程度制约指导服务的效果，其原因在于尚未明确规范家庭教育指导师的职业属性、职业标准、监管主体和培训、考核办法等。家庭教育指导在欧美、日本等发达国家及地区已成为一项成熟且获得社会认可的制度，而目前我们在家庭教育的组织管理、人员投入、政策保障等方面都较难令人满意。[1]家庭教育指导师职业化专业化建设问题已经成为制约家庭教育事业的关键环节，建立适合中国国情需要的家庭教育从业者职业化机制迫在眉睫。[2]现阶段，我国家庭教育指导培训机构泛滥，许多机构并无资质也无能力。家庭教育指导培训的专业化程度在下降，这将导致相关人员水平良莠不齐，对行业整体发展造成影响，对健全家庭教育体系、构建预防未成年人犯罪体系造成阻碍。

---

〔1〕 参见张洁、罗朝猛：“日本教育惩戒制度探究及对我国的启示”，载《中国教师》2020年第6期。

〔2〕 参见周韵曦：“家庭教育指导师职业化机制亟待建立”，载《中国妇女报》2021年12月20日，第5版。

（四）社会参与度较低

在探索通过家庭教育预防未成年人犯罪的路径中，现阶段参与主体似乎只有家庭和国家，学校、企业、电视台似乎游离于相关制度的构建之外。社会参与度低，导致社会矫治力量不足、社会关注度低，间接导致家庭教育指导服务体系建设受阻、家庭教育观念偏差等问题。习近平总书记在全国教育大会上强调，"教育、妇联等部门要统筹协调社会资源支持服务家庭教育"，家庭教育既需要家庭责任、国家支持，也需要学校配合、社会协同，但由于观念错位、政府失灵、专业化服务不健全等因素，导致我国家庭教育的社会参与度和积极性较低。

《青少年蓝皮书：中国未成年人互联网运用报告（2020）》显示，近年来中国互联网产业发展迅猛，未成年人上网普及率已达 99.2%，未成年人初次触网年龄不断降低，10 岁及以下人群开始上网的比例达到 78%。可以说，互联网已经成为家庭和学校之外引导未成年人发展的"第三只手"，但在国家开始重视家庭教育，着手构建家庭教育的今天，在抖音、微博等平台，几乎看不到有关信息的宣传与作出的改变。除了政府应加强监管外，企业作为社会主体也应承担相应的社会责任，积极参与到相关体制机制的建设中。

构建家庭教育对于预防未成年人犯罪的机制，不但需要社会各方力量的协调运作，更需要在治理理念与治理方式上进行变革。以政府主导、家庭为主、社会参与的市域社会治理理念建构预防未成年人犯罪的新模式，既是预防未成年人犯罪的重要举措，也是实现市域社会治理现代化和市域社会和谐稳定的有力支撑。

四、家庭教育预防未成年人犯罪的实现路径

预防未成年人犯罪工作想要取得长足进步、明显成效，家庭教育工作是当仁不让的最优选，而乘市域社会治理之"东风"，正是家庭教育在预防未成年人犯罪中发挥最大作用的最佳选择与最佳路径。

（一）树立正确的家庭教育观念

意识形态是由经济基础决定的上层建筑，其也会反作用于经济基础。要改变社会对于家庭教育的错误观念，树立正确的家庭教育观，首先应从教育体制进行改革，只有教育不再唯分数论、唯成绩至上，才能树立德智并重的家庭教育理念。2021 年，国家出台"双减"政策，旨在对教育体制进行改革、对社会教育资源进行公平再分配。同年,《中华人民共和国家庭教育促进法》出台,家庭教育观念的重塑可以搭上"双减"东风,配合教育体制的改革,加快重塑社会教育观念。

应树立"德智并重"的家庭教育观念。"双减"政策下,家长和学校要把更多的注意力从单纯关注孩子的学习成绩转移到对孩子德智体美全面发展的关注上来,从源头上预防未成年人犯罪行为的发生,应当从小培养孩子正确的道德观和价值观。

妇联可以与学校加强合作,建立困难群体帮扶制度,动员多方力量,开展家校联合的家长培训,在市域社会治理现代化的大背景下,树立正确的家庭教育观念。此外,应使家长认识家庭教育的主体责任在自己身上而不是在学校老师身上,定期对未成年学生的家长或其他监护人进行家庭教育方面的培训、辅导和指导。同时,也应使学校意识到家庭教育不仅是家庭内部事务,正确家庭教育观念的树立应是家校共同努力的成果。政府宣传部门要加大宣传力度,引导社会关注家庭教育,重视家庭教育,树立正确的家庭教育观念,普及家庭教育指导师的积极作用,引导社会关注家庭教育。在未成年人成长过程中,不仅应关注其德育发展,更应该清楚掌握其德育发展的真实情况,并根据其发展情况作出一定的调整,家校配合,防止因认知的偏差酿成大错。

（二）完善法律支撑保障体系

1. 建立多层次法律体系

现阶段我国拥有一定数量的家庭教育以及预防未成年人犯罪相关法律,地方上也拥有 10 部有关家庭教育的地方性法规,但整体而言,家庭教育法律体系还是层次单一、覆盖面窄,无法支撑法律保障体系的构建。

中央层面应从普及家庭教育的理念出发,重视顶层设计,根据社会的发展变化,在《中华人民共和国家庭教育促进法》中不断提升家庭教育的法律地位,形成比较完善的家庭教育法律体系。国务院及其下属行政部门,如教育部、民政部,应出台相关行政法规、部门规章,结合《中华人民共和国家庭教育促进法》和《中华人民共和国预防未成年人犯罪法》这两部法律的核心思想规定,落实家庭教育的管理体制和保障机制等问题,将家庭教育的政府责任、监督主体以及相关负责单位的奖惩机制落实。

同时,由于各地经济社会发展水平参差不齐,家庭教育的成熟度也各不相同,因此,在不违背上位法的前提下,鼓励各地在家庭教育方面制定具有较强可操作性的地方性法规。例如，《重庆市家庭教育促进条例》第 38 条规定：市、区县（自治县）人民政府应当完善进城务工人员未成年子女入学、招生、住房等政策措施，保障未成年子女在父母务工地就近入（托）学、参加考试、居住。重庆是外来务工人口大市，2019 年重庆市外来人口 182.05 万人，该条例规定充分体现地方实际情况，因地制宜。又如，云南省可效仿贵州省制定相关地方性法规，突出规定关于外出务工人口家庭的留守儿童教育保障与促进。这些地方特色的制度是地方立法活力的充分体现，可以丰富家庭教育法律层次，健全法律支撑体系。

2. 健全法律配套衔接机制

首先，通过立法建立相关经费保障机制。无论是家庭教育指导服务体系的建设，还是经济发展落后地区的家庭教育理念推广，充足的资金支持是必不可少的。家庭教育工作缺乏相应的经费保障是我国家庭教育指导服务建设缓慢的重要原因之一。以家庭教育相关制度建设走在世界前列的日本为例，其家庭教育工作之所以能有效推进，除了实施全面的扶持政策外，通过立法建立稳定而持续的经费保障机制也是其关键所在。[1]国家应制定相关法律，使家庭教育工作得到更充裕的经费保障，政府及有关部门应不断加大对家庭教育工作的财政投入，并对家庭教育指导服务发展予以资金补贴，落实其奖惩机制。在当前我国教育经费投入整体不足的情况下，也应以立法确保政府对家庭教育事业的财政投入，并出台相应的奖励措施，用足用好社会资助渠道，促进家庭教育事业的发展。

其次，应该加快出台规范家庭教育指导服务的相关法律法规，保障《中华人民共和国家庭教育促进法》的实施，将家庭教育指导师培训机构纳入政府监管，并赋予市场监督管理局等相关部门一定的权力以监督机构的合法运行、惩罚机构的不法行为。中央层面可设定专门法律规范，明确家庭教育指导师的准入门槛以及考核制度，同时赋予地方一定的空间，结合地区发展情况，平稳、高效地推进家庭教育指导师制度的发展。

最后，应将家庭教育建设与推进家庭教育指导师发展明确列为教育部门与妇联职责，并明文规定具体实施办法与相应的奖惩制度。以日本为例，日本将家庭教育支援事业视为一个系统工程，除专门的家庭教育法，还有一系

---

〔1〕 参见刘兰兰："日本家庭教育立法及其对我国的启示"，载《教育评论》2015 年第 1 期。

列间接支持家庭教育的法律，从育儿支持、工作与生活的平衡等多方面对家庭育儿进行支援。[1]使政府在家庭教育中承担起责任，在保证家庭教育实施机构不侵害群众的私人领域的同时，明确各级家庭教育管理机构及其职责范围，使家庭教育的工作有法可依，保障群众接受家庭教育服务的权利。

（三）构建完备的家庭教育指导服务体系

家庭教育指导服务体系是《中华人民共和国家庭教育促进法》的落脚点，也是检察机关、司法部门探索预防未成年人犯罪的重要举措，是促进家庭关系最直接、最有效的措施，也是市域社会治理现代化的重要举措，在市域社会治理背景下探索行之有效的家庭教育指导模式和方法，及时总结经验，在探索中不断修正制度缺陷、不断完善制度建构，不仅有利于促进家庭和谐关系的形成，更是预防青少年犯罪的有力手段。以具有中国特色的家庭教育理论体系为专业基础，将家庭教育指导服务体系纳入专业化管理范畴，推动家庭教育事业健康发展。

1. 规范家庭教育指导培训

家庭教育指导师是直接关系到服务体系对社会的正向效应，是家庭教育指导服务体系的实施者，是家庭教育指导服务体系的基石，也是整个体系的核心部分。现阶段，我国家庭教育指导服务体系还处于起步阶段，家庭教育指导师的数量远远不能适应市场的需求。我国正处于家庭教育服务体系建设的起步阶段，短时间内，培训工作不能放任于市场，应该走专业化道路，政府部门应该负起监管责任。在注重对机构加强监管的同时，国家制定统一标准，提高准入门槛，颁发统一证书，初期由有关部门组建、牵头开展培训工作，扩大家庭教育指导师培训机构数量。

此外，对家庭教育进行指导，应由学校作为主体，而非以市场为主体。可以由教育部门承担管理责任，调动学校的积极性，以应对目前家庭教育培训市场的乱象。《中华人民共和国家庭教育促进法》第6条第2款规定：教育行政部门、妇女联合会统筹协调社会资源，协同推进覆盖城乡的家庭教育指导服务体系建设，并按照职责分工承担家庭教育工作的日常事务。妇联、教育部门、社区应结合每个家庭的实际情况和遇到的具体问题，针对家庭教育

---

[1] 参见李曼："日本家庭教育法律规制：路径、特点与启示"，载《全球教育展望》2021年第7期。

工作精准化、个性化的服务需求，量体裁衣，量身定制解决方案，各尽其责，逐步划清界限，进一步完善和细化家庭教育培训市场。

2. 提高家庭教育服务质量

帮助严重不良行为未成年人重回正轨，预防重新犯罪，是通过家庭教育指导提升家长监护能力、改善家庭环境的有效手段。在建立家庭教育管理和实施体系时，要确保建设的针对性和实效性，针对具体问题，切合家庭实际，照顾个人特点。家庭教育指导工作是未成年人保护的一项专业性很强的工作，长期高效做好工作的基本保证是拥有一支经验丰富、功底扎实、人员稳定的工作团队。在一些问题家庭中，光靠家长自身很难同孩子搭建有效沟通桥梁，遇到复杂问题，家长解决问题的能力不如专业的家庭教育指导师。家庭教育的先进理念、科学知识、正确方法的传达与适度使用应该由专业的人员负责，不仅能够提供营造良好的家庭氛围，还能促进家庭教育能力的提升。

在家庭教育中，不同的主体有着不同的角色定位：家庭负责实施，学校、政府和社会负责提供指导、支持和服务，公安司法机关在必要时实施干预。通过不断总结对未成年人监护不力家庭的教育问题根源，发现家庭教育的规律，研究针对性的方法和措施，提升家庭教育指导的专业性和科学性。同时国家应着力培养高素质人才队伍，政府部门以及社会各方要充分发挥各自资源优势和人才优势，基层群众性自治组织、婚姻登记机关、医疗卫生机构以及其他社会公共机构应结合自身职能与优势，开展家庭教育指导服务。同时，要加大对家庭教育指导师培训的投入，建立一支既有理论基础又有家庭教育指导实践经验的正规军，大力提升家庭教育培训师或辅导人员的专业化程度。社会力量可以依法设立非营利性家庭教育指导服务机构，开展家庭教育指导服务活动。家庭教育服务体系要以政府主导、公共服务阵地和公共财政为基础、专业技术为支撑，全面履行职能，社会力量共同参与，以提升家长教育素质、改善家长教育行为、提高家庭教育质量、促进未成年人健康发展为宗旨，面向家庭提供指导和服务。最终实现培养稳定、专业、可靠的家庭教育专家型导师型社会力量，构建全覆盖、多方位、多层次、多样化、高质量的家庭教育指导系统。

3. 落实家庭教育指导服务有效供给

家庭教育指导服务体系应是一项系统性的社会工程，不论地区经济发展状况、不论交通条件，应全方位、深层次、多维度地开展家庭教育指导服务体系建设，同时根据各地基本情况，建立区域家庭教育指导工作机制，形成长效、稳定的体系和做法。

国家推动家庭教育工作的当务之急是实现家庭教育指导服务的有效供给，现在的家庭教育指导服务，从社会供给的角度来说，还不能适应和满足家长对家庭教育水平提升的需求。其次，不同学段、不同家庭结构、不同抚养方式的家庭，对家庭教育指导具有不同的需求，但当前的供给无法完全匹配。除了针对普通家庭的教育指导工作外，还应当探索构建符合留守、流动儿童家庭、单亲家庭与重组家庭等特殊群体以及隔代抚养家庭的指导服务机制。普通家庭可按家庭需求，被动供给。当家庭提出需要家庭教育指导服务后，在妇联、教育部门的监管下可由市场主体提供教育指导服务，并根据市场行情进行收费。但针对特殊家庭，应由妇联、教育部门、司法所等联系专业的指导服务人员为其提供教育指导服务，费用由专项资金进行拨款，并进行工作记录，定期回访，将预防未成年人犯罪工作前置。

针对涉案未成年人、失管未成年人进行家庭教育指导。对于未成年人出现犯罪不予起诉、未受刑事处罚、遭受监护人或他人侵犯的，应当对其家庭教育情况进行评估，根据评估结果对未成年人的父母或其他监护人提出改进家庭教育意见，提供必要的家庭教育指导和帮助。对离异重组家庭、父母长期分离家庭、收养家庭、农村留守未成年人家庭等有特殊需求的家庭中，主动提出辅导需求的未成年人父母或其他监护人开展家庭教育辅导服务的，由有关部门负责。

此外，落实供给需求应注意预防性家庭教育指导，将未成年人犯罪预防工作前置。针对未成年人违法犯罪多发地区，结合公安机关和司法机关的工作，在城镇流动人口集中、城乡接合部集中、农村留守儿童集中等重点区域广泛开展预防性家庭教育指导。通过家庭教育知识进社区、进家庭等活动，深入开展法治宣传和家庭教育宣传，提高家长和其他监护人的监护意识、能力和法治观念，同时，扩大家庭教育宣传覆盖面，各地可活用多种形式，如通过网络直播、新媒体、短视频、社交平台宣传等。

（四）充分发挥政府作用，落实主体责任

政府作用的发挥不仅是要干预准确、干预到位，更是要注意政府不能过度干预。家庭教育指导服务体系是一项全社会参与的系统化工程，政府应始终在家庭教育体系中发挥主导作用，应作为家庭教育管理的主要推进者，这有利于健全家庭教育相关体系，有利于保持家庭教育相关政策的连续性和执行力。在市域社会治理现代化推进过程中，我国未成年人犯罪预防当寻求新的突破，配合相关法律法规，重视家庭教育的问题解决，从源头防范化解未成年人犯罪带来的社会风险。

1. 规范政府职权

家庭教育本质上属于家庭内部事务，政府在进行干预时也要充分尊重家庭自主权，不宜干预过多，防止公权力侵入私权范围，从而引发权力寻租等问题。政府在干预过程中也应注意干预的方法和方向，避免干预错位，应与教育部门、妇联、关工委充分沟通，对家庭教育制度制定合理科学的干预政策。同时，应设立专门的举报监督渠道，规范政府干预活动，防止公权力的滥用。上级政府应加强对下级政府的监督与管理，明确下级政府职权范围，完善家庭教育指导服务体系，建设奖惩机制，最大化发挥政府积极作用的同时落实政府责任，防止权力寻租，提高市域社会治理能力。

2. 健全多方协同运作机制

预防未成年人犯罪的路径是依托国家、社会、学校、家庭等各方力量的通力协作，旨在以点带面。

一方面要建立一个衔接的机制。建立家庭教育工作联动机制，共同做好家庭教育指导工作，各级政府、检察机关、妇联、关工委、居委会要加强协作配合，充分发挥各自职能作用。检察机关、司法部门要主动做好未成年人社会调查和监护状况评估工作，准确掌握家庭教育指导需求，根据办案需要和具体需求，在办理案件过程中及时向区妇联、关工委通报相关情况，启动强制性家庭教育指导工作。发挥群团组织优势，动员社会力量，如妇联、关工委等。

另一方面，要构建成果转化机制。注重把家庭教育指导与未成年人帮教工作有机结合起来，注重对未成年被害人的救助保护。在未成年人保护工作中要体现和运用家庭教育改进成果。支持抚养权撤销诉讼，附条件不起诉的，检察机关可探索将家庭教育评估结果作为参考依据。同时，加强对家庭教育辅导实践经验的提炼和总结，研发一批高水平、易推广、大众化的精品课程，形成一批可复制、可推广的家庭教育辅导工作模式。

3. 确立政府在体系构建中的核心地位

通过家庭教育预防未成年人犯罪的制度构建不仅需要引导家庭本身发挥

积极作用，政府对其的干预管理监督也是必不可少的。家庭自身的短视性、观点错位以及其他缺点的存在，需要以政府为主导对整个制度的构建、体制机制的运行进行适当干预，从而弥补制度的自身缺陷，达到资源配置的最优。

在目前顶层制度设计中，检察机关、司法部门、教育部门、妇联、关工委均在家庭教育指导体系中扮演着不同角色，但在当前制度构建下无法形成合力，亦无清晰明确的领导主体。各级政府要成立专门的家庭教育指导服务领导小组，制定合理科学的政策方案，确保政策实施的针对性和实效性，在落实"双减"政策的同时，配合地方人大尽快出台符合本地区实际、促进本地区发展的地方性法规，为家庭教育指导服务体系建设保驾护航。

各级政府应根据本地区的实际情况、家庭教育指导服务发展状况，制定科学合理的预算方案，保障各部门、各地区的家庭教育指导服务建设，保障家庭教育相关的公共产品供应。在市域社会治理背景下，政府应对家庭教育指导工作充分予以资金、政策支持，与妇联、关工委等一同落实重点特殊困难人群的帮扶制度，将预防未成年人犯罪前置化，夯实市域社会治理现代化的基础。

市域社会治理数字化转型的法治道路探索

赵春雨*

摘　要：实现市域社会治理数字化转型，在数字化时代背景下，已刻不容缓。推进数字法治建设，需要在现有法律体系下从"数字法治理论体系的原则"和"数字法治制度规范体系的目标"两个方向把握数字法治内在要求，本文通过分析现阶段执法体系、司法体系和监管体系数字法治建设中存在的问题，探求市域社会治理中数字法治转型遭遇的困境及原因，并在此基础上尝试探索出一条更为符合市域社会治理数字化转型需求的法治道路。

关键词：市域社会治理现代化；数字法治；智慧社会

党的十八大以来，党和国家从事业发展全局和战略高度，就推进国家治理体系和治理能力现代化提出了一系列新理念、新思路、新战略。市域社会治理是国家治理在市域范围的具体实施，是国家治理的重要基石。[1]

信息革命的深入发展、智能化程度的不断加深引发了从生产关系到生活习惯、从行为方式到思想观念、从经济业态到制度规范的全方位深度改革。市域社会治理既要贯彻落实中央关于国家治理的大政方针、制度安排、决策部署和上级的任务要求，又要对本市域社会治理统筹谋划、周密部署、推动实践，立足实际，发挥好承上启下的枢纽作用，在国家治理中发挥好社会治理的重要作用。建立智慧政府，已经成为顺应智能潮流和数字时代的大趋势。智慧政府的深入推进促进了数字法治的全面发展，行政方式因智能平台、大数据等技术的应用而得以不断创新，数字化政务提升了各级政府的服务效率，实现了跨层级、跨业务、跨地域协同。在市域社会治理领域推进数字法治建设，以数字法治促进社会治理目标的有效实现，是实现市域社会治理数字法

---

* 赵春雨，昆明理工大学法学院 2021 级法学硕士研究生。

〔1〕 参见陈一新："推进新时代市域社会治理现代化"，载《人民日报》2018 年 7 月 17 日，第 7 版。

治转型的重要环节，而构建起"数字法治理论体系"和"数字法治制度规范体系"两大体系是实现市域社会治理数字法治转型的基础。

一、在市域社会治理中推进数字法治建设的原因和基本方向

"数字法治"是在数字时代不断发展以及大数据、人工智能融合背景下，在推动治理主体数字化、治理数据一体化、数据应用规范化的同时，将新技术与立法、执法、司法、守法活动相结合，使法治呈现动态运行过程的新形态。在今天，为实现治理现代化的基本要求，推动更智能、更现代化、更科学的市域社会治理，有必要为新技术带来的数字化应用场景提供切实可行的制度支撑。

（一）在市域社会治理中推动数字法治建设的原因

随着数字化时代的来临，数字化和信息化及智能化技术已成为实施治理的重要资源和手段。在市域社会治理过程中运用法治的力量来推进数字化转型是极为迫切的，也是对数字时代重要命题的回应。在转型过程中，构建起新技术条件下的行为新模式、治理新规则，才能更好地将制度优势和技术优势转化为治理效能，深入推进治理主体数字化、智能化、法治化，在实现市域治理现代化的目标中发挥出其关键性作用。

（二）推进数字法治建设的内在要求

推进数字法治建设，需要在现行法律体系下逐步构建起顺应数字时代发展的"数字法治理论体系"和"数字法治制度规范体系"两大体系。

1. 以构建数字法治理论体系为原则

市域社会治理数字化转型在治理主体、治理方式、治理客体等维度均发生了变化。解决这些变化引发的矛盾与冲突就需要建构起切合数字法治特点的理论体系，首先需要明确其应当遵循的原则。

（1）社会共识原则

数字化是促进社会经济和发展，同时实现社会整体治理能力提升和社会治理有效协调的基本手段。要推进数字化法治转型，社会大众的支持至关重要。社会改革要坚持以人民为中心，以不断增强人民的获得感、幸福感、安全感为改革的目标。

第一，推进数字法治转型的目的是更好地服务人民。推进数字化法治的转型首要任务是解决市域社会治理中的"顽疾"，也就是从人民群众急事难事

入手，从事关民生福祉的需求入手。所以，要明确数字化法治改革的根本目的是更好地为人民服务这一基本理念。

第二，数字法治转型需要人民群众的支持和参与。社会治理概念本身是多元主体、协商合作、伙伴关系所形成的社会事务协同治理模式，包含"他治"和"自治"两个维度。[1]市域社会治理数字化转型在一定程度上就是将他治和自治模式进行更深层次的融合，在控制公权力借数字监管科技实质扩张行使范围的同时，引入更多的私主体参与社会治理，填补单向监管的资源不足与数字治理的技术缺陷。

（2）科技伦理原则

科技赋能带来了社会生产力和生产关系的转变，但同时衍生出的算法霸凌、数字鸿沟等问题也接踵而至。技术并不是法律直接调整的对象，但技术的工具价值与社会价值仍然涵盖在法律的价值体系当中，所以需要法律去回应技术创新过程中价值错位的问题。

市域社会治理数字化法治改革，就是在法律层面对科技"能不能做"和"该不该做"等问题进行回答。在"主体—工具—价值"的分析框架内，明确治理主体与治理工具的伦理评估模式，避免因强制性技术工具对社会治理秩序的忽视导致的后果，例如数字鸿沟问题的产生。

（3）公正性原则

社会治理的数字化转型应当秉持公正性和透明性原则。由于数据算法自身具有的全程不留痕、不可逆、算法自动化、隐秘化、技术要求较高等特点，更需要将其全过程公开、透明，防止算法自动化执法呈现"一刀切"执法或司法活动难以获得当事人认同，相关处罚教育的功能未得到合理体现等问题。[2]

重新构建技术与法律之间的关系，是总体回应数字时代风险和实现数字法治转型的重要环节。要兼顾"技术"与"治理"之间的关系，考虑技术使用的方法以及治理目标等问题，构建起符合时代的数字法治理论体系。

---

〔1〕 参见吕美璇："中国数字政府治理困境与解决路径研究"，载《改革与开放》2020年第16期。

〔2〕 参见王海明："笔谈：数字赋能与公平正义"，载《浙江社会科学》2022年第1期。

2. 以数字法治体系规范体系建设为目标

数字化法治的核心是解决以数字化信息为社会治理纽带，通过精确预测实现个性化社会治理过程的数据资源共享和使用问题，需要在整个信息采集、处理和使用过程中构建规范数字法治体系，实现一种可视化公正。

（1）创建高效能治理规范

随着治理工具、治理手段实现智能化和数字化，数字化政府的行政效率和监管效果也得到了极大提升。从公民个人角度出发，数字化为公民提供了更为快速、便捷的方式行使自身的政治权利、对公权力进行监督。在此基础上，市域社会治理要突破原有的物理空间限制，实现高效能的社会治理。

（2）形成敏捷型治理体系

城市公共服务数字化转型，通过对数字资源的收集、整合和分析发现社会问题，以公共政策的形式回应治理对象的诉求，带来了社会治理主体与客体互动方式的转变。[1]所以市域社会的数字化转型必须提高对社会数字信息的收集、分析和预判能力，并且快速作出回应。

（3）促成数据体系化联通

数字化政务已成为当今时代下中国政府治理体系和治理能力创新的重要方式。在面对大量分散且多样化的政务信息时，利用大数据进行信息收集、整合和分析，无疑是一种快速且高效的新型数据管理模式。

（4）规范数据融合性互动

在传统社会下因职责、功能不同而被区分的不同政府服务部门，在大数据时代下实现了可以线上融合互动的可能性。利用互联网建立起来的线上服务平台成为政府服务部门与社会公众跨越物理空间、实现智能互通的有效渠道。例如，多地将政务服务 APP、服务热线和微信公众号进行深度融合，建立"一部手机办事通"的智能化服务系统，同时努力健全和完善各级服务窗口政务服务的评价机制。曲靖市利用数字技术打造智能化融合政务服务平台，意在构建起一个"政府—平台—大众"间双向流通的融合性智能平台。

市域社会治理需要顺应新技术发展趋势，将数字技术、智能技术运用到社会治理中，从而实现治理的数字化转型，提升社会的风险防控能力，这是

---

〔1〕参见李碧珍、吴芃梅："数字经济对社会生产与再生产过程的影响与重塑"，载《当代经济研究》2021 年第 11 期。

当前治理能力提升的基本趋向，也是治理体系完善的基本趋势。

二、市域社会治理中数字法治转型存在的问题

将治理体系和治理能力现代化的时代要求与基层社会治理相融合，实现跨层级、跨业务、跨地域协同治理的治理体系，在法治轨道上继续推进市域社会治理的数字法治化转型，有必要结合数字法治的内在要求，对现阶段存在的突出问题进行深入的厘清。

（一）数字法治下执法体系遭遇的"困境"

执法是指国家行政机关行使行政管理职权，履行职责，依照法定职权，依照法定程序执行法律的活动。但随着信息化、自动化升级后智能化技术的广泛运用，传统立足于以单一物理空间和人力执法的执法思维和法律方法已经明显不能适应时代的发展。借助大数据算法的高速化、程序化特点来实现执法过程的快速化、公正化是一个较为理想的当代执法体系建构方式。

但是，要如何在数据执法体系下设计出一套可以集验证、证实、知情同意、公开透明、可责性、救济、责任划分清晰的制度体系，绝不是一朝一夕可以完成的。因为其客观技术难度高、任务量庞大、对传统法治思维的颠覆性等客观问题的存在，现阶段在社会治理中普遍存在"浮于表面"的电子执法方式。执法过程仍然依靠传统的人力执法形式，甚至有为了完成执法现代化的任务要求，采取后期"补足"电子化平台上的电子执法过程的现象。

（二）数字法治下司法体系面临的"瓶颈"

随着互联网的不断发展，在社会治理中司法体系的过程和机制将逐渐由信息化、自动化升级为智能化。[1]法院在这一阶段建立了网上法庭，实现了案件受理、文书送达、审理、调解、调换证据、庭前准备、开庭审理、宣判等诉讼环节全部在网上完成。但司法体系对智能化的运用仍然停留在"外在"使用的阶段，而没有实现智能化与司法实践的"内在"融合。如何用数据反映司法逻辑中的"权利、义务、公正"的伦理逻辑，是司法数字法治化遭遇的一大"瓶颈"。

（三）数字法治下法律监管面临的"难题"

互联网深刻影响和改变着人们的生活方式。新模式、新业态、新格局不

---

[1] 参见马长山：《迈向数字社会的法律》，法律出版社2021年版，第179页。

断涌现，各类"互联网+"形式发展迅猛。它们凭借新技术和新思维不断地以"植入"和"嫁接"的方式来打破与重构人类生活方式原有的秩序。例如，网约车平台、线上预约挂号、短租平台、互联网众筹等新兴业态的迅速发展。对于这类新兴行业，政府传统法治思维建构下的监管模式显得有些"捉襟见肘"，同时，政府对于这类新兴行业的监管一直处于"不管产生风险，严管有碍进步"的两难境地。[1]

数字化与智能化的迅猛发展，对时代的影响是巨大的，甚至是颠覆性的，几乎涉及人类社会的所有领域，如生产关系、生活习惯、行为方式、思想观念、经济业态、制度规范等。虽然全国各地在推进市域治理现代化过程中积极运用数字法治思维，力求构建起顺应数字时代大背景的现代化社会治理方式和治理体系。然而，如果仅仅是浮于表面的数字化改造，仍以"依葫芦画瓢"的思维模式进行数字化改革，其局限性也是显而易见的。

三、市域社会治理中数字法治转型困境的原因

（一）数据应用体系化程度不足

1. 对数据资源认识不到位

市域社会治理环节中，各市域政府对于大量的、分散的、多样化的数据资源的认识仅仅停留在数据收集阶段，对于如何利用海量数据进行数据分析，存在如何将分析结果运用于社会治理的阶段评估、风险预测和结果反馈等方面的意识还不够到位的问题。

2. 数据处理能力有待加强

从整体的市域社会治理来看，很多政府职能部门面对市民的需求，在传统观念的引导下，仍然采用传统的管理方式进行数据分析和监管，而由于资源利用倾向于部门化的控制，政府数据资源的处理能力和整合能力目前还有待加强。

（二）数据分析对于决策支撑力度不足

法律治理体系需要从单一的部门法运用转变为多效融合的法律服务系统。从以前的经验型、小数据法律分析转变为基于大数据运用的科学系统性决策。通过理顺政府数据资源的"归纳、整合"机制，加强数据资源的管理，推进

---

〔1〕 参见马长山：《迈向数字社会的法律》，法律出版社 2021 年版，第 76 页。

市域社会治理法律系统数据资源整合化管理、集中、汇总的关联设置。优化法律治理在政府管理、服务和决策全部环节的支撑力度至关重要，然而，目前支持系统决策的数据协同体制机制还远未健全。

（三）数据融合和共享能力不够

数字资源融合与共享的安全问题涉及隐私、信任和授权问题。公共数据、和私人数据的整合与共享中存在的隐私泄漏问题，有碍于数据融合和共享能力的提升。

1. 政府数据整合问题

目前，各市域政府层面，没有专门的部门来协调和统筹信息的整合共享，而是由各个分散的部门共同整合与共享信息和数据，信息"孤岛"问题和信息"烟囱"问题仍然显著。要在保障信息隐私安全的前提下，实现信息资源的整合、共享仍然是一大难题。

2. 数据共享能力不够

随着信息资源的整合与共享需求的不断增大，信息资源的整合与共享范围将逐步扩大到政府、社会和公民的各个方面。因为数据共享与数据资源的隐私安全问题突出，所以数据共享一直处于尴尬的处境中。

综上，市域社会数字法治化转型是一个"由粗放式转向精细化"的过程。社会治理实践已经证明，单纯靠传统思维和传统方式在社会治理中推行数字化转型是不可取的，要进一步在构建"数字法治理论体系"和"数字法治制度规范体系"两大体系的前提下探索市域社会治理数字法治转型的道路。

四、市域社会治理数字法治化转型的路径选择

要在市域社会治理中实现数字法治化转型，就需要在把握市域社会治理基本原则的同时，纵向上认识到市域社会治理对国家现代化治理体系构建的重要意义，横向上兼顾不同城乡间现代化发展的客观差异。做到纵向一体构建，横向精准发力。同时，市域社会治理领域的法学研究更应该改变传统以单元物理空间为底层逻辑的思维方式，立足智能化时代的客观要求，理解数字时代技术特点，构建新型法律体系，[1]建立健全风险把控机制，逐步构建起"数字法治理论体系"和"数字法治制度规范体系"两大体系，实现市域

---

〔1〕 参见章剑生："数字化时代政府治理手段的变革"，载《浙江社会科学》2022年第1期。

社会治理中的数字法治转型。

（一）进一步提升对数字法治的认识

要认识到数字法治的特殊性，就要意识到数字法治不是简单的法治内容信息化，而应该从制度和理论两个体系搭建起基本逻辑。数字法治建设不仅要从数字角度重新看法治，也要从数字角度构建新的法治形态。首先，数字法治建设一定要立足于实践这一前提，而理论与制度的构建就必然存在滞后性；其次，信息化、数字化的特性必然会带来社会形态的瞬息万变；最后，数字法治的理论和制度体系应该充分体现数字化特征。

1. 抓住关键环节推进理论体系的构建

（1）以核心问题为切入点

信息传输与国家信息安全问题、大数据共享与个人隐私保护、大数据算法错误带来的决策性结果错误、数字鸿沟产生的两极分化等应是理论应对的核心问题。因为数字算法具有过程自动化特征，哪怕一些微小的错误也会造成无法预料的连锁性重大事故。如何解决新技术带来的新问题，把握技术特点是解决问题的关键。所以，数字法治的理论构建应从技术概念的收集、定义、融合等问题着手。既借此尽快统一基本理论概念，又通过概念为核心要素推进理论体系中其他要素的形成。

（2）把握重点转型方向，搭建数字法治理论框架

要明确研究的若干重点方向（如业务整合、跨区域协同等），对重要方向持续发力，[1]以重点方向为突破口，逐步完善整个理论体系框架，结合专家个人研究与有组织的专项研究，尽快转化为体系性的研究成果。

2. 加快促进数字法治制度体系建设

想要完成数字法治制度体系的构建，首先必须明确，制度想要做到的体系化所涉及到的领域几乎涵盖了数字法治建设与运作的方方面面。制度要从根本上体现出数字化特征，充分结合数据思维、数字技术应用等。制度执行需要刚性，尤其是数据资源应用、业务协同、业绩评价等基础性制度。

（二）构建起数字法治的双螺旋体系

法治在数字化改革中具有双重属性，既包括数字的法治化，也包含法治的数字化。一方面，先有治理工作体系中的综合性技术运用，其是数字法治

---

〔1〕 参见施伟东："论市域社会治理数字化转型的法治推进"，载《政治与法律》2022 年第 3 期。

重要组成部分；另一方面，法治又是数字化改革领域的制度保障和规范引领。因此，从理论和制度体系两个维度出发，我们要建构的"数字法治"应当是一个双螺旋体系，即"数字化的法治"＋"法治化的数字"。

1. 数字化的法治

数字化的法治，从其内涵上看，就是将数字技术、数字思维、数据处理方式整合植入到法治建设全过程的方方面面。对法治建设体制机制、组织架构、方式流程、手段和工具进行全方位、系统性重塑。其核心是法治建设全过程应用场景的系统构建、协同推进以及相应的体制机制重整和流程再造。从其外延上分析，既包括法治建设"本体"（科学立法、严格执法、公正司法、全民守法）的数字化；也包括法治建设"全域"（国家和省域、市域治理法治化）的数字化。

2. 法治化的数字

法治化的数字，就是一个将法治理念深度植入数字化体系的过程。即对党政机关整体智治、数字经济、数字社会、数字政府建设中遇到的法治命题进行系统扫描、理念重塑、理论重构和制度重建，并通过法律规范的立改废释促进法治对数字化改革各领域的制度供给和保障。其核心是以习近平法治思想为指导，探索一套与数字化时代相适应的法治理论、法学理论并进行实践性、制度性转化。这一特性决定了法治化的数字必然需要以问题为导向，针对性地就数字化时代的法治命题进行理论重塑和制度设计。如平台规制的基本规则体系、算法开放和公众参与的规则、数据权益保护、数权交易、裁量正义和批量正义等。这些命题，用传统的规则体系、制度框架和法学理论都无法给出有说服力的解释并进行相应的制度供给，需要真正形成一套与数字时代相适应的法治实践成果、制度成果和理论成果。

当然，这也就决定了"数字化的法治"与"法治化的数字"呈现出的双螺旋结构，并不是泾渭分明、非此即彼的，两者应当是互动联通、螺旋上升的。

（三）把握数字化、平台化、规范化的转型方向

现阶段，智能化互联网的运用产生的负面后果已不容忽视，如数据信息泄露、自动化行政决策偏差等问题，很容易促生重大风险。因此，我们迫切需要明确以数字化、平台化、规范化为方向的转型道路。为适应数字时代数据处理高速化、自主化、智能化的特点，在数字法治转型制度创建的实际操

作层面，可以考虑从以下三方面入手。

1. 推动治理主体数字化建设

市域社会治理走的是一方主导、多方参与的治理模式，治理主体多元性是数字法治化建设面临的重要问题。要推动市域社会数字化转型，就要加快新型数字基础设施建设，构建起高速、合理、有效的数字化网络融合体系。[1]既要实现治理主体的数字化，也要利用数字技术让社会基础设施落地。同时要关注数字素养的共同培育问题，如避免城乡数字鸿沟日益扩大影响数字化的普及程度等问题。

(1) 关注数字技术人才培育问题

政府及社会的数字化建设离不开专业人才提供相关的技术和理论支持。政府要加大对市域相关数字化技术人才培养的教育投入，培养一群具有数字化专业素养、掌握数字化核心技术的人才队伍，才能切实实现市域社会的数字化转型。

(2) 重视城乡间的"数字鸿沟"问题

政府及社会的数字化建设离不开城乡公民的共同参与，数字素养培育不足，城乡间的数字鸿沟日益扩大，会影响数字化的普及程度。这必然导致降低市域社会治理整体的数字化转型效率和转型效果。所以政府一定要注意对公民数字素养的培育问题，尤其要重视在乡村中数字理念的普及以及数字素养的培育问题。

2. 推动治理方式平台化

互联网模式下最直观的展示方式是数字平台的构建，数字平台因其具有直观性、互动性和可视化的特点，不仅成为商业交易和交流互动的便捷渠道，也成为社会治理的重要载体。政府通过制定监管规范、强化平台责任、发布指导政策等方式，促使平台借助数据分析和算法演进来强化自身管理、平台治理和纠纷解决机制。同时，社会大众通过数字化平台可以直接向监管部门反映问题、了解相关部门政策与制度、反馈意见和建议，对政府社会治理进行必要的社会监督。这一借助数字化网络平台实现的沟通渠道，构建起一个"政府—平台—大众"间双向流通的互动模式。

---

〔1〕 参见习近平："不断做强做优做大我国数字经济"，载《中国民政》2022年第2期。

3. 健全数据采集、应用合规性审查制度

无论是政府还是其他社会组织或成员在采集、获取数据，尤其是涉及社会公共利益、公民个人权利等数据的时候，应当根据其采集场景、使用目的的不同，在数据采集、应用时进行分级、分类管理，并进行严格的合规性审查。

尤其政府在采集、处理、储存和使用数据的时候，应当是以履行公共服务和社会管理职能为目的。因此，政府无权基于以上两种目的以外采集、使用和处分各类数据甚至以此牟利。除了基于特殊时期、专项目的的数据统一采集、处理和调用外，对于非必要收集、公开的数据信息要进行筛选、隔离和匿名化处理。

同时在明确政府、企业和其他社会组织、个人有妥善保管、处理相关数据，避免数据主体遭受权益侵害的义务的前提下，建立健全相关的追责机制。

（四）构建"软法"与"硬法"结合的数字法治规范体系

不能忽略的是，法治原则中的"法"不仅包括以传统法律法规为主的"硬法"，也包括技术标准、企业社会责任等在内的"软法"。[1]数字领域基本法律体系的形成并不等于法律体系已经成熟。数字时代的到来不仅促进了社会治理法治的数字化转型，同时也促成了"软法"的崛起和革命性转向。因此，要准确把握和分析"软法革命的动向""软法之治的措施"等问题。

1. 发挥"软法之治"对社会治理的驱动作用

随着数字化社会这一"技术创新时代的来临"，与技术相关问题的立法、司法可以尝试走一条"先了解技术，然后才立规"的路径。[2]这一路径也就为民间"软法"的先行先试提供了良好的契机和空间。当然，这并不意味着这些先行的探索性"软法"可以突破国家"硬法"的底线。例如，国家互联网信息办公室 2015 年 2 月 4 日发布的"账号十条"（《互联网用户账号名称管理规定》）、2015 年 4 月 28 日发布的"约谈十条"（《互联网新闻信息服务单位约谈工作规定》）等，就是通过国家强制性的规则要求，提醒和倒逼互联

---

〔1〕 参见施伟东："论市域社会治理数字化转型的法治推进"，载《政治与法律》2022 年第 3 期。

〔2〕 参见杭州市西湖区人民法院："支付宝网络支付案件司法审查情况报告（2008 年 3 月至 2015 年 3 月）"，载许多奇主编：《互联网金融法律评论》（2016 年第 1 辑·总第 4 辑），法律出版社 2016 年版，第 185 页。

网各主体更好地提升其"软法"的正当性与合法性。

2. 重视"软法之治",达成法律法规与技术标准的功能性互动

市域社会治理数字法治的转型的基本特征是多元主体的协同合作,硬法与软法的结合能够克服彼此之间的功能不足和适用局限所产生的问题。[1]依靠单一的市场治理、科层治理或网络治理模式被学者们认为是无法解决未来社会的治理问题的,将硬法与软法相结合形成的综合性治理体系也许是推动市域社会数字法治转型的破题关键。

软法与硬法的结合为治理主体拓宽了社会观察的视野,避免治理活动因信息获取失真或者滞后导致的治理断层问题,同时软法和硬法相结合的思路,也能达成"政府—企业(社会组织)—个人"之间形成科层式治理结构,形成一套包括自律、他律、互律的数字法治规范体系。

(五)进一步加强数字法治的专项研究

由信息革命和数字社会治理逻辑所驱动的这场市域社会治理数字法治化转型,归根结底是一场由技术变革引发的社会治理方式变革。如果不能从根本上理解数字时代的时代特点,那么在市域社会治理中进行的数字化法治转型便永远都是浮于表面的"空架子"。近年来,我国法学、法律界围绕"智慧法治"这一主题,开展了多项研究工作。自2018年开始,截至2021年,中国法学、法律界积极开展了"人工智能与法治""共建未来法治 共享智能福祉""人工智能的权利义务与法治实践"等相关主题的法治论坛,并将该领域的最新研究方向和学术成果以论文形式汇集成为专题专卷,这无疑为推动市域社会治理数字化转型提供了理论支撑和制度供给。[2]在未来市域社会治理数字法治化转型的实践中,需要进一步加强相关领域的专项研究,培养该领域的专家学者,建立专项研究平台阵地,加快研究成果的应用与转化。

顺应时代发展,实现在法治轨道上推进国家治理体系和治理能力现代化,在市域社会治理过程中运用制度的力量来推进数字化转型是关键。顺应数字时代,推进市域社会治理并不仅仅是一种策略性的、信息技术上的选择,更是一种智慧化的、法治战略上的制度安排,因此,要在社会治理层面实现

---

〔1〕 参见廉睿、高鹏怀:"整合与共治:软法与硬法在国家治理体系中的互动模式研究",载《宁夏社会科学》2016年第6期。

〔2〕 参见施伟东:"论市域社会治理数字化转型的法治推进",载《政治与法律》2022年第3期。

"治道变革"，必须理性审视当下市域社会治理中数字转型存在的问题、局限与前景，认真对待当今信息革命，遵循数字社会治理逻辑，并采取积极有效的法治化应对方案，促进社会基层治理顺应数字时代大背景，以"数字法治理论体系"和"数字法治制度规范体系"两大体系作为数字法治转型的基本保障，提升市域社会治理能力和水平。

市域社会治理现代化下基层"枫桥经验"的传承和创新

——以曲靖市为例

钱　婷[*]

摘　要： 坚持和发展新时代"枫桥经验"是加快推进市域社会治理现代化的要求，对曲靖市而言，"枫桥经验"的传承与发展创新有利于推进其市域社会治理现代化工作的进程。党建引领、"五治融合"治理模式、平安工程建设、法治体系建设是曲靖市市域社会治理现代化基层工作中对"枫桥经验"的传承和创新，但是在基层力量和法治建设方面仍存在一些不足，对此，必须加强基层力量和完善法治环境，确保基层社会治理工作顺利开展。

关键词： 市域社会治理；枫桥经验；矛盾纠纷；基层法治

引　言

"市域社会治理现代化"是在 2018 年 7 月 17 日由中央政法委秘书长陈一新首次提出的。经过多年的发展，"枫桥经验"已成为基层治理中具有综合性、广泛性的实践模式，对基层社会主要矛盾和市域社会治理现代化工作面临的普遍性问题的解决具有重要的导向作用。推进市域社会治理现代化工作必须与发展新时代"枫桥经验"融合在一起。曲靖市作为市域社会治理现代化试点城市之一，在工作中严格落实中央要求，并根据自身情况，在实践中发掘自身特色，传承创新"枫桥经验"。

一、曲靖市市域社会治理现代化下基层"枫桥经验"实践现状

市域社会治理现代化的落脚点和实践点是基层治理，矛盾纠纷既是基层治理的重点，也是"枫桥经验"的核心内容。新时代"枫桥经验"包括构建

---

* 钱婷，昆明理工大学法学院 2021 级法学硕士研究生。

多层级党建引领机制、以效能为导向整合行政体制机制、创制内生性社会组织培育机制，以及完善法治化社会矛盾化解体系与便民化公共服务体系等内容，是践行党的群众路线、推进基层治理现代化的经验。[1]在市域社会治理现代化进程中，曲靖市坚持党建引领、依靠群众、预防纠纷、化解矛盾、维护稳定、促进发展，始终践行新时期"枫桥经验"，立足传承中创新发展。

（一）建成多层级、多元化基层党建引领机制

"枫桥经验"的关键在于坚持党建引领，把党的建设贯穿于基层治理之中、保障基层治理、引领基层治理，使基层党组织建设与基层治理有机衔接、良性互动。[2]

1. 健全的基层社会治理体制机制

加强和创新基层社会治理体制机制，是构建基层社会治理新格局的基础，也是提高基层社会治理水平的必由之路。党的领导是"枫桥经验"传承和发展的政治保障，而基层是"国家政权与社会接触的一线"，[3]因而基层党组织建设对于社会治理意义重大。曲靖市按照"基层党建+社会治理"的模式将党建网络延伸至乡镇（街道），吸纳大学生、企业家等建立青年人才党支部。推行基层党组织建立一套党建引领社会治理制度，党支部开展一堂社会治理主题党课，党员承诺办理一批为民服务实事的"三个一"基层党建规范，充分发挥党组织的战斗力。基层党委政法委发挥统筹职能，落实请示报告、监督研判等各项制度，实现乡镇（街道）全覆盖配备政法委员。同时，完善民主协商机制，充分尊重人民群众的主体地位，实现村社发展大家干，责任大家担，做到了人民事、人民管。

2. 创新形成"五治融合"基层治理新模式

"五治融合"基层治理模式是以"政治"聚共识、"自治"强根基、"法治"扬正气、"德治"润人心、"智治"破难题为主的基层社会治理新模式。曲靖市各县（市）将"枫桥经验"的自治、法治、德治"三治融合"创新发展成为"五治融合"的基层治理模式。政治方面，进行网格横向竖向划分，实现社情民意收集、民生服务、治安巡防、矛盾纠纷化解排查等工作在独立

---

〔1〕 参见李振贤："'枫桥经验'与当代中国基层治理模式"，载《云南社会科学》2019年第2期。

〔2〕 参见张文显等："新时代'枫桥经验'大家谈"，载《国家检察官学院学报》2019年第3期。

〔3〕 参见陈柏峰："中国法治社会的结构及其运行机制"，载《中国社会科学》2019年第1期。

中联动；同时村支书、村小组组长担任二级网格员，进一步推动社会治理和公共服务活动。关于自治，村规民约、村（居）民会议、村（居）民代表会议等制度的制定，实现了村民事村民议、村民定、村民管；并通过设立道德评议会、红白理事会、调解委员会、治保委员会等方式进一步对基层群众自治机制进行了完善。法治方面，各村社设立法律服务站，并严格落实"一村一法律顾问"，定期开展法治教育宣传，提高村民知法守法用法的意识。德治方面，积极开展创建文明城市工作，基层积极开展各类评选活动，引导村民积极向上，并依托新时代文明实践站（所）服务功能，丰富群众业余生活。智治方面，大力实施"雪亮工程"，在城市干道等公共场所安装摄像头，推广应用政务信息资源共享交换平台，对城市生活进行数据分析和管理，使违法犯罪行为得到最大程度的预防。曲靖市"五治融合"的基层治理模式打破了基层治理"阻塞障碍"，畅通了服务群众的"神经末梢"，对群众而言也是其幸福感、安全感的极大提升。

（二）基层矛盾纠纷调解多元化

"枫桥经验"最初是指浙江诸暨枫桥的干部群众创造性发展和总结出依靠和发动群众，坚持矛盾不上交，就地解决，实现捕人少、治安好的基层管理经验与社会矛盾解决经验。[1]矛盾冲突是社会稳定与安宁的影响因素，因此矛盾纠纷化解对打造社会治理格局的重要性不言而喻，曲靖市在传承学习"枫桥经验"的过程中，建立了矛盾纠纷协调联动多元化解机制，成功打造了一批由单一调解向多元化解转型升级的"枫桥式"政法工作集群。

1. 矛盾纠纷排查机制构建科学

矛盾纠纷排查机制是构建基层预防和化解人民内部矛盾的长效机制，为维护社会稳定提供了制度保障。曲靖市各县（市）严格落实中共中央办公厅、国务院办公厅《关于加强新形势下重大决策社会稳定风险评估机制建设的意见》，将风险评估作为重大事项的前置程序，从源头预防和减少矛盾纠纷，做好矛盾预警。坚持定期排查和重点排查相结合，加强社会矛盾、家庭矛盾、金融矛盾、疫情矛盾等多领域矛盾纠纷排查、化解，基层建立"一站式"矛盾纠纷解决机制，实现了"小事不出村、大事不出镇、矛盾就地解决"，也体现了基层纠纷排查机制的科学性，提高了纠纷解决效率，达到更好地保障公

---

〔1〕 参见赵蕾："'枫桥经验'的理论提升"，载《法律适用》2018 年第 17 期。

民合法正当权益的目的。

2. 矛盾纠纷调解多渠道、多方位

做好矛盾纠纷化解，既是维护社会秩序的必然需求，也是提高基层治理能力的要求，拓宽矛盾纠纷调解渠道对矛盾纠纷化解具有重要意义。曲靖市始终坚持传承和发展新时代"枫桥经验"，立足人民群众基本权益，规范和畅通了其表达通道，完善了人民调解、行政调解、司法调解的三方联动机制，实现了矛盾纠纷多方位化解。同时，在矛盾纠纷化解领域，积极吸纳新的法律服务模式，充分扩大非诉矛盾纠纷化解机制运用范围，如律师调解、公证调解、网上视频调解、智能法律风险及调解方案评估等。截至2022年2月，曲靖市村社矛盾纠纷调解室覆盖率达到100%，各村社配备专职人民调解员。

其中，师宗县彩云镇的"祥先调解工作室"具有典型意义，调解员朱家祥、保永先按照"望、闻、问、诊、化"五步工作法，实地查看望现状、调查了解闻缘由、倾听矛盾问诉求、政策法规诊结症、明理动情化怨气，晓之以理，动之以情；对辖区各类矛盾纠纷进行分级、分类、分色调处，一矛盾多对策，逐一调解化解矛盾纠纷。截至2021年11月，"祥先调解工作室"共参与调处矛盾纠纷202件，化解198件，调解成功率达98.02%，基层调解"第一道防线"的作用得到充分发挥。

3. "枫桥式"政法集群建设成效显著

"枫桥经验"是构建公民社会的重要法治资源，"枫桥式"政法集群的建设是基层法治建设的具体体现，更是基层在传承"枫桥经验"、解决矛盾纠纷上的典型表现。曲靖市大力推进"枫桥式"集群建设，各县（市）均有成功创设"枫桥式公安派出所""枫桥式人民法庭""枫桥式司法所"的典型，取得了显著成效。并通过开展丰富枫桥经验内涵，行使相关司法、审判职能，参与基层社会治理，完善基层民主法治建设的"新乡五小工程"，推动和促进矛盾纠纷预防和源头治理功能。加强社会治理领域立法，开展《曲靖市多元化解纠纷促进条例》立法工作，完成《曲靖市城乡网格化服务管理条例》立法调研工作，落实市、县、乡三级党委政府法律顾问、公职律师制度，切实保护公众受损利益。同时，各县（市）对法治公园、法治长廊等法治阵地建设高度重视，推进法律服务平台建设，提高公民知法、守法意识。

（三）高度重视平安工程建设

推进平安工程建设是为了确保社会政治稳定和治安状况良好，实现经济运行稳健和安全生产状况稳定好转，保障社会公共安全和人民安居乐业。[1]平安工程建设中的"平安"是广义的"平安"，它涵盖的领域广、范围广、层次多，涉及经济、政治、文化、社会各个方面。其中，治安防控体系建设和公共安全管理体系是"枫桥经验"在平安工程建设实践中的重中之重。

1. 治安防控体系立体化、专业化、智能化

推进国家治理体系和治理能力现代化，必须加快推进立体化、信息化社会治安防控体系建设。"维护治安，创建平安"是新时代"枫桥经验"的目标所在，曲靖市市、县、乡三级政府在建设社会治安防控体系中，始终坚持问题导向、实效导向和责任导向。把打击违法犯罪活动作为一项系统性工作来进行，通过物联网、大数据等新技术来提升防范水平，并加大对电信诈骗、非法集资、"黄赌毒"等违法犯罪活动的打击力度，加强命案防控工作，统筹推进禁毒整治，定期摸排重点人群基本情况，严格落实"一村一警"制度。另外，公安机关专设互联网远程视频调解室，实现了异地"面对面"调解，有效化解了一批历史积案。

2. 公共安全管理体系精细化、常态化

公共安全是人民群众安居乐业与建设和谐社会的基本保障，是经济和社会发展的重要条件，更是国家安全的重要组成部分。曲靖市在各方面采取相应的政策措施，以此保障人民生活的环境，建立了较为精细化、常态化的公共安全管理体系。政府建立"党政双责、一岗双责"安全工作领导机制，成立社会综治中心，加强重点区域治安管理，定期开展巡逻排查，充分发挥公安、司法、信访、市监等职能部门的作用，积极推进协同治理。将扫黑除恶常态化工作与市域社会治理现代化工作有机结合，巩固深化建立乱点乱象治"早"，矛盾纠纷治"小"，线索问题治"尽"的"三治"工作机制，为人民提供良好的生活环境。现今，人们的生活与网络息息相关，网络安全是公共安全的重要组成部分，曲靖市顺应时代将"枫桥经验"应用到网络安全管理中，基层严格落实党委网络安全责任制，建立网民监督举报机制，让公民切实参与到日常网络安全管理中。对于流动人口，为切实解决流动人口就业、就学、就医等生活难题，曲靖市创新流动人口管理机制，推行居住证制度。

---

[1] 参见张文显等："新时代'枫桥经验'大家谈"，载《国家检察官学院学报》2019 年第 3 期。

二、曲靖市市域社会治理现代化下基层"枫桥经验"的实践困境及原因分析

（一）基层建设力量薄弱

基层力量的强弱反映一个地区对待工作的态度，也表现了一个地区的建设情况。市域社会治理现代化工作的不断推进，使得人才资源、物质资源的需求日益增长。而在基层，人才欠缺、设施缺位是普遍现象；另外，基层在部门的联动融合方面有所欠缺，各部门单独行动对整体工作推进显然是不利的，要想更好地推动曲靖市区域社会治理现代化试点工作，还需要进一步完善。

1. 队伍建设不足，人才欠缺

队伍建设不足，人才欠缺的情况在基层各部门均有所体现。乡镇（街道）、村社综治人员配备不足，司法所、信访点编制人员较少，存在大量政府购买的公益性岗位和合同制员工，大部分地区无专职二级网格员，一人数职的情况普遍存在，如兼职网格员由村小组组长担任。心理健康、社会服务、法律工作等领域专业人才缺失，公共服务工作开展困难，整体工作效率有待提高。基层工作人员与应服务人数配比失衡，派出所配备警力与所需警力不符，落实"一村一警"制度时，一个警察需同时挂名多个村社，警员负担过重，难免产生力不从心的情况。

出现以上情况主要是因为基层单位中层公务员年龄普遍在 40 岁~50 岁，离退休时间很长，因身体素质、新事物接受能力等相关原因，劳动力、创造力各方面不敌青年，工作人员存在老龄化的情况。各级层次都是依据单位编制数比例设置职数，基层各部门编制有限，核定出的职数只能实现少部分人员晋级，在工作人员衡满的情况下，仍有大部分工作人员在"排队"晋级，无法吸纳新的人才。此外，基层工作环境、待遇相对城区而言有所不足，对人才的吸引力不够，也正是经费、待遇欠缺导致无法聘请专业人员、专职人员。

2. 基层设施建设、管理缺位

"枫桥经验"下的基层社会治理应该将基础设施建设作为基础，完善基层公共设施建设，充分落实各项政策措施，为实现人民群众有难就地解决提供保障。我国基层公共设施网络已经大体形成，虽然覆盖较广，但水平较低，且部分地区基层公共设施数量不足，标准不高。受生产生活水平限制，基层办公场所有限，部分地区市域社会治理中心、综治中心、党群服务中心共用

一个办公场所，处于合署办公状态，无法完全独立运行。对于村社而言，大部分村社缺乏视频调度室，无法实现信息整合，导致信息化建设存在困难；未成年心理健康工作室等基础设施不完善，大部分地区都是仅设置一个单纯的咨询空间，内无相关的专业基础设施，基于心理咨询的特殊性，基础设施的欠缺使之专业性受到限制，对其效果的实现有所影响。经费不足，场所有限是上述情况产生的主要原因，关于专业设施的缺乏，除去资金缺乏外，还因为缺少专业人员，对相关专业知识了解不足，难以清楚真正需求。

另外，"雪亮工程"建设前期投资大，资金需求高，但受认识程度、资金保障、部门推进等诸多因素影响，现阶段部分地区监控探头未达到全覆盖，视频整合、联网、加密工作推进缓慢，监控系统不能实现信息资源共享，不能进行统一协调；[1]"雪亮工程"建设过程中还存在建设标准不统一，质量无保障，布局不合理的问题。

除此之外，在实践中存在"重建设，轻管理"的情况，政府偏向于注重基础设施、制度的完善，而对建立后的宣传、使用、落实有所忽视。一些公共服务设施建立起来后，投入使用的频率较低，便民的效果并没有体现出来，在乡村，甚至有部分群众不知道建设了相关设施或是建立了何种制度。这种形式性的建设，无法真正落实到基层，为群众解决问题。出现这种情况的主要原因：首先，领导者管理意识淡薄，对设施运行维护的重视程度不够；其次，资金投入不合理，设施建设资金投入远远多于管理投入，二者没有放在同等位置，大量建设资金投入的背后必然是管理资金的缺乏；最后，作为非营利性的公共设施建设，建设主体与管理主体不统一，建设与管理无法达到同样的程度。

3. 部门联动不足

联动融合是"枫桥经验"的重要体现，基层治理作为一个统一体，部门联动显得尤为重要。但是在实际治理过程中，我们不难发现，不论是上下级之间，还是同级不同部门之间的联动都不太明显。首先是上下级部门之间，下级部门对上级部门的指示理解不到位，上级部门对下级部门所上报的情况也只是作出指示，对其实施能力、情况的了解不够清楚，二者缺乏一个有效的沟通联动，解决问题的实效有限。其次是同级不同部门之间，部分部门存

---

〔1〕 参见李卫："雪亮工程建设的相关问题与建议探讨"，载《通讯世界》2020 年第 7 期。

在固守一方的现象，或是因上级指令不明确，各部门难以确定自身职能，甚至出现互相推诿的情况，为避免越权担责，不愿意与其他部门联动完成工作。

部门之间没有形成有效的沟通机制，是各部门联动不足的主要原因；各科室之间在工作目标上有差异，各有侧重，也会出现一些矛盾，使之成为科室之间交流、联动的障碍；同时，缺乏沟通意识和沟通能力，也容易造成部门之间协调难度大、衔接不到位的问题。

（二）基层法治困境

基层法治建设是全面推进依法治国、建设社会主义法治国家的前提和基础，是传承"枫桥经验"的重要组成部分。从"静态立法"到"动态法治"的治理过程也是实现法治权威、提高社会公众法治理念和法治公信力的外化标签。[1]现阶段基层法治依然存在法律规范不健全、法治文化欠缺、落后于社会发展的现象。此外，矛盾纠纷化解是基层法治建设的重要一环，乡镇、村社多采取公安调解的方式，但公安在调解过程中缺乏法律保障，且其并非专业机构，调解能力有限。

1. 基层治理法律规范体系不健全

在基层治理中推进法治建设，核心是要求依法治理，"枫桥经验"下基层治理的法律法规体系建设包括"法治硬件建设"和"法治软件建设"，[2]二者缺一不可，但目前大部分地区基本上还没有建成适应新时代要求的法律规范体系。所谓的"法治硬件建设"，即治理过程中所秉持的规则，包括依托国家公权力和强制力自上而下建立的正式制度以及在特定社会范围内由社会群体基于习俗、伦理、道德形成的非正式规则。[3]以司法制度和执法制度为代表的正式制度执法困难，影响了正式制度在基层法治的权威性。而以村规民约为代表的非正式规则，因其是固定区域集体利益的表达，在相应区域有着更高的权威性和信任性，在实施过程中可以不需要强制权力的保障。这也就削弱了正式规则的权威性，对基层建设中"法治硬件建设"而言具有一定的困难性。"法治软件建设"主要是指基层人员使用法治规则和运用法治思维的

〔1〕 参见王昱颖、张训志："新时代'枫桥经验'的法治价值及理论述要"，载《领导科学论坛》2021 年第 12 期。

〔2〕 参见宋才发："'枫桥经验'视阈下乡村治理法治化存在的主要问题"，载中宏网。

〔3〕 参见于浩："推陈出新：'枫桥经验'之于中国基层司法治理的意义"，载《法学评论》2019 年第 4 期。

能力，基层领导由于常年处理基层工作，通常各自形成了一套与人民打交道的做法，但这些做法中对法治的运用有所欠缺，没有形成一个完善的法治思维，导致基层法治建设仍存在一定程度上的困难。

"法治硬件建设"不健全是由于正式制度在实施过程中成本较大、周期较长，且对于一些民族文化特色凸显的地区，因其生活习惯等各方面的原因使得裁决比较困难。"法治软件建设"不健全主要是因为基层人员自身的法律素质不高，难以很好地运用法治思维。

2. 乡村法治文化欠缺

法治文化建设的重点在乡村，难点亦在乡村。乡村法治文化的欠缺主要体现在传统法治文化缺失，法治氛围不足，法治意识缺乏。"信访不信法""信上不信下"的现象在乡村仍然存在，遵循"习惯"办事，遇事选择"私了"在日常生活中时有发生，这使得有些民众形成了"习惯"大于法律的思想，鲜少使用法律来维护自身权益，解决困难。乡村法治机构亟待完善，法治专业人才欠缺也是乡村法治文化发展过程中的一大难点，虽然实现了市、县、乡三级法律顾问、公职律师以及"一村一法律顾问"全覆盖，但是村社法律援助站的建设，存在有形式而无实质的问题。目前，我国乡村公检法部门与行政执法部门的专门人才比较欠缺，且乡村法治宣传明显不如社区，普法内容与村民诉求不能契合，过于宽泛，不贴合乡村实际，借鉴使用意义不大，导致村民学习法治内容的热情不高，法治意识不足。

乡村法治文化欠缺的原因主要包括：首先，古往今来长久的人治思想深深植根于民众思想中，历史法律工具主义观念根深蒂固，阻碍了民众对法的正确认识；其次，乡村人情办事的现象屡见不鲜，正是这种人情社会阻碍了民众正确法治观的树立；最后，乡村的经济显然处于较低水平，法治宣传范围有限，人民的物质生活条件也不及城镇社区，人民主动了解的意识也不强。

3. 基层治理法治建设落后于社会发展要求

当前基层法治建设仍旧没有达到"枫桥经验"所要求的程度，立法、司法、执法、监督等方面的建设落后于社会发展要求。我国的立法速度相对较快，因而也存在着体系不够完善、效果不够明显、缺乏监督制约体系等问题，比如立法粗糙、部分村规民约与相关法律规范存在冲突、法律主体混乱等。基层法治建设过程中，"执法不严，司法不公"的现象仍旧存在，部分行政部门执法过程中的规范性也有待提高，忽视法治化建设的要求，一味追寻执法结果，甚至过于强调处罚。[1]虽然执法程序明确上墙展示，但是部分执法人员在执法过程中仍然会有不按执法流程执法、对待群众态度较差的情况，尤其行政审批过程中存在"当事人不问，执法者不提"的现象，导致执法效率较低。虽然我国的监督体系比较完善，但是在实际中仍然存在上级监督下级不及时，人民监督不到位，执法部门自我监督不够透明的问题。

出现"执法不严，司法不公"现象的原因：首先，受物质利益的驱使，部门或者执法个人着眼于眼前利益，执法中有失公平、公正原则，严重损害了公民权益和执法部门威信。其次，执法人员自身素质有待提高，责任心不强，有些执法机关对执法人员的系统培训、教育不够充分，遇事一知半解，以主观下定论。最后，人民法治意识淡薄，法律素养不高，鲜少有人真正行使监督权，有关部门、人员对其违法行为不以为意。

4. 公安调解实效有限

化解民间纠纷，减少民事纠纷，维护社会稳定是公安不可推卸的重要责任，但是在公安调解中仍不可避免地存在一些不足。公安调解必须依据自愿原则进行，由公安内部调解人员与当事人双方沟通协调，并在双方自愿的情况下签订调解协议。这种方式缺乏法律的保障，需要双方当事人的极大自主性来履行协议内容，倘若有一方不遵循调解协议，就会导致出现反复调解、调解无效的情况，这不仅是对警力的浪费，也会使百姓对公安的信任度有所降低。而且，公安调解鲜少受到专业培训，调解大多依靠经验进行，难免出现调解不专业，难以真正了解当事人实际需求，无法完全解决当事人双方矛盾的情况。

分析公安调解实效有限的主要原因：公安调解自主性较强，没有法律强制保障，无法真正实现纠纷完全化解；基层派出所人员受限，且民警专业性不足，对当事人双方需求了解不够深入，调解方式欠妥。

三、市域社会治理层级推动"枫桥经验"创新与发展的做法和建议

（一）充实基层力量

基层力量在县（市）市域社会治理推动"枫桥经验"创新与发展中起着承载作用，充实的力量是对基层社会治理的基本保障。充实基层力量必须打

---

[1] 参见于梦妮："基层法治建设的现状与对策研究"，载《黑龙江人力资源和社会保障》2021年第 16 期。

造过硬队伍，实现人才资源的最大利用；必须完善基础设施，建立良好的社会环境；必须加强部门间的联动融合，更好地推动市域社会治理现代化工作。

1. 整合现有人才资源，引进新人才

队伍建设是基层社会治理的保障，没有健全的队伍体系，工作难以展开，提高基层队伍整体素质能力有利于市域社会治理工作的进一步开展。政府可根据各部门具体情况适当增加编制岗位，鼓励合同工和公益性岗位考编，并对其给予一定的帮助，留住有经验、有才能的工作人员，以便更快地融入基层工作，从而改善基层人员不足、老龄化严重的问题。曲靖市罗平县在未成年人心理健康方面对现有人才资源的利用具有较大学习价值，其在各部门的联合帮助下，通过引入第三方专业机构，设置未成年人心理健康辅导站，集合全县拥有心理辅导资质的人员，形成县心理咨询师人才库。将基本信息、空闲时段和擅长领域统一挂牌于罗平县未成年心理健康辅导站，并通过电话咨询、网络预约、讲座等方式开展工作，需要相关人员再进行专门通知，以达到心理健康专业人才资源的最大化应用。各地政府可学习、借鉴罗平县对心理健康专业人才使用方式，通过联合、合作等方式更好地实现对现有人才的资源整合和利用，发挥其最大效能。

2. 完善基础设施建设

基础设施是社会治理建设的物质基础，基础设施不完善的现象在基层比较普遍，这势必影响基层社会治理的步伐，对基础设施建设需进行及时完善。曲靖市在创建"枫桥式"集群时采用"以奖待补"的政策，相关工作的开展比较顺利，在基础设施建设方面，"以奖待补"的方式能够在一定程度上推动各地区基础设施的建设；对已建成的设施，必须加强管理，进行定期检查、维护。对于乡镇、村社视频调度室可根据各地实际情况按需设置，确保能实现信息流转，及时解决问题即可。"雪亮工程"作为市域社会治理的前置条件，更是要加大重视程度，目前主要是针对农村的实际情况，根据环境和地理位置，加强本地网络覆盖，做出科学合理的视频监控设计方案，确保主干道、各类公共场所监控能够实现，进一步推动城乡网络监控一体化。[1]在建设过程中，应该统一规范，选择统一有质量保障的品牌，以便建成后的系统管理和运行维护。对于乡村，还应加大设施运行的宣传力度，对已建成投入

---

〔1〕 参见李卫："雪亮工程建设的相关问题与建议探讨"，载《通讯世界》2020年第7期。

使用的基础设施及能够开展的工作事项进行公示、宣告，以更好地实现为民服务。

3. 加强部门联动融合

市域社会治理现代化试点工作中，要加强纵向联动指导、横向联动配合、完善融合联动机制，做到内部联合，外部协同。上下级部门之间保持沟通联系，建立有效的沟通机制，上级部门在指导下级部门开展工作时，充分了解相关情况，切实掌握下级基本情况，提供相应的帮助。另外，定期组织开展培训、宣讲等活动，提高相关人员沟通能力。严格落实联席会议制度，定期开展联席会议，做到一个部门牵头，各行管部门积极配合的工作机制，部门联合抓重点工作，相互配合抓各项方案落实，不断提高各领域工作效率。

（二）加强基层法治，践行环境建设

基层法治建设是基层市域社会治理现代化的重要制度性保障和基本途径。现阶段，基层法治践行存在诸多困难，完善的法律规范体系是法治践行的基本保障，没有完善的法律规范作为保障，基层法治寸步难行。保障基层法治践行，需要从基层法律规范体系、法治文化、执法监督、公安调解等几方面完善基层法治践行环境。

1. 完善基层法律规范体系

基层法治建设的核心是依法治理，完善的法律规范体系是治理的基础和保障。"枫桥经验"对法治的遵从不仅体现在遵守国家制定法上，而且体现在对村规民约等的重视上。[1]法治建设过程中，还要考虑当地的经济、文化、传统习俗、公民素养、地理、气候等社会和自然条件。在尊重当地民俗习惯的条件下，完善司法、执法、监督体系，严格把控村规民约等的合法性、合理性，形成规范的"法治硬件建设"，做到良法善治。基层工作人员应该坚决摒弃人治思维，同时认真参与培训，学习法律知识及其他地方运用法治思维治理基层的优秀经验，以此来培养基层工作人员的法治思维。另外，针对基层纠纷多发领域，开展专项法治教育宣传，培养公民办事依法、遇事找法、解决问题用法、化解矛盾靠法的法治思维，提高公民知法、守法、用法的能力。最终形成"法治硬件建设"与"法治软件建设"相配合的适应新时代的

---

[1] 参见李霞："新时代'枫桥经验'的新实践：充分发挥法治在基层社会治理中的作用"，载《法学杂志》2019年第1期。

法律规范体系。

2. 加强乡村法治文化建设

法治文化是推进基层依法治理的灵魂，加强乡村法治阵地建设对推进乡村法治文化建设具有重要意义。首先，法治阵地的宣传应该以通俗易懂的语言、群众喜闻乐见的方式进行，其中内容应包括对"枫桥经验"及其工作方法的整体阐释、信访改造和帮教的经验、调解的要求等。且法治宣教必须纳入日常治理实践，可学习枫桥地区用文化或文学艺术的载体和形式进行宣教的方式，在全社会树立"法治的信仰"，健全普法宣传教育机制，推进法治宣传教育的普遍化、常规化和制度化。其次，在法治宣传过程中，针对不同群体、不同年龄阶段的公民制定专门的宣传教育方案，从而达到全民普法的效果。同时，充分发挥法律援助工作站的作用，落实"一村一法律顾问"，实现物有所用，物尽其用。

3. 规范行政执法行为，完善执法监督体系

在基层法治中，严格依法执法和监督执法是极其重要的环节，党的十八届四中全会对其提出了要求。[1]为保证行政执法行为的规范性，各行政部门必须制定规范的执法体系，执法人员在执法过程中必须严格依法、依程序执法，对待人民群众要考虑实际情况，做到温情执法、人性执法。同时，要加强对执法人员教育、培训，树立良好的大局观，形成廉洁执法。执法监督中，不能仅依靠上级监督、同级监督，更要鼓励群众监督和舆论监督，制定完善的监督体系，强化执法监督的实效性，规范监督方法流程，畅通人民监督通道，以保证监督工作的有序推进。

4. 加强公安调解的专业性

加强公安调解的专业性，有利于提高公安矛盾纠纷调解效率，减少民间纠纷。在基层调解工作中，公安并非专业性的调解机构，仅有公安的参与显然是不够的，还需要进一步调动基层组织参与协调调解，进一步推进"枫桥经验"在基层的发展，曲靖市师宗县彩云镇在派出所设立的"祥先调解工作室"就是与槟榔社区和红土村委会治保会联动构建的，对于镇上的纠纷多由

---

[1] 党的十八届四中全会公报提出，"健全依法决策机制，把公众参与、专家论证、风险评估、合法性审查、集体讨论决定确定为重大行政决策法定程序。……建立行政机关内部重大决策合法性审查机制。……建立重大决策终身责任追究制度及责任倒查机制"。

"专家库"成员朱家祥、保永先进行调解。除此之外，还可以邀请专业的调解人员对公安进行培训，提高公安内部调解工作的专业性；有条件的还可引进专业调解人员。

结　语

"枫桥经验"对基层社会治理具有重要意义，作为基层社会治理中心环节的市域社会治理现代化工作始终以善治为目标，从基层党建、矛盾化解、安全防范等各方面对"枫桥经验"进行理解运用。曲靖市作为市域社会治理现代化的试点城市之一，全程贯穿"枫桥经验"，并在传承中创新发展，力求更大程度地丰富基层民主自治，形成适合本地的基层治理经验。对"枫桥经验"的传承，不仅对构建基层社会治理新格局具有极大帮助，更对国家长治久安具有重要意义。

市域社会治理现代化视域下村规民约的机能思考

武孔娟*

摘　要：在市域社会治理中，村规民约融合了"五治"理念，可以作为一种重要的基层治理方式，规范市域秩序、调和市民矛盾、保障基层民主、弘扬优秀文化。本文基于对 Q 市 A 区市域社会治理中村规民约机能的调研，发现在村规民约的治理实践中仍存在缺失合法性、合理性不足、缺乏时效性和形式化严重等问题，村规民约的机能发挥也受到不同程度的制约，研究建议从强化行政力量的引导和资源支持、主动吸纳专业人士参与市域社会治理、大力提升村规民约与市民实际需求的契合度等路径激活村规民约在市域社会治理现代化中的机能。

关键词：村规民约；市域社会治理现代化；基层治理；机能

村规民约来源于传统的"乡约"制度，介于国法和家法之间，[1]用以维护乡村秩序，是建立在乡土熟人社会基础上的非正式治理手段。现代村规民约沿袭乡约，是适应市域社会变革，融入国家法治建设要求，通过发挥基层民主来制定和实施的自治性规约，能够满足群众对于政治、经济、社会、生态、文化等多元的诉求。面对基层政权出现"悬浮型"现象[2]，尽管现在市域社会治理模式出现"后单位制"[3]转向，市域社会仍然保有不容忽视的熟人社会特征。因此，有必要重视村规民约在市域社会治理中的作用。

党的十九届四中全会强调"加快推进市域社会治理现代化"，《中共中央

＊　武孔娟，昆明理工大学法学院 2021 级法律硕士研究生。

〔1〕　参见易舜："《吕氏乡约》：中国历史上最早的成文乡约"，载《中国纪检监察报》2016 年 1 月 18 日，第 6 版。

〔2〕　参见周飞舟："从汲取型政权到'悬浮型'政权——税费改革对国家与农民关系之影响"，载《社会学研究》2006 年第 3 期。

〔3〕　参见张秀兰、徐晓新："社区：微观组织建设与社会管理——后单位制时代的社会政策视角"，载《清华大学学报（哲学社会科学版）》2012 年第 1 期。

国务院关于加强基层治理体系和治理能力现代化建设的意见》明确了具体行动目标。[1]国家治理方式现代化的新要求，主要体现为"五治"——政治引领、法治保障、德治教化、自治强基、智治支撑。[2]从国家治理现代化的系统视角和基层社会治理传统出发，正式治理与非正式治理的有机结合是提升市域社会治理效能的关键一环。村规民约，作为重要的基层社会非正式治理手段之一，本文拟探讨其在市域社会治理现代化视域下的机能及其实现路径。[3]

一、市域社会治理现代化过程中村规民约的机能

基于市域社会治理现代化"五治融合"的理念，不难发现村规民约在市域社会治理现代化进程中具有多重功能：村规民约既是"政治"的必然要求，又是"德治"和"自治"的核心体现，是"智治"的制度依托，更与"法治"协同构成良善治理。村规民约以其特有的非正式治理张力在规范市域秩序、调和市民矛盾、保障基层民主、弘扬文化传承等方面发挥着重要作用。

（一）规范市域秩序

"政治引领"的关键是党的领导，党组织领导市域社会治理，是对传统基层治理模式的继承和超越。党组织有完备的资源整合能力，能够有效消除市域治理下市民利益诉求与基层治理的冲突和矛盾，确保市域社会治理秩序的稳定。其中，基层党组织要发挥好战斗堡垒作用，就要真正去联系群众、服务群众、凝聚群众和造福群众。要让基层群众，尤其是利益诉求多元的市民群众跟随党组织，这就需要党组织能够充分稳定市域社会秩序，保护、尊重和协调多元利益，为群众办实事，让市民群众真正能够信服党组织、紧跟党组织。党的十九大以来，习近平总书记多次就充分发挥村规民约机能、培育和带动广大贫困群众改掉陈规陋习、建设社会主义文明新风等问题作出了重要指示。[4]为贯彻落实习近平总书记指示精神和中央决策部署，多部门共同

---

〔1〕 参见《中共中央　国务院关于加强基层治理体系和治理能力现代化建设的意见》，载 http://www.xinhuanet.com/politics/2021-07/11/c_ 1127644184. htm，最后访问日期：2022 年 3 月 7 日。

〔2〕 参见陈一新："'五治'是推进国家治理现代化的基本方式"，载《求是》2020 年第 3 期。

〔3〕 下文以"村规民约"指代村（社区）制定或修订的村规民约、居民公约，以"居民委员会"指代市域范围内的村民委员会、居民委员会，以"社区"指代市域治理范围内的村、社区。

〔4〕 参见《民政部、中央组织部、中央政法委等关于做好村规民约和居民公约工作的指导意见》（民发〔2018〕144 号），载 https://www.pkulaw.com/chl/c00ea56ff1afd094bdfb. html？articleFbm = CLI.4.334177，最后访问日期：2022 年 3 月 7 日。

出台关于开展村规民约工作的政策文件，用以指导基层治理工作。

在"政治引领"之下，以国家法律法规为基础的"法治保障"是村规民约实现良善治理的坚实后盾。《中华人民共和国村民委员会组织法》第10条："村民委员会及其成员应当……遵守并组织实施村民自治章程、村规民约……"[1]明确规定了村规民约组织实施的相关法律要求。国家法律法规赋予村规民约正式法源地位，在村级治理中对于共性、普遍性的行为进行规范调整，对于特色的、地方的社情民意又给予其自治的空间，不断增强群众的法治意识，提高治理主体和市民群众运用法治思维和法治方式化解矛盾、维护稳定、服务经济发展的能力。当"法治"成为基层群众的价值追求和思维习惯并贯彻到日常行为中，市域社会治理的许多难题就会迎刃而解，基层治理体系和治理能力也会得到显著提高。

（二）调和市民矛盾

市域社会城镇化的发展加速了市域内生秩序的瓦解，法律因其自身的局限性和滞后性，无法延伸到治理事项纷繁复杂、治理外延不断扩大的基层治理各个方面，逐渐表现出难以满足群众对于政治、经济、社会、生态、文化等的多元诉求，市域基层治理需要找到更高效、"在地化"的治理手段。

具体而言，对于地域性、个性化的事务，村规民约中囊括社会公德、民风习俗、家庭伦理、市域秩序等"非法律性"的自治规约就可以发挥补充机能。譬如村规民约可以对婚姻家庭纠纷调处、殡葬改革管理、破除封建迷信等方面的治理进行细化规定，弥补法律强制性规定，将市域社会中容易产生的多元利益矛盾冲突预先缓和，并提出化解方法。如《A区B街道C社区居民委员会居规民约》规定"社区、小组人民调解委员会负责调解各种居民纠纷，化解各类社会矛盾。对因矛盾激化，有可能引起严重后果的情况，要做好教育疏导并及时上报，预防恶性事件发生""社区居民因邻里纠纷、家庭矛盾产生的民事纠纷，可由当事人双方自愿到社区调解委员会提出申请进行民事调解"等，这些规约在"自治""德治"理念指导下，通过村规民约此类"习惯法"的约束力、市域社会内市民群众的自我监督效力和村级自治组织内

---

[1] 参见《中华人民共和国村民委员会组织法》（2018修正）第10条"村民委员会及其成员应当遵守宪法、法律、法规和国家的政策，遵守并组织实施村民自治章程、村规民约，执行村民会议、村民代表会议的决定、决议，办事公道，廉洁奉公，热心为村民服务，接受村民监督"。

部治理张力的共同效用，强化推进市域社会治理下高效便捷基层自治现代化的建设。在治理实践中，该社区在街道建立了矛盾调解中心，利用社区人力资源组建人民调解委员会，采用"社区调解、110调解、乡贤模式"等多元调解主体结合的方式，发展新时代的"枫桥经验"，将"小事不出村，大事不出乡"作为矛盾纠纷调解的目标，有效解决市民纠纷，调和市民矛盾，协调市域社会关系。

又如《A区B街道C社区居民委员会居规民约》中规定"居民之间应团结友爱，和睦相处，不打架斗殴、不酗酒滋事、不酒驾、醉驾。严禁侮辱、诽谤他人，严禁造谣惑众，搬弄是非。"并对违反规约的行为制定相应惩罚措施"若出现上述行为，构成违法的，依照《中华人民共和国治安管理处罚法》的有关规定，移交公安机关处理"。这相比于法律的强制性规定，规约以倡导性的条规提出，更容易被市民认同和接受。"自治"和"德治"作为非正式治理，利用市民群众的乡邻感情基础，以本土化的方式回应村级治理中复杂的人情风俗问题，调和市民矛盾，弥补"法治"的不足，开展道德教化，充当治理中的润滑剂。

再如，对于集体财产管理、土地承包权益、农村基层社会保障、福利分配、户籍管理等市民关切的利益分配问题，由村规民约作出明确规定，既有效减少因利益分配不均导致的纠纷，也有利于实现规范化管理。《A区B街道C社区居民委员会居规民约》中第三章、第七章就对土地管理、集体收益分配等事项作出规定，强调了居民对社区重要事务的知情权和表决权，在发扬基层民主的同时，村务公开的治理方式也营造了风清气正的基层治理氛围。村规民约，村民制定，村民服从。以市民能够接受的方式将基层矛盾化解于基层，是"德治"和"自治"的有机结合，也是新时代运用法治思维提高基层治理效能的表现形式。

（三）保障基层民主

发展基层民主需要由群众依法依规管理自己的事务，开展基层自治。村规民约作为市民群众进行自我管理、自我服务、自我教育、自我监督的表现形式，社区居民委员会依照法律实行民主选举、民主决策、民主管理、民主监督，同时结合村规民约的柔性约束，可以有效把民主协商落实在村规民约的制定、执行和监督的全过程中，让基层民主更加稳固。基层自治，是保障群众权利和发扬人民民主的自治。村规民约，是基层市民群众的"法"，必须贯彻法律规定，保障人民权利。

如《A区B街道C社区居民委员会居规民约》依据《中华人民共和国城市居民委员会组织法》对重大事项管理的规定，对信访工作进行规定："社区、小组重大事项一律严格按照'四议两公开'工作法决策，即党委（支部）委员会提议，社区'两委'会商议，小组党员议事代表大会审议，居民会议或居民代表大会决议，并对决议和实施结果进行公开""落实居民群众的知情权，推进社区党风廉政建设，社区、小组须严格落实'三务公开'制度，社区、小组的党务、政务、财务实行季度公开，接受居民监督"，规约对工作原则、实施程序、主体责任、权利保障、监督落实等方面作出规定，确保信访工作民主、有序开展，体现出村规民约对于基层民主治理的贯彻落实。

（四）弘扬优秀文化

习近平总书记指出，国无德不兴，人无德不立。中华文明之所以能够经受住各种冲击而坚守根基，很重要的一条原因是法治和德治相结合的传统文化基因。[1]村规民约作为德治教化的重要载体，其对文化传承的构建与完善对于市域社会治理现代化不可或缺。譬如《A区B街道C社区居民委员会居规民约》中规定"践行社会主义核心价值观，遵守文明Q市二十条，崇尚科学，破除迷信，喜事新办，丧事简办，移风易俗，反对封建迷信及其他不文明行为，树立良好的民风、社风。"这无疑对居民提出了精神文明方面的要求，村规民约对于传统文化实行的是"去芜存菁"原则，因此在弘扬优秀传统文化、倡导社会主义核心价值观方面发挥重要的支撑作用。

同时，村规民约是基层社会生活的动态反馈，其内容紧密结合基层经济发展、社会结构变革、群众需求变化以及社情民意变更等情况进行修订，随之适应性调整。《A区D街道E社区居民委员会居规民约》中"倡导'健康文明生活六条新风尚'，即：保持社交距离、勤于洗手、分餐公筷、革除陋习、科学健身、控烟限酒"的规约就是结合当下法规政策对新冠肺炎疫情防控工作要求和社会群众对自身健康需求来修订的，将个人生活习惯上升为集体性倡议规约，不仅落实基层组织对防疫工作的自治管理，也强化村规民约在应对基层治理新问题时，以德治教化方式从精神文化层面进行非正式治理

---

〔1〕 参见唐任伍："国家治理现代化：中国共产党的理念与实践"，载《国家治理》2021年第Z1期。

的特质，并且在治理实践中因地制宜构建出适应当地社情民意的"在地化"规约体系。提倡把喜事新办、丧事简办、弘扬孝道、尊老爱幼、扶残助残、和谐敦睦等时代新风和优秀传统文化纳入村规民约，这是乡土社会风土人情与市域基层治理法治要求结合最直观的体现，是新时代社会精神和社会风尚传承的重要载体，更是市域社会治理现代化中精神文明建设对村规民约的应然要求。

二、市域社会治理现代化下村规民约机能发挥的现实障碍

村规民约的制定与实施主要目的在于治理主体以市域社会治理的理念引导基层自治，推动市域社会现代化治理。A 区试点工作中，村规民约在稳定市域治安、调处纠纷、发挥民主自治、构建和谐市域等方面都做出良好成效。但是，随着基层治理进入新阶段，面对涌现的新型治理难题，村规民约的机能发挥也存在一定的现实障碍。

（一）村规民约缺失合法性

尽管村规民约是市民群众自觉遵守的行为规范，但是在法治社会的时代背景下，其内容是否合乎现行法规，即合法性要求，是其能够制定通过的必要条件。我国法治建设成效显著，大部分市民群众整体素养提高，由于村规民约的制定主体多为基层群众代表会议，其所制定的内容也涉及基层社会生活的方方面面，因而不可避免地会存在与国家法律法规、政策规定相背离的情况。如国家在 2021 年已经开始实施三孩政策，且在《中华人民共和国人口与计划生育法》（2021 修正）第 18 条第 1 款中明确规定"一对夫妻可以生育三个子女"。[1]《A 区 D 街道 E 社区居民委员会居规民约》中关于户口待遇的规定："一对夫妻可按二孩政策生育，子女享受居民待遇，超生、多生子女不享受居民待遇"，此规定将"三孩"纳入了"超生、多生子女"范围，这与现行计划生育法律规定相抵触，缺失合法性。

对于市民之间口角纠纷、婚姻家庭矛盾等行为，法律不会主动介入，司法机关秉持不告不理的态度，通常由居民委员会依据村规民约来调解。但是当此类问题上升为违法行为后，就超出村规民约所能管理的范畴，有些自治主体继续沿用村规民约来处置，在执行上就会与法律相冲突，这也是村规民约合法性缺失的另一方面。

---

〔1〕 参见《中华人民共和国人口与计划生育法》（2021 修正）第 18 条第 1 款"国家提倡适龄婚育、优生优育。一对夫妻可以生育三个子女"。

（二）村规民约合理性不足

村规民约中的计划生育条款是居民委员会协助街道政府开展计划生育工作的依据，是对国家生育政策的落实，体现的是国家意志；而村规民约是基层自治的重要部分，是基层民主实施的成果，体现的是基层自治。居民待遇是居民作为集体经济组织成员应该享有的成员权利。然而部分村规民约将生育政策与居民福利待遇直接关联，以违反生育政策为由剥夺居民待遇，如此处置在一定程度上欠缺合理性，会切实侵害居民的生育权利以及应有的居民待遇。再者，自治主体如此执约会无限制地扩大村规民约适用范围，以看似合理的手段不合理地侵害居民权益。

此外，市域社会治理在深化乡镇（街道）管理体制改革工作中，要求制定社区治理权责清单、推进行政执法权限和力量向基层延伸，而治理实践中存在村规民约与政府权责清单内容交叉、规约超出自治权限等问题，尤其在户籍管理、禁止性规定、惩罚性措施等方面较为凸显。如《A 区 D 街道 E 社区居民委员会居规民约》"二孩政策之前，一子一女户，招亲上门的夫婿不享受居民待遇，若需享受居民待遇，每户一次性缴纳生产垫本金 200 000 元。"其中对于"生产垫本金"的规定没有相关法律和政策依据，此类规约虽属于居民自治内容，制定时需要获得居民会议一致同意方能通过，但以高额的"生产垫本金"换取招赘夫婿居民待遇，难免会损害部分居民的利益。对于另一规约"二孩政策之前，双女户中按居规民约规定可招赘并享受居民待遇之外的另一女儿、户口保留本居民小组的外嫁女及其合法生育的小孩，不享受居民待遇。若需享受居民待遇，每人一次性缴纳生产垫本金 50 000 元。"涉及的外嫁女权益的规约也存在合理性不足的问题。可见，村规民约中关于外嫁女、招赘夫婿权益的此类规定，不仅与户籍管理等行政制度内容交叉，执约主体自治权也有不合理扩张趋势，缺乏明确外延。因此，村规民约的合理性有待提升。

（三）村规民约缺乏时效性

村规民约中部分内容缺乏时效性，滞后于市域社会治理现代化要求，表现为部分规约滞后于当下法律规定或政策新要求、缺乏对市域社会治理新问题的规定。例如，《A 区 D 街道 E 社区居民委员会居规民约》中关于户口待遇的规定："一对夫妻可按二孩政策生育，子女享受居民待遇，超生、多生子女不享受居民待遇。"其中"超生子女"等用词已不适用于现行的生育政策。又如，笔者在对 A 区部分社区进行实地调研中发现，许多社区在公共文化服务、村务公开、生态保护等方面开展了相关工作，也取得良好的治理成果，但是对公共文化服务、村务公开、生态保护等方面的规定鲜少出现在村规民约中，而对这些内容在规约中的更新和完善，会更加及时、迅速地反映社会治理实际效能。

滞后的规约内容、过时的治理理念使村规民约的自治局限于解决社区矛盾纠纷等常态性问题，然而作为市域社会的微观组织，村（社区）是政策下达和民意上陈的桥梁，基层治理成效和短板会更加直观地突显，故而村规民约更应关注市域治理实践中的时效性问题及解决路径。在规约制定和执行中，如果缺乏对市域治理秩序重建、治理模式创新、公共服务推进、社区风险防控、预警机制建立等内容的思索和构建，则无法突破自身"传统乡约"式自治的束缚，对于因市域社会"原子化"现象导致的社区福利递送效率降低、家庭功能减退、个人归属感减弱等问题将得不到解决，市民利益诉求亦不被正视，基层治理不仅会落后于法治社会建设的进程，对市域治理现代化"五治"融合的落实更无从谈起。

换言之，社会变革速度在加快，村规民约的内容也应及时更新修正，紧跟时政潮流，真正体现"现代化"。

（四）村规民约形式化严重

村规民约不仅要求规约内容合法合规，还应在治理实践中发挥实质性的规范作用，规约内容应覆盖市民基本行为规范、市域社会秩序管理、市民重要权利保障、基层矛盾纠纷调解、民风民俗引导等与市民生活相关的各个方面。由于治理主体对村规民约工作重视不够、指导不力，村规民约的制定和执行缺少引导和监督，导致部分村规民约内容空泛、流于形式，[1]未触及到社会治理的根本问题。涉及市民利益的权益保障方面，如村集体红利分配、纠纷调解的相关细则有待在村规民约中细化和落实，矛盾纠纷如没有合适的调解机制和解决途径，最终会迫使市民采取上访等手段维权，这与市域社会治理现代化"矛盾不上交"的调解理念不符。可以说，一份制定良好的村规民约应是真正触及市民生活需求、以问题为导向的行为规范。

---

〔1〕 参见陈荣卓、李梦兰、马豪豪："国家治理视角下的村规民约：现代转型与发展进路——基于'2019 年全国优秀村规民约'的案例分析"，载《中国农村观察》2021 年第 5 期。

三、市域社会治理现代化下村规民约机能发挥受阻的原因分析

在 A 区市域社会治理现代化工作的调研中，笔者发现当前村规民约的实践存在上述合法性、合理性考量不足、内容缺乏时效性和形式化突出等问题，本节针对这些问题及村规民约未能充分提升市域社会治理效能的原因进行相应的初步分析。

（一）治理主体未充分认识到村规民约的"在地性"

村规民约作为一种有效的非正式治理方式，在市域社会治理中对法律法规和政策规定在基层的落实应该起到有效补充和支撑作用，村规民约的制定和执行必须要注重其所在地域的特点，应能充分反映当地风俗习惯、社情民意。当前的一些村规民约未能充分提升市域社会治理效能，正是因为社会治理的主导行动者未能充分认识到村规民约的"在地性"。具体而言，一方面，由于基层政府调研力度不够，未能详尽了解市民群众的实际诉求，在推动和监督村规民约制定、修订工作中以落实法律政策为主导，忽略对村规民约中涉及市民实际诉求的规约的制定审查；另一方面，作为基层自治组织的居民委员会是最重要的组织资源，但是长期疲于应付上级指派的大量行政工作，无暇倾听市民的真正诉求，更难以做到"在地化"治理；再者，尽管每个地区的实际情况不尽相同，但是村规民约往往只成为法律规章的模板化规约，未能结合当地情况进行"在地化"制定。譬如在人口流动大的地区，群众养老、未成年人保护等工作的重要性尤其凸显，因而村规民约中对老人、未成年人的权益保障制度应有所偏重。又如在征地拆迁情况比较普遍的地区，群众容易因征地补偿款、拆迁安置等问题发生纠纷，于是村规民约中对于矛盾纠纷调处应做出细化规定，以作为纠纷调解的相关依据。"在地化"的处理可以有效避免村规民约形式化，更贴合市民的实际诉求，提升村规民约在群众中的认同度和权威性，激发村规民约内生活力。

（二）治理实践缺少专业行动者的参与和提升

市域社会治理涉及各个方面，因而对村规民约也有着更高的要求，基层治理在"法治、德治、自治"融合的基础上，要以"政治"为引领，"智治"为支撑，"五治"融合全面推进，同时需要各方面的专业行动者参与才能更好地实现治理效能的提升。市民群众受限于传统的风俗习惯和思维方式，总体法律意识还较为淡薄，当群众利益受损时，如果仅靠政府的行政管理和自治，

维权途径有限，解决纠纷的能力也有限。简而言之，如果村规民约在实践中缺少专业人士的参与，缺少专业的建议、意见来完善村规民约的内容和监督落实工作，缺少专业的行动者来推进国家政策在市域的落地、提供公共文化服务，那么市域社会治理现代化的脚步也会受到阻滞。此外，先进且安全的智能化基础设施是实现智慧治理的必要条件，在电子政务、信息化终端运用推广方面，市域作为网格信息数据采集的第一站，也需要有专业的行动者参与村级政务管理，解决数字化治理中的实际问题，这是实现"智治"的要求。

（三）村规民约实践行动者缺乏主人翁自主意识

政府加强对基层的治理，行政权力下沉到市域社会基层，会带来另一个问题——行政权力与市域社会基层自治权利的边界不明确，使基层自治在形式上成为政府行政治理的一种方式。随着市域社会原子化、老龄化现象越来越凸显，[1]其微型结构愈发松散而不凝聚，市民对管理层的印象多停留在政府权力机构在市域的设置，违背基层自治的根本属性，"被管理"的思维定式使市民缺乏主人翁的自主意识，不了解切身相关的村规民约内容，这会日渐阻碍市民积极参与进基层治理事务中，作为村规民约的实践行动者，市民群众的参与度降低会导致市域治理停留在表面，无法得到明确的问题反馈，也看不到真实的治理实效，村规民约倡导的社会主义核心价值观和法治思想不能真正渗透，不易充分调动群众自治的积极性，不利于基层民主的贯彻。

四、市域社会治理现代化下激活村规民约机能的路径分析

在治理实践中，由于治理主体对村规民约"在地性"认识不够、治理实践人才保障不足、群众参与度低等原因，村规民约非正式治理的效果未能充分显现。为了更好地激活村规民约在市域社会治理现代化中的机能，提升治理效能，可从如下路径完善：

（一）强化行政力量的引导和资源支持

中央规范性文件对村规民约提出了具体的要求，即地方政府应起到牵头作用，重视村规民约的制定、修订工作。按照《民政部、中央组织部、中央政法委等关于做好村规民约和居民公约工作的指导意见》（民发〔2018〕144

---

〔1〕 参见王艳："乡村治理'三治合一'的内在逻辑、现实困境与优化路径"，载《行政与法》2021年第7期。

号）的要求[1]，村规民约在拟定草案环节应广泛听取群众意见，切实将关系市民生产生活各方面的内容纳入村规民约中，注重未成年人保护、养老保障、纠纷调解、社会工作等重点方面规约的制定；在提请审核环节根据基层群众有关意见修改完善，基层党委、政府要严格审核；严守备案公布程序要求，让群众广泛知晓。

基层党委、政府加强对村规民约工作落实情况的督促检查。组织专门行政力量开展常态化的检查工作，引导基层成立村（居）务监督委员会加强对村规民约遵守情况的监督，号召村（社区）"两委"成员、人民调解员、"乡贤"等多方主体共同参与监督工作。

此外，政府应号召和推动基层建立自治组织。如村（社区）红白理事会、道德评议会等，将这些自治组织运行机制纳入村规民约相关规定，发挥监督与规制作用，充分调动基层民主自治的积极性。

政府加大市域基础设施、公共文化服务设施建设的资源支持，以行政领导力推动市域硬件设施建设，提升市域治安防控水平；推进公共文化服务设施投建，丰富群众文化休闲娱乐方式；推行数字化移动终端政务服务，拓宽政务处理渠道，提供高效便捷的线上线下服务平台，收集群众的问题反馈，针对性地改善服务质量，确保群众多元诉求能得到有效解决。在为群众提供安全和谐的市域环境的基础上，实现治理水平现代化。

有力的行政引导使村规民约在基层自治中能制度化、规范化运转，村规民约的有效监督与规制能够使行政权力和自治权利受到约束，实现法治、德治和自治的相互融合。

（二）主动吸纳专业人士参与市域社会治理

注重吸纳专业人士参与市域社会治理，组织专门的人才队伍参与到各项治理工作中。

村规民约提升市域社会治理效能不仅涉及内容构建，而且包括实践推行。村规民约要能更好地契合新时代市域社会治理现代化的要求，必然要在政府和居民等主体之外，引入智力资源丰富的专业人士。譬如与法律专业人士合

---

[1] 参见《民政部、中央组织部、中央政法委等关于做好村规民约和居民公约工作的指导意见》（民发〔2018〕144号），载 https://www.pkulaw.com/chl/c00ea56ff1afd094bdfb.html？articleFbm=CLI.4.334177，最后访问日期：2022年3月7日。

作，针对村规民约合法性合规性问题提出修改完善建议，定期到社区开展普法活动，完善社区司法所的人员配备，落实规范化治理。再如加强社区精神文明建设，与文化团体合作，落实公共文化服务工作，与相关单位合作开展流动文化馆、图书馆等活动，丰富居民精神文化生活，弘扬社会主义核心价值观和良好道德风貌；邀请非物质文化遗产爱好者加入基层文化产业开发项目，结合当地特色文化进行文旅产业开发，打造"艺术乡间"范本；引进高层次人才，加大对高等教育资源的投入；与文创工作者合作，改造居住环境，提升村容村貌；在村规民约中强化志愿服务意识，支持志愿服务组织发展，发动社会工作者关注边缘群体权益保障、留守儿童心理问题，完善市域休闲娱乐场所的筹建；多元主体结合，采取"乡贤"、矛盾调解员、司法工作人员加入，进行线上线下多种方式调解，从道德、法律等多角度调处矛盾纠纷；聘请心理专家定期对居民开展心理健康咨询活动等。

总而言之，村规民约在内容构建上可以借助法律专业人士的智力资源，吸收其提出的合法性建议；在实践推行上可以借助文旅创意、社会工作等专业人士的智力资源以推进村规民约更好地落实，让无形规约在实践中对促进市域社会治理现代化提质增效。

（三）大力提升村规民约与市民实际需求的契合度

为贴合市域社会治理实践的现实需要，村规民约在内容上迫切需要进一步完善。

首先，坚持问题导向。号召村（社区）"两委"成员、党员主动入户走访，了解群众的困难与需求，召开居民会议，找出普遍存在的问题和治理难点，针对实际问题制定"在地化"规约。譬如在村规民约中加入市域生态保护的规约；针对生活排污的问题，可以明确生活垃圾分类和定点投放、污水排放要求的规定；制定倡导节能减排的规约，由村集体投建太阳能路灯等节能设备，提倡绿色出行方式。以问题导向完善规约内容制定，更能契合市民生活需求。

其次，突出规约的实际效用。村规民约的制定既要确保市民共同参与和知情权，做到市民满意认同，还要在保障市民利益诉求方面有所作用。不仅要"规"行为，更要遵守"约"。维护市域稳定，发展市域经济，实现市民共同富裕是市域社会治理现代化下基层治理追求的价值目标。在村规民约中侧重关于村集体经济发展方面的规划，利用当地生态环境特点，由政府出资或者招商引资，以集体入股分红等方式，合作开发生态农业、生态旅游等经济项目，带动集体经济发展，实现生态资源价值提升，改善市民的物质文化生活水平，推动基层治理现代化的发展，更好发挥出村规民约实际效能。

最后，保持常态化的监督考核。村（居）务监督委员会应加强对村规民约遵守情况的监督，定期考核，采用积分制等方式正向激励市民参与公共志愿服务。"法律的生命在于实施"，对于村规民约而言也是如此，制定良好的村规民约只有被认真贯彻和施行才能焕发其自治活力。

基层治理视野下人民调解的功能及其优化

——以 W 县人民调解实践为例 *

周国兴　谢雪芹**

摘　要：人民调解是一项具有中国特色的纠纷解决机制，是化解矛盾纠纷的第一道防线，在基层治理中发挥着不可或缺的作用，具有组织动员的政治功能、纠纷化解与预防的法治功能、基层群众民主实践的自治功能、文化传承与道德引导的德治功能。W 县人民调解实践折射出人民调解在基层治理中存在社会结构变迁，导致权威性式微、概念异化；导致功能弱化、解纷能力不足，难以应对纠纷类型的变化等实践难题，应从回归人民调解的政治认同基础与政治引领功能、在理顺人民调解与其他民间调解的关系基础上构建"政社合作"的社会调解体系、探索人民调解员职业化的发展路径等方面优化。

关键词：基层治理；人民调解；纠纷解决

《中共中央、国务院关于加强基层治理体系和治理能力现代化建设的意见》指出基层治理是国家治理的基石，强调基层治理要"发挥村（居）民委员会下设的人民调解、治安保卫、公共卫生等委员会作用"。人民调解是化解矛盾纠纷的第一道防线，在基层治理中发挥着不可或缺的作用。W 县以县城为依托，以乡村社会为基本盘，所呈现的矛盾纠纷状态及其调处一定程度上折射出了中国基层社会的实际情况。本文以 W 县人民调解实践为例，分析人民调解在基层治理中的功能定位及其优化路径。

---

　* 本文系云南省哲学社会科学规划项目"党内法规在云南地方治理中的功能定位研究"（项目批准号：YB2020044）阶段性成果。

　** 周国兴，法学博士，昆明理工大学法学院副教授、硕士生导师，主要研究方向为法理学、法社会学、司法哲学；谢雪芹，昆明理工大学法学院硕士研究生，研究方向为法社会学。

一、问题提出：基层治理视野下人民调解的功能定位

（一）作为基层治理机制的人民调解

人民调解制度起源于革命根据地时期党的群众路线与传统民间调解资源的相互结合。1982年《中华人民共和国宪法》明确规定居委会、村委会设人民调解委员会调解民间纠纷，同治保委员会、公共卫生委员会一起"办理本居住地区的公共事务和公益事业、向人民政府反映群众的意见、要求和提出建议"；1989年《人民调解委员会组织条例》明确人民调解委员会是基层群众自治性组织下设的调解民间纠纷的群众性组织；2010年《中华人民共和国人民调解法》总结了人民调解的立法经验与制度实践，坚持人民调解的宪法定位，规定人民调解是"人民调解委员会通过说服、疏导等方法，促使当事人在平等协商基础上自愿达成调解协议，解决民间纠纷的活动"。尽管《中华人民共和国人民调解法》采狭义说，限定于基层自治组织设立的民间性、群众性调解，却也为其多元化发展保留了空间，当下实践中人民调解已经发展为包括基层人民调解组织调解、行业性、专业性组织调解等在内的多元体系，在传承和发扬"枫桥经验"推进"小事不出村（社区）、大事不出乡镇（街道）、纠纷就地解决"、促进"三治"融合的基层社会治理与法治实践中发挥着不可替代的作用。[1]

人民调解的历史起源、制度化过程和实践发展都表明自其诞生之日起就是一种重要的基层治理机制。人民调解本身就是扎根于基层的制度，具有贴近群众、方便快捷、不伤感情等优势和特点，其效用符合基层治理的要求，人民调解与基层治理之间深度的契合性，两者都服务于基层社会秩序的稳定，是党委、政府化解矛盾纠纷、维护社会稳定的参谋助手和第一道防线。

（二）人民调解在基层治理中的功能

人民调解在基层治理中具有组织动员的政治功能、纠纷化解与预防的法治功能、基层群众民主实践的自治功能、文化传承与道德引导的德治功能，这四种功能在人民调解的纠纷解决实践中融于一体。

第一，组织动员的政治功能。首先，从起源来看，人民调解是党在武装革

---

[1] 参见范愉、李泽："人民调解的中国道路范愉教授学术访谈"，载《上海政法学院学报（法治论丛）》2018年第4期；范愉："《人民调解法》的历史使命与人民调解的创新发展"，载《中国司法》2021年第1期。

命与政治斗争的背景下为进行社会治理而找到的一种"结构性替代物"。[1]陕甘宁边区的人民调解不仅仅是用来解决纠纷的，还承载着通过调解来改造社会的历史使命，旨在从司法角度通过调解化解纠纷，最终改造社会、控制社会。当时树立的调解榜样不仅能有效化解纠纷，更是擅长利用调解手段改造当事人，懂得利用调解机会宣传党的路线、方针、政策。[2]2007年《最高人民法院、司法部关于进一步加强新形势下人民调解工作的意见》更是明确规定："要把人民调解与宣传党和国家的方针政策结合起来，教育引导人民群众理解支持党和政府的政策措施，自觉维护改革发展稳定的大局。"2017年全国人民调解工作会议强调人民调解肩负法治宣传的政治任务。其次，人民调解是我党群众路线在基层社会治理中的具体展开，是马锡五审判方式在现代基层治理中的传承与转化，充分体现了"从群众中来，到群众中去，一切为了群众，一切依靠群众"的群众路线基调，凸显了"人民调解为人民"，易于获得群众的政治认同。可见，人民调解不仅立足于案结事了，更注重修复社会关系、促进社会团结，它以独特的群众动员和思想改造方式成为党和国家进入基层社会的通道。政治认同是人民调解的政治基础，政治功能是人民调解的灵魂。[3]

第二，纠纷化解与预防的法治功能。纠纷化解与预防是人民调解基础的实际功能，是法治的"东方经验"和"中国智慧"。中央政法委、最高人民法院、司法部等六部门联合印发的《关于加强人民调解员队伍建设的意见》强调，人民调解是在继承和发扬我国民间调解优良传统基础上发展起来的一项具有中国特色的法律制度，是公共法律服务体系的重要组成部分，在矛盾纠纷多元化解机制中发挥着基础性作用。《中华人民共和国人民调解法》规定了人民调解应遵循自愿、平等原则、依法调解原则和尊重当事人权利原则，同时规定了人民调解运行的各环节，确保人民调解实践不偏离法治轨道，促进基层社会依法治理。

第三，基层群众民主实践的自治功能。根据《中华人民共和国宪法》《中华人民共和国人民调解法》构建的制度框架，人民调解是基层群众自治制度

---

〔1〕 参见曾令健："政府推动型人民调解的意涵变迁（1931–2010）——法学研究的历史社会学进路"，载《厦门大学法律评论》2016年第1期。

〔2〕 参见侯欣一："陕甘宁边区人民调解制度研究"，载《中国法学》2007年第4期。

〔3〕 参见刘正强："人民调解：国家治理语境下的政治重构"，载《学术月刊》2014年第10期。

的一种实践形式，是村（居）民实现自我管理、自我教育、自我服务的一项具体机制。人民调解员主要在熟悉当地纠纷特点和成因的本地乡贤中经选举产生，化解纠纷的规范依据主要是当地普遍接受的社会情理和村规民约、居民公约等自治规范。人民调解是基层社会自治体系的重要组成部分，是协商在基层的基层民主试验田，夯实了基层治理的自治基础。

第四，文化传承与道德引导的德治功能。人民调解不仅是一套纠纷解决机制，也是文化传承和道德引导的渠道。"小事不出村、大事不出镇、矛盾不上交"的"枫桥经验"蕴含着深厚的集体记忆和文化根基，其所依据的道德情理、革命理想等规范起着维续地方共同体文化、传承中华传统美德、弘扬社会主义核心价值观的作用。人民调解强调以"背靠背"的方式对各方当事人"各个击破"，诉诸政治、经济、社会和道德压力来"说服教育"，实现"案结事了"。[1]此外，根据《中华人民共和国人民调解法》《关于加强人民调解员队伍建设的意见》等的规定，人民调解员的选任标准为"公道正派、廉洁自律、热心人民调解工作"，他们通常也是当地"德高望重"的先进代表，通过人民调解工作展示其"勤勉、敬业、热心、公正、正直、通达、智慧"[2]的美德，以便利亲和、润物细无声的方式展示其道德感召与示范作用，培育良好的基层社会德治环境。

总之，人民调解是融政治、法治、自治、德治于一体的基层治理机制，在基层治理中具有组织动员、纠纷解决、民众参与、基层自治、道德引导等具体作用。其实践目标依托其纠纷预防与化解的基础功能，为基层治理提供助力与合力。首先，应当最大限度发挥其化解纠纷的制度功能，完成纠纷化解任务；其次，通过与行政调解、司法调解、诉讼制度等的衔接，将未能有效处理的矛盾纠纷及时分流至其他解纷机制；最后，政治动员、基层自治、德治引导等防范、预警和早期介入，实现源头治理，同时避免矛盾激化、防止调解失败后转化为治安案件。

二、样本分析：W 县人民调解实践调查

W 县是一个典型的山区县，以农业为主，2019 年退出贫困县序列，下辖

---

〔1〕 参见王禄生："审视与评析：人民调解的十年复兴——新制度主义视角"，载《时代法学》2012 年第 1 期。

〔2〕 吴元元："人民调解员的制度角色考"，载《中国法学》2021 年第 4 期。

7 镇 3 乡，常住人口 35 万人。

（一）W 县人民调解纠纷的基本样态

第一，近两年纠纷总量变化。2020 年，从 W 县调解的纠纷数量上看，全县人民调解委员会受理了共 1272 件纠纷，累计调解成功案件 1248 件，调解成功率为 98.11%；2021 年受理了 924 件纠纷，累计调解成功案件有 907 件，调解成功率为 98.16%，2021 年相比于 2020 年受理案件数量减少了 138 件，调解成功率上升了 0.05%。以"基层法院、W 县人民法院、民事案由"等为关键字在中国裁判文书网检索，2020 年 W 县人民法院民事案件 2150 件，执行案件 535 件，2021 年 W 县人民法院民事案件 1394 件，执行案件 5 件，[1] 其中大多为合同纠纷，以"合同、合同纠纷、合同成立、合同相对性"为关键字的纠纷有 254 件，大数据的分类算法或许使得有十多件案件被重复算入，但是仍然可以看出，在这些民事纠纷中合同纠纷占的数量是较多的，民事案件总量在 2021 年下降了近 700 件。

第二，纠纷类型分析。如图 1 所示，从 W 县司法局 2020 年、2021 年人民调解案件情况统计结果来看，首先，婚姻家庭、山林土地、邻里纠纷在所有纠纷类型中占比最多。这三种纠纷的共同点在于受地缘和亲缘关系限制较大，[2] 所谓亲缘关系主要是具有同源关系的血亲，地缘关系则主要是自然村。其次，山林土地纠纷、房屋拆迁纠纷近两年占比也较重，主要是由近两年开展的土地山林登记在册工作以及高速、高铁的修建工作引起的农地确权纠纷，这类纠纷具有复杂性、阶段性、多样性的特点，[3] 一些山林土地时代久远，由于使用承包人员变化、自然灾害等因素，土地边界往往不清晰，而确权工作人员都凭村民口头说辞作出界定，如果遇到争议地界村民不容易有书面证据支撑诉求，若是将纠纷呈递至法院也是令法官头疼的案件，而这类案件最容易引发冲突；同一个村里的村民总是碍于抬头不见低头见的熟人关系，反而具有调解的基础，与婚姻纠纷、邻里纠纷一同成为更具调解可能性的案件。

---

〔1〕 "W 县法院民事案件数"，载 https://wenshu.court.gov.cn/website/wenshu/181217BMTKHNT2W0/index.html？pageId=d446f8085ca3ec94cd6f78aa70aafd41&s8=03，最后访问日期：2022 年 3 月 14 日。

〔2〕 参见许少波："家事纠纷类型化分析"，载《江海学刊》2014 年第 3 期。

〔3〕 参见倪坤晓、谭淑豪："农地确权纠纷的类型、特点和解决之策——以河北省 PX 县为例"，载《农村经济》2017 年第 2 期。

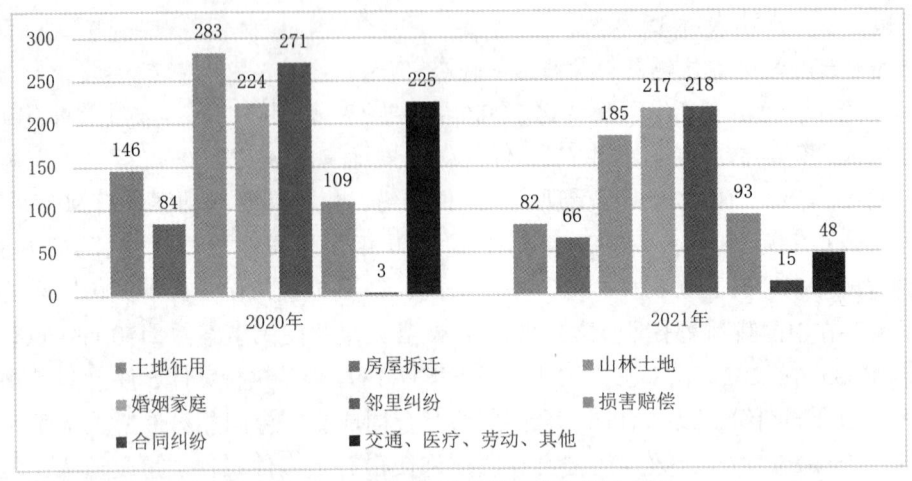

图 1：W 县近两年纠纷类型统计结果[1]

（二）W 县人民调解运行情况

第一，人民调解组织情况。W 县的人民调解组织分为县、乡镇、村（社区）三级，10 个乡镇、89 个村（社区）分别设置 1 个人民调解委员会，村（居）民小组设立调解小组。现共有 135 个人民调解委员会，调解小组 1621 个，一线人民调解员 5543 人。其中乡镇调委会 10 个、村调委会 69 个、社区调委会 20 个；专业性调委会 36 个，包括交通事故调委会 11 个，劳动争议调委会 11 个，公调对接人调委会 11 个，医疗纠纷调委会 1 个，物业纠纷人调委会 1 个，妇女儿童权益纠纷调委会 1 个；暂无行业性调解组织。

村级人民调解委员会主任由村支书担任、副主任由副支书以及治保、调解、武装（民兵组织）"三合一"干部担任，委员由其他村委会人员担任，一般有 5 人，但人口多的较大的村则有 7 人；W 县专业性调委会的成员大多为在编人员，调解工作几乎被当作职责范围内的工作。

第二，调解的工作流程与机制。村级调委会主要通过说服教育等化解邻里纠纷，比如张家的鸡啄了李家的菜，王家又砍了张家的竹笋等。房屋拆迁、土地征用、婚姻家庭等纠纷也会首先由村级调委会先行调解。而案情较为复杂、当事人反复调解不成、争论之间发生肢体冲突的，一般都会有派出所民警到场协助案件，涉及医疗纠纷、劳动人事等纠纷，当事人则更多选择乡级

---

[1] 数据来源于笔者实地调研。

调解组织，乡级调委会则邀请专业人士到场或者直接将案件送往专业性调委会继续调解。当事人发生纠纷最近一级的人民调解委员会发挥作用，涉及治安情况，派出所接到报警，自然也会赶到现场参与调解，两次三番调解不成，当事人自己也会不再选择村级调委会，疑难案件处理过程中总会呈现出纠纷不断往上呈递的趋势。

Z 镇调委会的一名调解员表示："我们处理较为疑难或者是专业性较强的案件时，不得不向其他调解组织请求援助，比如前不久一桩土地纠纷案件，诉讼打了四次，已经打到了省高院、信访也到了省里，单单靠我们乡镇上的调解委员会是行不通的，于是我们联合了派出所、信访局、国土局进行调解。"人民调解委员会在发生作用时并不是单独工作的，行政力量也参与其中。不管是从人民调解组织的人员构成，还是纠纷处理过程当中派出所、国土局等行政部门的参与，都可以看出人民调解机制在解决纠纷的过程中虽然重要，但并不是唯一的力量，相反在较为复杂、更易转化为治安案件的纠纷案件中，人民调解组织的作用更像是一个牵头绳，将涉纷各方聚集到一起，再进行处理。

第三，诉调衔接情况。W 县人民调解委员会调解案件的案件来源一共有三种，一为上级指派调解，二是法院委托，三是委员会主动调解。法院在进行案件诉前调解时会将案件委托给人民调解委员会进行先行调解，若能调解成功，便能经司法确认顺利结案，但是此种类型的委托一般而言较少，既然已经提起诉讼，当事人很难再进行调解，调解意愿薄弱。因此这方面的案件来源几乎没有。

第四，运行保障情况。实地走访发现，部分村级调委会因经费紧张、主要采取分别入户调解等原因没有专门的调解室。调解能力培训尚未形成长效机制，以案定补标准也未完全落实。一位司法局的工作人员表示，2018 年县里曾组织过一次人民调解员培训并颁发了人民调解员证，此后再没有进行过培训；前几年各级人民调解委员会的调解员还能收到调解案件的补助，补助标准是重大疑难案件 200 元/件，一般普通案件 100/元件，但最近几年调解案件的补助费用基本难以发放，这也是目前各级，特别是村一级人民调解委员会陷入瘫痪、工作无法推行的原因之一。

（三）W 县人民调解的工作成效

第一，调解成功率。W 县司法局统计数据显示，2020 年调解成功率达到

98.11%，2021 年则高达 98.16%。调解是否成功自然不能只看调解成功率，还应当看调解的协议是否得到认真、彻底的执行，是否将纠纷彻底解决，纠纷是否转为更恶劣的案件，以及是否达到了修复社会关系的目的。受访调解员表示："我们进行的调解案件，大部分来说是比较成功的，有些时候调解的效果比法院判决的效果还要好，因为我们的调解是相当费时间的，是通过说服教育的方式进行调解，让大家都达到谅解，因此执行的效果是比较好的，况且达成了调解协议，我们是有保障的，给法院进行司法确认。"

第二，人民调解协议的履行情况。人民调解员不仅是指参与纠纷的调解，在纠纷的事后还会进行回访，询问纠纷是否再次发生，协议有无进行履行。以 W 县 L 镇 2020 年的调解卷宗的记录情况为例，大多达成了调解协议的案件，协议都能够得到很好的履行。当然也有未能成功调解或者协议达成后反悔不履行的案件，这些案件数量较少，人民调解委员会知晓情况后大多并不会再次主动参与调解，而是通知其寻求诉讼途径。

第三，调解后转化为治安、民刑案件情况。据司法局工作人员介绍，这类案件还是存在的，但是基本上一年遇不到几次，都是很少的案件。能转化为民商事案件、治安案件、刑事案件的纠纷，一般来说在调解的时候大多都不容易调解，此类当事人态度非常强硬，也就是那些未能成功调解的少数案件。

调查结果显示 W 县人民调解总体上比较成功。从组织构成上来看 W 县的人民调解委员会分为县、乡镇、村（社区）三级，还设立了专业的人民调解委员会，其成员大多数都是具有公务的人员担任，就算是村一级的人民调解委员会也是由村支书，村民委员会委员等人组成，乡镇、县一级更是如此。W 县的人民调解委员会的工作模式大致为，各个级别的纠纷各个级别的调委会自行解决，案情复杂、疑难的、较为专业的纠纷，该级的人民调解委员会则会联系专业的人民调解委员会的人员参与调解，或者直接将案件移交给专业调委会进行调解。

受案调解的纠纷大多被处理完毕，并且效果良好。但是这样的模式之所以能起到效用，很大部分得益于人民调解委员会组织成员往往由党委、政府工作人员兼任，其次调解协议也有司法确认制度为其效力背书，使得人民调解在前五六年的治理工作中发挥了很大的效用，但是近几年人民调解特别是村一级的人民调解工作却出现了瘫痪的状态。

（四）W县人民调解实践存在的问题

第一，人民调解工作机制不健全。调研显示，W县乡镇一级调委会基本上与司法所是一套班子两块牌子；村级调解组织虽然实现了行政村全覆盖，但是调委会成员由"两委"成员组成，同时兼任治保委员会成员，人民调解工作杂糅在其他工作事项当中，没有建立起一套专门的人民调解工作机制，呈现出"见子打子"的状态。具体开展纠纷调解工作也是"见机行事"，调解的场所、调查取证环节都很随意，调解协议书制作不规范，没有一套相对规范的工作流程。人民调解与行政调解、司法调解的衔接机制流于形式，从W县司法局2020年、2021年矛盾纠纷调解统计数据来看，没有行政调解案件，除了法院委托调解的案件以外也几乎没有司法确认案件，调研发现，W县人民调解的实际的工作模式为行政力量提前介入，调解协议统一以人民调解委员会的名义制作，这种做法短期看的确能保证人民调解的纠纷化解效率以及调解协议的权威性，但从长远来看三者在角色上缺乏必要的功能分化，不利于激发人民调解、行政调解和司法调解"三调联动"大调解格局的基层治理合力。

第二，人民调解队伍薄弱，人民调解员水平参差不齐。人民调解员作为制度的践行者，是制度能否发挥效用的关键。由于W县将人民调解委员会成员主要设定为村委会成员，使得人民调解员实际上也变成了5年一换。一名受访调解员表示，有些村上调解工作搞得好的调解员任期一满就换了，新上任的委员自然需要花时间熟悉调解工作。从2018年至今，司法局就组织过一次人民调解员的能力培训，许多调解员对于调解的程序性、规范性等意识和能力均不足，调解记录、调解协议书表述不清等现象常见，一定程度上造成当事人反悔后口说无凭的局面，损害了人民调解的权威性。此外，调解工作做的好的调解员常常有职位调动，再加之基层公务人员往往身兼数职、职责繁重，以案定补政策无法落实等原因，参与人民调解工作的积极性严重不足，难以形成稳定长久的、自我组织的人民调解队伍，无法满足基层社会治理对人民调解的功能期待。

第三，人民调解行政化明显。W县的人民调解组织构成、工作流程都颇具行政化色彩，人民调解取得的工作成效很大程度上是行政调解在发挥作用。原本大力发展人民调解组织的目的在于积极调动群众，形成自治、德治与法治的良性循环，过度对行政力量的依赖使得人民调解的群众性、自治性丧失，无法形成良好的社会自我解纷系统。行政化后的人民调解组织似乎能更高效地完成解纷任务，凭借着对于"书记、主任"等国家行政力量的信任，人民更加愿意接受这样的调解，但导致人民调解组织实际上丧失了进行社会治理的自我循环能力，也从根本上否定了基层治理对自治的要求。[1]此外，在涉及基层政府、集体经济组织与群众之间的利益纠纷、甚至是在人民调解组织的政策执行时，会受到一些基层组织的硬性干预，损害了人民调解的中立性和组织建设，人民调解呈现出功能弱化的趋势，以往具有的基层治理功能不能有效发挥。

三、研究结论：人民调解的基层治理困境及其克服

W 县的人民调解实践是全国的一个缩影，实地调研的 Z 区、M 区人民调解制度运行也存在与 W 县相似的问题；本部分结合 W 县的实证考察结果与既有研究文献，分析我国人民调解的基层治理困境，尝试探索其优化路径。

（一）基层治理视野下人民调解的实践困境

目前，全国基本已经形成"横向到边、纵向到底"全覆盖的人民调解组织体系，横向上形成了以村（居）委员会的人民调解委员会为主，以企事业调委会、行业调委会、专业调委会、个人调解工作室等为辅的调解组织网络，纵向上构建了乡镇（街道）调委会、村（居）调委会、调解小组三级调解组织架构。纵观国家统计局 2001 年以来的统计数据，全国人民调解组织从 2001 年的 92.3 万个下降为 2020 年的 70.8 万个，人民调解员也从 2001 年的 779.3 万人下降为 320.89 万人，调解民间纠纷的数量从 2001 年的 486.1 万件变为 2020 年的 819.57 万件，法院一审民商事收案数从 2001 年的 345.9 万件变为 2020 年的 1313.64 万件。从图 2 所示的 20 年来人民调解的变化趋势可知，人民调解组织与人民调解员的规模都发生了大幅萎缩；调解的纠纷数在 2001 年~2009 年稳步增长，其增长态势与法院一审收案数基本持平，2010 年《中华人民共和国人民调解法》出台，调解纠纷数量一度飙升后继续稳步变化至 2019 年出现下滑，但是法院一审收案数一路高涨，二者相对比例在 2020 年约为 0.624∶1，这表明虽然纠纷数量剧增，但当事人更愿意选择诉讼而非调解，人民调解总体上式微，陷入认可度与权威性下降、组织规模萎缩、解纷功能发挥不足等实践困境。

---

[1] 参见侯怀霞："人民调解的现代转型：必要、可能与前景"，载《郑州大学学报（哲学社会科学版）》2016 年第 4 期。

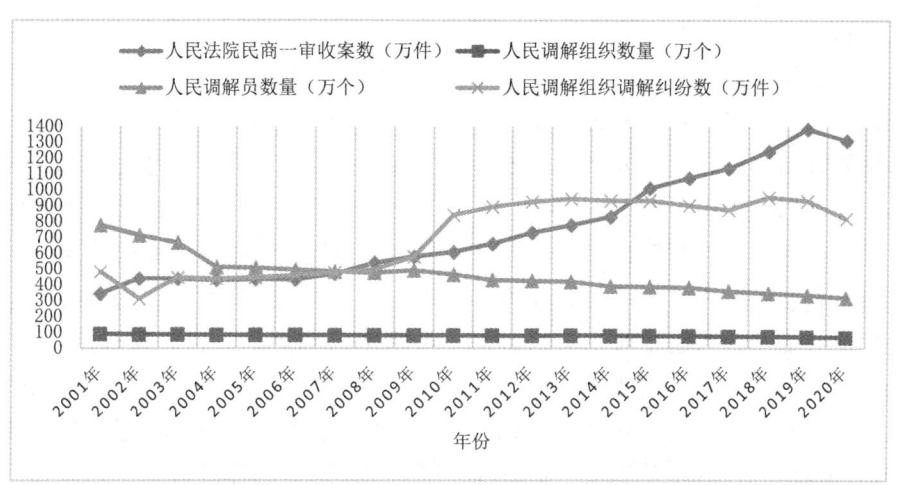

图 2：2001 年～2020 年人民调解变化趋势图〔1〕

第一，基层社会结构变迁与人民调解权威性之间的张力。有关中国社会结构转型，无论是采取陆学艺代表的"层化论"〔2〕、李强代表的"碎片论"〔3〕还是孙立平代表的"断裂论"〔4〕解释框架，一个大体上的共识：当代中国社会结构从传统向现代的变迁经历了"市场化"、"开放化"与"法治化"转型；社会关系从熟人社会迈向半熟人社会、陌生人社会，基于血缘和地缘的"差序格局"转变为基于联结人的社会空间、社会事件与社会活动等"物"所形成的"物缘格局"〔5〕；城乡二元结构下的新型城镇化、乡村振兴战略下形成的社会关系"流动性"，乡村青壮年劳动力向城市的流动与流失，导致乡村社会"空心化"，流动到城市的农民工既在乡村"失根"，又无法在城市"扎根"，返乡创业人员难以重新融入当地社会，成为"熟悉的陌生人"。〔6〕一方面，

〔1〕 "National data 国家数据"，载 https://data.stats.gov.cn/easyquery.htm? cn = C01&zb = A0S0 6&sj = 2020，最后访问日期：2022 年 3 月 7 日。

〔2〕 参见陆学艺主编：《当代中国社会阶层研究报告》，社会科学文献出版社 2002 年版，第 8 页。

〔3〕 参见李强：《转型时期的中国社会分层结构》，黑龙江人民出版社 2002 年版，第 6～12 页。

〔4〕 参见孙立平：《断裂：20 世纪 90 年代以来的中国社会》，社会科学文献出版社 2003 年版，第 1～19 页。

〔5〕 参见郭苏建等：《转型中国的社会治理：理论、实践与制度创新》，格致出版社 2021 年版，第 172～173 页。

〔6〕 参见周少来、孙莹："乡村的'空心'问题及其治理——城乡一体化视角下的制度创新"，载《理论学刊》2017 年第 2 期。

这些基层社会结构变迁导致社会关系陌生化、传统民间权威弱化、集体道德约束力下降，然而，"基层调解最大的特点是利用地方资源，包括人际关系、公共道德、习惯和乡规民约等规则，以及特定的人际关系及环境等条件促成和解的氛围，一旦这些因素对当事人失去了约束力，调解自然会随之受到冷落"〔1〕，支持人民调解的社会网络逐渐凋零，以传统社会人情、面子等德治机制为基础的人民调解机制相对弱化。另一方面，基层社会结构变迁也导致纠纷形态、纠纷主体与纠纷诉求都发生了变化，"送法下乡"、法治宣传、方便快捷的法律获取途径等都大大提高了群众的权利意识、法律意识，产生纠纷后"争口气"的心理趋于向实打实的权利维护转变，人民调解"息事宁人""给个说法"的工作方式面临合法化质疑，人们认为强调"调和""情理"的调解与现代法治观念格格不入，更愿意诉诸"法律的武器"。〔2〕

第二，人民调解概念异化与功能实现之间的张力。《中华人民共和国人民调解法》是人民调解制度的一个里程碑，重申了人民调解组织的自治性、民间性与群众性属性，明确了人民调解协议的法律效力和司法确认程序，完善了人民调解的经费保障机制，但并没有根据不同的矛盾纠纷类型特点建立多元化的社会调解机制与体系，而是以开放包容的制度设计允许"参照本法规定设立人民调解委员会，调解民间纠纷"，试图以人民调解统合行政调解、司法调解以外的民间调解。这一制度设计的开放性形成的人民调解概念异化，导致了人民调解制度表达与功能实践的背离。〔3〕一方面，实践中涌现出来的一大批新型调解组织，如政府购买公共服务型调解、商事调解、行业调解、律师调解、诉前调解等，通通披上了人民调解的外衣，然而这些以市场化、专业化为发展趋势的调解组织明显不同于以公益性、政治性、群众性为特点

〔1〕 范愉、李浩：《纠纷解决——理论、制度与技能》，清华大学出版社 2010 年版，第 172~173 页。

〔2〕 参见郑杭生、黄家亮："论现代社会中人民调解制度的合法性危机及其重塑——基于深圳市城市社区实地调查的社会学分析"，载《思想战线》2008 年第 6 期。

〔3〕 《中华人民共和国人民调解法》之后，2011 年中央社会治安综合治理委员会等 16 家单位联合出台的《关于深入推进矛盾纠纷大调解工作的指导意见》、2015 年中共中央办公厅、国务院办公厅出台的《关于完善矛盾纠纷多元化解机制的意见》、2016 年司法部等四部门《关于推进行业性、专业性人民调解工作的指导意见》、2018 年中央政法委、最高人民法院、司法部等六部委制定的《关于加强人民调解员队伍建设的意见》等系列政策文件均沿袭了这种开放性的制度设计；一个例外是 2016 年最高人民法院出台的《最高人民法院关于人民法院进一步深化多元化纠纷解决机制改革的意见》将人民调解与行政调解、商事调解、行业调解等并列。参见廖永安、王聪："人民调解泛化现象的反思与社会调解体系的重塑"，载《财经法学》2019 年第 5 期。

的人民调解。这种混淆人民调解与其他民间调解的做法会束缚其他社会调解组织的发展，难以激发以人民调解为中心的多元化社会调解解纷机制的制度特色与活力。另一方面，面临法律定位不清导致的人民调解纠纷化解实效不足，有学者直接建议破除政府控制与官方推动的体制性障碍，去除人民调解的半官方、半正式化性质，向完全的社会自治转型，[1]然而这种主张瓦解了"人民调解"的概念本身，使"宪法确立的以基层自治为基础的人民调解混同于其他纠纷解决机制，逐渐使其失去自身的性质和生命力"[2]，最终可能会致使人民调解通过嵌入党政权力网络化解纠纷的基层社会治理目标落空。

第三，矛盾纠纷类型的变化与人民调解解纷能力之间的张力。随着我国社会结构的变迁与转型，基层社会的矛盾纠纷类型逐渐从婚姻家庭纠纷、邻里纠纷等传统型转变为债务纠纷、土地收益、环境污染、交通事故等具有弱亲缘性、强对抗性的新型纠纷，矛盾纠纷主体逐渐从"熟人"走向"半熟人""陌生人"，矛盾纠纷的内容也逐渐从"轻财产权关系"转向"重财产权关系"，[3]人民调解化解纠纷的能力难以充分应对，制度供给的比较优势日渐减弱，解纷需求也整体萎缩。从解纷制度供给的层面来看，在多元化纠纷解决机制的浪潮中，与其他的行政调解、司法调解与诉讼等其他解纷机制相比，人民调解规范性较弱、强制性不足、认可度低，部分纠纷被分流至其他解纷方式；就纠纷化解的需求而言，一方面适合人民调解的婚姻家庭、邻里等纠纷类型被其他更具比较优势的解纷方式吸引分流，另一方面高发的交通事故、知识产权、医疗、金融、物业及商品房小区邻里纠纷等新型纠纷又不适合传统型的人民调解。[4]

（二）人民调解发挥基层治理功能的优化建议

第一，回归人民调解的政治认同基础与政治引领功能。虽然有学者基于政治功能会削弱人民调解的民间性与自治性、政治功能（强调国家利益与社

---

〔1〕 参见毋爱斌："人民调解的中国经验"，载徐昕主编：《司法》，厦门大学出版社 2010 年版，第 48 页。

〔2〕 范愉：《纠纷解决的理论与实践》，清华大学出版社 2007 年版，第 570 页。

〔3〕 参见崔玲玲："人民调解制度与现代乡村治理体系之契合"，载《西北大学学报（哲学社会科学版）》2021 年第 2 期。

〔4〕 参见兰荣杰："人民调解：复兴还是转型？"，载《清华法学》2018 年第 4 期。

会利益）与纠纷解决功能（强调当事人利益）存在冲突等理由主张人民调解的政治功能应当弱化，[1]然而如前所述，人民调解本身是党为有效化解基层社会矛盾纠纷实现基层社会治理目标而以群众路线为基础的一套政治发明，它不仅是一种纠纷解决机制，更是一种基层社会治理的政治技术，承载了党的政治理想与治理哲学。[2]仅从纠纷调解技术而言，人民调解与其他民间调解、其他解纷机制并无本质差异，最大的独特性就在于其通过政治教育、政治动员实现的政治凝聚作用，如果弱化甚至抽离人民调解的政治认同与政治功能，将其还原为一种单纯的自治性纠纷化解机制，那么它就会失去其最核心的功能与比较优势，几乎没有存在必要而"寿终正寝"，这一体现中国智慧的宪法建制就会虚置，群众路线在基层社会治理中也会失去有效抓手。故而应尊重历史，回归人民调解制度的原初设计，通过纠纷解决满足群众需求，重建其政治认同基础，发挥其政治引领功能，提升人民调解的权威性。

第二，理顺人民调解与其他民间调解的关系，构建合作化的社会调解体系。一部《中华人民共和国人民调解法》不足以支撑多元化纠纷解决机制的构建和有效运行，更何况现行《中华人民共和国人民调解法》还存在许多模糊与不确定的地方，有必要通过完善立法规范进行顶层设计，理顺人民调解与其他纠纷解决机制、尤其是其他民间调解的关系。其一，坚持人民调解人民性、自治性的法律定位，明确其运作机制与其他民间调解的区别。人民调解与其他民间调解最重要的区别在于调解员中有村（居）委会成员，拥有党政力量的支持，具有半官方、半正式的色彩。一方面，《中华人民共和国人民调解法》明确规定了国家和地方政府对人民调解的责任，《关于加强人民调解员队伍建设的意见》进一步要求各级党委政府强化人民调解的经费保障、业务培训和组织领导。建议以人民调解工作支持经费纳入县级以上人民政府财政预算、人民调解委员会与人民调解员的表彰及业务培训工作纳入政府绩效评估等机制，激励地方各级人民政府履行职责。另一方面，当代快速流动的社会关系中产生的大量纠纷，基本上也只有依靠官方搭建的调解平台才能在陌生的当事人与人民调解员间建立信任关系，将来的人民调解不仅继续需要

---

〔1〕 参见张进德："论人民调解的复兴与转型"，载《中国海洋大学学报（社会科学版）》2018年第5期。

〔2〕 参见贺东航、孙敬良："基层治理视阈中的乡村人民调解制度——以一个村庄人民调解文本为例"，载《社会主义研究》2015年第4期。

官方的引导和激励，而且其案源可能很大程度上也需要从官方解纷机制中获取。[1]其二，应加强对民间调解进行整体性的顶层设计，建立健全相关的配套法律和机制。一个思路是制定"社会调解法"之类的综合性调解法或非诉程序法，分门别类地理清民间性、行政性、专业性、行业性等非诉机制的法律性质、组织形式以及功能定位，建立起以"政社合作"的社会调解体系为基础的多元化纠纷解决机制。[2]

第三，探索人民调解员职业化的发展路径，提升人民调解解纷能力。人民调解实践并非铁板一块的同质化整体，而是具有强烈的语境化特征，其化解纠纷的能力与效果受到纠纷性质、当事人性质、人民调解员性质等语境化因素的影响。[3]随着社会结构转型导致的矛盾纠纷类型变化，传统德高望重的道德权威型人民调解员发挥作用的空间越来越局限于城市社区中的扩展型家庭、职业团体、商贸团体以及日渐凋零的乡村社会当中；而陌生社会关系中高发的道路交通事故损害赔偿、医疗事故侵权、校园安全保障、民间借贷、商事合同、经营争议、个人隐私侵权等新型纷争的治理需要具备专业优势的知识权威型调解员介入。[4]一方面，定型化、定额化的纠纷类型显然不能依靠道德权威，只能诉诸专业的法律知识；另一方面，当事人越来越强的法律意识也推动依法调解、以法服人。在此背景下，专业性法律知识、法律职业经历对于纠纷的定性、纠纷涉及的权利义务关系等至关重要，人民调解的法治色彩越来越浓厚，在尊重地域差异、纠纷类型差异的基础上，探索人民调解员职业化、专职化的发展路径，就成为提升人民调解解纷能力、回应群众纠纷化解需求的题中应有之义。例如，广州市司法局 2019 年、2020 年两年间通过政府购买服务组建了一支 192 人的专职人民调解员队伍，纠纷调解成功率达 89%，纠纷调解效率提升了 40 倍，在预防和排查矛盾纠纷方面也成绩斐然。[5]该模式或可为有类似调解需求的地方参考。

---

〔1〕 参见兰荣杰："人民调解：复兴还是转型?"，载《清华法学》2018 年第 4 期。

〔2〕 参见何阳："政社合作下的人民调解及转型之路——兼论《人民调解法》的回应性调适"，载《河北法学》2020 年第 9 期。

〔3〕 参见熊浩："论中国调解法律规制模式的转型"，载《法商研究》2018 年第 3 期。

〔4〕 参见兰荣杰："人民调解：复兴还是转型?"，载《清华法学》2018 年第 4 期；吴元元："人民调解员的制度角色考"，载《中国法学》2021 年第 4 期。

〔5〕 参见袁英宽等："专职人民调解员队伍建设现状及对策——以广东省广州市为例"，载《人民调解》2021 年第 6 期。